HISTORY OF THE ART OF WAR
战争艺术史

Hans Delbrück

中 世 纪 战 争

[德] 汉斯·德尔布吕克 著   姜昊骞 译

世界图书出版公司
北京·广州·上海·西安

查理曼,欧洲中世纪早期法兰克王国的国王。自罗马帝国以来,查理曼首度统一了西欧大部分地区。

亨利四世，神圣罗马帝国皇帝。他与教宗额我略七世之间围绕主教叙任权爆发了激烈的叙任权斗争。

贝叶挂毯中威廉一世和哈罗德王。威廉掀开头盔,表示自己仍然活着。

哈罗德战死沙场。黑斯廷斯会战是英国历史上的重要事件诺曼征服中最具决定性的一战。

腓特烈一世，神圣罗马帝国皇帝，也被称为红胡子腓特烈，他试图在德意志境内驾驭桀骜不驯的诸侯。

阿诺德·冯·温克尔里德,瑞士历史上的传奇英雄。

森巴赫会战。1386 年奥地利公爵利奥波德三世和旧瑞士邦联之间进行的战斗。这场战斗瑞士取得了决定性胜利。

目 录

第一篇　查理曼及其继承者

1　查理曼　　　　　　　　　　　　　　　　*003*
2　萨克森人的降伏　　　　　　　　　　　　*025*
3　加洛林帝国、诺曼人与匈牙利人　　　　　*040*

第二篇　鼎盛时期的封建国家

1　加洛林帝国覆灭后国家的形成　　　　　　*053*
2　莱希菲尔德会战　　　　　　　　　　　　*067*
3　亨利四世皇帝征战史　　　　　　　　　　*079*
4　诺曼人征服盎格鲁—撒克逊人　　　　　　*094*
5　诺曼人在英格兰的军事组织　　　　　　　*106*
6　意大利的诺曼人国家　　　　　　　　　　*120*
7　拜占庭　　　　　　　　　　　　　　　　*125*
8　阿拉伯人　　　　　　　　　　　　　　　*135*
9　十字军东征综述　　　　　　　　　　　　*146*

第三篇　中世纪盛期

1　种姓骑士　　　　　　　　　　　　　　　　　　　　*155*

2　骑士制度的军事特征　　　　　　　　　　　　　　　*184*

3　雇佣兵　　　　　　　　　　　　　　　　　　　　　*217*

4　战　略　　　　　　　　　　　　　　　　　　　　　*225*

5　意大利市镇与霍亨斯陶芬王朝　　　　　　　　　　　*232*

6　德意志城市　　　　　　　　　　　　　　　　　　　*264*

7　条顿骑士团征服普鲁士　　　　　　　　　　　　　　*273*

8　英格兰箭术与爱德华一世征服威尔士和苏格兰　　　　*281*

9　战例介绍　　　　　　　　　　　　　　　　　　　　*292*

第四篇　中世纪晚期

1　中世纪晚期的研究路径　　　　　　　　　　　　　　*329*

2　方阵会战、城市军队与征召民兵　　　　　　　　　　*331*

3　下马骑士与射手　　　　　　　　　　　　　　　　　*348*

4　奥斯曼土耳其　　　　　　　　　　　　　　　　　　*368*

5　胡斯派　　　　　　　　　　　　　　　　　　　　　*377*

6　意大利雇佣兵、敕令军团和免税射手　　　　　　　　*396*

7　坦嫩贝格会战、蒙莱里会战及同时期的其他若干战斗　*410*

第五篇　瑞士人

1　瑞士地方共同体的形成　　　　　　　　　　　　　　*431*

目　录

 2 莫尔加滕会战 *436*

 3 劳彭会战 *446*

 4 森巴赫会战 *452*

 5 多芬根会战 *460*

 6 瑞士联邦的军事组织 *464*

 7 勃艮第战争 *477*

 8 中世纪军事理论 *504*

 9 结　语 *514*

附注选译

巴黎围城战 *523*

附录一　本卷会战年表 *527*
注　释 *533*

BOOK I
第一篇

Charlemagne and His Successors
查理曼及其继承者

1　查理曼

日耳曼人之前已经以战士阶层的身份进入世界帝国罗马的诸省份。接着，伴随着可怕的破坏与苦难，他们终于延展成覆盖在这些省份上的一层薄膜，可以说是一层新的皮肤，从而建立了新的罗马-日耳曼政治制度。

在法兰克王国，为确保战士阶层长期战斗力所采取的组织形态以封建制度为基础，附庸（vassal）领受封地并承担相应义务。凭借战士阶层，加洛林王朝从穆斯林手中拯救了国家，接着，在一场持续数代人的进程中实现了军事力量的更新。

这些战士以自备补给的骑马武士为主，因此哪怕只为一名军人配备武具，其负担都很重。一部法兰克人的古老法律详细列出了武器和军用牲畜的价值。[1]我们把这些数字加起来，再用等价牛数来表示武备的价值就能得出下列数字：[2]

头盔	6头牛
锁子甲	12头牛

续　表

剑和剑鞘	7头牛
护胫	6头牛
矛和盾牌	2头牛
战马	12头牛

因此，单兵装备价值45头牛，或15匹母马（3头牛相当于1匹母马），或一整个村子的大牲口。

此外还有粮草、运粮车加拉车的牲畜或驮粮的牲畜和照顾牲畜的民夫。

于是，从卢瓦尔河流域出发与萨克森人交战，或从美因河去往比利牛斯山的法兰克军队与最早期的日耳曼士兵是完全不同的。后者将自备武器视为福利而非负担，而且作战范围仅限于周边。定居后的士兵出征后是要回家的，与一去不回头的民族大迁徙时代的战士也是不同的。加洛林时代的军队是由只占全体人口一小部分的——事实上，是极小的一部分——特定阶层组成的，而且采取的形式只是附庸制度加上维持该阶层存在所需的封地占有。[3]

过去是国王以人民领袖的身份征召子民参军，现在是国王以封建体系至高领主的身份征召附庸参军。这个转变过程发生得非常缓慢，而且很可能在王国不同区域是不同步的。附庸制度的发端早在墨洛温王朝建立后的第一个世纪就很明显了，但在查理曼时期，普遍兵役仍然在法律和形式上存在。直到查理曼孙辈的时代，普遍兵役制才彻底消亡并完全让位于附庸制度。古代的普遍兵役制只在民兵中继续存在，也就是动员平民对抗外敌入侵。

在法兰克王国的罗马区，这一社会分化的进程肯定要比日耳曼区更容易和更明显。与罗马帝国时期一样，罗马区的人口主体仍然是佃农和农奴。市民（plebs urbana）不被视为完全自由的人，工匠和店主也并不比农民更有尚武精神。[4]

只有大部分日耳曼人出身的战士才是自由人（liberi, ingenui），往往也叫作"贵人"（nobiles）。他们的人数极少[5]，一片 2 200 平方英里（约 5 698 平方千米）的地盘上不过只有几百人而已。有的战士生活在小农场里，有的在大农庄里；有的生活在自己的土地上，有的生活在封地上，还有的作为附庸生活在领主的宫廷里为其服务，没有自己的田产。

这一时期的观念完全被一个事实所主导——战士就是自由人，自由人就是战士——以至于早在五六世纪时，作者们就用"miles"一词来表示与神职人员相对的社会阶层了。[6] 到了中世纪晚期，在安茹伯国的法律用语中，"franchir"（跨越，超越）的意思仍然是 anoblir（使成为贵族），而不是——打个比方——affranchir（使自由）。在我们看来，这是一种古旧的表达方式，从中能窥见一个早已逝去的时代。[7]

收服萨克森人之前，法兰克王国境内的纯日耳曼地区很少。在莱茵河沿线、施瓦本和巴伐利亚，大量罗马遗民仍然生活在日耳曼征服者的统治下，而且保持着与罗马区相同的社会关系。但在混居地带，尤其是莱茵河河口、斯海尔德（Scheldt）河两岸、黑森地区和美因河两岸①等纯日耳曼区的日耳曼人中间也发展出了类似的社

---

① 莱茵河发源于瑞士，向北经过德国西部和荷兰注入北海。施（接下页）

会关系：一大部分人或多或少放弃了完整的自由权，脱离了战士阶层。我们没有直接的证据，也不知道这个进程的发生时间、强度和速度。但可以肯定的是，这件事确实发生过，首先从整个法兰克王国军制的统一性就能看得出来。我们从流传至今的军队动员条例中会发现，每个区域的战士都必须自带全套装备和口粮上阵。另一个证据是，征兵时不是——比如，按照各个区域的人口数目和供给能力——抽取一定规模的人；恰恰相反，征兵对象是全部或一部应服兵役者。由此可以假定，应服兵役的自由人是相当平均地分布于整个国土的。否则的话肯定会出现极大的不公平现象，比如，黑森境内的一个地方要动员几乎全部的成年男子并为其提供装备，而高卢内地某处明明只有少数地位高于佃农和市民的自由民，却只需要为这些自由民提供补给。既然高卢内地的各个片区定居的日耳曼人人数少，因而自由民人数也不多，那么当时法兰克王国东部和西部的社会组织形式肯定已经是相当类似了。

上述论点还有另一则间接证据。哪怕在仍然信仰异教的萨克森人[①]中间，我们也发现了同样的进程。据文献显示，萨克森人中有一批没有完整自由权的人发挥着重要作用；在虔诚者路易时期，这些部分自由人（frilingi et lazzi，自由人和半自由人）构成了一个庞

（接上页）瓦本和巴伐利亚在德国南部、莱茵河以东。斯海尔德河发源于法国，流经比利时，从荷兰南部入海。黑森位于德国中部偏西，东南与巴伐利亚接壤。美因河是莱茵河右岸的支流，流经巴伐利亚北部和黑森，沿岸主要城市有法兰克福与美因茨。

① 萨克森人是日耳曼人的一部分，后来主要分为两部分：一部分移居不列颠岛，即中文语境中的"撒克逊人"；另一部分留在今天德国东部，即中文语境中的"萨克森人"。

大的群体。⁸842 年，他们组成了一个名为"同志会"（Stellingabund）的密谋团体，目的是伸张异教时期享有的权利。我们可以这样理解：此事表明法兰克人的统治剥夺了他们的完整自由。我们还可以假定法兰克人事实上将自由人降低成了下层阶级。但是，人民的要求不是恢复自由地位，而是赋予他们过去的阶级权利。因此，早在异教时期肯定就有一大批这种有一部分自由权利的人，之后讨论萨克森战争时会回到这一点。

王国各地的自由民数目越少，下面两套流程就越容易执行。一种是国王通过手下伯爵召集自由民作战的旧制度；一种是召集领主及其军事附庸的新制度。两者是并存且彼此对立的。最终符合逻辑的解决办法是：原先的自由民中继续从军者加入附庸阶层，改事农耕者下沉为半自由民，这样就没有身份不属于附庸的战士了。规定每个自由民都要有一名领主的正面证据首次出现于 847 年秃头查理时代的文献中。但 864 年又有一份条令显示，（身份不是附庸的）自由民要与其他自由民一同上阵。⁹同样的还有一份晚至 884 年的文献。¹⁰那时的现实生活已经远远脱离了这些要求，以至于作者会用"vasallisch"（附庸）这个词来表示"kriegerisch"（战士）。¹¹

在查理曼的时代，这两种截然相悖的军制仍然并存。尽管一系列文献的言辞似乎毫无疑义地证明，大量自由人确实——即便并非所有自由人同时承担——轮流承担军役，但其他文献证明当时上阵作战的只有附庸。

就连已经成为附庸的前自由民也会被伯爵征召上阵，不从王命者要接受惩罚。文献也没有直接讲明两套制度在现实中是如何协调的。由于附庸制度在查理曼死后迅速占据了主导地位，我们必须假定：两种军制之争早在紧随克洛维①（Clovis）即位的国王那里就有了端倪，而附庸制在查理曼时代终于取得了决定性的胜利。征召全体自由民从军只在理论上继续存在，现实中只有个例而已，而且是由大地主执行的。但是，普遍兵役制之所以能在形式上存续那么久，不只是因为遗留法律形式的顽强性，还有一个积极的和非常强大的动因：征兵是国家迫使日耳曼自由人服役的唯一手段，特别是要迫使其纳税（司法职能除外）。如果一部分下层武士既未转化成附庸，但也没有下沉为半自由人，这时就取消普遍兵役制，那么这部分臣民就完全不用承担公共义务了。因此，查理曼——很可能还有他之前的国王——曾发布敕令，要求不上战场的自由民按照财产多少分组，每组提供一人的装备。直到目前为止，人们是这样理解这些敕令的意思的：比如有 3 个人，每人有面积为 1 海得（hide）②的土地，那么他们就要为其中一人提供包括口粮和交通工具在内的全套军需。但这个结论忽略了一点：对于 3 海得的田产来说，这样的要求实在太高了。自然地，实际提供军需的任务是由大批半自由人和农奴在领主或伯爵的命令下承担的。那些手里只有一两海得寻常农田的自由民或者出钱代役，或者只出一件武器或自用军装。即便如此，大概也是很不容易凑的。在他们极其低下的经济条件下，要求他们上交的每一件武器、每一块皮革或布匹和每一块火腿或奶酪都是了不得的东西。不过，既然我们必须设想实际上阵的人是骑马武士，那战马就是所有装备中最重要和最昂

---

① 法兰克王国的奠基人，在位时间为 481—509 年。
② 海得是古代日耳曼人的一种土地单位，意义是一户人家一年能耕种的土地。

贵的。战士们几乎累年出征，而他们忠诚的战马在长途行军中往往不得不被抛弃，战士回乡时是带不回来的。马在战争中的损耗总是远远高于人。但是，农民是没办法每隔几年就交出一匹合格战马的。大部分农民根本没有马，更不用提有用的战马了，他们是靠公牛或母牛耕作的。

因此，加洛林诸国王要求自由民分组抽丁上阵的规定本质上是隐性地征收代役税。多数情况下，这并不是真正的征召，而是国王向自由民索取财物的法定权利，同时这项权利也约束了任意妄为的官员。比如，如果前面讲的各拥有 1 海得土地的 3 人已经为其中一人提供了装备，或者按照要求上交了之后伯爵发给手下附庸的装备，他们大概通常更喜欢这样做，或者足额提供了代役金，那么这三人就完成了义务，伯爵不能提出其他的要求。

王室敕令在这方面的规定似乎非常精确。807 年的一份敕令要求：凡塞纳河以西的臣民，田产达 4 或 5 海得者应亲自上阵；3 人各有一海得，或一人两海得，一人一海得，或两人各一海得，一人不足一海得，或 6 人各有半海得者，得分为一组，每组出一人上阵。无地者，每 6 个财产达 5 镑的人应提供一人军需以及 5 个索里达金币（solidi）。尽管上述规定如此具体，但我们不应该误以为它们得到了不折不扣的执行。首先是上层，对高级官员来说，敕令基本毫无意义。我们来想象这样一个政府，它的领导人全都不识字，每一条信息、每一张列表、每一份报告和每一份账目都完全要靠书吏来翻译。中央政府是完全不可能可靠地了解到每个地区有多少可用人口和财产的。爱德华三世①时期,英格兰国会决定采用一种新的征税方案,其预计税额的基础是全国有4万个教区,但后来才发现,其教区数目连9 000都不到。[12]有人估计骑士领地(包括王室官员)的数目在6万,有人估计在3.2万,事实上连5 000都不到。我们之后会看到,英格兰好歹还有一个真正的中央政府,而法兰克王国并没有中央政府,因此连能用来举例子的估计数目都找不到。本书之后遇到的许多类似迹象——比如前面英格兰历史中的例子——表明,中世纪政府对自身政治制度中稍大一些的数量关系完全没有概念。

虔诚者路易②时期,法兰克王国似乎曾在829年试图编制一份全国财产所有者清单。我们有这部法令的4个不同版本,但4个版本的细节都不相同,这是当时的典型状况。一个版本没有提两人成组,一个版本漏掉了6人成组,一个版本只提到了3人成组,还有一个版本根本不提多人成组。

最可能的解释是,估算财产和分组过程中的任意性和随意性极大,以至于规定的细节差别已经无关紧要了。从各个方面来看,某些状况和估计值大概被报了上去,然后成为定制。即便法令确实执行了——这是可疑的——用处大概也不会太大,因为即便真的完成了这样宏大的任务,而且获得的财产信息有一定的可靠度,其成果也只适用于当时而已。由于所有者死亡和遗产被继承,一切信息在

---

① 英格兰国王,在位时间为1327—1377年,延续英法百年战争并取得了克雷西会战(1346)、普瓦捷会战(1356)等重大胜利,但晚年开始失利。
② 法兰克王国王,查理曼之子,在位时间为814—840年。他去世后3年,3个儿子就以《凡尔登条约》瓜分了查理曼帝国。

短短几年间就变了。但是,哪怕只是看第一年,它的用处也是很小的。因为个人状况对上阵打仗的影响非常大,尤其是生病与否,而这从上述信息中是查不到的。最后,法令和统治者的本意不可能是按照字面意思来执行"全体自由民出征"或"按照规定,每组推一人出征"的规定,因为这样做的先决条件是,全国各地的自由民——按照其能力大小——确实是均匀分布的。在征役迭兴、战火连绵的情况下,哪怕分配上有些微不平等都会为自由民恰好较多的地区带来极其严重的负担,特别是以日耳曼人为主的地区。在罗马帝国,作为中央政府的元老院一直在根据精心编制的各区人口普查表来调整兵役负担。查理曼帝国没有这样的管理流程。归根到底,尽管有若干自上而下发布的规范性敕令,也有派出钦差(missi)进行监察,但这件大事还是交给了伯爵自行处置。每当集结大军的时候,皇帝或皇帝任命的元帅就要检阅各支部队,各部人数都不多,很容易就能看清哪个伯爵身后的部队足额且装备精良,哪个带来的人数不足或装备粗劣。关于兵额的具体规定很少,甚至在整个中世纪后期都是如此。[13]这是很自然的,因为这种军队重要之处在素质,而素质是不能计数或测量的。要求全员出征的王命总是意味着,国王要求每一个有从军义务的人都要参军。我相信从中还能得出一个结论:字面上要被征召的自由民根本不在国王考虑范围之内,因为尽管我们前面讨论了那么多,王国各地的自由民分布肯定还是很不平均的。另一方面,我们可以假定,各地的实际附庸人数是大体上对应于当地供养兵员的能力的。唯有如此,规定战士阶层的全部男丁均需出征的敕令才有合理可行的意义。

按照上述法令的字面含义,我们会以为所有应负兵役者被视为拥有同样的军事价值，而且要轮流出征。这在墨洛温王朝最早的几位国王时期或许仍然是可能的，那时的法兰克大众仍然处于从原先的战士状态向农耕生活、农民个性转换的过程中。在那个时代，一次战役中的此类敕令可能确实会在战前颁布，而且符合实际情况。但到了流传至今的敕令所处的时代，一方面因为法兰克人已经变成了农民；另一方面因为附庸们已经形成了独立的阶层，所以动员农民轮流出征是绝对不可能的。在一个市民-农民社会中，有意愿去过战士的生活、有机遇和能成为战士的人并非随处可得，而天性好战的合格战士也是非常罕见的。实际征召范围（我们可能忽视了各独立文本之间的差别）要远远小于乍看上去的样子。当然，大部分应征者不是拥有好几海得田产的大地主，而是只有一海得或半海得的人。然而，这一海得或半海得土地上往往不止有一个年龄符合标准的男丁。这些人都有从军的义务，但负担是根据财产多少来分配的。比如，如果严格按照 807 年的敕令执行，那么动员兵力占青壮年男子的比例不会超过 10%。然而，一位伯爵要是带着辖区内十分之一乃至六分之一、四分之一的农民来报到，那么皇帝或同僚们肯定会觉得很奇怪。我们没有理由假设这伙人的作战效能会高于三十年战争时期勃兰登堡征召的部队。后者的征召方式是，一个村庄或几个村庄合起来出一人，让他带着口粮、武器和弹药到指定地点集合。这种壮丁在 9 世纪能发挥的效能不会比 17 世纪更多。[14]

纵观整个中世纪，一部法令表面上征召全体公民从军，实际目的却是反复出现各种形式征税的情况。

前一卷中已经证明，最晚从 6 世纪末开始，墨洛温王朝征战时的决定性因素就不再是大规模征兵，而是附庸。到了查理曼孙辈的时代，古代普遍兵役制的最后痕迹也不见了。可以肯定的是，军事制度不会重新以早已失去尚武精神的农民为其存在的根基。

因此，我们必须这样来理解查理曼敕令的含义：如果一名或一组地主不是恰好天性尚武的话，那就有义务为伯爵手下的附庸武士提供装备（adjutorium，助战），由附庸代替其承担兵役。对敕令的这种解释让双方都很满意：农民宁愿留在家里，伯爵想要的不只是一个拿兵器的人，而是一名素养合格、愿意打仗、服从命令的军人。至于具体规定了服兵役者应自行上阵的言辞应被视为纯粹的官样文章，是几代人乃至几百年前传下来的。征兵令在现实中是征收战争税，税额在不同时间和地区都不一样。与西班牙的战事相比，萨克森人为讨伐索布人（Sorbs）①或波希米亚人的战争要承担的税负自然要多一些。

与那些似乎表明普遍兵役制存在的敕令相比，涉及附庸的敕令更能反映加洛林王朝的实际情况，这一结论完全得到了兵力考据的支持。军队的规模越小，就越可以肯定是由职业兵组成的。比如，一名管辖5万人口，手下兵力只有100人的伯爵不可能每年抽取不同的100人，而是有一支他可以信赖的固定部队。

从客观角度来看，特别是对本书最重要的加洛林王朝军制文献是这样的规定，即要求每支部队都要从家乡自带整场战役所需的全部辎重补给。在古罗马军队和现代军队中，军需品都是由国家提供的。为此，统帅要在适当地点设立补给站，指挥输送，购买给养，再由辎重队送到补给站。军需耗尽后会有持续的、系统的补充方

---

① 西斯拉夫人的一支，生活在波兰和德国交界处。

法。而加洛林时代的战士要从家里带上整场战役所需的一切物件，包括往返所需。按照前一卷对这项要求的估算，一名普通士兵携带的物资超过了一头驮畜或役畜的运载量。但除非我们设想来自每支伯爵领地的部队还带上了一批肉用活畜，否则就连这也不够用。如果我们明白这些战士以特权阶级自居，在很多地方被直接称为"贵族"，而且他们是征服者的后代，不像过去的军团士兵那样受百夫长的严格纪律管制，那么，我们就必须设想他们也有着相当高的需求。他们对简朴凑合的生活条件并不满意，而且即便是风餐露宿，他们仍然希望获得哪怕并不丰盛的各类补给品和充足的酒。在一份个人命令中（811年），查理曼禁止相互敬酒（"ut in hoste nemo parem suum vel quemlibet alterum hominem bibere roget"："军中不得要求同袍或其他任何人饮酒"），而且醉酒者在恢复自制能力前只能喝水（"quosque male fecisse cognoscat"："他必须认错"）。因此，加洛林王朝军队身后肯定拉着数目不小的葡萄酒或啤酒桶。不管是自己携带还是有随军商人，这种军队的辎重队伍肯定一眼望不到尽头。民夫和役畜的数目肯定要比战士多几倍，车辆牲畜占用的空间也要比行军队伍本身大得多。加洛林王朝的军队士兵要从家乡带上战役全程所需的给养，这一得到文献佐证的事实令人信服地表明军队规模是很小的。[15] 跟着这种辎重队的大军既行动不便，也养不起马匹和役畜。我们可以假定，查理曼很少会在一地集结超过5 000名或6 000名战士，因为这些人加上辎重队的长度就有14英里（约22.5千米），也就是一整天的行军路程了。一支加洛林时期军队的绝对规模上限大概就是1万名战斗员。但我们必须意识到，"战斗员"不是一个有明确定义的概念。这5 000人或6 000人肯定是以骑马武士为主。但追随酋长、伯爵、主教和高级附庸的大量仆役,以及赶车牵骡的辎重队员也是有武装的,而且或多或少都有战斗素养[16],至少能够执行辅助作战、劫掠物资和蹂躏敌境等任务。当然,我们前面讲过,古希腊和古罗马的轻装部队的地位也处于战斗员和后勤人员之间。

加洛林时代的文献稀少,对事件经过的记述总是宽泛笼统,这很容易让我们对个别现象、个别事实的重要性和影响力,以及每年征兵对乡土造成的负担形成错误认识。但是——举个例子——我们可以将腓特烈二世皇帝的一件事转嫁到查理曼时代的法兰克伯爵领地上。1240年,腓特烈二世要求司法官费雷·伊德隆迪(Ferre Idronti)按照能力动员当地的附庸,但司法官感到非常难办:18名附庸(feudatorii)据说已经在服役了,其他人太穷,无法迅速凑齐装备("adeo imminuta erat, quod tam cito non poterat praepari")。最后,在这样一块大到足以让皇帝亲自致信长官的地区里,竟然只有18人(不超过18人!)在得到补助的情况下凑齐了装备。

一系列各自独立的关于加洛林时代军队构成情况的报告确认了一点:我们必须将加洛林时代的军队设想为小规模的精兵,而非此前常有的大规模农民兵。换言之,一支大军是由来自远方各处的一股股部队编成的。

763年,巴伐利亚人参加了阿基坦(Aquitania)作战。778年,巴伐利亚人、阿勒曼尼人、东法兰克人参加了西班牙战役;791年,萨克森人、图林根人、弗里西亚人、利普里安人参加了对抗阿瓦尔人的战役;793年,阿基坦人参加了南意大利战役;806年,勃艮第人参加了波希米亚战役;818年,阿勒曼尼人、萨克森人和图林根人参加了布列塔尼战役。阿基坦人曾多次出征萨克森；815年，伯恩哈德国王（King Bernhard）带着伦巴底军（"cum exercitu"）去帕德博恩（Paderborn）参加帝国会议；832年，洛泰尔（Lothair）带着伦巴底人、路易带着巴伐利亚人去奥尔良①。17 即便我们想象这些分队是从平民中征召来的，那么即使征召程度很有限，合起来的大军仍然会相当庞大。在前面讲过的军需补给条件下，这是完全不可能的。另一方面，如果要集结的军队规模不大，只要平民中还存在某种近似于普遍兵役的制度，那也用不着让巴伐利亚人去西班牙，让利普利亚人去蒂萨河（Theiss），让萨克森人去布列塔尼了。因为上述区域中的任何一个都有10万以上身体健康的男丁。除非统帅希望将职业士兵征召到自己身边，而非市民或农民组成的单位，否则将林林总总的部队聚集起来，让他们消耗体力和物资来回长途跋涉的做法就是不能理解的了。

关于具体军事行动的报告也能证实上述看法。

778年，萨克森人趁查理曼去西班牙的时候抓住时机反叛，一路烧杀抢掠到了莱茵河畔。查理曼得知消息时已经在回师途

---

① 巴伐利亚在今德国南部，阿基坦在法国西南部，直线距离在1 000千米以上，从巴伐利亚的慕尼黑开车去阿基坦的波尔多要12个小时以上；阿勒曼尼人、东法兰克人都生活在德国；萨克森人、图林根人、弗里西亚人、利普里安人生活在荷兰、德国北部和中部；阿瓦尔人是古代欧亚大陆的一支少数民族，在今匈牙利和乌克兰一带建立汗国；勃艮第人生活在法国东部，波希米亚在今天的捷克；布列塔尼位于法国的西北角；伦巴底在意大利北部，帕德博恩在德国北部；奥尔良在巴黎附近，从伦巴底和巴伐利亚去都要跨过半个法国加半个德国。

中，走到欧塞尔（Auxerre）^①了，于是立即派出身边的东法兰克人和阿勒曼尼人去攻打萨克森人。（"Cujus rei nuntium, cum rex apud Antesiodorum civitatem accepisset, extemplo Francos orientales atque Alemannos ad propulsandum hostem festinare jussit. Ipse ceteris copiis dismissis etc." *Ann.Lauresh*："当国王在欧塞尔城接到关于此事的报告时，立即命令东法兰克人和阿勒曼尼人速去驱逐敌军。在其他部队也被派出去后，他……"，《洛尔希编年》）尽管这支劫掠的萨克森人人数不会太多，随查理曼翻越比利牛斯山的东法兰克人队伍肯定也很小，但莱茵河地区的可用的战士已经被抽调一空，无力抵御萨克森人。只有到大军从西班牙返回时，法兰克人才有足够大的力量对抗入侵者。

斯卡拉卫队与王领城堡

这样一套以散居全国各地的战士阶层为基础，每次战役都必须先用好几周时间来征召士兵、配备给养和集结军队的军制是非常笨拙的，而且不适用于小规模战斗、边境防御和处理与邻国的纠纷。即便定居边境的战士阶层人数多于定居内地者，即便边境地区有尚武精神、军事素养、战斗意愿和武器装备的人要显著得多，但单纯从边境及附近地区征来的兵仍然是量少而不可用的，尤其是执行进攻任务时，因为这些人不愿意让家乡无人守备。于是，我们发现查理曼时代的征召附庸武士还得到一批名为"斯卡拉"（scara，本意

---

① 位于法国中部偏北的一座城市。

为"单位")的部队协助。斯卡拉最适合的译词或许是"卫队"。这是一支小规模的常备军，不是散居各地，而是蓄养于宫廷或军营之中，负责保卫皇帝安全，其实力足以在没有全国征兵的增援支持下独立执行规模较小的军事任务。由于斯卡拉卫队大部分是年轻人，所以也被称为"新兵"（tirones）和"青年"（juvenes）。[18] 德语里对应的表达是"Haistalden"或"Austalden"，现代词汇"Hagestolz"（"老单身汉"）就是由此衍生来，因为他们不得建立家庭。他们的另一项任务是长期镇守被征服土地上的要塞，因为应召支援的附庸只能离开家乡一定的时间。

这些随时待命的部队不仅用于境外军事行动，也负责国内的捕盗警备，由此衍生出了"Scharwache"（警卫部队）和"Scherge"（治安员）这两个词。他们——更准确地说，是他们中一批受过专门训练的适当人选——还要负责各种技术工作，比如当时极其重要的边境调查工作。我们后来会发现，统治丹麦和英格兰的克努特王（King Knut）手下也有一支类似的部队 Hauskerle（本意为"家丁"），就用途而言，之后几百年中的 milites aulici 和 palatini（廷卫）也是同样的部队。[19]

这些部队或者卫队直属于国王和朝廷，物资由朝廷供给，行事与朝廷同步。与日耳曼人一样，法兰克国王居无定所，经常在广大国境内巡游，以便亲自行使与国家性质相符的国王职责。[20] 巡游时如果总要带上全体官员和国王家眷，行程就会困难到不可容忍的程度。这样的事情不仅没有发生，恰恰相反，当时甚至有一个方便国王行动的特殊理由：国王可以在各地获取物资，国王领地只需要在本地储备朝廷所需的物资，不需要将物资转运到远方的中央贮藏点。不是物资送到朝廷那里,而是朝廷巡回于各个物资点之间。康拉德·普拉特(Konrad Plath)① 已经证明,墨洛温诸国王在境内为自己修建了无数处城堡(Pfalzen),其相距往往不过一日路程,显然是为了接待巡回的朝廷。建立一大批这样的大型建筑要比将物资从产地年复一年地运往远方更经济,而且许多物资——肉类、野味、鱼类、蛋类——根本不能长距离运输。无疑,我们不能明确地说巡回朝廷是以物易物经济的产物——它更多是基于日耳曼君主制的性质——但无论如何,它与以物易物经济是紧密相连的,正是由于这层关系,巡回朝廷才成为惯例并长期延续。

最近,卡尔·吕贝尔(Carl Rübel)② 证明加洛林时代的皇室城堡是沿着与萨克森战争相关的路线逐步建立的,这些大型建筑是周边农田作物的聚集点。[21] 因此,皇室城堡不仅能为朝廷提供物资,还能供应随朝廷行动或独立外出一日或数日的斯卡拉卫队,更使得这支部队具有了从全国调集的大军永远达不到的灵活性。自带口粮的传统在全国调兵中保留了下来,因为皇室城堡当然并不具备喂饱几千人的能力。区区几条帝国大道的沿线地区和边境地带承担不了整个帝国的军事负担,因此真正的大军必须自备自运军需。

---

① 19世纪德国历史学家,著有《墨洛温王朝与加洛林王朝时期王室城堡研究》(*Die Koenigspfalzen Der Merowinger Und Karolinger*)。
② 德国中世纪历史学者(1848—1916)。

效忠誓言

　　日耳曼效忠誓言的变迁史准确地反映了日耳曼战士阶层的变迁史。我们仍然能够相当准确地追溯历史上的效忠誓言，尽管并非每个时代都有文献证据。[22] 古代日耳曼人没有全民效忠誓词，我们只知道随从向领主效忠的誓词。在紧随克洛维之后的几位国王那里，我们发现了向国王效忠的全民誓词。臣民要发誓"忠诚和服从于"（"fidelitas et leudesamio"）国王。这句套话表明，誓词是从古代的随从誓词那里搬过来的：全民要向一位军事统帅效忠。全体战士被召集起来向领袖效忠的情形最早可能发生于罗马军中，参与者不仅包括个别部队，而是涵盖了全民。在日耳曼人中间，臣民向国王效忠的誓词不仅出现在法兰克人那里，东哥特人、西哥特人、伦巴底人也都有。然而，当年没有加入罗马军队的盎格鲁-撒克逊人直到很久之后（10世纪）才出现了法兰克模式的全民誓词。

　　在墨洛温王朝晚期，法兰克的这种全民誓词被废弃了，就连包括丕平国王在内的加洛林初期诸国王也不再要求全民效忠了。全民誓词被同时期形成的附庸誓词吸纳了。事实上，全民誓词哪怕在墨洛温王朝也不是面向王国境内的全部居民的，而只面向当时真正意义上的人民，也就是战士，而战士后来演变成了附庸。[23] 于是，现在只有国王的直属附庸要向他宣誓效忠，而非直属的附庸只是通过其领主的关系间接效忠于国王。在一次叛乱中——大概是786年哈德拉德（Hardrad）领导的图林根叛乱——叛军自辩的理由是他们毕竟没有向国王宣誓效忠，此事让查理曼认识到了这种安排的危险性。有鉴于此，国王现在命令年满12岁的全体臣民直接对自己宣誓效忠——流传至今的王室布告引言部分申明了这一点——而且后来又反复要求全民宣誓，特别是登基称帝和发布继承顺位时。[24] 要求宣誓者的名字被逐个列了出来：主教和修道院长、伯爵、王室直属附庸、副领主（vicedomini）、副主教、司铎、神职人员（发愿修士除外）、治安官、百户长和年满12岁，且没有老迈到不能出庭和执行领主命令的全体人民，甚至包括并非国王的直属附庸，而是身份为伯爵、主教或修道院长的下属仆役，从领主处获取封地且有马匹、武器、盾牌、枪矛、刀剑和匕首的人。

这张名单或许是一个新的证据，表明当时的军事体系已经完全采取封建制了。诚然，那些认为普遍兵役仍然存在于查理曼时代的全体自由民中间的学者们仍然坚称，从誓言的格式来看，全民（"cuncta generalitas populi"："所有人民"）都必须按照这份誓词宣布效忠。但是，如果誓词的本意果真是面向全体臣民的话，那么专门列出要求宣誓的各类人员就是多余的了。誓词真正面向的是全体战士和全体神职人员。一个人只要不是战士，他就不是完全的、真正意义上的自由民，不算在政治层面的人民当中；一个人哪怕不是自由民，只要加入战士阶层，他同样被要求宣誓效忠。只有这样来解读，编年史中全体阿基坦人，[25] 或全体伦巴底人[26]朝见国王、臣服于国王并宣誓效忠的记载才可以理解。这些表述中的"全体"指的不是数以百万计的农民和市民，而是誓词真正的适用对象，也就是战士，他们才是能几乎全体聚集到一个地方的人，查理曼想要获得其直接的而不仅仅是间接效忠的人也是他们。皇帝登基后确定的誓词格式申明，宣誓者承诺在合法的前提下尽可能忠诚于领主（"sicut per directum debet esse homo domino suo"："按照律法应该那样对待自己的主人")。没有什么比这份格式更能体现时代精神了：按照当时的理解，初始的观念——为王国律法所支持的观念——不是忠诚于国王，而恰恰相反，在普通人看来自然而然、可以理解的观念是附庸对领主发下的誓言。现在，皇帝要求领主的附庸也效忠于自己，于是，依赖手下附庸支持的领主就不能背叛皇帝了。

但是，在附庸誓言之上叠加全民誓言的做法随后被再次放弃了，随之而去的还有君主制的统一、团结和权威。

802年向新皇帝重新宣誓时，查理曼专门规定了由宣誓产生的义务，特别强调誓言的约束力不仅限于皇帝生前。这一点再次表明附庸誓言是主导性的观念，臣民誓言是以其为基础新设的。附庸誓词被视为纯个人性质的，对领主的后嗣或家族不造成约束，那就需要双方共同发新的誓言。但是，臣民誓言同时适用于君主和王朝，这一点必须专门讲明。

规定中还有一条特殊的义务，要求宣誓者不得将皇帝赐予的封地转化为私有财产，再次点出了宣誓的附庸们的特征。

最后值得一提的是，要求宣誓的非自由人应配齐马匹和武器。这不可能意味着步战武士不需要宣誓。进一步讲，这批人不可能单纯受到忽视，但我们可以假定战士都是骑马武士。不骑马的武士根本不存在，或者根本不被考虑。

武器与战术

关于查理曼时代法兰克武士所用武器的文献彼此矛盾，极好地证明了此类记载的细节不可靠。写给福尔拉德修道院长的信（第2

卷）要求每名骑马武士（caballarius）都应配备盾牌、枪矛、长剑、短剑（匕首）和弓箭。信中没有提到盔甲，因此我们只能设想加洛林时代的骑马武士是轻装弓骑兵，但盾牌与弓箭的组合很不常见。盾牌会干扰操弓，而且拉弓射箭时提供的保护相当有限；对弓箭手来说，使用锁子甲或厚实皮甲要合理得多。

敕令中也经常提到弓箭是装备的一部分。[27]但在记述战况的文献中，弓箭极少被提及。[28]

与先前的日耳曼人一样，加洛林王朝及之后的武士面貌都是使用剑矛的近战士兵，而且也用矛来投掷。尽管经常被提及的防具只有盾牌，[29]但圣加尔修道院的修道士艾因哈德（Einhard）在他那本著名的查理曼行记中有一处描述了法兰克士兵装备的重量，似乎说他们全身铁甲，于是我们必须得出法兰克士兵穿锁子甲的结论。敕令中有一处只要求田产达12海得者配备锁子甲，[30]但另一处又没有给出任何具体依据。[31]

我们或许可以如此来协调这些表面上矛盾的报告：盾牌、枪矛和刀剑都是从古时候起就必备的传统武器，复述只是形式而已。之所以专门加上弓箭的要求，是因为弓箭其实并非是日耳曼人本身的武器，但统帅又认为带上弓箭是重要的。另一方面，不提头盔和锁子甲的原因在于，凡是有能力的人都愿意配备这些昂贵的装备。如果说有的地方专门提到了锁子甲，比如805年敕令的语句中那样，那么这项要求也只是针对比较富裕的人。但这项要求对这些人来说也是尤其严格，因为凡是有锁子甲但不带来的人都要被没收全部封地加上锁子甲。

我们不能假定，因为这些布告弓箭就得到广泛使用了。尽管造弓不难，但造出一把真正的良弓就难了。此外，好弓手，尤其是优秀的弓骑兵只能通过艰苦训练才能锻炼出来。[32]

不管每一篇文献如何解释，查理曼手下大部分武士的形象都是可以确定的：身穿比较沉重的锁子甲，头戴没有覆面的锥形头盔，左臂佩盾，武器为刀剑枪矛。弓箭仅为辅助装备。

文献中没有记载加洛林时代的战术，也就是各个兵种——骑马武士、弓箭手、长枪手——的配置协同方式，只有从后来的报告和事件中才能得出结论。当时没有训练，真正的战斗很少见，建立固定的军阵传统和真正的战争艺术无疑是不可能的。查理曼传的作者艾因哈德（第8章）指出，在延续了30年的萨克森战争中只有两场真正的野战，分别是代特莫尔德会战和哈瑟河会战，而且两场会战都发生在783年的5周时间内。伦巴底的国王德西迪里乌斯（Desiderius）和巴伐利亚公爵塔西洛（Tassilo）都不愿意冒野战的风险。因此，这一时期的战术既无必要研究，也没有直接研究的可行性。

2　萨克森人的降伏

既然我们已经确信查理曼军队的规模很小,那么问题就又来了:当年的罗马帝国土地大得多,经济实力强得多,军队纪律严明且规模或许能达到查理曼的 10 倍之多,尚且败于日耳曼部落之手,那么查理曼是如何降伏他们的呢?查理曼与维特金德(Wittekind)之间的战争和当年日耳曼尼库斯与阿米尼乌斯之间的战争是一样的,不仅是物质层面的地域相同,在精神层面也有一定程度的相合。查理曼不仅采用了奥古斯都的头衔,出身日耳曼人的他还志在复兴罗马帝国的观念,并将存续于教会形式之中的罗马制度延伸到威悉河两岸的人民中,这些人在 750 年前曾为了免受罗马统治而奋起自卫。尽管威悉河东西两岸无疑发生过大规模强制迁移、人口消灭和主动迁徙,但如今被称为萨克森人的当地部落(我们不知道这是如何发生的,塔西佗还不知道这个名字)基本上仍然是当年参加了条顿堡森林会战,在伊迪斯塔维索和安格里瓦利人河坝与日耳曼尼库斯对峙的那些人,或者是他们的近亲。他们也长期保持了自由和独立的生活方式,直到现在才不得不放弃两者。

奥古斯都皇帝的时代与后来称帝的查理曼国王的时代之间的第一个重大区别是，到了后一个时代，依然自由地信仰异教的日耳曼人所在的地域要远远小于前一个时代。莱茵河右岸、黑森和图林根已经属于法兰克王国了。当罗马人沿着利珀河向威悉河推进时，他们发现自己深处敌境，四面受敌，与后方只有一条通路。而查理曼接手的王国边境从利珀河向南延伸了几英里，直到萨勒河。于是法兰克军队可以从西南两个方向进入萨克森，退路也有两条。

萨克森人的地盘在东边最远不过萨勒河与易北河，认识到这一点很可能也是重要的。易北河以西甚至也有敌对的斯拉夫部落。即便当年易北河以东的日耳曼人没有直接参加对罗马的战争，但是，知道车茹喜部身后还有其他可能参战的日耳曼部落这一点会对双方领导人的决策都造成影响。

即便那位法兰克人罗马皇帝起初的目标比罗马帝国皇帝当年的目标小得多，但他却少了让罗马人得以发动战争的最重要辅助要素——穿过北海后沿着埃姆斯河、威悉河和易北河溯流输送军需的舰队。查理曼后来会发现，如果没有海路与庞大舰队的支持，他也和日耳曼尼库斯一样不可能在萨克森腹地供养六七万大军。因为他出兵的部队规模小得多，所以可以不用舰队。

那么，我们的问题就具体归结为，查理曼是怎么凭借一支小得多的军队达到了罗马人没有达到的目标呢？归根结底，答案必须到守方而非攻方那里去找。如果萨克森人与当年的车茹喜人、布鲁克特里人、玛尔西人、安格里瓦利人是同一类的话，那么几千名骑马武士只会无可奈何。但是，就连这些自然之子身上也留下了时间的印记；他们从前历史的自然状态进入人文状态，早已启动的历史发展进程走向成熟。早期日耳曼部落的力量基础在于绝对的野蛮蒙昧，人只不过是战士，只有战士才是人。到了 8 世纪，这种状况已经不在了。我们从文献中了解到，在萨克森有很多没有自由或只有部分自由的人。[1] 这有可能是因为日耳曼人之间相互征服，萨克森之名的传播便与这些事件相关。没有自由或自由受限的人不再是完整意义上的战士了，不再是阿米尼乌斯时代的同胞了。萨克森人还没有发展到建立城市、经营城市生活的程度。但除此之外，我们或许可以设想他们的状况类似于恺撒描绘的高卢人。人口分层——恺撒在高卢就发现当地人分化为战士或骑士阶层和不尚武的市民、农民阶层，之后法兰克王国再次发生了这一进程——在萨克森人中间肯定也是早就十分明显了。否则，他们不会在被征服后如此快速和轻易地适应了法兰克人的社会状况。但如果是这样的话，查理曼面对的任务就与当年的提比略和日耳曼尼库斯完全不同了。罗马统帅必须率领大军才能进入日耳曼人的地盘，而且只能派出兵力强大的分遣队，因为没有极大数量优势的分队大军随时都会覆灭。如今，萨克森人或许仍然个人勇武，却不那么危险了。接下来几章中，我们会一而再再而三地看到文明发展阶段对军队兵力造成的影响。与车茹喜人相比，异教徒萨克森人已经高出了几个层次——可能也没有高太多——更有经济头脑，更文明，也更柔软。这就是兵力远小于瓦卢斯的查理曼部队能够冒险深入萨克森人地盘的终极原因。

但是，这一根本区别改变的不只是兵力数目，还有发动战争的战略态势。

罗马大军的规模带来了极大的后勤压力，几乎将罗马人完全拴在水道上。加洛林军队的规模较小,运输补给可以走陆路。

耕作水平无疑也大大进步了,这个因素也为入侵者供养人员、马匹、拉车的牛和肉畜带来了便利。

尽管如此,法兰克人面对的任务仍然是艰难的。恺撒当年在高卢采取的战略——大军居中集结,对手有异动则立即消灭——断不可行。查理曼手中肯定是没有这种大军的。现在,我们来看一看法兰克国王是怎样做的。

772年,查理曼从黑森出发,经迪默尔河(Diemel)畔的上马尔斯贝格(Obermarsberg)——这条河边的厄瑞斯堡(Eresburg)已经被攻下了——进入萨克森。他一直进军至威悉河,在那里与萨克森人(或者只与安格利亚人,Angrians)立约。尽管途中没有遇到真正的抵抗,但法兰克人出境不过45英里(约72千米)而已。

774年,萨克森入侵法兰克领地,行至弗里茨拉尔(Fritzlar)。次年,在法兰克国王征服意大利的伦巴底人后,法兰克人正式发起了攻势。这场攻势最终会导致萨克森人完全被降伏。法兰克人一开始就在未遇激烈抵抗的情况下攻克了两座萨克森人的边境堡垒,即鲁尔河(Ruhr)上的西吉堡(Sigiburg,今霍赫绥堡)和厄瑞斯堡,然后向威悉河进军。一支萨克森军队试图阻止敌军渡过威悉河,但没有成功。接着,法兰克军前往哈尔茨山北面的奥克河(Ocker)。有一支法兰克部队沿着威悉河左岸行动,途中经过条顿堡森林和维恩山,结果在吕伯克(Lübbecke)被萨克森人突袭,并且似乎是在允许其撤走的条件下投降了。[2] 但同时,伊斯特伐利亚人(Eastphalians)和安格利亚人已经在奥克河与查理曼谈判并向其臣服了,于是当法兰克人渡过威悉河,在回军途中经过威斯特伐利亚人的地盘时，威斯特伐利亚人也表示臣服并献上了人质。

我们从这些事件中只能得出一个结论：萨克森酋长中有一个强大的派系并非不愿加入法兰克帝国，事实上可能还渴望加入帝国。当然，多年前，车茹喜部的大部分酋长或许就是亲罗马的。不妨回想一下阿米尼乌斯与弟弟弗拉维乌斯的那段著名对话，即便那是诗人的虚构。尽管过去有过冲突，尽管法兰克人曾在 772 年毁掉了伊尔明神柱，但萨克森人还是在一场决战都没打，法兰克人也没有拿下大片土地的情况下屈服了。法兰克边境与奥克河的距离约为 95 英里（约 153 千米）。一种有可能会发生的情况是，萨克森人只是假装臣服，希望用好话哄骗法兰克人，而查理曼愿意签订条约的原因是军队和补给都不足以深入敌境作战。但接下来的事件表明，他确实寄希望于萨克森会半自愿地并入王国，而萨克森人的行为也符合他的期待。他不仅没有前出到威悉河下游或易北河，而且只占领了边境的两座城堡——西吉堡和厄瑞斯堡——作为统治基地。次年，热爱自由的萨克森人复叛，夺取厄瑞斯堡，围困西吉堡但没有拿下来。这一次，形势在查理曼到来后就立即改变了，让亲法派占据了上风。[3] 当他还在利珀河源头，刚刚越过边境时，成群的萨克森人就跑过来向他祈求宽恕和重新臣服于他。即使是这个时候，他强化统治的手段也不过是收回厄瑞斯堡，在利珀河上修建了离边境很近的卡尔斯堡（Karlsburg）。这座堡垒的确切位置未知。次年（777 年），查理曼在萨克森人当初臣服的地方——利珀河源附近的帕德博恩——召开帝国大会和宗教会议。除了投奔丹麦人的威斯特伐利亚首领维特金德，萨克森众酋长都出席了。

次年（778 年），维特金德趁查理曼身在比利牛斯山南侧的机

战争艺术史：中世纪战争

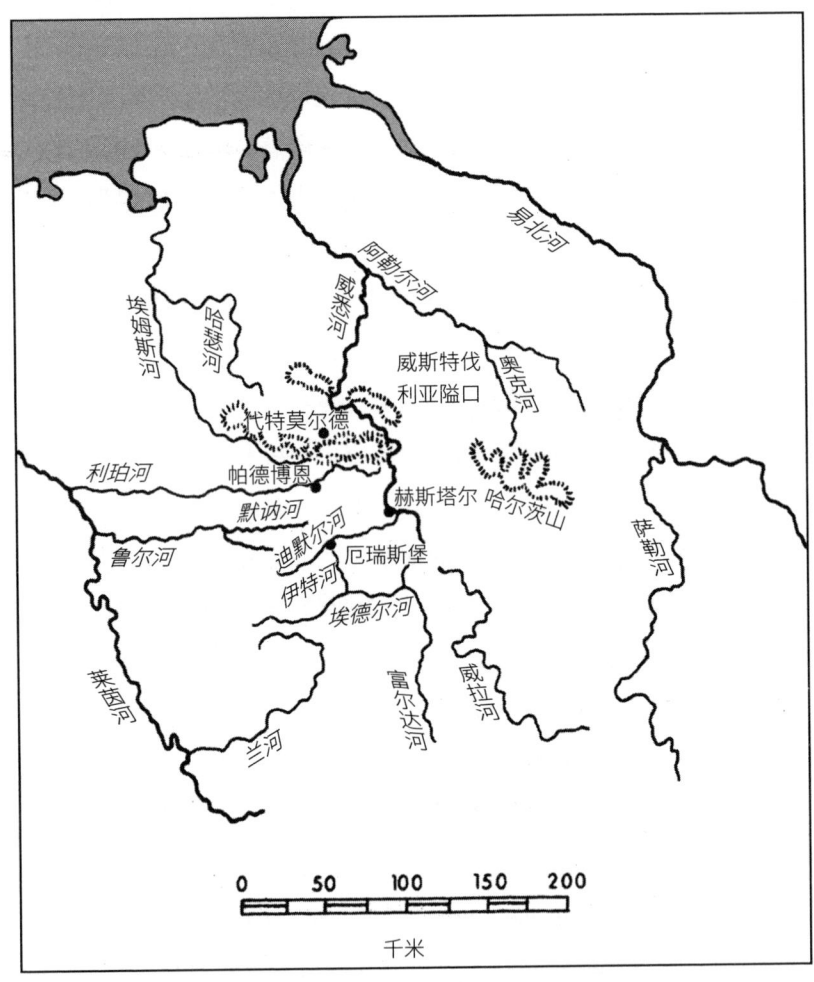

图 1　莱茵河到易北河之间的日耳曼地区

会再次召集同胞起兵。萨克森人突破边境，推进到莱茵河畔的多伊茨（Deutz），然后向莱茵河上游走了一段距离，最后通过兰河河谷撤走。但是，他们只拿下了萨克森境内三座法兰克要塞中的一座——卡尔斯堡。退兵途中，他们在埃德尔河畔遭到从西班牙回来的法兰克军攻击，蒙受了一定损失。国王第二年率大军来时又是有征无战。萨克森人先前在威斯特伐利亚与法兰克的交界地带、利珀河以北的博霍尔特（Bocholt）修建的一座要塞被法兰克人夺取了。查理曼饮马威悉河，萨克森人全体臣服于他。（行军路线和威悉河大营梅多弗里，Medofulli，的位置无法确定。）次年（780年），他第一次来到易北河畔——途中没有遇到激烈抵抗——抵达马格德堡（Magdeburg）①以北的奥勒河（Ohre）山口。

782年，在最方便全体萨克森人与法兰克人集会的帕德博恩召开了一次新的帝国会议，会上宣布萨克森完全加入法兰克基督教王国。曾经像古代酋长（塔西佗笔下的 principes）那样立于部民最前面的萨克森贵族成了国王手下的官员、伯爵。异教信仰被禁止，违者处死，还下令举行洗礼。所有地区都要设置牧师并为其提供土地和仆人，还要向教会交什一税。

这对萨克森人来说太过分了。⁴维特金德从丹麦返回，在桑特尔山（Süntel Mountain）大败一支来攻打他却没有做好妥善防备的法兰克分遣队（782年）。关于此战地点和细节的报告相互冲突，无法具体讨论。但尽管有这次的胜利，起义并未蔓延开来。当法兰克国王亲自率军前来时，维特金德没有冒险交锋，而是逃奔丹麦。其

---

① 德国东部城市，位于易北河畔，奥托一世的王宫所在地。

他酋长都来到查理曼面前,将一切罪过都推到了维特金德身上。从事情经过来看,查理曼带来的军队显然不可能有很大规模。查理曼前往帕德博恩并召开会议是在春天,直到草料充足后才出发。大约是 6 月底,在返回途中渡过莱茵河时,他接到报告说索布人入侵了图林根,于是派兵去攻打。在路上,这支部队听说萨克森人叛乱,与其他部队［由狄奥德里希伯爵(Count Theoderich)主动率领赶来的利普里安部队］会合后在桑特尔山还是被击败了,因此战斗时间不会早于八九月份。即便我们可以设想查理曼接到萨克森叛乱后就立即召集兵马,但进行动员、发布征兵令、附庸从各自驻地赶来、准备器械、向农民征收给养,这些行动都需要一定的时间[5],因此从远方来的分队不可能在当年秋天抵达威悉河。从巴黎到威斯特伐利亚关隘的直线距离是 600 千米,行军距离相当于 900 千米,要走两个月的时间,而查理曼庆祝圣诞节时又回到了迪登霍芬(Diedenhofen)。①

因此,可以这样认为,国王仅仅率领一小支法兰克军队现身就足以让萨克森人放下武器了。

查理曼深入萨克森腹地至威悉河下游,并在费尔登(Verden)处决了一大批犯人,其中估计有一批人是因为反击叛乱不积极而被判有罪的(782 年秋)。

如惯常一样,严厉处置犯人并没有达到目的。萨克森人心中燃起了凶狠的复仇欲望,第一次群起叛乱,并于次年(783 年)与法兰克人展开野战。

---

① 位于法国东北边境地区,今称蒂永维尔(Thionville)。

第一次交手是在代特莫尔德和德伦河谷附近的条顿堡森林,日耳曼人曾在这里捍卫和拯救了他们的自由。这一次,萨克森人被打败了,但取胜的查理曼还是退回帕德博恩待援。纯粹从军事角度来看,是无法解释撤军行动的。取胜后撤军会消磨高昂的士气,而士气正是成就功业的最重要因素。假如法兰克人果真打赢了,那他们的实力无论如何都足以支持其原地待援。从帕德博恩过去只有二三日路程,而撤军必然会显出败势,至少会让胜利显得可疑,令心志动摇的萨克森人重振信心,加入维特金德的阵营。交战肯定在代特莫尔德发生了,而且法兰克人肯定没有被打败,那样结果会更惨烈,因此当时的情形讲清楚了大概是这样:查理曼起初只带了一小股部队上前,因为他以为大部分萨克森人还是会马上向他臣服,没准还会与他结盟。代特莫尔德的战斗大概并不特别重要,但它让国王明白,萨克森人这一次真要违抗他了。他意识到轻兵前出是一个错误,尽管打胜了,但身处山脉以北的形势依然很危险。他之所以愿意承受撤军对士气造成的不利影响,是因为别无选择,当务之急是在安全地点等待各路部队抵达。过了一小段时间后,他才有能力再度进军。代特莫尔德战斗刚刚过去 4 周,他就在哈瑟河取得了决定性胜利。交战可能发生在奥斯纳布吕克,但确切位置未知。法兰克军在这次胜利后穷追猛打,蹂躏乡里,渡过威悉河,直抵易北河。尽管法兰克人秋后再次撤军——10 月 9 日,查理曼身在沃姆斯(Worms),他在默兹河畔(Meuse)的赫斯塔尔(Heristal)庆祝了圣诞节与复活节——但 784 年开春就再次进军,于利珀河口渡过莱茵河,直至明登下游的威悉河畔胡库尔比(Huculbi,今彼得斯哈根)。既然萨克森人预计不会再进行坚决抵抗了,于是查理曼在那里分兵：一路由长子查理率领，掉头回威斯特伐利亚，途中在利珀河进行了一场战斗；国王南下去图林根，然后再次转向北方，进入伊斯特伐利亚。按照帝国档案的记载，查理曼没有从胡库尔比继续北进或直接向东行进是因为发了大洪水。我们还可以推测，补给问题也扮演着一定的角色，先去原有的地盘图林根一趟可以补充给养。

尽管伊斯特伐利亚人现在看起来是降伏了，但仗还要继续打。查理曼决定不给对手在冬天恢复元气的机会。法兰克人从南边[国王在代特莫尔德以东约 16 英里（约 26 千米）处，距离威悉河左岸不远的埃默河畔（Emmer）吕德（Lügde）庆祝圣诞节]北进至威斯特伐利亚隘口（雷赫姆），但没有冒险继续前进，而是后撤 45 英里（约 72 千米）至边塞厄瑞斯堡（上马尔斯堡）。整个冬天查理曼都在厄瑞斯堡，边区（the border districts，法兰克编年史作者极其夸大了这个词的用法，使之涵盖了几乎所有地区）扰乱不断。编年史作者专门写道，查理曼必须从法兰克内地将给养运来。但到了春天，补给充裕的他又可以进军了，这一次到了易北河下游的巴顿地区（Barden）。当他打到这么远的地方时，他作为一名征服者，表现出了政治家的风范，与已经逃到易北河东面的维特金德展开谈判，议和结盟。维特金德明白举事无望，于是向查理曼臣服，拜谒王宫并接受洗礼。就这样，这场起于 782 年夏季叛乱的战争在 3 年后（785 年）结束了。

后续的行动和冲突（793 年至 804 年）尽管并非不重要，但从军事史角度来看并无更多意义。这场战争完全是充斥着烧杀抢掠。只有东厄尔巴（East Elban）萨克森人曾在荷尔斯泰因（Holstein）与法兰克人打了一场野战；斯拉夫人、奥博德里特人（Abodrites）和维尔茨人（Wilzians）在此战中给予了查理曼许多协助。在这10年间，皇帝平息当地战火的最重要手段是将萨克森人大批迁往法兰克。797年至798年冬，查理曼再次集结大军于萨克森时没有再把营地设在厄瑞斯堡，而是设在更东边赫斯塔尔［今赫斯塔勒（Herstelle）］附近的迪默尔河-威悉河交汇处。罗马人当年从阿里索要塞前进时先去了东北方向的威斯特伐利亚隘口，因为他们要与自己的第二基地——海洋——联络，而即便到了这个时候，查理曼仍然要尽可能靠近本土。

通过分析这一区别，我们又可以将萨克森战争与罗马人在相同地域的战争做一番比较。罗马人作战的基础是水道，特别是利珀河与利珀河上游的大型补给点阿里索。现在叫帕德博恩的阿里索在加洛林时代的战役中依然发挥着重要作用，但原因纯粹偶然。毫无疑问，查理曼也利用过几次利珀河水道，但他的主要进攻路线是从南边的黑森向北前往威悉河。[6] 黑森和图林根本来就是他的地盘，因此他面临的局势从一开始就全然不同于罗马人；从这里出发，他每每都能迅速抵达威悉河畔，深入敌军腹地。但是，我们不知道他有没有将富尔达河（Fulda）用作补给线。他无疑懂得水道对运输补给是多么重要，也正是出于这个原因，他才修建运河将美因河与多瑙河连通起来，但那对萨克森诸战役没有影响。查理曼没有建立大型补给站；各支部队的规模小是小，但还必须自带军需。最早的两场战役（772年和774年）都发生在利珀河完全不可通航的秋季。

然而，补给问题无疑也是加洛林时代战争的一个决定性因素。

有无数次进军半途而废,在这种情况下,积极行动显然是继续作战,而且对方的抵抗并未构成多大妨碍。毫无疑问,原因只在于后勤。在没有来自北海的船队的支援的情况下,法兰克国王最终推进到了威悉河下游和易北河下游,这确实是了不起的成就,因为当地能为入侵者提供的资源相当稀少。

公元 16 年春,罗马军主力驻扎于阿里索要塞,在威悉河畔等待船队到来。趁这个时间,罗马统帅修建了通往莱茵河的道路(参见第 2 卷)。据王室文献记载,784 年至 785 年冬查理曼驻扎于厄瑞斯堡,对萨克森人施加压力时也采取了同样的行动。[7]我们感兴趣的是:为何罗马人在这片地区修建道路,为军事行动提供支援时将中央大营选在了利珀河上游的一个地方,而查理曼在做同样的事情时选择了位于迪默尔河上游、罗马大营以南约 23 英里(约 37 千米)的地方。

罗马人的前进基地是要尽可能深入敌境,通过水路运输来建立大型补给站。这条水路就是利珀河。尽管利珀河会在仲夏进入枯水期(9 月水位最低,参见第 2 卷),但在春季,罗马人几乎可以将物资很方便地一直运送到河源处。强大的常备军有守住前进据点的能力和意愿,必要时也可以将其夺回。

查理曼麾下的附庸军队守不住深入敌境的据点,而且军队规模相当小,各部队自带给养,他也不需要大型补给站和水路运输。但这样的好处是,他不仅可以从莱茵河进攻萨克森人,从黑森出发也可以。于是,战争第一阶段的主要基地必然要位于两条行动路线——莱茵河路线和美因河路线——的交叉点。这个点就是迪默尔河上游的厄瑞斯堡。要是查理曼从富尔达河出发,然后直接驻扎在威悉河畔，那样一来，从莱茵河东进的那一条路就太远了。要是一开始就驻扎到利珀河上游，又太深入敌境了。要是将大本营设在鲁尔河流域，比如布里隆（Brilon）或默讷河畔（Möhne）的吕滕（Rüthen），与黑森的距离就太不方便了。

但对查理曼来说，厄瑞斯堡是所有重要道路的交汇点：一是由南向北，经过埃德尔河谷与伊特河谷（Itter）的道路；二是自西向东，沿着鲁尔河与默讷河的道路。向东可顺迪默尔至威悉河，向西北可经辛特菲尔德（Sintfeld）至利珀河上游、帕德博恩与条顿堡森林的各个关卡。

那么问题来了：查理曼为什么不直接将大本营设在阿尔默河（Alme）与利珀河交汇的帕德博恩，而是设在整整 2.5 英里（约 4 千米）外，位于小支流帕德河（Pader）上的一个地方？著名的"光明之路"（Hellweg）为什么没有沿着莱茵河的一条支流修建，而是以帕德博恩为起点，夹在鲁尔河与利珀河之间并与两河平行延伸，先后经过苏斯特（Soest）、翁纳（Unna）、多特蒙德（Dortmund）到杜伊斯堡（Duisburg）呢？这个问题正与帕德博恩的位置有关。

最近，卡尔·吕贝尔在他经常被引用的著作中解决了这个问题，在我看来是彻底解决了。"光明之路"恰好是在萨克森战争期间由查理曼修建的。它连接了一系列新设立的王室领地，沿途土地非常肥沃。于是，一支规模不太大的部队沿这条军事公路行进时可以在各处获取给养。这条道路得名于"Hallweg"，沿途有烽火台发布入侵警报。它对法兰克国王的意义相当于利珀河水路对罗马人的意义。对查理曼来说，夏秋两季有好几个月不可通航的利珀河并不重要。因此，他在平原建城作为光明之路的枢纽，从这里可以朝各个方向进山，众多溪流提供了优质水源，既能让军队休整，也能为磨坊提供动力。

萨克森与法兰克的边境上有多条像"光明之路"这样沿途安插王室领地的道路，有的沿鲁尔河、利珀河和迪默尔河延伸；有的与河流垂直，以便将河谷连接起来。当然，查理曼后来在萨克森全境都修建了这种沿途安插王室领地的道路。比如，舒赫哈特（Schuchhardt）①最近指出，位于利河（Leine）可通航河段起始点的汉诺威（Hanover）就是一个这样的加洛林王朝据点。[8]

最后还有一个问题：如果帕德博恩对罗马人和查理曼来说都是战略要地，那么它为什么后来再也没有发挥过特殊的作用，甚至没有发展成重要的城市呢？对此的回答是，一个地方不存在绝对的战略意义，除了长久延续的地理状况，是否具有战略意义还取决于各个时期的特定历史条件。比布拉克特和阿莱西亚现在是村子，而在恺撒的时代，巴黎根本不重要。德鲁苏斯和查理曼都在阿尔默河与利珀河交汇处附近设立大营是一个巧合，两人这样做的原因是不同的。甚至自然环境之后也发生了变化。在中世纪，每条河流都受到两大力量的争夺：航运与磨坊。交通干线一旦从利珀河转向光明之路，河上的磨坊就占据了上风。这条河毕竟每年有三分之二的时间不可通航。磨坊将航运挤到了角落里。到了1486年，苏斯特市试图控制利珀河水路，这可以作为人们认识到了利珀河的意义和用处

---

① 全名卡尔·舒赫哈特（1859—1943），德国考古学家，担任柏林人种志博物馆史前研究部主任，参与过欧洲和中东的许多发掘活动。

的证据，此事对我们当然非常重要。但是，这次尝试失败了，考虑到威斯特伐利亚当时四分五裂的政治局势，这是可以预料到的。

因此，没有水路的帕德博恩也就不能取得大发展了。

3 加洛林帝国、诺曼人与匈牙利人

查理曼帝国没有内在的统一性,它是由查理曼一系的阿努尔夫家族创造出来的。按照日耳曼人的继承法,所有儿子对家产都有同等的继承权。817年通过继承法来协调帝国统一与继承权利之间的矛盾的做法只是带来了阋墙之争,王朝内斗又推动了新政治原则——封建法——的独立和完善。在查理曼时期,臣民承担义务的旧原则至少在理论上还存在,但帝国后来还是彻底清除了这些旧原则。虔诚者路易的儿子们与父亲交战又自相争斗,不得不努力争取支持者。于是,他们牺牲掉了根深蒂固的公职观念。现在,国王任命的伯爵不再是可收回的委任官职,而被授予封地。国王再也不能任意撤销其任命了,而且如果伯爵死时留下了儿子,那么儿子就有权获得父亲的职位并受封伯爵领地。自然因素必然会导致形势向这个方向发展。中央政府几乎不可能真正监察伯爵施政,只有伯爵领地与伯爵个人家庭利益之间的紧密纽带才能带来一些实行善政、免行苛政的担保。以附庸和封地为基础的军事制度尤其不适用于官职频繁变动的情形。

但是，随着伯爵领地逐渐向封地转化，国王的权威也就烟消云散了。墨洛温王朝末期的情况重演了。丕平和查理曼两代国王恢复与维持王室权威的手段是将幅员辽阔的王国作为一个整体来统治。凡是没有立即遵从王命的伯爵都会害怕国王不悦。到了日耳曼人路易和秃头查理特别是两人的继承者的时代，手下伯爵全凭个人喜好听从国王征召。国王甚至不能严厉处置某个伯爵，其他伯爵会因其阶层团结意识保护他，而在王室家族内斗的情况下，国王必须依赖伯爵们的支持。

高度封建化的组织形式曾经为加洛林国家提供了强大的战士阶层，如今却要为国家的解体负责。

这时，一个可怕的新敌人现身于西方。他们是条顿民族最后一批仍然浸润着粗犷凶蛮之气的人——信奉异教的诺曼人。

关于直到此时依然军力强盛的法兰克人为何无力抵御诺曼人的入侵，学者们给出的理由五花八门。甚至有人说，这是因为查理曼的征战导致人口减少。事实上，加洛林帝国在几代人的时间里无内战之苦，而且直到830年虔诚者路易在位期间为止，几乎完全都是和平的状态，我们可以假定这种形势对经济繁荣和人口增长都非常有利。但正是查理曼对地方军事力量的低要求和路易治下的和平年代，才导致法兰克人的军事素养和作战经验被局限在一个非常有限的圈子里。尽管如此，只要权威不受挑战的中央政府尚存，大规模军队仍然是可以集结起来的。但当中央权威不复存在，国王被迫依照伯爵、主教和附庸的意愿行事时，从远方征兵就再也没有可能了。

如今的加洛林帝国重演了当年日耳曼长城被突破后的罗马帝

国景象。与4、5世纪时肆虐罗马诸省的日耳曼军队相比，诺曼军队肯定不会更强，事实上大概还要弱一些。这些维京人全都来自丹麦和挪威，他们的故乡或者太狭小，或者太贫瘠，不可能供养庞大的人口。瑞典人有时也会参与诺曼人的入侵行动，但他们当时主要关注另一个方向。作为瓦良格人（Varangian），他们征服了俄罗斯，又在君士坦丁堡与曾乘船横穿地中海和直布罗陀海峡的族亲会合一处。诺曼人让欧洲惊恐无状并非凭借人数，而是因为在他们身上再次出现了古代日耳曼人的好战品质。当年辛布里人和条顿人靠近时，这些品质让早期的罗马城震颤不已，500年后，这些品质又将帝国撕成了碎片。

上述发展过程在盎格鲁-撒克逊人身上最为明显。827年，埃格伯特国王（King Egbert）统一英伦三岛上盎格鲁-撒克逊人的土地时恰好赶上维京人入侵。有人会觉得，这样一个日耳曼大国肯定能挡住海盗团伙。但是，盎格鲁-撒克逊人的先辈400年前借以征服岛上凯尔特人的尚武战力早已完全不见了。接下来，我们会更详细地考察这一变迁历程：古老的日耳曼征服者为何最终先后被丹麦人和高卢化的诺曼人统治呢？

对法兰克帝国境内诸王国来说——在那里，封建制度或多或少维持了一定的战士阶层——上述过程不像对盎格鲁-撒克逊人那样糟糕，但就连法兰克人的封建军队也挡不住维京人。用兰克的话讲，最重要的是，就连查理曼本人的军队也缺了一半，那一半是海军。他认识到了这个弱点，也打造了舰船（800年），但在这方面肯定没有取得多少成就，因为810年，当诺曼人乘着200艘船再次出现时，他们未遇抵抗就摧毁了弗里斯兰（Friesland）①。本来有大量时间和资源来建立海军的虔诚者路易毫无作为，之后内战爆发，更不可能花大力气打造舰队。凭借手中舰队与航海技能，诺曼人在海岸线上神出鬼没，一会儿在这里，一会儿到那里。即便他们只有几千人，但几千名附庸集结进军需要多少时间？还没等他们赶到，敌人早就带着战利品跑了。另外，远方的伯爵们总要面临这样的诱惑：与其投入消耗甚大的战役，不如留在老家保存实力。

有一次，就连农民都被召集起来抵挡这些可怕的敌人了。但编年史作者告诉我们，尽管集合迎战的人很多，但诺曼人还是打败了这些装备精良却不懂打仗的老百姓，像宰牛一样屠杀他们。[1] 于是，农民们——利普里安（Ripuarian）法兰克人——肯定刚刚交手就掉头逃跑了。

于是，诺曼人得以焚毁科隆和亚琛（Aachen），兵临科布伦茨乃至特里尔，最后趁查理三世皇帝在意大利的时候围攻巴黎。同时，地中海沿岸特别是意大利都暴露于撒拉逊（Saracen）海盗的攻击之下，那不勒斯和罗马的圣彼得教堂都遭到了劫掠。

直到此时，只要我们想一想罗马帝国当年面临日耳曼部落的入侵——我们现在知道，这些部落的战士数量也很少——是多么无助，上述事件或许并不难理解。但有一件事就不那么好理解了：哪怕是面对重新集结起来的全法兰克帝国大军，诺曼人也没有退回船上，反而正面迎战，而且帝国军队依然不能将其击败。

诺斯人先前的攻势和劫掠行动要么受惠于海上优势，使之能够

---

① 西欧地区名，北起丹麦西南海岸，南至荷兰北部。

在任何地方发起突袭，要么得益于王室分裂与法兰克人的内斗。到了日耳曼人路易之子查理三世统治时期，法兰克帝国终于再次统一。这时，我们或许会以为法兰克帝国调集的大军能够在任何遇到诺曼人的地方将其压倒。但事实并非如此。

当查理还是东法兰克王国、洛林和意大利国王时就曾集结大军，率之对抗在默兹河畔艾什洛（"Aschloo"，今埃尔斯洛，"Elsloo"）设立坚固营寨的诺曼人。就连意大利人也派出了援军，因此我们可以假定法兰克军规模不小。查理没有向诺曼人发起进攻，而是与其订约，规定诺曼人首领格特弗里德（Gottfried）受洗并迎娶加洛林王朝的公主，还将弗里斯兰一部分给他和他的部属居住。此外，查理还要付给他们[2] 412磅金银（882年）。有同时代的人说，军中对此愤愤不平，宁愿打一仗。尽管如此，我们可以假定法兰克皇帝及其顾问相信，与其冒险打一场成色可疑的胜仗，将诺曼人和平纳入法兰克帝国的收益更大。

但是，面对巴黎发生的事件，就连这种政治手段也失败了。查理率领整个帝国的军队现身于塞纳河北岸，占领了蒙马特高地。诺曼人退往南岸，但在那里站定了脚跟。这本应是夺取决定性胜利的大好时机。查理没有冒险，而是订立了一份新的条约，承诺给诺曼人700磅白银赎回巴黎，还安排他们到勃艮第过冬。当时有一位波索伯爵（Count Boso）在勃艮第称王，正要脱离帝国。

当时人们都将这份可耻的条约归咎于无能懦弱的国王，还谴责他的近臣是叛徒。反对声势浩大，以至于国王没过多久就被废黜了。但从军事史的角度看，此事还没有完结。查理皇帝本人绝无英雄气概，这是无可置疑的。不过，若将士们有无限的必胜信念，那么法兰克高层中肯定会有人发声，说服皇帝任命一位统帅领军出战。

另外，我们必须努力从客观角度出发，搞清楚皇帝的决策为什么看上去有其合理性（毕竟，这个决策是经过军务会议讨论过才做出的）。

毫无疑问，法兰克国王们有时打败过诺曼人，尤其是口吃者路易和继承查理三世皇位的阿努尔夫国王。几年前（881年），路易在桑库（Saucourt）会战中获胜。5年后（891年），阿努尔夫国王在鲁汶（Louvain）取胜。但是，这些胜利的意义不大，就连大名鼎鼎的后一场会战也是如此，因为即便可以将一位作者笔下法兰克军只损失了一人的说法视为歪曲事实的吹嘘，但不管怎么说，这场会战只造成微弱的直接影响。仅仅几周之后，诺曼人就在先前被击败的同一地点重整旗鼓，并从那里出发，先后劫掠了波恩和阿登山区（Ardennes）。

不过，我们还可以与一代人之后的德意志国王①亨利一世对抗另一支蛮族敌人——匈牙利人——的战争作一番对比。那时，匈牙利人对西方世界造成了极大的压力。就连亨利——现在也顾不上雄主的名声了——也觉得连续9年为匈牙利人定期上贡是合理的做法，而且这笔上贡甚至买不来整个王国的安全，只能保住他本人的萨克森公国的太平。我们不能假定924年德意志人的军事素养

---

① "German"这个英文词同时对应汉语中的"日耳曼"和"德意志"，这里是译文中第一次出现"德意志"的用法。因为这里指的是加洛林帝国分裂后形成，后来演变为德国的东部王国，不同于先前作为包括法兰克人在内的众多古代民族泛称的日耳曼人。

与886年法兰克人的军事素养存在重大区别。因此，我们必须明确地认识到一点——我们必须自始至终将它作为理解历史的一个基本点，那就是：幅员辽阔的加洛林帝国以及帝国之下依然堪称大国的诸王国集结起来的军队，不过勉强能与数量甚少的蛮族入侵者达成力量平衡而已。于是，每一次交战中谁能占据上风都取决于具体情况，尤其是将领。匈牙利人最终在野战中负于奥托大帝（Otto the Great），后者凭借强力手段掌控了全德意志的军力。诺曼人从来没有真正被打败：一部分诺曼人在不列颠岛扎下了根；另一部分由罗洛公爵（Duke Rollo）统领的诺曼人则根据911年的条约定居于塞纳河口，正如查理三世的埃尔斯洛条约设想的那样（暂且不提之前还有过一次同样的尝试）。到了10世纪，丹麦人和挪威人也接受了基督教，于是余下的诺曼人也融入西方文明，渐渐失去了危险的和纯粹好战的品性。

因此，北方日耳曼人的维京航海行动相当类似于民族大迁徙时代日耳曼人的活动，不仅是在行动的起源和性质方面，而且在归宿和结果方面也是一样。一部分漫游者最终在先前劫掠和蓄意摧毁的地方定居了下来。但有一个区别是，法兰克帝国不像当初的罗马帝国那样毫无抵御之力。

在坚强的核心——严整有序的军团——消失后，罗马本族中再也没有产生合格的战士。除了挑动蛮族之间内斗，招揽蛮族至麾下，罗马人没有别的自保之术。盖塞里克进攻迦太基时，守城部队是哥特人（"cum Gothorum foederatorum manu"："凭借一支哥特盟军"）。纳尔西斯是在赫鲁利人、伦巴底人和匈人的帮助下征服哥特人的。法兰克、盎格鲁-撒克逊诸王国以及后来的德意志人都是亲自与诺曼人、匈牙利人交手的；不管是输还是赢，他们最起码凭借的是本族的军队和本土的居民。如果真像过去认为的那样，查理曼手下的法兰克军队是由农民组成的，或者换一种说法，如果百姓还有军事素养，能够上阵杀敌的话，那么有一件事就完全不能理解了：皇帝死后刚过了一代人的时间，这个人口以百万计的民族竟然就挡不住蛮族入侵者了。但长期以来，即便是加洛林帝国境内的各个日耳曼化民族，有军事素养的人也很稀缺。就连查理曼的军队规模也是很小的，我们先前已经通过其他情况确定了这一点。因此，甚至连查理曼的曾孙也无法聚集起大批合格战士，而只有或多或少的骑士单位而已。

现在回头看查理三世面临的局势和巴黎解围行动。从885年11月开始的将近一年时间里，诺曼人一直驻扎在城下，发起过猛烈的强攻，有时还将城市团团围住，以至于巴黎人只能通过偷偷出城或强行突围才能与外界沟通。那时的巴黎已经是一座大城了。

即便编年史中诺曼人多达三四万的说法不值一提，但其兵力肯定是相当可观的。当查理率领援军接近时，诺曼人没有摆开阵势，准备野战，而是退到了塞纳河南岸的一座坚固营地中。法兰克人要么强攻营地，要么围住营地，等待守军因饥饿而屈服。强攻的成功机会是很可疑的。如果恺撒处于类似的战略态势下，他肯定会用壕沟和矮墙将敌军围起来，迫使其粮尽出降。这种战法的关键在于，围城军的给养必须能维持足够长的时间。有人会觉得，凭借塞纳河及其支流的便利水道，法兰克皇帝肯定能将所需的粮草运来。但是，他没有采取这种行动所需的行政体系。加洛林军队靠的是各支队伍自带口粮。查理早在886年8月就来到了巴黎近郊，但条约一直到11月才生效，各支部队估计直到11月才集结。等到最后一批部队抵达时，最先来的部队已经把3个月的给养耗光了。他们没有资金充足、经验丰富，既能找到哪怕少许隐藏起来的口粮，又能组织从远方转运粮草的军需官。周边地区的粮草早就被诺曼人抢光了，法兰克人的搜索行动一无所获。另外，如果将视角从战场拉开一点距离的话，我们就会发现皇帝的权威不够强大，无法强征一切可用的给养，将其送到前线。

回头看查理曼时期，形势本质上其实是一样的，但我们不能假定同样的事情在那位雄主手下也会发生。尽管从技术性的军事层面来看，从查理曼时代到查理曼曾孙的时代发生的变化很小，但变化更多是政治方面的，而政治因素也约束着具体的军事行动。查理曼治下根本不会有巴黎被围、收买敌军的事情发生，因为他从一开始就会采取另一种应对方式。诺曼人的军事成功不只是因为自身蛮勇，主要是因为法兰克人的内斗、帝国的解体和内战。这些状况让诺曼人取得了最初的胜利与成功，给了他们不断增长和发展的自信心和优越感。法兰克人则恰恰相反，不仅是因为他们对野蛮的对手满怀敬畏之心，而主要是因为皇权一直不振，甚至帝国重新统一后也依然如此。我们从恺撒的高卢战争中就发现，罗马人取胜的一大因素就是优越的行政体系。谈到查理三世皇帝与诺曼人在巴黎城下签订的丧权条约，其最终的和决定性的因素或许正是法兰克王国的后勤体系受到封建制度的约束，无法一整个冬天供养费尽艰辛集结起来的大军。查理曼对伯爵有很强的控制力，无疑是能够让大军保持集结状态并确保必要的补给。

巴黎被围期间，由海盗首领齐格弗里德统领的一部分围城军同意以 60 磅白银的价码撤军。查理刚刚与围城军议成撤军，齐格弗里德就再次出现了，驶入皇帝后方的瓦兹河（Oise）。据《富尔达编年史》记载，这支援军的靠近影响了查理议和的决定。这个结论未必有真凭实据，至于作者的信息来源是否准确的问题，此处只能略过。我们也能提出相反的论点：新敌人的靠近正是一个迎击的机会，特别是在敌人兵力比较少，可以打一场野战的情况下。如果法兰克人打赢了，胜利会赋予他们一定的优越感，还会影响其决策，攻打诺曼人的巴黎坚营也不是没有可能。

但是，推测这种可能性是没有意义的，因为我们对事件实情了解得不够。事实仍然是：全法兰西的统治者不敢在国土的腹心地带攻击、打败和惩罚一伙海盗。因此，法兰克王国的军力弱得令人难以相信。

BOOK II
第二篇

The Feudal State at the Height of Tts Development
鼎盛时期的封建国家

1 加洛林帝国覆灭后国家的形成

古典时代盛行的狭义国家概念被民族大迁徙摧毁了。尽管蛮族军事首领或者国王能够用强力攫取最高权力,但他们不能一下子就创建建立在集体观念上的政治体系。一而再再而三的分裂表明,这些新政体中最强大的法兰克君主国也没有超过一家一系的思想,最终,新崛起的加洛林家族从原有的掌权者手中夺取了政权。

加洛林家族连出丕平宫相、"铁锤"查理、丕平国王、查理曼,四代明君重建国家,带来了一定的国家观念,并将其拓展到了整个西部帝国。但查理曼死后,加洛林帝国崩溃的速度甚至比墨洛温王朝更快。

817年查理曼之子通过继承法维护国家统一的努力失败了。政治体系构成的不一致带来的离心力过于强大。直到目前为止,尚无人真正问一问:为什么查理曼的继承者坚持的时间要远远短于克洛维的继承者,因为查理曼留下的国家毕竟要比克洛维留下的国家强大得多,精神水平也要高得多。这个问题还没有人给出答案,但我认为答案是显而易见的。从全民皆兵向附庸军队的转变过程在墨洛温王朝只是刚刚开始，而在查理曼时期就彻底完成了。但是，只要国王权威有所动摇，附庸们——他们有自己的封建领主，受其供养并直接受其管辖——就会把权柄交到田产广阔和把持伯爵职位的大家族手中。帝国刚刚被虔诚者路易的儿子和孙子瓜分并被拖入内战，这些大家族就让帝国变成了碎片。

新的王国从帝国的遗体上形成了。它不再是统一的国家，而是好几个不同和类型各异的王国：德意志、法兰西、勃艮第和意大利。但是，它们都有一个共同点，那就是大家族和曾被加洛林帝国打破的地理单元不再被掌握一切权力的君主所完全压制。[1]恰恰相反，大家族、地理单元与新兴王室共同构成了政治体系。封建体系占据了上风，国家观念在其中被分解为一个等级体系，上层、中层和下层各有其权利。国王只能行使有限的权利，如果不是同时握有公爵的地位和权力，那就没有配得上王号的实权。产生或遗留的国家观念只是模糊的影子而已，构建和团结政治实体的因素不是国家观念，而是附庸的忠诚。

在前法兰克王国的东部，起初是形成了一批与古老家族结合的公国：萨克森、巴伐利亚、施瓦本、法兰克尼亚①和洛林。公爵们从自己当中选出萨克森公爵亨利为王，后来又向他效忠，于是德意志王国诞生了。

新王国比先前的加洛林帝国更弱，因为国王承认公爵领地是独立的单元。哪怕是他后来消灭了旧的公爵家族，任命了新的伯爵，

---

① 法兰克尼亚又称弗兰肯，德国中部偏东的历史区域，大体相当于今天的巴伐利亚州北部、图林根南部。

他仍然不得不保留公爵领地本身的完整。他当上国王不是因为有明确的继承权,而只是因为他有世袭的宣称权,必须先得到公爵投票认可。但是,这套程序对王权施加的限制对国家武装力量是有利的。要是伯爵手里的兵太多太精,查理曼的继承者就不可能高兴,因为恰恰是这种状况会让伯爵变成危险人物。即使是现在,这种情况也可能发生,而且确实发生了。但既然君权的根基是顶级贵族的合作与自由意志——国王是被最重要的封臣选出来的,要与他们商量着治国——那么自然就会出现这样的情况:封建体系中的每个层级(国王、公爵、伯爵,主教不久也会加入进来)都在不遗余力地建立高效的军队。这是每个人的权利,同时也有益于整体。只有通过逐级构建,每一级都有一定政治独立性的封建国家,中世纪的军事力量才能发挥最大的效能。独立精锐士兵的观念从墨洛温时代起逐步发展起来,只有10世纪以来的封建国家才能与这种观念达到完全的政治契合。

乍看起来,新王国与加洛林帝国好像没什么区别,因为亨利一世的后代——起初是父系,后转为母系(萨利安家族)——统治了德意志200年。但是,这种统治的内在精神不同于先前的王朝,因为其延续凭借的不是明确的世袭权利,而是通过选王。因此,它要接受法理上得到认可的对立势力存在,而且不得不尊重这些势力。与王位一样,公爵和伯爵这些高级官位在法理上也并非明确世袭而只是终身占有的封地。但在现实中,公爵和伯爵通常是父子相承,而且越来越接近纯粹的世袭制。我们或许可以说,封建国家最纯粹的形态在于这样的局势:就王位和封地而言,各种制度——世袭制、选举制和任命制——没有一种占据主导,而是共同达成了一种现实的平衡。

逐级分权——作为一个特殊的政治组织，教会也是如此——的对立面是由之产生的政治动荡。这些不完全的主权者们各有一定的独立军队，彼此摩擦不断。中世纪是一个几乎无休止发生内战的时期。但正如古希腊的小城邦一样，兵力恰恰在不断的私斗中增多了。希罗多德说起，希腊城邦之所以能战胜波斯人，是因为先前雅典与埃伊纳的内战使得各城邦大造舰船，等到必须将一切力量集结起来的紧要关头时，便有可能立下奠定乾坤的大功业。德意志王国建功立业的可能性还要更高，因为超越所有小势力的王权建立并延续了下来，形成了天然的聚焦点，提供了天然的领袖。

根据一份现在仍然经常被引用的文献，奠定德意志王国政治基础的亨利一世也创建了一套独特的军制。据说，他发展了萨克森骑马武士，修建城堡，要求9名军人中有8人要长期屯田，但要将三分之一的收获交给城堡，剩下的第九个人住在城堡中，负责守卫城堡和储存其他8人送来的粮草。按照上述表述形式，这段记载整体——关于具体细节的重要性大小，可谓众说纷纭——应被视为无稽之谈，应从批判历史学中清除掉。

亨利的重大成就是在政治方面，首先是建立或至少是进一步发展了萨克森公国，然后是发展了新的有限君主制。军事制度还是先前发展了很久的那一种。[2] 如果奥托大帝时期的人们形成了这样的印象——取得赫赫战功的战士阶层，还有守卫国家的坚固城堡和堡垒都是奥托的父亲亨利建立的，如果忠诚于君主家族的维杜金德（Widukind）指出这些都是事实，那也不过是将远景拉近，这在民间传说中司空见惯，希罗多德笔下波斯人对波斯王室的记载就是一个例子。早在查理曼时代,萨克森人和弗里斯兰人就已经骑马作战了,而在战乱频生的下一个世纪中,他们当然没有忘掉骑战的本领。[3] 从远古时代起,马就是萨克森"武具"(Heergewäte)的一部分。他们在异教时期就修建了城堡,至少从加入法兰克文明的时候起就建起了城市。因此,亨利能做的不过是从人员和物质两方面去发扬和强化他继承的军事制度。维杜金德记载的传说性质在这个说法——驻守城堡的任务总是9人中取一人——中尤其明显。在和平时期,城堡守军的兵力取决于城堡的规模和位置,取决于在边境还是内地,但绝不会取决于城堡所在区域——各个区域的面积和人口可能会相差很大——的士兵数目。

另外,将每年收成的整整三分之一储备起来是不可能的。最后,城外战士是最不可能承担播种收获和供养城堡职能的人。这些事情会交给非战斗员,也就是农民。因此,亨利国王绝不会颁布哪怕只是类似的法令。试图去解读关于训练新式萨克森骑兵的记载更是白费工夫,比如有人说亨利创建了轻骑兵;也有人说,恰恰相反,他创建了重骑兵;[4] 还有人说他教会了骑兵以紧密阵形行动。[5] 维杜金德的记载写于所记事件发生的近半个世纪之后,应该彻底从一手史料的队伍中清除出去。它只不过反映了一个显而易见的重大事实:通过政治权力的更新与集中化,军事体系在质量尤其是数量方面也实现了增长和发展。但在这个过程中,并没有出现新的形式。

一件在世界历史上具有决定性意义的大事件正是在此基础上发生的,即奥托大帝在莱希菲尔德(Lechfeld)击败了匈牙利人。这场胜利让罗马–日耳曼世界击退了新一轮的蛮族入侵,推动了德意志王国以及随之而来的德意志民族的形成。因此,我们会专门用一章来讲述这场会战。

法兰克王国西部的发展过程有很大不同。首先,加洛林家族的统治在这里多延续了两代。当掌握大片疆土的豪族们最终脱离加洛林王朝,将法兰西公爵于格·卡佩(Hugh Capet)选为国王时,卡佩王朝无力像奥托大帝在德意志那样,在整个西法兰克地区建立真正的王权。在几个世纪的时间里,法兰西岛公爵头上的王冠一直不过是个头衔和政治虚构之物。尽管如此,法兰西的军事组织与德意志并无重大差别。意大利也是同样的。

封建制度下的征兵

我们发现,在查理曼时期,国王不会从某个伯爵领地征召指定数目的士兵,而是要求全体或部分战士阶层的成员都上战场。兵额没有定数,伯爵领地的大小和贫富有显著差异,甚至领地与集结地点的距离也会产生一定程度的影响;生病、开小差、与盗匪交战、与当地人发生冲突总会让来自远方的部队沿途遭到或多或少的损失。国王甚至不能掌握各个伯爵领地能出多少人的必要统计数字,因此也无法规定明确数字。此外,士兵数量甚至都不是最重要的考量因素,也不是真正的负担。找人,哪怕是找可用的人,大概也没那么困难。[6]决定性因素是昂贵的装备和相应的给养。

在10世纪之后的完全封建制国家,采取了一种不同于加洛林帝国的更简便的形式征兵。由于公爵和伯爵——不久之后,主教和修道院长也加入了——的职能逐渐由官员转向领主,军务成了他们直接关切的事务,用不着别人监督。在参加会议的领主的建言下,国王决定并公开宣布战役安排，而且逐渐形成了所有领主都要庄严宣誓参会的惯例。宣誓程序似乎在亨利一世时就有过一次，[7] 后来一直延续到腓特烈二世时期。[8] 当时，每名领主带来多少骑士和仆从都是他自己的事，而且领主在御前会议上建言的分量与手下部队的多少强弱直接挂钩，这是比任何点兵检阅都有效的保障。

因此，红胡子腓特烈①在朗卡利亚平原（Roncaglian Fields）颁布且之后多次重申的军队条令中规定，不参加战役者要受到剥夺封地的惩罚，但并未提及带来的兵力太少的情况。文献中只有少数几处表明兵力被纳入考量。例如，《科隆王室编年史》（*Kölner Königschronik*）在亨利八世国王侵入巴伐利亚公爵领地（1233 年）一条下记载，集结于奥格斯堡（Augsburger）附近的莱希菲尔德的王室军队约有 6 000 人。[9]

于是，每名领主在决定带多少人参加一场战役时会权衡具体情况和自身利益，而非规定一个明确的数目。[10]

为了设立某种标准，以便明确每名伯爵应该派出的部队人数，规定伯爵征召手下和发放粮饷的义务，加洛林诸国王下了多大的功夫！这些努力全都没有成功，新建王国的统治者更是省去了这个麻烦。

19 世纪的历史学家们再次试图通过加洛林王朝敕令中的证据来重构当时的军事体系，此事注定与查理曼当年的努力一样徒劳无功。学者们同样尝试为萨克森王朝、萨利安王朝和霍亨斯陶芬王朝找到某种客观的衡量标准，以此来分配和规定各个时期的兵役负

---

① 又称巴巴罗萨，即德语"红胡子"的音译。

担。在没有充分理解中世纪国家特殊性的情况下，他们将现代国家的需求挪到了古代。没有明确的法律、机构和条例来分配赋税和劳役的现代国家是不可想象的。但除非我们意识到中世纪国家不仅不需要这种条例，而且不能实施这种条例，否则就不算真正理解中世纪国家。封建制度意味着将至高无上的主权划分为多个层次，每个层次都有一定的独立性，参与全国性事务的行事依据是自身的判断，而不是上级规定。封建时代的真正特点就在于此，无论怎样强调都不过分。

但正如现代国家不是单纯依靠法律、法令和条例，其在很多方面要仰赖公民的善意和自愿配合一样，中世纪也会在某些情形和条件下会采取定额征兵。从文献来确定到底在哪些情况下会提及数目，这既是有价值的，也是有启发意义的。

在德意志国王的各大附庸中，只有一位在文献中留下了应派出兵力的明确常规数目（骑士300名），就是后来称王的波希米亚公爵。这是很自然的，因为他不属于德意志王国和德意志国会，而只是从属于德意志王国的异族人，也就是捷克人。尽管兵力有规定——如果当时已经有这样一支部队的话——但在与波希米亚公爵利益攸关的情形下（莱希菲尔德会战），规定自然不会阻碍他带着1 000人去找领主。作为亨利四世最忠心的附庸之一，他可能还会经常拿出超过300人的部队去支援自己的领主。

与此类似，腓特烈一世后来也对意大利城市做了具体规定。例如，他在颁布给卢卡城的章程中规定，该城应为征讨罗马和南意大利的战役提供20名骑士，并为朝廷和军队提供价值400里拉（lira）的现金和粮草（Fodrum）。[11]

第二篇 鼎盛时期的封建国家

奥托二世时期的文献中讲了一次规定数目的大范围征兵。981年，大概身在意大利的皇帝颁布了针对阿拉伯人的动员令，要求美因茨、科隆、斯特拉斯堡和奥古斯堡主教各出100人，特里尔、萨尔茨堡（Salzburg）、拉蒂斯邦主教各出70人。其余官员及各地应派兵员如下：凡尔登、列日（Liège）、维尔茨堡（Würzburg）三地及富尔达、赖谢瑙（Reichenau）修道院长，各60人；洛尔施（Lorsch）、魏森堡，各50人；康斯坦斯（Constance）、库尔（Chur）、沃姆斯、弗赖辛（Freising）、普吕姆（Prüm）、黑斯菲尔德（Hersfeld）、埃尔旺根（Ellwangen），各40人；肯彭（Kempen），30人；施派尔（Speyer）、图勒（Toul）、塞本（Seben）、圣加仑（Saint Gallen）、米尔巴克（Murbach），各20人；康布雷（Cambrai），12人；阿尔萨斯公爵领，70人；下洛林公爵，20人；戈特弗里德（Gottfried）藩侯、阿努尔夫（Arnulf）藩侯、奥托公爵、科诺（Cono）公爵、黑策尔（Hetzel）伯爵，各40人；其他伯爵为30人、20人、12人不等，另有一名伯爵是10人。另外，黑策尔伯爵应派40人，如伯爵本人亲往，则只需带30人。征召总数为2 080人或2 090人。有人根据这份文献得出结论说，征兵总是采取这样规定数目的方式，只有这一份文献流传至今是偶然情况，或者说德意志王国有一份确切的各地应出兵数额登记表。[12]然而，我们可以确定奥托二世的征兵令是例外。假如真有一份固定的出兵数额登记表，那就用不着规定数目，而只要规定比例就够了。列出数目本身就表明是例外情况。一大批领主——上洛林公爵、全体萨克森诸侯、乌特勒支主教——都不在名单上，而且在征兵总数里面，教会诸侯要出1 482人，世俗诸侯只要出598人或608

人，比例仅略多于四分之一。兵役负担分配不可能长期像这样不平均，尤其是当时的教会诸侯的影响力还没有在之后的几百年里那样广泛。因此，这次征兵是根据具体情况和特定观点执行的，主要不是为了战役本身，无疑只是为了增援驻扎在意大利的军队。这一点也能让我们明白为什么要具体规定数字。国王有必要说明自己期望受召诸侯在当前状况下拿出多少资源。在这种情况下，也就是阿普利亚（Apulia）①战役和兵力增援，通常的征兵基准——根据当地兵力前来——是不适用的，比如下洛林公爵必须知道他只需要派出 20 人，不需要更多。出于特殊原因，教会诸侯的负担要远远重于世俗诸侯，许多世俗诸侯根本没有被征召。可以肯定的是，这种具体规定数目的征兵行动不止这一次，而是经常发生。然而，如果这是常例的话，那么最后肯定会形成一套明确的制度，也就是名册。但我们已经看到当时根本连名册的一点点影子都没有，这是有充分理由的。[13]

当选皇帝后，红胡子腓特烈立即与策林根公爵贝特霍尔德四世（Duke Berthold IV of Zähringen）签订了一份条约，内含一份关于数目的有趣协议（1152 年 6 月 1 日）。[14] 腓特烈许诺将公爵立为勃艮第的统治者（公爵对勃艮第有一定的宣称权），而只要国王身在勃艮第，公爵就有义务派出 1 000 名装甲骑兵随驾。另外，公爵要为意大利战役提供 500 名重装骑兵和 50 名弩手。为履行这项义务，他承诺献上自家领地，即泰克城堡（Teck）及全部附属土地。我们可以将这份条约视为介于封建契约和盟约之间的一种协议。因此，

---

① 意大利东南部区域，与意大利北部的帕维亚距离约为 700 千米。

这体现了转向佣兵协议的过程,之后会讲到佣兵协议,它当然必须基于明确的数目。

领主与其附庸之间的关系——更低一级的关系——不同于国王与其直属附庸之间的关系。在这个层次上,个人不会在私利推动下多出力,于是数量关系又很重要了。

领主要自行裁量,召集一批有封地或无封地的附庸以及役人(ministeriales)。也就是领主本人了解其品行、境遇的骑士和仆役,然后让地方担负这些人的装备和给养。自行裁量的范围既包括出兵总额,也包括负担分配,这全凭领主好恶。因为负担相当沉重,所以这种专断带来严重的压迫。因此,按照实际情况设立明确标准的尝试早就有了,肯定比文献中记载的还要早。我们有来自几个修道院和主教辖区的相关一手文献,也有关于代官与领主之间权利和义务的一手资料。[15] 一份特别生动的文献来自阿尔萨斯境内由梅斯主教管辖的穆尔明斯特(Maurmünster)修道院:

> 当得知国王要出征(profectio)时,主教应派遣一名官员至修道院长处,修道院长则应集合手下役人。修道院长应告知代官战役情况,而后者应在指定日期在大门前的广场上将下列人员和物资交给指定的官员:一辆由6头牛牵引、能坐6个人的大车;一匹配马鞍马具的驮马另两人,一人牵马,一人骑马。如有牛或马力竭身亡,官员应从主教财产中择一替代。如国王进军意大利,全体农庄应为此缴纳常税(大概是税额等于一整年地租的临时税)。但如进军目标是萨克森、弗兰德斯(Flanders)或阿尔卑

斯山以北的其他地区，则税额减半。利用上述附加税，大车和驮马应满载征途所需的粮草和其他物资。[16]

如果伯爵领地内个人应负的责任就这样确定了，那么在某种意义上，这套程序也就确定了伯爵领地总体应负的责任。但是，这与"不存在自上而下对每名领主提出具体的贡赋要求"的观点并不矛盾。即使地方层面的具体规定为领主在领内索取贡赋设定了某些限制。但不管是在城中还是乡下，尤其是乡下，领主的索取有时可能达不到限额，领内也未必处处都有具体限额。于是，领主仍然可以自行其是，可以自己出资或借钱用于别处，而且即便他设法从领内聚集起物资，找到愿意追随他的骑手或私兵也不是难事。[17] 正如领主向国王明确承诺了要提供多少贡赋，附庸和役人对领主也会做同样的承诺。[18]

占有重要封地，有能力自备装具参战的骑士也必须这样做。到了 13 世纪的德意志和意大利，我们还能发现加洛林敕令中服役 3 个月规定的痕迹。[19] 在法国，附庸只需离开封地参战 40 天的事实被反复提及。[20] 甚至有人将这条规定解释为附庸有权在 40 天期满时返乡，这样肯定是打不了仗的，但无论如何，领主都必须为超期服役的附庸提供最广泛意义上的军需品。如果一块封地分给了多人，则占有一半封地者应服役 20 天，四分之一者 10 天，甚至还有分得更细的例子。另外，服役范围经常以纯粹自卫行动或不出领主的领地为限。[21] 在这些限制下，封建兵役的合理性仅仅在于它是佣兵制度的基础和引子。

德意志骑士服役法规中的几个条款或许有助于阐明上述状况。

科隆大主教的役人有义务在主教辖区内，或为保护辖区外的主教财产服兵役，但不需要在其他情况下服役，除非本人同意。

如果要去罗马，年收入超过5马克的役人应亲自前往，治安官与管家除外。年收入不足5马克者可亲自前往，也可缴纳封地收入的一半充作军费。去罗马的行程必须在出发前一整年里通知到位。

大主教必须给去罗马的役人每人10马克（年收入5马克就相当高了，而此数是5马克的两倍）以及缝制衣物所需的40埃尔①细布（Scharlot）。他还必须为每两名骑士提供一匹装具齐全的驮马、4个蹄铁和24根蹄钉。

越过阿尔卑斯山后，每名骑士每月可从主教处获得1马克。如果1马克未付清且告知主教手下官员后仍未补偿，则骑士可以在主教的床上放一根剥去树皮的树枝，任何人不得将树枝丢掉。如果欠款仍未付清，则骑士可于上午拜访主教，跪地亲吻主教法袍的褶边，之后即可回乡，这无损于荣誉和职责。

按照各地的惯例，其他同类法规中对于出征义务和领主应提供的报酬有不同的表述。[22]

在赖谢瑙，出征人员不是按照收入，而是按照田产面积来确定的。[23] 不同等级的规则不一样，役人是出征还是出钱由领主决定。这份法规中还有关于领主和役人如何瓜分战利品的条款。

班贝格依然实施加洛林敕令中的旧制度，不是给骑士规定固定的义务，而是将3名骑士分为1组，1人出征，2人留守并为出征者提供装备。

---

① 埃尔（ell）是中世纪的布匹长度单位。

我们从这些条款中也能发现征兵人数是非常少的，亦可再来判断一下，追随查理曼从易北河到比利牛斯山以南、从北海到罗马的军队到底可不可能是农民组成的大军。

自12世纪起，德意志和法兰西就走上了不同的发展道路。德意志王权渐衰，于是贡赋多寡越来越由领主自行决断。而在法兰西，更加强大的世袭君主制发展起来，由此形成了明确的封地名册，但规定的贡赋太少，条款又太复杂，所得甚微。[24] 封建制度和明确数目在本质上就是不相容的概念。

2　莱希菲尔德会战

奥格斯堡①会战（955年8月10日），又称莱希菲尔德会战，是第一场德意志民族对抗外敌的战斗。在安德纳赫（Andernach）会战（876年）中，日耳曼人路易诸子击退统治西法兰克王国的叔叔的战斗不过是王朝内斗而已。真正的德意志政治实体概念源于摆脱了大一统法兰克帝国的新王朝。这个新生民族证明自己的第一场大战是在奥格斯堡附近打响的，所有部族的战士共同击败了匈牙利人。由科维（Corvey）修道院修士维杜金德编纂的萨克森史书中详尽记载了这场战斗，[1]第二份记载来自奥格斯堡主教乌尔里希（Ulrich）传记，作者格哈德（Gerhard）参与了围城战并以目击者的身份记录了战况。[2]另有各种零散的记载，因此会战经过是可以确定的。

奥托国王在击败儿子们掀起的大叛乱后回到萨克森，接到报告称，先前趁着内战横穿德意志地区的匈牙利人再次入侵。之后的报

---

① 德国南部城市，与马格德堡的距离约为500千米。

告显示，匈牙利人正在通过多瑙河以南的巴伐利亚，且对莱希河畔（Lech）的施瓦本边境城市奥格斯堡发起围攻，乌尔里希主教正率领勇猛的战士守城。格哈德描述了主教通过《诗篇》中以"我虽然行过死荫的幽谷"一句为主题的布道来鼓舞士气，然后穿着法袍、带着手下发起突袭，不戴头盔也不披铠甲。

同时，国王也在集结大军支援。援军分为8个单位，或者用维杜金德的说法是8个军团（legion）。一个单位由波希米亚人（捷克人）组成，据记载兵力为1 000人。显然，给出这个数字的本意是显示军力之强，还有一份文献记载这支队伍由波希米亚公爵波列斯劳斯（Boleslaus）亲自率领，用意也是一样的。[3] 但是，最强大的部队还是奥托国王一路（"legio regia"："国王军团"），除了规模肯定不小的萨克森常随卫队，大概还有途中加入的直属于国王的法兰克骑士。萨克森附庸的主力无法随驾出征，据称是因为萨克森本土正在与斯拉夫人交战。可能性更大的原因是他们来得太晚了，因为从第一份报告抵达马格德堡到会战发生，连6周都不到。对西部和北部的萨克森人来说，这段时间太短了，来不及发令调兵、动员部队、出征奥格斯堡。按照文献记载，全军兵力估计为7 000人至8 000人。实际兵力肯定不会多于此数，事实上很可能还要少一些。全军都是骑马的。将步行或骑马跟随骑士进军的人算作战士，于是得出兵力多于七八千的做法是不正确的。这些人在某些情况下会执行战斗任务，但他们不会加入野战。一支数目有七八千人，全由训练有素的职业军人组成的骑马部队是相当强大的。如果这种情况确实发生过的话，查理曼大概也很少能一次集结起这样的大军。

德意志编年史作家自然会把匈牙利描述为一支大军，至于到底

第二篇　鼎盛时期的封建国家

比德方多还是少，我们只能略过，很可能要少一些。

一个学界广泛讨论的争议点是：会战发生在莱希河的左岸还是右岸？⁴

有一段记载似乎提供了线索，说叛徒贝特霍尔德·冯·莱辛堡（Berthold von Reisenburg）将德军接近的消息透露给了匈牙利人。莱辛堡位于多瑙河畔乌尔姆（Ulm）下游14英里（约22.5千米）处。因此，我们或许会设想奥托是从莱辛堡近侧渡河，然后从西北面前往奥格斯堡的。但经过详细考察后发现，这段记载的可信度很低。德意志人是怎么知道谁向匈牙利人告密的？德意志人审问逃亡途中被俘随后被绞死的匈牙利王时，大概不会从一开始就提这个问题。当匈牙利主力围困奥格斯堡的同时，肯定也有部分匈牙利骑兵在周边各地游走。匈牙利人是一个久经战阵的民族，当然会严密观察多瑙河。用不着德意志人通风报信，他们就可能会注意到有德意志大军渡过多瑙河。因此，贝特霍尔德大概不过是世界战争史中屡见不鲜的那种叛徒罢了。胜利者一方甚至也会有叛徒，他们在民间传说中扮演着重要的角色：从马拉松会战中站在山上用盾牌给波斯人传信的无名氏，到柯尼希格雷茨会战（battle of Königgrätz）①中转动风车以通知贝内德克（Benedeck）普鲁士王储正在接近的磨坊主。哪怕到了世界大战期间，这种迷信也害死了无数不幸的人，特别是磨坊主。贝特霍尔德·冯·莱辛堡是行宫伯爵阿努尔夫（Palatine Count Arnulf）之子，阿努尔夫出身被奥托罢黜

---

① 柯尼希格雷茨会战是1866年普奥战争中的一次重要战斗。尽管普鲁士大获全胜，但奥方的匈牙利裔将军贝内德克取得了相当不错的战绩。

的旧巴伐利亚公爵家族。我们必须把贝特霍尔德是否果真勾结匈牙利人的问题放在一边，但鉴于他事后毫发无损，因此勾结的可能性不大。这段记载既然不可信，奥托从西北偏西方向前来的说法也就不攻自破了。我们绝不可苟同的一种看法是，即便记载本身不可采信，但其余的证据仍然足以表明德军必定来自这个区域。传说是不遵从理性的。德意志人有可能从任何一个方向进军，但只要贝特霍尔德引起人们的注意和怀疑，他在传说里仍然就会被塑造为叛徒。如果已经排除莱辛堡一说，那么尚有维杜金德的记载可作为交战地点的证据。据维杜金德记载，匈牙利人得知奥托国王逼近后立即渡过莱希河迎战。我们从主教的传记中得知匈牙利人在围攻奥格斯堡，这是一座位于莱希河左岸而且不是临河而建的城市，因此匈牙利人要渡河迎击国王肯定是去右岸。于是，国王肯定是从东边的英戈尔施塔特（Ingolstadt）或纽堡（Neuburg）而来。但这个结论也不能确定，因为维杜金德没有提到奥格斯堡被围。此外，围城时间很短，可能只有两天，来自东方的匈牙利人刚渡过莱希河。因此，为记述简便起见，维杜金德此处指的是第一次渡河也是有可能的。这就意味着，战斗是在左岸发生的。[5]

维杜金德说战斗发生于巴伐利亚（"dum haec in Boioaria geruntur"："当此事发生在巴伐利亚时"）是右岸说的直接证据，我们必须加以重视，更别说施瓦本的疆界有一部分延伸到莱希河在奥格斯堡对岸和上游的地段。尽管如此，这一点并非一锤定音，因为那位萨克森修道士有可能不太关心南德意志地理或知之不确。

但是，维杜金德笔下的间接因素佐证了这一正面陈述。他记录了8个单位的行军序列：前三路是巴伐利亚人，第四路是法兰克人,由康拉德公爵统领,第五路是国王亲兵,第六路和第七路是施瓦本人,第八路是波希米亚人。如果行军地段在施瓦本境内,那么不让熟悉本土的施瓦本部队走在前列肯定是很不寻常的事。然而,走在前列的并不是他们,而是巴伐利亚人。这样做的原因当然是要将最熟悉当地的部队放在纵队前方,同时不打散自然编成的单位。维杜金德接着说,会战的决心是在康拉德公爵到达时下的。如果集结地域是在更西边,比如乌尔姆与迪林根(Dillingen)之间,那么法兰克人为何来得比波希米亚人还晚就不好理解了。但是,如果集结地域是在英戈尔施塔特附近,那么家族领地在施派尔和沃姆斯周边的康拉德来得晚就是自然而然的了。尽管施派尔与布拉格到英戈尔施塔特的距离几乎相等,但波希米亚公爵接到报告和召集手下的时间肯定要早得多。最后,为科隆大主教兼洛林总管布鲁诺(Bruno)写传的鲁特格尔(Ruotger)告诉我们,洛林部队没有参战的原因是不能及时赶到,而且洛林本土也要抵御入侵。后一个原因不禁让人怀疑是借口,因为保卫洛林的最好办法当然是集合王国的力量击败匈牙利人。但是,如果大军集结地域真是在英戈尔施塔特附近,那么从洛林过去的距离确实就太远了,这一理由也适用于没有被征召的萨克森兵力。

乍看起来,对会战地点在左岸还是右岸的考证意义有限。准确定位会战地点有什么重要的呢?但我们很快就会看到,这个看似次要的问题其实是世界史上的一件大事,因为会战地点决定了会战的战略背景和战略态势。但是,这场会战还带来另一个层面的问题。

奥托是从北边,从多瑙河方向率军前来的。莱希菲尔德位于奥格斯堡以南,而且按照目击者格哈德的说法,会战发生的地方离城市很远，以至于从城墙上都看不到。格哈德还记载道，先前将城墙围住的匈牙利人刚听到德意志军逼近的消息便撤围迎击。那么，战斗怎么可能发生在城市以南的莱希菲尔德呢？德意志军是如何行进到南边那么远的地方的？

既然是匈牙利军出去迎击德意志军，那么初次接触的地点只可能在奥格斯堡的正北、东北或西北方向。

格哈德说战斗并不激烈。当奥格斯堡市民看到一波波匈牙利人从战场撤回时，匈牙利人的队伍损失很少，以至于市民起初还以为根本没有打起来。看起来匈牙利人试图用弓箭手射击德军侧翼，然后从后方发起攻击。然而，这次攻击被打退了。接着，当匈牙利人看到强大的德意志骑兵拿着刀剑和枪矛发起冲击时，他们就夹着尾巴逃回了奥格斯堡以南的营地。即便他们认识到会战和战役已经输了，但还是必须尽可能抢救辎重、骡马和战利品，尤其是有相当数目的随军妇女。为此，他们首先必须回到莱希河对岸，然后迅速再次渡河，踏上通往东方故土的道路。假如初次交战发生在奥格斯堡西北的莱希河左岸，那么匈牙利人就可以畅通无阻地退兵了。因为交战地点与河流有相当的距离，所以匈牙利人比德意志重骑兵要有一定的优势，接下来也就不会发生大战了。匈牙利人会尽可能快地渡过莱希河。尽管莱希河水流湍急，有的地方水很深，但8月正是枯水期，不会构成重大阻碍。接着，他们就可以一路骑马回家了。不过，要是德意志军是从东北方向的莱希河右岸而来的，情况就完全不同了。对匈牙利人来说，初次交战可以轻易脱身，但德军如今堵在匈牙利人的退路上。于是，真正的会战在河流渡口，也就是莱希菲尔德打响了。在此战中，后无退路的匈牙利人大部被歼灭。我们可以设想匈牙利人为了渡河，朝上游方向跑得越来越远，而德军统帅则眼睁睁看着己方战士为了完成歼灭任务，让阵形沿着莱希菲尔德越拉越长，甚至追到了莱希菲尔德以外。即便河流有很多不构成重大阻碍的渡口，但大概还是有许多匈牙利人在人群推挤之下落入水深的地方（根据文献记载）被活活淹死。因此，这场战斗的独特之处在于，它在时间和空间层面都分为两个独立的事件。维杜金德说战斗也就是第一次交战发生在巴伐利亚，这是正确的，而这场战斗被称为"莱希菲尔德会战"也是正确的。

现在，我们已经解决了德军从北方来战斗却发生在奥格斯堡以南的矛盾。

一份后来的文献能够很好地纳入上述语境中，以至于本身不太可信的它也有了几分可信度。

12 世纪有一份题为《茨维法尔滕》（*Zwifaltenses*）的年鉴，书中记载会战地点被称为"科里塔尔"（Kolital）。今天在奥格斯堡 9 英里（约 14.5 千米）外，通往英戈尔施塔特的道路东南方，达辛（Dasing）与艾夏赫（Aichach）之间有加伦巴赫村（Gallenbach）和格伦霍芬（Gollenhofen）农庄，两者离得很近。有人可能会怀疑两个地名到底是不是同源词，考虑到毕竟元音有差别，而且我们也不能确定它们与"Kolital"的词源学关系。尽管如此，"科里塔尔"不可能是凭空捏造的，而且发音确实有相似点。因此，我们可以设想这是作者听错了地名的发音，然后用歪曲的写法记了下来。这并不意味着今天的格伦霍芬就是古战场，因为在几百年的过程中，破坏与重建会导致地名发生变动。但是，首次交战的地点肯定就在奥格斯堡东北方向半天步行路程的丘陵地带，今天那里被称为"格伦霍芬",这不禁让我们想起"科里塔尔"。

另外两部分别写于 12 世纪和 13 世纪的编年史记载战场是一座常见于史册的山丘,位于莱希河右岸、奥格斯堡上游 6 千米处。此地被称为"贡岑勒"(Gunzenle),现在基本被河水冲刷殆尽。一切都指向这里,这里就是会战第二阶段的主战场。[6]

但是,我们还没有走到终点。

7 月初,当奥托国王在马格德堡接到匈牙利人入侵的报告时,他最先考虑的问题肯定是王室军队在哪里集结——当然,肯定在多瑙河以北。[7] 巴伐利亚公爵和施瓦本公爵大概之前就自主下令麾下骑士集结了。

德军集结肯定要用大约 5 周时间,匈牙利人在这段时间里的推进距离和速度是怎样的呢?我们不可能知道。无论如何,如果他们没有直接在莱希河边扎营,那么我们不妨假定他们起初留在多瑙河以南,不会越过施瓦本界河和莱希河太远。如果国王将集结地域选在施瓦本内地——可能在乌尔姆附近甚至更往西,那么他必然能够阻住继续前进的匈牙利人。但假如他有这个想法,他不征召洛林的军队一事就无法理解了。7 月初在马格德堡征兵时,他不可能预见决战会在奥格斯堡附近进行。会战不在内卡河(Neckar)以东甚至不在莱茵河以东的情况都是有可能的。可能性如此之多,国王怎么会征召波希米亚人而不征召洛林人呢?在鲁特格尔的著作中,布鲁诺大主教似乎自作主张,不许手下骑士行动。但考虑到他与哥哥奥托国王的关系极好,他的决策不可能没有经过国王的首肯。我们必须认识到,如果最广大、最富裕的公爵领(莱茵兰和低地国家也包括在内)的总管为了直接守卫洛林本土——毕竟洛林与战区离得相当远——而不遵从国王的调兵令,这就不只是抗命,而是明目张胆、大逆不道。但只要我们记得战场已经确定在莱希河右岸,那么一切就清楚了。这意味着德意志军队的集结地域不在施瓦本的乌尔姆附近,而在巴伐利亚的纽堡或英戈尔施塔特周边。这样看来,德意志国王的战略构想并非列阵于匈牙利人正面,将其击退并驱逐出德意志国境,而是集结大军于匈牙利人身后,截断其退路,打一场歼灭战,使敌军再不得复返。

在英戈尔施塔特,从马格德堡来的国王可以方便而迅速地与波希米亚、巴伐利亚、施瓦本和法兰克军会师。巴伐利亚军大概集结于拉蒂斯邦周边。施瓦本军无疑会尽量将集结点设在远处,有可能就在奥格斯堡境内,等敌军逼近时就退往北边,也有可能在多瑙沃特(Donauwörth)。由康拉德公爵统率、来自莱茵河另一侧的法兰克军自然来得最晚。洛林军没有能力及时抵达这么靠东的地方,不过他们有另一项任务。如果匈牙利人注意到一支德意志大军正在逼近己方身后,那么他们也不是没有可能向西撤退,通过洛林、西法兰克王国和意大利回国,就像932年和954年那样。阻止匈牙利人西逃的任务只能由洛林军承担,洛林军也有能力完成任务。我们不妨假设布鲁诺大主教已经做好了战备,如有必要则出兵阻止匈牙利人渡过莱茵天堑,拖到奥托国王率领主力抵达从后方发起攻击为止。

因此,尽管洛林的骑士没有参加莱希菲尔德会战,但在会战的基本战略构想中他们依然扮演着重要的角色。

文献中一件看似纯属偶然的小事恰到好处地总结了我们描绘的图景,并证明奥托的意图就是从后方发起攻击,一举决胜,彻底歼灭敌军。最后一支抵达集结地的部队是国王的女婿康拉德和生活在莱茵河地区的法兰克军。他要走的路比波希米亚人、巴伐利亚人、施瓦本人和美因河地区的法兰克人都要远。假如国王想要更快集结的话，他本来可以往康拉德的方向走一两天的路程。当奥托宁愿等待康拉德继续向东、堵住敌军退路的时候，他肯定知道自己在做什么。

格哈德接着写道，交战后国王在奥格斯堡城内过夜并派出信使，命令他尽快传达占领所有渡口、拦截匈牙利人逃窜的命令。奥托很可能在战场上就已派出信使了，而且估计是立即从得胜的骑士——尤其是巴伐利亚骑士——中择人执行这项任务。那么，堵截逃窜敌军的地点或许就在伊萨尔河（Isar）或因河（Inn）[①]。会战几天后，匈牙利酋长确实落入巴伐利亚公爵亨利手中并被绞死。一处或可置于相同背景下理解的记载出自同时期的圣加仑编年史，书中说波希米亚人也遇到和歼灭了一伙匈牙利人，并俘获了乐勒国王（King Lele）。[8] 此事也可能发生在莱希河上：胜利的德军还没等匈牙利人渡河就出现了，匈牙利人要么强行突围但没有成功，要么避而不战，想要在河流上游渡河，结果在那里遭到波希米亚人攻击。

我们越是认真研究这些细节，就越会认清：不仅所有细节都指向同一个决定性的战略要点，即德意志军从东边来，而且影响深远的会战胜利在很大程度上就是由该战略决定的。现在，我们突然看到了德军从西边而来的看法是多么庸俗：勇猛的骑士们立下大功，却仍然被一整个公爵领地中自私短视、按兵不动的行为

---

① 两条河都位于德国南部和奥地利境内。

所玷污。尼切（Nitzsch）在《德意志史》(*Deutsche Geschichte*)中说，文献中奥托一世的形象不是一名真正伟大的战士，而是一个祈求神灵保佑的人。魏茨（Waitz）在《德意志宪制史》(*Deutsche Verfassungsgeschichte* 8：174)中提到，在所有德意志皇帝中，阿努尔夫、亨利一世、亨利三世和洛泰尔表现出了军队统帅的重要品质。他没有将奥托一世包括在内，而布雷斯劳（Bresslau）在《德意志大传》(*Allgemeine deutsche Biographie*)中明确否认奥托具有伟大统帅的品质。如果莱希菲尔德会战是在莱希河左岸打响，这种看法就是正确的。但现在看来，勇猛骑士的做派成了伟大统帅的风范，王师中洛林军的缺席也成了卓越的计策。两代人之前，面对围攻巴黎的诺曼人，率领来自全法兰克王国大军的"胖子"查理一无所得，奥托的父亲也曾向匈牙利人纳贡。教士史学家们或许不理解局势，后世学者重复着时人赋予奥托的"大帝"称号时可能也只是鹦鹉学舌而非确实感到这个称号的分量。但我们现在可以说，作为世界历史上少数几位享有"大帝"美名的帝王，他是实至名归的。让我们把自己放到国王在马格德堡接到报告说巴伐利亚突然遭到敌人入侵的情境中。这不只是行动起来的问题，更要最快和最果断地行动起来。不经长时间准备就集结附庸出兵是多么困难啊！他要将多瑙河以南的施瓦本和巴伐利亚——从黑森林和阿尔卑斯山调兵——与波希米亚、萨克森、法兰克尼亚联合起来，与此同时，敌军正穿行于这些地区。理想的集结地点在哪里？赶到敌军正面拦截难道不是最符合逻辑的做法吗？尽管会损失一些时间，但将萨克森和洛林的部队一同调来，集合整个帝国的兵力难道不是最安全的做法吗？匈牙利人一看到逼近的德军力量之盛就避而不战，让整场大动员无用武之地，这种可能性要如何避免呢？

　　这些问题肯定在当时的马格德堡都有人提出来，我们现在都知道他们得到的回答了。国王决定不从遥远的萨克森和洛林调兵，比如集结点不设在内卡河下游，而设在巴伐利亚境内多瑙河北岸莱希河口与阿尔特米尔河（Altmühl）之间的某处，巴伐利亚和施瓦本军必须赶在匈牙利人前面退到这片区域。公爵和派出的信使被命令以最快的速度行动，有可能正如一份加洛林王朝文献中所记载：如果命令上午到达，军队则必须于当日傍晚开拔；如果命令傍晚到达，军队则必须于次日上午开拔。不从命者会受到严惩（"terrible imperium"："可怕的命令"）。[9]国王立即带着侍从骑士和萨克森亲兵向集结地域出发了。发给洛林的命令是守住莱茵河自卫。

　　在这样的战役计划下，如果匈牙利人不能在决战中击败德军，那便在劫难逃了。真正来检验战略制定是否正确的唯有会战。假如莱希菲尔德会战打输了，马上就会有批评者跳出来说，奥托国王为什么不等到全帝国的骑士都集结起来？他为什么要切断匈牙利人的退路并攻击其身后，逼得敌军背水一战？难道不应该给敌军留一条退路吗？

　　奥托一世之所以是伟大的统帅，不仅是因为决策明智、兵行神速、手下大附庸忠实服从，而主要是因为他敢于向敌人发起挑战，并在那样的状况下战斗。

3 亨利四世皇帝征战史

温斯特鲁特河畔洪堡会战
（1075年6月9日）

这场会战有3份详尽的记载：一份是兰贝特·冯·黑斯菲尔德（Lambert von Hersfeld）①写的；一份是布鲁诺写的¹；还有一份是英雄史诗。²但是，前两份有倾向性且有多处要点相互矛盾，而第三份纯属文学作品。兰贝特和布鲁诺声称，亨利四世军队的行动完全出乎意料，如天降神兵扑向萨克森人，但我们不知道此说在多大程度上是为失败找借口。兰贝特说萨克森人慌乱之中只有几个人来得及穿盔甲，从"营门"中夺路而出，好像他们有罗马人那样的坚固营寨似的，此说无疑可归为夸口修辞。大批萨克森人估计还在温斯特鲁特河北面，在对战况还不清楚的情况下就得知战败的消息了。尽管如此，战斗大概还是从中午一直拉锯到晚9时，即便是在

---

① 11世纪德意志地区编年史家。

那时也只是因为亨利一方有生力军加入才分出胜负。布鲁诺对这方面的记述很可能要更准确。他说战况虽然激烈，但胜负是在很短时间内决出的，因为萨克森一方只有3名酋长阵亡，而国王的军队已经损失了8位将领。兰贝特说施瓦本与巴伐利亚贵族被杀者甚众，毫无疑问，此说的谬误程度不亚于参战者只有数人未受伤的记载。

此战似乎肯定是一场骑士之间的战斗，地位最高的领主在最前方交手。北面边区藩侯乌多（Margrave Udo of the North March）挥剑重创表亲施瓦本公爵鲁道夫（Duke Rudolf of Swabia）头部——后者反对亨利四世，自称国王——多亏头盔结实鲁道夫才捡了一条命，而且据说他被打得遍体鳞伤。王师帐下的巴伐利亚藩侯恩斯特（Margrave Ernst of Bavaria）重伤身亡。在萨克森一边，苏普伦堡伯爵格布哈德（Count Gebhard of Supplinburg）身亡，他的儿子是后来的洛泰尔皇帝。我们不清楚在皇帝一边有没有步兵上阵。根据兰贝特的说法，在战斗期间萨克森步兵留在营中。这应该不是萨克森人的本意——除非这些"步兵"只是辎重队，否则为什么要把他们带上战场呢？之所以出现这种情况，是因为骑兵冲了上去，而且胜负决出得太快了。布鲁诺记载道，在战斗打响前一大批萨克森军就溜了。

学界曾认为，惨遭屠戮的步兵是被征召来的农民。《萨克森战争之歌》（carmen de bello Saxonico, M. G. SS., 15.2.1231）详尽描绘了萨克森骑士是如何打动了老百姓，让他们参军；而老百姓又是如何被尚武精神所感染，农夫和牧羊人都将生产工具改造成武器，抛下自家田地上战场。但按照兰贝特的记载，萨克森人在御前军事会议上被描述为一群不好战的人："一群无能的乌合之众，习惯种地，不会打仗。他们之所以违背自身的习俗和传统参战，并非是受尚武精神的鼓动，而是因为害怕领主。"（"vulgus ineptum,agriculturae pocius quam militiac assuetum,quod non animo militari sed principum terrore coactum,contra mores et instituta sua in aciem processisset"）

尽管有这些记载，但萨克森领主要带着民兵打野战一事还是不太可能发生的。《萨克森战争之歌》是一部满篇编故事的诗歌作品。这一点在结尾处尤其明显，其中描绘了取胜后的国王如何蹂躏整个萨克森，夺取城镇和城堡。萨克森人几乎被洗劫一空——"房屋、牲畜或财产"（domus aut pecus aut res）。事实上，国王率领大军从哈尔茨向东进发，最远只到哈尔伯施塔特（Halberstadt），接下来他带着少数随从去了戈斯拉尔（Goslar），但7月1日就掉头返回了。[3] 如果按类似的方式给大规模征兵的记载榨一榨水分，那我们就可以这样来解读：除了骑士，萨克森领主还带了一批用得上的人。但尤其重要的是，为了加强兵力，他们或强征或招募了数目超乎寻常的步兵，为这些并未证明自身能力的人提供装备并将其带上战场。

兰贝特声称，当地地形不允许国王的全体部队同时发起进攻，因此各单位是一个接一个排列的，其中国王在第五梯队，波希米亚军在末尾。无疑应该否定此说，因为温斯特鲁特河以南的地形并不会妨碍骑兵单位部署为宽阔的正面。这一描述可能是基于对行军序列的记述。赖谢瑙修道院修士贝特霍尔德（Berthold of Reichenau）在报告（M. G. SS., V）中说萨克森阵亡者有8 000人，这当然是不经之谈。

亨利四世与反王鲁道夫的战争

趁着亨利四世在意大利与教宗额我略七世寻求和解到卡诺莎（Canossa）城堡悔罪的机会，反对他的德意志诸侯聚会于法兰克尼亚的福希海姆（Forchheim），并将国王的姐夫（或妹夫）施瓦本公爵鲁道夫选为国王（1077年3月15日）。但是，恢复教藉的亨利刚回到德意志，大批伯爵和主教就加入了他，以至于鲁道夫不得不立即退出南德意志，与萨克森人联合起来。萨克森人对国王怀有旧恨，他们鼓起精神，支持鲁道夫。尽管占决定性多数的巴伐利亚人、施瓦本人和法兰克人支持国王，但这些贵族不愿意立即追随国王参战与篡位者一决胜负，而希望通过和平协议来解决王位争端。无论和平协议的条件如何，鲁道夫肯定要放弃对王位的主张，于是他集结全军和一支萨克森部队向内卡河进发，途中还有策林根家族的巴伐利亚公爵韦尔夫（Welf of Bavaria）和克恩滕公爵贝特霍尔德（Berthold of Kärnten）加入。尽管有援军相助，他的力量还是不足以迫使亨利决战。他不得不撤军，冬天和来年春天他在谈判中度过，打了几次草谷，有几座城堡被围攻了。直到仲夏鲁道夫才第二次尝试一战决胜，而且又是带着萨克森人启程，途中得到南德意志公爵们的支援。

梅尔利希施塔特会战

（1078 年 8 月 7 日）

鲁道夫一路要穿过图林根，韦尔夫和贝特霍尔德两位公爵麾下的施瓦本军则集结于莱茵河与内卡河之间。但这一次，亨利国王也有一支足够庞大的军队。他迎面向萨克森人推进，两军在图林根与法兰克尼亚边界处的梅尔利希施塔特（Melrichstadt）附近相遇。根据布鲁诺的详尽记述（贝特霍尔德的记载是混乱不堪的无稽之谈），这是一场纯粹的骑士间的战斗，双方都有一部分人取胜，另一部分人败逃。这种情况在好几次战斗中都发生过，但骑士之间的战斗有一点特别重要：骑士一旦开始逃跑就不可能拦得住。哪怕是纪律严明的骑兵也很难做到，骑士就更难做到了，不仅有心理上的原因，更因为骑士不可能通过阻击行动来辨清形势，重整旗鼓。除了极特殊的情形，骑士是不能打防御战的。面对进逼的敌军，他们要么迎战，要么撤退。在承认梅尔利希施塔特会战失败并屈膝投降的萨克森人中就有鲁道夫国王。他是公认的勇士。事实上，他并没有战败，因为他的对手亨利也逃离了战场，而且由腓特烈行宫伯爵统率的一支萨克森部队最后占据了战场的主导权。尽管如此，鲁道夫还是一路退回了萨克森。他手下的一些诸侯在途中被农民劫杀，还有的被俘后交给了亨利国王。就连取胜的腓特烈行宫伯爵手下的萨克森部队也只能是拿上战利品回家。

后来的一份文献《普尔德年鉴》（*Pöhlder Annals*）记载，鲁道夫国王发现自己在己方取胜前就逃跑一事后郁郁而终，此说或有确切依据。[4] 尽管亨利国王仗打输了，但他似乎达成了将两支敌军分隔开来的战略目标。现在，我们的预期是他会转向施瓦本军，特别是波希米亚公爵率领生力军前来与他会合了。然而，不管是因为手下败逃的骑士一路跑回了老家，还是有其他我们不知道的原因，亨利刚开始的行动只是去了一趟巴伐利亚。到了10月份，他终于在那里集结了一支新的军队，目标是毁掉敌方在施瓦本的财产。

这一事件充分体现了骑士战斗的特点。我们不能像吉泽布雷希特（Giesebrecht）那样一带而过，他说亨利之所以撤军，是因为亨利不这样的话就会被夹在两支敌军之间。萨克森人毕竟已经撤走了，而且就算他们很快去而复返，国王在这段时间内也能击败两位南德意志的公爵。弗洛托（Floto）的《亨利四世传》（*Leben Heinrichs IV*）同样与真相离得很远。他说国王不能追击萨克森军的原因在于，先前在内卡河畔击败民兵的南德军会追赶他。这正中国王的下怀——追击萨克森人时，国王随时可以转身迎战。亨利的做法绝不能用战略原因来解释。除非有我们一无所知的其他原因发挥了作用，否则正确的解释只能在骑士军队的性质中寻找：哪怕只是打了半场败仗，亨利的部队却已经打不动了。

弗拉希海姆会战

（1080年1月27日）

梅尔利希施塔特的战斗对双方都没有立即带来结果，但最终占据上风的是亨利四世国王。因为鲁道夫的力量显然不足以采取战略攻势，而且这场争斗也不能通过谈判解决。这两点说服了国王的拥护者们，他们现在愿意向国王提供他足以采取攻势的支持。他甚至发动了一场冬季战役。

一批地位最高的萨克森诸侯已经失去了对反王的信心，于是背弃了他的事业。因此，亨利得出的结论大概是：如果他现在突然现身，鲁道夫是没有能力与他野战的。⁵ 但鲁道夫与奥托·冯·诺德海姆（Otto von Nordheim）却出兵相迎，地点在图林根境内的米尔豪森（Mühlhausen）以南。萨克森人将阵地设在溪流后面的高地上，等敌军渡河上山时发起攻击。但亨利认识到在地形上所处的劣势，于是绕过了萨克森人的阵地。

关于要展开的会战结果，派系不同的作者说法彼此矛盾。布鲁诺和贝特霍尔德说萨克森一方取胜，亨利败逃。但根据埃克哈德［Ekkehard，续弗鲁托尔夫（Frutolf）之书］和《奥格斯堡年鉴》（*Augsburger Annals*）的说法，萨克森人败逃，亨利一方的波希米亚公爵拉迪斯劳斯（Duke Ladislaus of Bohemia）甚至俘获了鲁道夫的金色御矛，而且亨利下令，波希米亚公爵在公共场合都要让人把这支矛举在他身前。但埃克哈德接着写道，一支萨克森部队在战斗中攻击了御帐，杀死护卫并抢走了大量战利品。国王接着撤回东法兰克尼亚并将军队解散。

乍看起来，上面对国王撤军的解释很像是讳败的遮掩，而亨利当然也没有取得真正的大胜。但一种并非完全不可能的情形是：此战的经过与梅尔利希施塔特相似，亨利退兵的原因并非是在弗拉希海姆（Flarchheim）吃了败仗，而更多是因为他的希望——萨克森人不会继续支持鲁道夫——落空了。另外，布鲁诺只字未提御帐被攻破，贝特霍尔德则说双方战士只是因为天黑了才脱离战斗。由此而见，亨利显然并未真正被打败。尽管如此，贝特霍尔德当然还是声称胜利者是萨克森军,因为他说鲁道夫坚守战场直到午夜,然后因为冷得受不了才就近找村子住下,天刚亮就返回战场。因此,无论怎样似乎都没有发生追击。

贝特霍尔德说,鲁道夫一方只有 38 人被杀,"而且其中只有两人据说死在杂兵而非用剑的骑士手中"。("et hi omnes praeter duos de minoribus non de militaribus ensiferis cecidisse referuntur")

埃尔斯特河会战
(1080 年 10 月 15 日)

直到弗拉希海姆会战结束后,额我略教宗才第二次与亨利决裂,而且是彻底决裂。在 1080 年的复活节主教会议上,他再次开除了亨利的教籍。随着这一行动,军事斗争也达到了高潮。和平解决争端的想法之前一直对双方的部分力量有所约束,如今这种幻想完全破灭了,两边都只能集结所有可用的力量,尽快打一场终极决战。有了前几年的经验,鲁道夫知道自己的力量不足以采取攻势。作为较强的一方,主动权落到亨利手中。他在整个夏天都忙于宗教事务,先在美因茨召开了一次主教会议,又在布里克森(Brixen)会同意大利主教召开了一次主教会议。他在布里克森迈出最后一步,拥立了一位与额我略对立的教宗。接着,他将注意力转向鲁道夫。

通过可能亲历其事的布鲁诺的详尽记载,我们对战役和会战的情况都比较了解。但是,布鲁诺热切支持教会一方,我们自然不能指望他会全面地讲述各方行动的原因,对萨克森军将领如此,对亨利国王一方就更不用说了。

国王的任务是会合两支部队：一支来自德意志西部和南部；一支来自波希米亚和转投国王一方的迈森（Meissen）①藩侯。亨利选择了一条危险的路线：从黑森出发，穿过图林根，沿着萨克森的南部边界行动，以便在萨勒河或埃尔斯特河（Elster）与其他部队会合。他佯装要进攻戈斯拉尔，成功将集结起来的萨克森军引诱到那个方向，同时率军经埃尔福特（Erfurt）东进。但萨克森人很快认识到错误，于是转身追击敌人，在埃尔斯特河畔追上了亨利。从南边来的巴伐利亚军可能已经在那里与亨利国王会师了。⁶波希米亚和迈森的部队还在河的另一边。

布鲁诺提出了一个问题：亨利会不会是有意背水一战，这样士兵就没有机会逃跑了。《佩高编年史》（*Pegau Chronicle*）中一则当地后来的传说显示，战斗发生在埃尔斯特河畔（"juxta Elstram"）一个名叫米尔辛（Milsin）的地方附近。由此来看，会战地点无疑是紧挨着河的右岸。

布鲁诺又说亨利希望马上开战，不要片刻耽搁，此说显然搞错了实际形势。如果是这样的话，他一开始为什么要走这么远呢？另外，同一位作者告诉我们，在埃尔斯特河畔扎营不是国王的意愿（"nolens"）。假如亨利能做到的话，他肯定会拖延开战时间，直到波希米亚和迈森的军队与他会合。

这些文献中完全没有说明国王为什么没能渡过埃尔斯特河。毕竟，这条河并不能构成很大的障碍。因为他之前在瑙姆堡（Nau-

---

① 萨克森的一部分，位于今德国与捷克交界处。18世纪之后以瓷器工厂闻名。

mburg）以南渡过萨勒河，而且没有拿下这座城市[7]，所以他与波希米亚人会师的合理路线就是走蔡茨（Zeitz）方向。我们之后会看到，这一点与后续事件也是符合的。蔡茨或许与瑙姆堡一样对国王关闭大门，将直通的道路堵死，而萨克森人又赶在他修好桥之前出现了。

我们或许还可以问：如果亨利既不能渡过埃尔斯特河，又没有集合兵力，那么他为什么不沿河南撤军呢？但是，既然萨克森人已经追上他了，南撤行动就不可能有序进行了，这样的撤退很容易演变成逃窜。对于一支几乎完全依赖近战武器、以骑兵为主的部队来说，殿后为大部队有序撤退争取时间的行动实在是太难了。此外，在可以肯定是交战地带的南边，埃尔斯特河急转向西，这会对从那个方向撤下来的部队造成很大的困难。最后，波希米亚和迈森援军可能已经到了河对岸不远处，从黑森出发横穿图林根的行动成败全系于这支援军。《佩高编年史》甚至记载波希米亚人参与了战斗，当然，它的成书年份要晚得多，但无疑仍然包含了当地的传说。鉴于布鲁诺从正面给出了相反的说法，此说不可采纳。但是，《佩高编年史》接下来讲述波希米亚公爵先前秘密穿过波希米亚，现在出手搭救亨利国王一事属实的可能性很高，不会是纯粹的虚构。波希米亚人参战的说法很可能就出自公爵搭救逃跑国王的记载，只是在编年史写作的年代，人们对事件具体经过已经记不准确了。但是，我们或许可以得出结论：如果波希米亚公爵能将国王从战斗中救出来，那么他的先锋部队可能在战斗期间就在河对岸了。既然有可能直接与友军会师，国王就试图通过机动来争取必要的时间，而不是继续向南撤退。

第二篇 鼎盛时期的封建国家

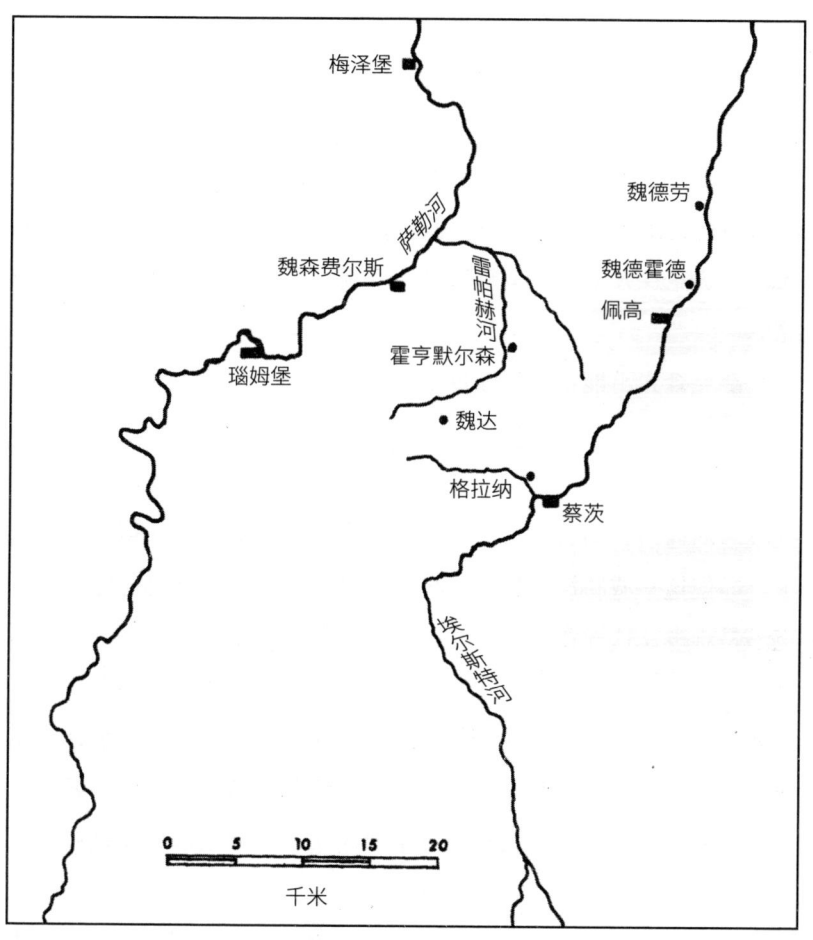

图2 埃尔斯特河会战

于是，他将阵地设在一个有沼泽的山谷后面，这样萨克森人就不能直接攻打他。按照布鲁诺的说法，沼泽名叫"格罗纳"（Grona）。我们不妨假设这个名字保留在位于蔡茨对面，亦称"格罗纳"的格拉纳（Grana）村中。这里有一处自西向东延伸到埃尔斯特河的山谷，过去据说是一片沼泽。从萨勒河开始，亨利军走的道路就贴着山谷的南壁，越过埃尔斯特河附近的沼泽后急转向北，然后通往蔡茨的桥。我们可以假定，当初桥的位置和今天一样。因此，当萨克森人出现在他身后时，亨利已经越过了沼泽，正在沼泽北侧。

萨克森人不能在敌军眼皮底下越过沼泽。布鲁诺说双方的骑士骑兵隔着沼泽互相嘲讽对骂，挑动对方过来交手。

在沼泽的保护下，国王暂时不会受到攻击。尽管蔡茨堵住了直接渡河的通道，但另一边波希米亚公爵和迈森藩侯也在逼近这座城市。即使这一威胁没有使国王将通道打开，他在城外迅速建起渡口也不是难事，这样在两岸就可以会师了。

然而，萨克森人有可能沿着先前的进军道路后退一点，然后从西边绕过沼泽。亨利无疑是认识到了这一点，但他要么估计绕路要多花一天时间，这足够他建好渡口到埃尔斯特河对岸了；要么觉得可以趁着敌军绕路的机会回到沼泽南边，这样沼泽就又把两军隔开了。

但鲁道夫国王与奥托·冯·诺德海姆既认清了利害所在，也能够应对局面。据布鲁诺记载，因为有太多萨克森步兵在图林根行军中因精疲力竭而掉队，国王就命令所有马匹稍弱的骑士下马步战。要如何运用这些下马骑士呢？骑士下马不是因为战马不行了，而是为了填补损失的步兵。我们都知道，骑兵在野战中的价值远远高于步兵。专门让骑兵下马肯定有特殊目的，而且是很重要的目的，因为指挥这支部队的人是萨克森军中仅次于鲁道夫国王的统帅奥托·冯·诺德海姆。我们可以假定，这伙人的任务是在骑兵迂回作战期间占领并堵住格罗纳沼泽上的渡口。在战斗过程中，步兵也可以从那里参战。毫无疑问，萨克森军的兵力要远远大于亨利国王的军队，因此可以分兵行动，迫使亨利在除了河水没有其他退路的情况下正面交锋。

下马骑士不仅能守卫沼泽，也能越过一些骑兵无法通过的地段。

事件接下来的发展印证了上述假说。双方骑兵沿东西方向正面相对，打得有来有往。据记载，当奥托·冯·诺德海姆带着步兵从南边出现时，一部分萨克森军已经在逃跑了。布鲁诺说奥托击败了敌军一部，杀入敌营后阻止手下劫掠，接着率部对仍然在交战的敌军发起攻击，逢战必胜。在其他条件相同的情况下，下马骑士对抗马上骑士取得这样的战绩是完全不可思议的。但我们设想一下，当奥托率部渡过沼泽时，骑兵的战斗还没有分出胜负，那么一切就清楚了。他首先赶跑了渡口的守军，接着去攻击亨利国王的营地，但成功地约束了手下，又带领他们加入了骑兵战。由于这支援军的抵达，骑兵战的结果决定性地倒向萨克森一方。至于细节方面讲得是否准确，我们可以略过这个问题。布鲁诺的著作显然对这些问题语焉不详。对我们来说，最重要的一点就是解释为何命令骑士下马，下马骑士又为何能成为骑兵战的决定性因素。

尽管亨利被彻底打败，还有一部分士兵死在埃尔斯特河里，但胜负依然未分，因为取得胜利的反王鲁道夫本人被杀。他的右手被砍掉了，腹部也受重伤并因此而死。他的墓碑直到今天还能在梅泽堡座堂里看到。我们可以想象：他是一位骄傲的骑士，之前在梅尔利希施塔特，他"没等到己方取胜就先逃跑了"，在弗拉希海姆又丢掉了御矛。这一次，《尼伯龙根之歌》写道，他"发狂般地战斗"（alsam er wuote），重现温斯特鲁特河一战后的荣耀。如今，骑士的雄心葬送了国王的性命。追随者们为纪念他写下了一段铭文：

在部下取胜的地方，
他倒下了，这是神圣的牺牲。
他为教会而死，
虽死犹生。

但埃克哈德在编年史中写道，当别人把鲁道夫被砍下的右手拿给他时，他长叹一声，对围在身边的主教们说："这是我向我的领主亨利宣誓效忠时所用的手，你们这些让我登上王位的人啊，看看自己到底有没有把我引上正途。"

亨利四世战败的最后一个原因是图林根行军。如果他向南穿过法兰克尼亚，在萨勒河上游与巴伐利亚、波希米亚和迈森的部队会师，然后坚决地挺进，那我们真不知道哪一边会更强。但国王带着半数军队走图林根路线，与萨克森人离得很近，以至于对方可以发起进攻并迫使他在集结全部力量前交战。归根到底，这可能只是几个小时的问题，看的是部队能不能撑到渡过埃尔斯特河这条不大不小的河，看的是运气。我们不知道是什么让亨利国王选择了危险的行军路线。从他引诱萨克森人去错误方向的行动来看，我们只知道他充分意识到了自己承担的风险。他之所以将全军集结点设在尽可能远的地方，大概是因为后勤问题。如果亨利成功将莱茵兰、南德意志、波希米亚和迈森的部队集结于一处，那么这支军队无疑会异常庞大，很难统一行动。此外，要是率领部队从西边穿越图林根，他就不用在自己的地盘取用补给，而可以掳掠敌境。还有一种可能性是他低估了萨克森人的兵力和进攻能力，过于依赖欺敌行动的效果。当然，这几点都是假设，却是从那时的战争性质、客观环境和各方心理中自然会产生的假设。所有时代的战争都有一个困难，那就是：兵力多了，行动和补给会不便，而分兵或减兵又会被打败。在封建军队和以物易物经济所处的时代，这个困难甚至比其他时代还要大。

通过亨利四世没能克服这一困难的事实，我们能更好地理解为什么中世纪很少有人试图集结大军，逼迫对手在战场中决一胜负。

4 诺曼人征服盎格鲁-撒克逊人

盎格鲁-撒克逊人源于日耳曼部落,后来定居在不列颠列岛,前文中已经结合大背景对其历史做了介绍。没有任何地方能让我们更清晰地认识到日耳曼人的初始状况——就像塔西佗描述的那样——和逐渐变化的过程。在肯特国王埃特尔伯特(King Ethelbert of Kent)的法令(约公元600年)中,盎格鲁-撒克逊平民(churl)还是好战的自由民农夫,损害地方治安的行为应处罚金,金额为头人(eorl)做同样事的一半。

在100年后由伊内国王颁布的《威塞克斯法典》(*Book of Laws of Wessex*)中,情况已经有所变化。在旧体制下只有奴隶和农奴地位的威尔士人取得了更高、更优越的位置。我们能发现日耳曼人在逐步征服不列颠岛的过程所带来的变化,从你死我活演变为谈判立约。但甚至在征服者民族中,阶级划分也有变化。我们发现有一些平民为领主(hlaford)服务,任其驱使。但国王的侍从(gesiths 或 gesithkundmen)也成了大地主。从他们和原有的百户长(ealdormen 和 eorls)中产生了一批贵族。为国王和这些贵族服务的骑马武士，瑟恩（thanes，也叫 Degen 或 pueri）的赔命价是平民的两倍。由此可见，平民已经放弃了完整的战士身份。

100 年后，埃格伯特国王刚刚统一了本土的其他小王国（827 年），诺曼人（丹麦人）就开始侵入。他们发现，就像当年盎格鲁-撒克逊人眼中的罗马省份不列颠尼亚的居民一样，这个庞大的盎格鲁-撒克逊王国几乎毫无防御能力。我们发现盎格鲁-撒克逊平民已经丧失了战斗素养，而瑟恩武士也无法替代损失的战力。[1]

有观点认为盎格鲁-撒克逊王国有完备的军制，因为在征兵时，每 5 海得或 5 个估值达 20 镑的土地单位为一组，一组必须出一名兵员；更进一步，有人还将其比拟为查理曼敕令中看起来相似的制度安排。但这种看法既没有文献依据，也不能产生真正有效的军事组织。我们已经看到，同样将 3 或 4 海得土地分为一组的加洛林王朝敕令只是空文，最多短期实行罢了。我们也已经看到，这样征来的士兵发挥不了实效。只要市民和农民思维取代了战士精神，民兵就再也没有军事价值了。在约克大主教伍尔夫斯坦（Archbishop Wulfstan of York）的布道词中感叹道，10 个盎格鲁-撒克逊人面对一个丹麦人也会逃之夭夭。

盎格鲁-撒克逊人与法兰克人的第一个相似点是，双方都从日耳曼的全民皆兵发展出了一个特殊的战士阶层：不列颠是瑟恩，法兰克是附庸。但在法兰克，封建制度让战士阶层紧密团结在崇高的加洛林君主身边，而且至少在这一整套体系有强力王权激励的情况下，形成了强大的战斗力。盎格鲁-撒克逊人的瑟恩体系则走上了不同的发展道路。在很多情形下，瑟恩武士也会从领主处获得土地并定居下来。但是，这个过程并不遵循关于领主或附庸死后封地如何处置的严格分封规则,瑟恩的封地是有世袭继承权的,受到的限制很少。通常每名瑟恩会获得5海得的土地。以这种方式成为大地主后,他们要承担兵役,但由于没有措施能保证他们会维持战斗力,因此战士阶层很快就转化为单纯的大地主,军事素养并不比一般地主高。我们从几则法条就能清楚地看到演变的过程。法律规定,凡是有5海得土地、一顶头盔、一副锁子甲和一把金饰刀剑的人就是瑟恩。同样的荣誉也被授予自费出国贸易的商人。因此,瑟恩变成了一个阶层、一个社会层级,或许仍然能看到军事渊源,但已经没有了实效。[2]

附庸武士这种手段在欧洲大陆的骑兵战中达到了高峰。除了必要的武器,骑士还需要可用的战马和只能通过完全脱产、持续锤炼才能获得的武艺。除了不在马上作战的事实,法律条文也体现了盎格鲁-撒克逊瑟恩武士的平庸。就连盎格鲁-撒克逊人的英雄史诗《贝奥武夫》(*Beowulf*)中也只有一处提到战马。当然,我们必须假定哈罗德国王本人和宫内国中的上层人物不仅会骑马,也能在马上作战。但这些骑马武士是如此之少,以至于在黑斯廷斯会战中,盎格鲁-撒克逊人面对数量占优的诺曼骑士宁愿完全放弃骑兵战,而让骑兵加入步兵阵线。通常骑马作战的雅典贵族在马拉松会战中也做了同样的事,或许只有雅典统帅一人例外。在黑斯廷斯,就连哈罗德国王本人也和兄弟们在侍卫(housecarls)的簇拥下步战。[3]

如果盎格鲁-撒克逊人被征召参军,从法律规定来看其严格到了极点。所有平民仍然有出征的义务,所有瑟恩都要承担强度更大的兵役。但在现实中,与过去的西哥特人一样,固然有法条,但却没有实际组织。如果国王发布征兵令,郡督(sheriff)可以对单个地主、城镇和村庄索要资源，或者是出人，或者是出钱，大概是有一定的习惯标准的。但归根结底，这样集结起来的部队，其规模和实效都取决于个别官员能不能干、用不用心，以及民众配不配合。这种带有民兵色彩的动员方式绝不可能取得多大成效。中坚军力完全是由尚未定居在土地上而是在王宫或大领主麾下当差的战士组成，相当于法兰克的斯卡拉卫队。

于是，最先遭受维京人恐怖劫掠的人是那些已经失去尚武精神的人。然后，劫掠者定居在土地上，双方就要面对面了。在阿尔弗雷德大王（King Alfred the Great）①的带领下，盎格鲁-撒克逊人大肆扫荡，至少统治了不列颠岛的一部分。到了下任国王统治时期，本就关系亲近的盎格鲁-撒克逊人与丹麦人实现了政治上的统一，这主要是教会的功劳。但是，不列颠岛最后还是没能抵挡住外族征服。斯文国王（King Sven）和他的继承者，丹麦与挪威国王克努特征服了全英格兰（1013年）。据编年史记载，克努特有3 000名侍卫，侍卫夏天随驾出征，冬天住在市民家里，经常扰乱地方治安。勃艮第人600年前在索恩河与罗讷河一带建立王国时据说数目也不超过3 000人。盎格鲁-撒克逊人又一次成功摆脱了枷锁（1042年），但诺曼公爵威廉（Norman Duke William）随之出现，彻底终结了盎格鲁-撒克逊人的独立，并通过混入诺曼-法兰西的血统而创造出了英格兰民族（1066年）。

威廉是150年前带领诺曼人定居的维京首领罗洛的后代和传人。那时，他们放弃了日耳曼语，融入了与其共同生活的当地居

---

① 在位时间为871—899年。

民，而且改说了法语。但通过法兰克人的封建制度和随之而来的持续不断的私斗，他们保持了战士的本色。于是，他们了不起地融合了罗曼人的优越文化与日耳曼人的尚武秉性。而在盎格鲁-撒克逊人的王室内部，支持诺曼人登上王位的主张在策尔迪克（Cerdic）王朝的末代国王时期出现了，由此引发了盎格鲁-撒克逊人针对这种主张和亲诺曼倾向的反弹。盎格鲁-撒克逊人希望让自己独立于罗曼-日耳曼混血人，甚至在教会领域也是一样。在准备谋求英格兰王位的同时，诺曼公爵表示支持罗马新近的宗教革新运动，还让亚历山大教宗——额我略七世的前任教宗——赐给他一面战旗。

正是由于与普适思想以及同时期文化因素的这层关系，诺曼征服才在欧洲历史上有了持久的重要意义。但诺曼征服有一个先决条件：尽管在过去几代中融入了丹麦人的助力，但盎格鲁-撒克逊人已经丢掉了军事素养。当时人们肯定普遍认为这块富饶的土地是任何勇猛首领的囊中之物。在最早记述这些事件的普瓦捷的威廉（William of Poitiers）笔下，公爵在黑斯廷斯会战之前对战士们发表了一番演讲，说英格兰人经常被征服，既没有善战的名声，也没有打仗的经验。一位年代稍晚的历史学家，奥德利克·维塔利斯（Odericus Vitalis）[①] 也说英格兰人宁愿耕作土地，宴饮作乐，也不愿意打仗。征服者威廉率领的部队不单纯是征召来的诺曼封建武装，而是来自法国各地、为了军饷和战利品为公爵效劳的武士。诺曼骑士跟随他也不是出于封建义务，更多是为了战争本身。这与当

---

① 英格兰历史学家（1075—1142），记述了11世纪至12世纪诺曼征服时期的历史。

年日耳曼原始森林里的情况没多少区别，召集兵力出征的部落首领总能从好战的族人中获得足够多的志愿者，只不过如今大军的主体不再是群众，而是脱离了群众的专门武士阶层。就连独立的领主，比如布永伯爵戈德弗雷（Godfrey of Bouillon）①之父、布洛涅伯爵厄斯塔什（Count Eustache of Boulogne）也带着侍从加入了。

黑斯廷斯会战

（1066年10月14日）

关于黑斯廷斯会战，后代的史诗中有非常详细的记述，至今仍有许多英国学者试图从中提取出历史知识，这完全是白费工夫。关于弗里曼对森拉克②会战（battle of Senlac）——其实根本没有必要另外起名——的著名记述极为有趣地杂糅了伪军事反思（当然，他的记述是基于英国总参谋部军官的建议）和伪批判的文献研究。按照这种方式，我们得到的历史认识不会比希罗多德对希波战争的记载，或普鲁塔克笔下的马略和苏拉战记更准确。但是，如果我们决心从纯粹的文学作品转向求实的批判性研究，那还是能够得到一幅有据可信的会战图景的。我们的主要文献出自诺曼教士普瓦捷的威廉，他是威廉公爵的随军牧师，会战发生几年后根据亲历者提供的信息撰写了战记。尽管他有一边倒的立场，言辞多有虚夸，但我们

---

① 布永伯爵戈德弗雷参加了第一次十字军东征，并成为耶路撒冷王国的首位国王。
② 森拉克是一座山丘的名字，黑斯廷斯会战中哈罗德的布阵地点。

有一批其他文献可供考究，可以认为他在基本要点上值得信任。一份极其特殊的有益历史资料和证据是长70米以上、高半米的刺绣艺术品——巴约挂毯（Bayeux Taperstry）。它展现了会战的多个场面，配有拉丁文解说，而且无疑是同时代的作品。

诺曼军兵力估计约为7 000人，可能要少一些，但不可能显著高于此数。

一份诺曼文献给出的盎格鲁-撒克逊兵力是120万。根据普瓦捷的威廉的说法，盎格鲁-撒克逊军是如此庞大，以至于途经的河流都被喝光了。《诺曼史》（*Roman de Rou*）① 的说法是40万。但另一份可能也偏向诺曼人的文献（"William of Malmesbury"："马姆斯伯里的威廉"②）明确说，盎格鲁-撒克逊军规模很小（"Haroldus paucissimo stipatus milite Hastingas protendit"："哈罗德在少数骑士的陪同下来到黑斯廷斯"）。我们接下来会发现，从战斗过程来看，这无疑是事实。[4] 我们可以估计哈罗德的军队人数最多与诺曼军相当，但很可能要小一些——4 000人至7 000人。

两支军队的最大区别是，英军全部是步兵，而诺曼军有一部分骑士。这一点在所有文献和巴约挂毯中都得到了清晰而一致的表达，似乎可以完全确证。那么，哈罗德绝不会在平原迎击敌人；他的部队会立即被诺曼骑士击溃。[5] 因此，哈罗德国王选择在一处广阔的山丘摆出紧密阵形，以做掩护。这个地点还有一个特殊的优

---

① 诗体编年史，作者为瓦斯（Wace），成书于1175年前后，讲述了从罗洛公爵至1106年英格兰国王亨利一世入侵诺曼底，并被罗贝尔·科索斯公爵击败的坦什布赖会战（battle of Tinchebray）为止的历史。
② 英格兰著名历史学家（约1095—1143），以博学著称。

点：后边是陡坡，中部则有一处直接通往林中的狭窄地峡。一旦战败，盎格鲁-撒克逊人可以跑到坡下，逃入森林，骑兵追击不易。

诺曼人优越于盎格鲁-撒克逊人的另一个地方是副武器弓箭，操弓和御马一样都需要专业训练和技巧。巴约挂毯逼真地展现了诺曼人射出的箭雨，而对面只有一名弓箭手，在这一点上，挂毯同样与文献相合。哈罗德军的中坚是下马骑士，与诺曼人一样，他们身披坚甲，装备多种武器——枪矛、刀剑，尤其是战斧。此外还有装备标枪、长柄斧等武器的轻装兵，他们有的配盾，有的不配盾。当然，这不是一支可能被用来补充侍卫和瑟恩武士的壮丁部队。壮丁在诺曼弓箭手和骑兵面前毫无自保之力，而且肯定会马上逃跑。我们必须将这些轻装盎格鲁-撒克逊部队设想为武士的差役随从，混杂于武士阵中。他们可能在刚开战的时候往前跑一段距离，把标枪投出去，等敌方逼近就退到重装士兵后面。

诺曼人以宽大的正面向山丘进军，3个兵种——骑兵、步兵和弓兵——依次排开。凭借射程和人数的优势，弓手略微前出向敌军射击，但其劣势在于盎格鲁-撒克逊人居高临下，也在向他们射击。现在，骑兵与近战步兵混在一起强攻山头。但守军阵地占很大的优势，攻方的冲击力被山坡消磨，被守军打退。有一些诺曼人被赶下了山，另一些人见无法突破敌军阵线就转身后撤。过一段时间再次出击，这是马上作战的常例。有诺曼人也许会觉得可以将身后的敌人诱至下方的山谷，然后在更有利的地形回身再战。在此来彼往之间，诺曼弓箭手有多次发挥威力的机会，最终诺曼人占据了上风。盎格鲁-撒克逊的兵力当然仅限于防守，但一味防守是打不赢会战的。防守是纯消极的，而胜利是积极的。除了极个别的例外，最终带来胜利的防守一定是在恰当的时机转守为攻。我们在第一场历史上确证的会战,马拉松会战中就发现了这一点:当时的雅典人同样无力在开阔平原对敌,于是采取守势,但米提亚德看准时机率领雅典人发起了进攻。哈罗德做不到。他的侍卫和瑟恩武士是勇士,单个来看或许比当年的雅典市民和农民还要勇敢,但他们没有组成方阵,没有战术单元,没有受过听从命令、作为一个整体进军的训练。盎格鲁-撒克逊人或单打独斗,或三五成群,或在这里,或在那里,遵循着自然的本能,蜂拥而出,追击后撤的敌军。诺曼军不会就这样落荒而逃,而当盎格鲁-撒克逊人乱哄哄地进入山谷时,他们就被骑兵击败和打垮了。哈罗德可能根本不想让手下离开山顶阵地,但局面很难控制,而且就算控制住了,那也挽救不了会战。如果诺曼人被击退但没有被追击,他们会重新集结起来,不断再次冲锋。盎格鲁-撒克逊军的正面迟早会有某个点陷入混乱,迟早会有一次突击成功,然后一大批骑兵就会突破战线。随着越来越多的诺曼人压上来,盎格鲁-撒克逊的阵形就会从那一点开始分崩离析。盎格鲁-撒克逊一方的地形优势只能暂时抵消诺曼一方天然的骑兵优势,而不能面面俱到。一方的优势是活生生的、有自我更新能力的力量;另一方的地形优势则是机械和表面的,终究会被进攻方的强力意志所击败。

从文献来看,这无疑是一场持久的恶战——证明盎格鲁-撒克逊军不是由农民组成的,否则他们要么凭借人数优势压垮敌军,要么会马上逃跑。但大部分盎格鲁-撒克逊军作战英勇,而且战死于预定阵地——包括哈罗德国王和他的两个兄弟——表现出了不亚于敌人的战士精神和战士荣誉观。但是,敌人的强项在于职业训练、骑马作战、箭术，最后大概还有人数。

盎格鲁-撒克逊军不是被拉来的农民，而是专门的战士阶层，与诺曼对手的区别只在于训练和人数不足而言，最终的、决定性的证据来自战略谋划。

9月28日，威廉在佩文西湾（Bay of Pevensey）登陆，当时哈罗德并不在附近，而正在北方驱逐由他自己的兄弟托斯蒂格（Tostig）率领的维京入侵者。尽管威廉从登陆地点走四五天就能到伦敦［直线距离为56英里（约90千米）］，但哈罗德直到诺曼人登陆10天（10月7日或8日）才从北方战场返回首都。于是，威廉本来可以利用这段时间干点大事，甚至可以拿下伦敦。文献里并未说他没有这样做的原因，但我们大概也能想象得到。毫无疑问，他担心一旦夺取了大城市，缺乏纪律的部队就会脱离控制，以至于不能在迟早会打响的会战中集合全部力量。此外，他当然也不想表现出征服者的样子，像对待敌国一样对待英格兰，而希望被视为前来参选的合法王位候选人。但是，由于上述原因或相似的原因，公爵留在海岸，将战略主动权交到了敌人手中。威廉在未遇反抗就登陆成功后没有继续进攻，而是驻于黑斯廷斯附近的岸边，几乎无所作为，这就给了哈罗德备战的时间。尽管文献记载威廉蹂躏了周边地区，目的是迫使敌方国王因国土受到戕害而出战，但这只是老百姓或编年史作者的认识，而非公爵本人的想法。一小块地方被静止不动的敌军蹂躏不可能诱使盎格鲁-撒克逊国王提前出战。如果威廉真想诱敌，他必须向前推进，威胁伦敦。当然，这些劫掠的例子也违背了战役的政治基础——威廉当选国王的资格——估计甚至都不是公爵的命令，而是士兵征粮抢钱时的常见恶行，无论如何都是没有战略意义的。因此,事实仍然是威廉将主动权交给了对手,使其有充分的行动自由去继续完成战备。更令人震惊和重要的是,诺曼人连长期坚守的能力都没有。威廉甚至在本国也遇到了补给困难,因为等待合适的风向需要很长时间。如果这就是他驻于岸边的原因,即为了方便后勤补给,那么对他的大军来说,补给终归是有限的。在巴约挂毯中,威廉登陆后立即派遣骑手去黑斯廷斯夺取补给,由此可见军粮问题是多么重要。

公爵突然登陆后给守军留出了备战的空当,如果他假定敌军必定会利用这段时间备战的话——换句话说,如果对方有可能全面征兵——那么他的行为就完全不可理解了。即便我们假定英格兰人口稀少,征服者兵力庞大,但真正的全面征兵必然会为盎格鲁-撒克逊人带来压倒性的数量优势,哪怕只是在不列颠岛的一部分地区征兵。威廉没有迅速进军,阻止对手组织大军的事实就足以证明,当时根本不可能进行这样的征兵。因此,盎格鲁-撒克逊人的军事组织与巴黎被围时的法兰克人是一样的。一旦明白了这一点,征服者威廉的战略也就可以理解了。他知道哈罗德除了侍卫和瑟恩武士外无兵可征,只有这些人能真正派上用场,也愿意参战。

此处又出现一个问题:按照这样的构成方式,盎格鲁-撒克逊军有没有可能显著扩充交战当日的兵力?有几份文献,尤其是弗洛伦提乌斯·维格嫩西斯(Florentius Vigorniensis,又称伍斯特的弗洛伦斯,Florence of Worcester)[①]明确说,只要哈罗德多等几天,他的兵力就可以增加一倍甚至两倍。我是不信的,毫不犹豫,这是每

---

① 英格兰伍斯特修道院僧侣和编年史作者,死于1118年。

次战败都会出现的马后炮,让战败者聊以自慰。(弗洛伦提乌斯是偏向盎格鲁-撒克逊的。)诚然,哈罗德并没有集结盎格鲁-撒克逊的全部军力,因为北方有两个大诸侯没有支持哈罗德,他们大概对戴上王冠的人是哈罗德还是威廉无所谓。但就算再等一段时间,他们也不会来的;而且如果有希望等来援军的话,供养一支军队也是很难的。在哈罗德等一些人来的时候,完全可能有另一些人等得不耐烦,补给也快要见底,于是就回家了。不管怎么说,我们并没有确凿证据说盎格鲁-撒克逊王——毕竟,从他选择的位置来看,他很清楚自己是弱势一方——犯下了一个大错,那就是尽管从战略层面看,他对局面有完全的掌握,但他还是不等兵力集结就贸然决战。即便整个中世纪常有这样的例子,具有骑士风范的首领带着勇猛却兵力不足的队伍发起本可以避免的战斗,即便我们可以认为哈罗德也有类似的倾向,但将上述心理归因放在这里并不恰当,因为我们发现盎格鲁-撒克逊国王没有莽撞出击,而只是在精心选择的防御阵地上列阵对敌。因此,我们必须假定,不管是从人员素质还是从人数,哈罗德都已经集结了全国有能力和有意愿出征的一切兵力。现在,作为一位勇士,为了守护王位和国家,他毫不犹豫地对敌人发起了挑战。而诺曼公爵相信自己完全应付得了预期中的盎格鲁-撒克逊军队,相信他的军队远远优越于对方——原因在前面已经讲过了——不管哈罗德准备的时间是长一点还是短一点,他都可以静观事态发展。

5　诺曼人在英格兰的军事组织

1066—1087 年，威廉一世在位。

1087—1100 年，威廉一世的儿子威廉二世在位。

1100—1135 年，威廉二世的弟弟亨利一世在位。

1135—1154 年，亨利一世的外甥斯蒂芬在位。

1154—1189 年，亨利一世的外孙亨利二世在位。

1189—1199 年，亨利二世的儿子理查德一世在位。

1199—1216 年，理查德一世的弟弟约翰一世在位。

1216—1272 年，约翰一世的儿子亨利三世在位。

1272—1307 年，亨利三世的儿子爱德华一世在位。

新生的盎格鲁–诺曼王国发展出了一套截然不同于欧洲大陆的军事组织。

史称"征服者"的威廉公爵并不是顶着这个名号登上英格兰王位的。在盎格鲁–撒克逊人面前，他把自己打扮成前朝国王忏悔者爱德华（Edward the Confessor）的亲属，甚至可能说自己被爱德华指定为合法的王位候选人，因为当时没有成年的继承人。按照威廉的说法，先前被选中的哈罗德伯爵无权称王，因为他一年前曾向威廉郑重许诺不谋求王位。于是，在合法即位的幌子下，威廉在战场取胜后接手了政权。他没有按照军中规矩拿走任何征服者应得的战利品，而只是将哈罗德家族和支持者的财产作为叛军财产充公。先前不支援哈罗德的北方诸侯现在起兵了，结果同样被打败，财产归了王室。通过这种方式，威廉将产权原则与征服行为结合起来，将一大部分没收来的财产分给了大约300名扈从。其中约有40人是领主，也就是后来的"男爵"（baron）[1]，他们获得了大片领地，相应也有义务为国王提供骑士。这些应服兵役者（servitia debita），加上高级教士手下的人，其总数大约不到5000，绝不会高于此数。为了履行义务，男爵要招揽次级附庸。但次级封地的块数不需要达到额定兵员的人数，因为男爵也可以在身边蓄养骑士，不将他们安置在土地上，用得着他们时也不必花时间召集。他们被称作领主的门客（"super dominium"："无地者"）。但相反的情况也会发生，因为出于各种各样的理由，世俗和教会领主都蓄养了超出国王规定要求的骑士。

最多出60名骑士的男爵已经属于最强大的诸侯了。

王室直属附庸的上层清一色是诺曼人，下层则有一些是撒克逊人。由于撒克逊人瑟恩武士主动投靠了征服者并为其服役，因此次级附庸里能找到许多撒克逊名字。将在威廉治下的英格兰、撒克逊人（和丹麦人）和诺曼人都算上，有封地的战士约有5000名，[2] 其中大概有四分之一来自原住民，四分之三（3000到4000人）是征服者安置在土地上的、说法语的骑士。他们绝没有后世传说的6万人那么多，甚至现在还有人在重复这个数字，也没有其他人认为的3.2万人那么多。除了有封地的诺曼人，还有相当多没有封地的人也留在不列颠岛，为国王或某位领主服役。即使算上他们，这批战士其实也是很少的，即使他们征服的是一片人口达180万的土地，即使之前占据这片土地的民族极其好战。

随着时间推移，有封地的骑士有所增加。1166年，征服者的曾外孙亨利二世进行了一次人口调查，发现有封地的骑士越有6 400名。教俗两界的大诸侯都分封了众多附庸，一般都多于征服者当年规定的征召兵额。原因大概主要不是他们想要掌握更多战士，以此增强自身实力，因为他们要真是那样的话，当然也可以在府中养士。我们还发现，在斯蒂芬（Stephen）国王治下的内战期间，新增的骑士封地非常少。封地骑士众多的原因很可能在于，有封地的骑士地位更高。因此，男爵通过牺牲部分财产将领地转封的办法为自己组建了一支社会地位更高的扈从队伍，男爵的荣耀更盛，野心也更盛。这是他们奖赏忠臣功绩的方式。除非我们明白这不单纯是物质报酬，同时也必然涉及组建家庭的问题——领主府中门客是不许成家的——否则就不能充分衡量奖赏的意义。有记载称，教会显贵中间存在将教产通过裙带关系转化为封建领地为亲属朋友牟利的劣迹。

骑士封地的大小没有具体规定，比如一人5海得之类。各个伯爵领地（county）应承担的兵役也没有多少标准。国王只会根据大封建主的财产，提出一个可以被5或10整除的兵额约数，相当笼统。对个人而言，拥有直辖或次级封地的本地骑士的田产面积差异极大，有的甚至不过是一小块地。一块骑士封地相当于年收入20

镑的观点是后来才出现的，而且比纸上空谈也差不了多少。³

征服者赐予的大地产不是靠在一起的，而是散布于全国的，显然是有意要避免欧洲大陆上大地产结合为诸侯国的情况发生。尽管有势力强大的男爵，但这种做法让诺曼底王朝英格兰国王能够定期通过官员（郡督）来管理各个伯爵领地。如此一来，庄园就不会变成封地，"伯爵"（earl）也就成了单纯的名号。毋庸置疑，在征服者威廉的外孙斯蒂芬统治时期，英格兰的情况在一段时间里变得更像大陆。男爵们获得了行政大权和官位，修建城堡、铸造钱币、互相私斗，但斯蒂芬的继承者金雀花王朝开国君主亨利二世压制了上述行为，拆除城堡、重振王权。君主权威一直占据上风的原因不只是大地产分配得当，更主要是骑士阶层与平民百姓的普遍对立，以至于两股力量不能联手反抗王权。在之后的一个世纪中，奥德利克·维塔利斯将英格兰新贵描绘为"粗鄙的暴发户，几乎为地位的骤然提升而发狂，自认为可以为所欲为"。面对异族领主的暴行，百姓只能向君主求助。在骑士与平民两大阶层融合为新的民族之前，这种状况持续了几代人的时间。宫廷长期说法语，几乎一直持续到中世纪结束。在这片土地上，伯爵没有像大陆上那样发展为实土诸侯，伯爵领地仍然由官员治理，同时战士形成了一个以封建法为基础的骑士阶层。

从本书前几章得到的教训来看，这种状况肯定会导致兵制废弛，因为骑士军队不能靠官员也不能靠领地互不相邻的男爵来调动。官员与战士没有那种能确保其具备军事素养的亲密私人关系。男爵只有在备好领内收成、劳役和车驾的情况下才能征集士兵。⁴法兰克的伯爵一开始也只是官员，但战士身份固有的和自然的法则将其转化为封建领主,让他们能够凭借伯爵领地的资源提供可靠的战士。只有在形势逼不得已的边境地区,征服者威廉才允许建立欧陆式的和组织严密的伯爵领地,以便对抗苏格兰人和威尔士人,这些领地被称为"行宫领地"(palatinate)。但就连这些领地也被解散了。

诺曼底王朝英格兰国王一直将郡督官职与男爵身份分开,从而避免了将欧洲大陆的附庸制度引入英格兰,消除了地方独立性,并缔造了一个严格实施中央集权的庞大王国——尽管如此,英格兰国王还是维持了当时盛行的、以精锐个体武士为基础的军事制度,手段是引入一个全新的要素:货币、军饷和税金。

一开始,威廉确实要求附庸以封建征兵的形式支援国王,还要求势力最大的附庸提供规定数目的次级附庸,但他很快就发现这种方法不切实际,也不可能落实。在一次丹麦人的入侵(1084年)中,就连威廉本人也没有征召附庸,而是对每海得土地征收6先令税金,然后用这笔钱募兵上阵。据记载,他的儿子亨利一世也曾募兵作战。[5] 编年史中写道,亨利二世之所以率领雇佣兵上阵,是因为他不想为骑士、市民和农民增加负担:"他不愿意劳烦有产骑士、城市居民或乡里百姓,于是率领雇佣兵出战,事实上是率领无数骑士。"(nolens vexare agrarios milites nec burgensem nec rusticorum multitudinem…duxit solidarios vero milites innumeros)[6] 亨利二世的财务总管查德·菲茨-尼尔(Richard Fitz-Neal)也证实了这一点,他在财政报告中写道:"遇有战事,国王更喜欢动用雇佣兵,而非附庸。"(mavult enim princeps stipendiarios quam domesticos bellicis apponere casibus.)[7]

因此，征服者威廉晚年（1086年）编订的全国地籍册《末日审判书》(*Domesday Book*)列出了田地、磨坊、森林、鱼塘等所有资产，而且按阶层统计了全体人口，但没有提到兵役。这在一个封建国家似乎是不可思议的事情，甚至有学者认为封建骑士制度在征服者时期还不存在，是由他的继承者创立的。人们很快就发现这种看法是错的。一旦明白封建军制与定额动员是两个不相干的概念，我们就不会对征服者没有在地籍册中列出兵役感到那么惊讶了。

于是，封建制度与附庸制度在英格兰的意义完全不同于欧洲大陆。可以肯定的是，征服者在极大程度上利用了封建土地所有制：他认为自己是整个国家的至高所有者。自此以后，没有一块英格兰土地的所有权不是让渡而来的。但是，这种封建主权的适用范围仅限于产权法和继承法中的领主权益和土地世袭。至于实质性的兵役，首先是由税金加以补充，后来更被税金替代。

封建征兵与雇佣兵结合的状况一直持续到爱德华时期（爱德华一世，1272—1307年在位，亨利二世的曾外孙）。《大宪章》（第51次团会）废除了雇佣兵这支由国王掌握的强大而危险的力量。[8]势力强大的男爵之所以拒绝上交军费，是因为他们在国王面前的政治地位以承担封建军事义务为基础。[9]但现实规律要比基于政治的考量更强大，佣兵制仍然占据上风。

从一开始，附庸的军事义务能延伸到何处就是值得怀疑的。查理曼能够命令一位卢瓦尔河地区的伯爵带着手下从征易北河以东自费打几个月的仗，那是因为伯爵的地位介于领主和官员之间，能够调动整个伯爵领地的资源。英格兰国王不能要求男爵们自费和无限期提供骑士出征，交战地点还有可能在大陆上。与大陆一样，附庸有自费服役 40 天的义务在英格兰成了惯例，但服役范围是否包括海峡对岸一直有争议，而且诸位男爵直接拒绝服役。[10] 以 6 周为限的战争只能是相邻地区间的私斗。因此，只有发生叛乱、遭到劫掠和与苏格兰人或威尔士人发生边境冲突等情况才需要严格意义上的封建兵役。但在其他情况下，兵役也要通过交钱的方式履行。与加洛林敕令中的规定类似，几名骑士要合起来提供一名上阵兵员的装备和补给，其形成了两种制度的过渡阶段。

1157 年，亨利二世对威尔士发起远征（"maximam expeditionem"："一场规模极大的远征"），规定 3 名骑士为一组，一人出征，其余两人出装备（duo milites de tota Anglia tertium pararent）。[11] 1198 年，理查德一世要征讨诺曼底，规定 10 名骑士为一组，一人出征，其余 9 人出装备。[12] 1205 年，约翰提出了同样的要求。1230 年，亨利三世规定以两普劳兰（plowland）①为一单位，出一人服役 40 天，费用由地方承担。[13] 还有几次亨利三世提出了类似的要求。[14] 在现实中，上述要求必然都是通过征税募兵满足的。

我们可以从圣奥尔本斯修道院（Abbey of Saint Albans）的情况详细追溯这一发展过程。[15] 院长有 6 块骑士封地，每块封地又被分给若干名次级附庸。当国王征兵时，每块封地的各位地主就要集合起来，共同出一名骑士。有时他们会雇佣一名骑士或两名军士（sergeant），有时会从自己人里面选一人服役，其余人为他提供装备和军需。马姆斯伯里的骑士中似乎也有类似的安排。

从亨利二世开始，我们发现了"盾税"（scutagia）的直接证据，

---

① 土地面积单位。

而它实际上肯定要古老得多。[16] 出钱可以"代替"兵役,每一名男爵或骑士在每一个场合下都可以选择应征或缴纳一定数目的金钱这种解释并不确切。相反,国王坚守着凡不应征者都要没收封地的原则,此人必须向国库交一笔罚金才能免于指控。围绕封建义务的争论还延伸到了普遍税(general tax)的概念中。许多细节还不明确。关于没有响应征召的领主的次级附庸要交多少钱,向谁交钱的问题,目前尚存疑问。但我们可以把这些疑问放在一边。对军事组织来说,要点在于出钱代替亲身服役,然后用这笔钱征募和维持佣兵骑士的现象。[17]

于是,从此时起,大领地的军事意义就在于这个阶层的尚武精神通过传统、训练和实战传承了下来,这样才有兵可征。英格兰骑士上阵杀敌,保持尚武精神和武艺是为了报酬而自行做出的决定,而不是因为领主征召。在欧洲大陆,伯爵成了国王的附庸,因此要提供手下的骑士封臣。这个过程中甚至常常会出现中间层级,比如公爵下面有伯爵,伯爵下面又有方旗骑士(banneret)①。在英格兰,男爵("tenentes in capite":"大借地人")与次级附庸("subtenentes":"小借地人")只有数量层面的区别,也就是大地主和小地主的区别。1292 年《封地买卖法》(*Quia emptores*)规定,凡是分封产生的新受封人均成为国王的直属附庸,于是从政治和法律角度也消灭了封建体系下的中间层级。但从军事角度看,原本以占有大庄园为基础的附庸制度发生了巨大的改变,以至于男爵都成

---

① 他们上阵时可以打着自己的旗帜,也就是"方旗";更低级的骑士则只能在别人旗下作战。

了佣兵队长。在大陆，伯爵也要带领手下上阵。英格兰郡督只有召集民兵时才会带上手下，但到了战场上，包括骑士和骑士仆从在内的战士都由先前征募他们的男爵统领。男爵有名义，有个人声誉，也有为战士提供初始装备和首笔军饷的资源——按照与国王的协议，作为回报，男爵可以从国王处获得报酬。

真正的封建制度是以纯粹的以物易物经济为基础的。它的变体——比如诺曼底王朝及其继承者金雀花王朝时期的英格兰制度——的基础则是以物易物经济与货币经济的混合体，因为作为中坚战力骑士阶层的社会经济地位都基于土地授予，但正规军则是利用货币来征募和维持的。英格兰国王推行这一制度得益于欧洲开启的经济变革。在那个时代，我们能发现由贵金属显著增多带来的货币经济复兴萌芽。令人惊讶的是，军事组织最先受到金银流通量增多——后面讲佣兵制度的一章会接着谈这个问题——影响的地方不是在蕴藏和产出金银的欧洲大陆，而是在英格兰。贸易活动将一部分贵金属带入英格兰，政治发展又让英格兰得以利用这些贵金属。在 11 世纪，贸易已经相当重要了。正是在这一时期，亨利四世统治下的德意志城市首次登上了政治舞台。佛兰德（Flemish）诸城和科隆都与英格兰之间有着活跃的商品交换。英格兰编年史作者亨廷顿的亨利（Henry of Huntingdon，约 1155 年）写道，英格兰向德意志出口铅、锡、鱼、肉类、生牛、羊毛、煤等大宗商品，换回白银。[18] 当时，欧洲大陆还没有一个中央政权强大到能够为了自身目的而控制货币流通。各地民众已经没有纳税的习惯了。只有在最极端的势力，如可怕的维京人的逼迫下，整片区域或国家有时才会通过集体摊派的方式收集和上交贡赋。

第二篇 鼎盛时期的封建国家

英格兰受蛮人戕害更甚于欧陆，付给入侵的蛮族人，换取其离开的赔款"丹麦金"有时竟然具有了正税的性质。克努特王统治英格兰时曾定期给侍从发饷，还为其提供冬季住所。征服者威廉在征税时将税金与"丹麦金"的传统联系了起来，尽管那种传统在当时已经消失了。威廉的继承者们凭借强大的王权逐步发展出了一整套税收体系。这些国王是古代盎格鲁-撒克逊国王的合法传人。但是，通过将自己带来的封建统治观念嫁接到古代传统上的方式，他们大大扩张了权力。现在，英格兰国王既是国家元首，也是全部国土的所有者。盎格鲁-撒克逊人的国王一直受到长老会议（witan）的制约。欧洲大陆的君主要受到上层附庸豁免权和伯爵领地世袭化的制约，英格兰国王则不受两者制约。尽管男爵会议（consensus）取代了长老会议，但我们已经看到，它在英格兰的权力根基既不深厚，又不宽广。领主们带来诺曼-法兰西法并按照其观念生活，这套法律被叠加于本土的盎格鲁-撒克逊法之上，于是当两套法律产生冲突时，判定应采用哪一套的权力属于国王。因此，作为权力中枢的君主通过郡督管辖伯爵领地，颁布法律，编制全国地籍册为征税依据，施加刑罚，并按照自己的判断赐予奖赏。当每位获赐封地者去世后，继承者要想重新获得封地，就必须交一笔继承税，确定金额的方式完全是任意的。国王享有所有未成年领主的封地的监护权，目的则是为自己谋利。国王会出于自己的考量把已故附庸的女儿嫁出去。英格兰发展出了一套极其严厉的治安罚金制度（amerciaments），以至于有人将其不无道理地比作军事占领当局的惩戒行为。由于处罚力度与犯人的财产挂钩，所以哪怕是轻微过错或手续不全也可能面临极高的罚金。在欧洲大陆，没有统治者能这样对待自己的下属，也就是高级附庸，甚至都不可能编订《末日审判书》。郡督按照收取普通租金的方式征收领内税金。如果常规收入、"盾税"、继承税和罚金不够用，那就征收"补助金"（Hülfen）和居民个人财产的九分之一乃至四分之一。[19] 拖欠者应受的处罚不仅限于本人财产。有一个犹太人不愿交钱，约翰国王（亨利二世幼子）就每天拔掉他的一颗牙；被拔掉七颗牙后，他按要求交了一万马克。

简而言之，英格兰国王征收货币税，又用这笔钱建立了一套特殊的军事制度，因为征服让他们具有了从人民中榨取用以维持佣兵军队的海量资源的必要条件，即独裁大权和令人恐惧的压迫。

早在亨利一世征服者的幼子统治期间，我们就听到了对压迫、压榨的大声抱怨和改善待遇的郑重承诺。亨利二世采取了某些措施，尤其是在行政官以外设置了法官，诚然其目的不是减轻负担，而是为了限制最大的弊政，也就是财产估值的随意性。有一次，他甚至罢免了全体郡督。当理查德一世于1198年要求300名英格兰骑士要么到海峡对岸服役一整年，要么支付足够维持同等兵力的税金——标准为每人每天3先令时，这项要求被称为勒索。[20] 尽管300名骑士看起来很少，但他们的维持费却高达328 500先令，合16 425镑，这是很大的一笔钱。在理查德的弟弟和继任者约翰在位期间，这些索取终于引发大名鼎鼎的宪政冲突和签署了《大宪章》。尽管男爵们一度取得了战争的胜利，但有一件事仍然成立：中央集权的强力政府牢牢掌握行政权，征收赋税——或者专断强征，或者通过等级会议——并利用税金建立由佣兵骑士和普通士兵组成的野战军。

英格兰军事组织中的佣兵和骑士是混杂在一起的，于是封建观念很快就完全被遮盖了。要是没有由英格兰王位与法国大封地（诺曼底、布列塔尼、普瓦图和加斯科涅）的关联而爆发的连年战争，定居于不列颠列岛的诺曼骑士阶层肯定会迅速转变为喜爱和平的大地主阶层。但是，战争的诱人暴利让他们保持了尚武传统，尽管英格兰并没有守住初心，严格实施军事封地只能授予实际作战人员的规矩。

真正意义上的军事封地观念很快就消亡了，以至于征服者的曾外孙、他的孙女的儿子亨利二世时期的一部法律中就几乎找不到附庸制度的痕迹，而纯粹将军事组织建立在地主和民兵的观念之上。

1181 年国防法即《军备法令》（Assisa de armis habendis in Anglia）规定，凡领有骑士封地者应有铠甲、头盔、盾牌和枪矛。牲畜或其他动产价值达 16 马克者也应有同样的装备；财产达 10 马克者应有护喉甲、铁盔和枪矛；其余自由人应有棉甲、铁盔和枪矛。上述装备不得以任何方式处置，继承者若未成年，则由监护人保管，直到其达到服役年龄。巡回法官应在陪审团面前把人划分成各个等级，在郡民大会上宣布法令，并带领郡民宣誓。未出席郡民大会的人都要去威斯敏斯特宫，也就是王宫，在那里被告知自己的地位等级并宣誓。法官要四处宣布法令，而且如果一个人没有按规定保有武器，光是罚金可不能让国王满意，而要论生死。

1205 年，约翰国王颁布法令规定，在外敌入侵的情况下，任何人都必须在得知消息后第一时间带齐装备、保家卫国。凡是既不参战，又没有重病告假者，如果是地主，则本人及继承人将永久失去其财产；如果是无产者，则本人及继承人将沦为奴隶，且每年要交 4 第纳尔的人头税。任何人不得以贫困为由逃避征召，因为军队集结后的粮饷均由国王负担。郡督和执达官（bailiff）应在市场和年集四处张贴该法令，并向国王汇报逃避征召的人。

亨利三世的新国防法（1252 年）大大拓展了亨利二世的国防法（1181 年）。亨利二世只明确规定了全体自由人必须有的装备，亨利三世的征召范围则是 16 岁至 60 岁的所有人（"cives burgenses, libere tenentes, villanos et alios"："市民、自由人佃户、镇民及其余人"）。亨利二世只把人分成三等，现在细分成了五等。最高一等要骑马服役。倒数第二等要装备弓箭、长剑和短剑。最末一等——拥有最小一级的土地或价值 40 先令以上的动产——只需要装备镰刀、短剑、小刀和其他小型武器。征召兵由治安官和高级治安官指挥。

这些法规能够例证：如果我们想要了解历史事实，哪怕是在我们有法律原文的情况下，比如上面的例子中，法律也是指望不上的。尽管军备法令确实构成了存续至今的英格兰民兵的基础，但不论是古代还是现代，这些民兵在军事史上几乎没有发挥任何作用。中世纪的法令虽然惩罚极其严厉，但从来不能落实。分人划等、编制名册、强制和监督武器采购的任务太过繁难，哪怕是贯彻到底了，军事价值也还是太小。我们已经看到了，真正打仗的部队完全是另一种组织形式。尽管按照亨利三世的法令，16 岁至 60 岁的全体男丁能组成一支几十万的庞大民兵队伍，但即便到了下一个时代，参加决战的军队还是只有几千人而已。

格奈斯特（Gneist）曾将英格兰全民分五等服兵役的做法，与古罗马百人队分五等置武备的做法相提并论。表面的相似性显而易见，但重要的是我们必须理解不同点。两者的区别在于罗马是征召公民进入纪律严明的军队，英格兰则只有一支几乎只存在于纸面上的民兵，与真正的战士阶层脱节。另外，我们现在发现，著名的塞维鲁等级征召兵制只不过是生活在2世纪的人们对加图中庸政治的臆想。（参见第1卷）

尽管这些军事法规的实际意义很小，但了解它们对我们依然很重要：首先，作为文献，它们表明了征召来的乌合之众是何其无用；其次，尤其重要的是，它们可以类比于中世纪早期以来西哥特人和法兰克人的类似法条。我们不知道"assizes"的实际含义，大概是"sententia assisa"的缩写，意思是"评估"。斯塔布斯（Stubbs）简单地将其称作"敕令"，就像加洛林敕令那样。它们确实也是敕令。[21] 加洛林敕令对学界造成多大的误导，我们又花了多少精力才还原它们的实际意义，因为我们首先要明白的一条就是中世纪的法律条文不仅不符合现实生活，而且可能完全相悖！在金雀花王朝的军备法令中，我们极其清楚地看到了加洛林敕令中极难辨明的东西，因为13世纪的文献已经不像8世纪那样稀少了，而且能清晰地一步步追溯实际演变过程。这样一来，后世文献不仅阐明了自身所处的时代，更确证了我们对前代的解读，正如瑞士人写的勃艮第战记为评价希罗多德笔下的希波战争提供了指针一样。

6 意大利的诺曼人国家

上一章讨论了英格兰的诺曼人国家,我们现在要讨论南意大利的诺曼人国家,后者的建立时间略早于威廉征服英格兰,双方有不少共同点。因此,两相对照有助于彼此阐明,也能印证我们先前对诺曼人国家的看法。

首先,一个值得重视的点是两个国家几乎同时建立,因为这是一个新的证据,表明这么少的军队就能在当时攻城略地。当威廉公爵渡海远征英格兰时,他甚至没有集合本土的全部军力,有一部分人先前就去意大利了。我们很快会看到,前往意大利的诺曼人数量并不多,但与威廉有限的地盘相比仍是一支可观的力量。另一方面,如果这么点战士就足以在意大利建立王国,那么放在英格兰,结论也是一样的。

尽管我们在估计数目时,大多数情况下不得不依赖偶然记载和后设结论,而非可靠的一手资料,但就意大利的诺曼人而言,我们倒是有几份直接可用的资料。

1016年,40名诺曼骑士从耶路撒冷朝圣归来,恰好在萨莱诺

（Salerno）即将被撒拉逊人攻陷时来到这座城市。这支勇猛小队的出动解救了城市，而此事也为越来越多的诺曼人来南意大利当兵提供了理由。当时的南意大利依然有一大批伦巴第人的小公国、小伯国和独立城镇，互相争斗不休，还要与希腊帝国[①]和征服了整个西西里岛的撒拉逊人交战。诺曼人是作为雇佣兵来的，有时帮希腊人打撒拉逊人，有时帮伦巴第贵族或伦巴第人统治的地盘打希腊人。最后，他们自己也成了领主，就像当年罗马帝国境内的奥多亚克或哥特人那样。据记载，诺曼人在前两场击败希腊人的决定性会战，奥利文托河会战（Olivento）和坎尼会战中（1041年）的兵力分别为3 000人和2 000人。即便是这么少的兵力也不全是诺曼人，还有与其联手对抗希腊人的当地人。有的文献记载参加奥利文托河会战的诺曼人有500名骑士，也有的说是700名骑士加500名步兵。[1]据记载，罗伯特·吉斯卡尔初出茅庐时从最低阶层的卡拉布里亚人（Calabria），也就是罗马佃农和奴隶的后代中拉出了一支专门抢东西的队伍，然后带着他们劫掠乡里。[2]后来，继承了维京人勇猛气质的诺曼人以自己为核心，在身边聚集了精通各类武艺的好战人士。所以，征服者威廉的军队也不全是诺曼人，而是有来自各路领主的雇佣兵。

为了摆脱这些好战的、傲慢的人，被压迫者进行了无数次密谋和反叛。戈弗雷德·马拉泰拉（Gaufredus Malaterra）[②]告诉我们，

[①] 本章中提到的希腊帝国即拜占庭帝国。
[②] 11世纪本笃会修士、历史学家，曾游历南意大利和西西里岛，记述了诺曼人在意大利的经历。

当诺曼人寄宿家中时，当地人会为自己的妻女感到担心。[3]但是，他们的所有努力都是徒劳。最终，诺曼冒险家中最强大、最幸运的罗伯特·吉斯卡尔统一了整个南意大利和从撒拉逊人手中夺回的西西里岛，使之全由自己的家族统治。诺曼人的力量也强大到了足以对抗德意志皇帝的地步。罗伯特·吉斯卡尔将亨利四世逐出罗马，成为额我略七世的庇护者，甚至制订了击败拜占庭帝国、攻占君士坦丁堡的计划。据一份文献记载，他为此横渡亚得里亚海时率领的大军包括 1 300 名诺曼骑士和 1.5 万名杂军，[4]后一个数字当然是极大的夸张。这份文献还有一个更夸张的数字，说罗伯特率领 3 万大军对抗亨利四世，其中有 6 000 名骑兵。该结论来自一个事实：根据其他文献记载，[5]这支军队的主体是数量不可能很多的撒拉逊雇佣兵。如果南意大利有动员起 1.5 万人更不用说 3 万人的军事实力，那么它会被少数诺曼人征服和统治一事就是完全不可理解的了。就连罗伯特率领 1 300 名骑士横渡亚得里亚海、出征拜占庭的记载都已经是往最多了说的。但这仍然是一个有价值的证据，表明哪怕少量骑士也能发挥重大的作用。

诺曼人在南意大利建立的政治架构类似于同族在英格兰建立的国家。这种相似性不是因为诺曼人的种族特征或部落性质，而是来自历史事件。诺曼人的政治结构结合了骑士制度和官员行使政务、收税供养的行政体制。骑士制度固有的自然倾向——向上层建筑层级化的封建体系发展——被强力王权、官员和税收所约束和压制。如果没有强力王权，异族军事集团的统治是不可能持久的。诺曼骑士骨子里的桀骜与自豪不亚于法兰西或德意志骑士，但他们不得不向王权低头。因为如果没有王权，他们就只能重新被迫过上无家可

第二篇 鼎盛时期的封建国家

归的冒险生活。到了1083年，意大利的诺曼人对自己的领土依然没有多少依恋，以至于当罗伯特·吉斯卡尔进攻拜占庭的行动如意料之中那样进展不顺。他先行返回意大利时，一大批诺曼军人被希腊皇帝亚历克塞（Alexius）策反，投靠了皇帝。当罗伯特两年后去世时（1085年），留在希腊境内的驻军也加入到了先前敌人的麾下。[6]

过了几代人之后，居无定所的异族战士才与被征服民族融合，形成了新的整体。尽管实施了封建制度，但骑士们依然保留了雇佣兵的特征，而非封建骑士的特征。

德意志皇帝腓特烈二世将这套制度发展到了极致。他出身霍亨斯陶芬家族，是最后一位诺曼女主康斯坦丝（Constance）的儿子。

据编年史记载，[7] 战士阶层的男丁"有封地和没有封地者"（"milites tam feudati quam non feudati"）大概都被腓特烈二世征入军中（"cum toto servitio quod facere tenentur"："履行一切应负的义务"）。

但是，这次真正的封建征兵只发挥了极其次要的作用。战士们——招募来的骑士、市民和普通士兵——几乎完全是为报酬服役的。

1227年，腓特烈二世筹备十字军东征时向每块骑士封地征收8盎司黄金的税款，还要求每8块骑士封地提供一名骑士及装备补给。[8] 因此，这还是加洛林敕令里的那套制度，只不过此处明确说了抽丁的对象不是农民，而是骑士。另外，皇帝规定税款不交给伯爵，而是直接入御库。

理论上，腓特烈切断了封建制度的真正基础，也就是国王直属附庸和次级附庸之间的个人纽带。他的法典规定，国王也要向次级附庸授予封赏，而且任何人不得效忠国王以外的人。次级附庸与其名义上的领主现在只剩下了要交10盎司黄金的联系。当然，诺曼底王朝英格兰国的附庸制度也发生了同样的演变过程。

7　拜占庭

我们上一次介绍东罗马帝国时,查士丁尼再兴大兵,凭借招募来的蛮族雇佣兵消灭了汪达尔王国和东哥特王国,让阿非利加与意大利重归帝国版图,而且几乎收复了西班牙。但是,帝国无力维持这种局面。公民不愿意承担维持雇佣兵、向邻国纳贡买平安所需的沉重税收。终于,大灾难因为又有一名军事统帅登上皇位而发生了。查士丁尼完全是政治家。他派遣将军出征,本人则以统治者的身份控御和引导方方面面——首都与行省、教会与军队,各有各的分歧和派系。有人可能会认为,当查士丁尼之后的第三任皇帝,本身就是一名杰出而成功的将军的莫里斯(Mauritius,582—602)登上皇位后,帝国肯定会更加稳固。毕竟,帝国是依靠征战才恢复了故土。但帝国的力量不足以完全收复故土,因为少了最关键的根基——军团纪律。莫里斯好像是脱离实际的人,[1]非要将野蛮的雇佣兵团改造成更稳固的军事组织。他在帝国境内而非从异族中招募了尽可能多的兵员,但在一次与斯拉夫人和鞑靼人交战期间,当他要求军队留在多瑙河以北过冬时,军队就哗变了;兵变的另一个原因是莫里斯甚至付不起士兵开出的价码。正如3世纪下半叶从佩蒂纳克斯达（Pertinax）到奥勒良和普罗布斯的一连串被害的猛将皇帝一样，由于首都市民也起来反抗，所以他被杀害了（602年）。

值得注意的问题是，军饷在这最后一次组建严明军队的尝试中起了什么作用。部队的规模是很小的，因为他们击退蛮族部落及其入侵的过程相当艰难，而且是有输有赢。莫里斯这样有能力、有眼界的皇帝大概会愿意满足军队的要求。尽管如此，当他因克扣武器和被服的问题与军队发生冲突时，国库无疑是确实拿不出更多了，因为查士丁尼时代的严苛税制在他去世后便被废除，以争取人民的支持；筹饷已经不再可能了。

于是，东罗马帝国也采取了一种很接近我们之前在罗马–日耳曼化的西欧地区看到的军制。大约在7世纪中期，帝国将土地分成了若干军区（themes）和军分区（meros 和 turma），各区分别负责招募和供养一定数目的军队。为此，就像法兰克的伯爵那样，之前长期分离的军务与民政重新统合了起来。由于军区是根据现有部队单位命名的，因此部队单位无疑是分布在军区之内，且永久性地配属于军区。部队分区驻守，补给来自就地征收的实物或屯田，而不是只驻扎在边境和首都，由整个帝国供应粮饷。当发生战争时，军区部队会被派去支援野战军或邻区友军。

封建制度的中坚力量是定居在土地上的战士，纯粹的边防警卫队除外。我们发现，东罗马帝国自此之后也朝这个方向有了重大的发展，大地主掌握了军事力量。我们发现授予土地（"军产"，ktemata stratiotika）换取服役从军的现象，[2] 同时形成了田产广大的军人世家，在歌谣中深受平民百姓颂扬。《混血边将》（*Digenis*

Akritas）就是一部这样的史诗，写于 10 世纪，最近被重新发现。[3]《混血边将》编者恰当地将主人公比喻为西欧的藩侯。

　　法律中的相似点同样俯拾皆是。通过与查理曼很类似的手段，东罗马皇帝致力于打击豪族（dynatoi）兼并自耕农土地，而且与法兰克王国中一样，这件事和真正占大多数的农民没什么关系。在这两个地方，农民的主体都是不好战的佃农。土地兼并涉及的是起初为战士后来逐渐文明化和农耕化的人。早在查士丁尼时期就有多部针对土地兼并的法令，[4] 10 世纪又有几位皇帝发起了一场有计划的反兼并行动。他们采取了最激进的措施，直接宣布兼并无效，甚至不允许以养老为借口的兼并。[5] 两部修订法案让我们想起了 898 年兰贝特皇帝的敕令。法令中规定任何人不得让士兵耕种土地（en "paroikou logōi"：“以租佃的方式”）或为私人服务，以此禁止伯爵将自由民战士（arimanni）封赐给自己的手下。[6]

　　一系列补充条例规定了一名士兵必须有价值多少的田产：骑兵和部分舰队官兵是 4 磅黄金，其余舰队官兵是 2 磅黄金。尼基弗鲁斯·福卡斯皇帝（Emperor Nicephorus Phocas）规定最低为 4 磅黄金，重装武士——也就是西方的骑士——为 12 磅。[7] 如果一块田产有多名继承人，则应按照田产优劣共同出一名士兵。

　　尽管与西方有重大的共同点，但东方从来没有发展出完全的封建层级。武人世家是有的，但没有真正的骑士阶层，也没有西方封建制度的灵魂：个人效忠关系，占据绝对主导地位的日耳曼扈从观念。在一段时间内，拜占庭军制与诺曼－英格兰体制极为接近。封建主义的某些要素与税制官制联系了起来，并融入后者之中。兵员是招募而来，而且与英格兰一样，亲自服役被纳钱代役所取代。[8]

但是，尽管有蛮族迁入定居，帝国内地的可用兵员依然数量不足，也有可能是内地人过快地失去了尚武精神，结果帝国还是要一而再再而三地借助异族雇佣兵充实军队。各个日耳曼部族、斯拉夫人、佩切涅格人、马扎尔人、保加利亚人乃至突厥人在拜占庭皇帝的军营中共聚一堂。瓦良格（Varangians）军人曾长时间发挥极其特殊而重要的作用，他们为瑞典人和诺曼人出身，穿过俄罗斯和黑海来到拜占庭。"瓦良格"这个词的意思是"盟友"。后来有各种各样的人物都被冠以这个名字。威廉征服英格兰后，瓦良格人中估计也加入了许多从英格兰逃来的盎格鲁-撒克逊人。

约翰尼斯·斯基李泽斯（Johannes Skylitzes）① 合理地描述了10世纪的全国性征兵有时会呈现的面貌。[9]他讲述了突厥人是如何一再横行，烧杀掳掠于奇里乞亚地区。尼基弗鲁斯·波顿尼亚茨（Nicephorus Botoniates）"公爵"集结了一支军队，但由于妒忌和怠慢，他的努力归于徒劳。士兵们没有领到足够的口粮，于是拿上发的粮饷就回家了，以至于蛮族再次横扫奇里乞亚。接着，一批小伙子聚集在安条克（Antioch）②，要凭着年轻人的血气一战，但因为缺乏作战经验、没有战马、装备简陋、粮草不济，他们出师不利，灰头土脸地回到了故乡。[10] 于是，波顿尼亚茨带着亲随和少数雇佣兵去驱逐蛮族了。

---

① 11世纪后期希腊史学家，记载了从811年尼基弗鲁斯一世去世至1057年米海尔六世被废黜之间的拜占庭帝王史。

② 西方历史名城，遗址位于土耳其南部与叙利亚交界处。公元前4世纪由亚历山大部将塞琉古建立，以纪念其父亲安提柯，之后先后由罗马帝国、波斯帝国和阿拉伯帝国统治，1098年被十字军攻占，建立安条克公国。

当法兰克人的地盘遭到诺曼人或匈牙利人入侵时,或者当胖子查理救援巴黎而无功时,发生的事情无疑也是类似的。

在10世纪和11世纪,拜占庭帝国国势再兴。保加利亚人被一劳永逸地击败了。巴西尔二世(Basil II,1025年去世)剜掉了所有战俘——据说有1.5万人——的眼睛,每百人中留一人只挖一只眼睛,让他领着其他人回家。当这群可怜人被带到君主面前时,他一下子晕了过去,两天后就死了。拜占庭帝国从哈里发手中夺回了奇里乞亚和安条克,亚美尼亚也被并入帝国。当时的帝国西起亚得里亚海,东越幼发拉底河。我认为,这次拜占庭帝国国运转盛与货币经济再次逐渐占据主导地位有关。我们又看到了许多征收税赋的记载,[11]税收让招募雇佣兵成了可能。尽管位于欧洲的西部省份仍然在征收只能用于本地的实物税,但在亚洲,税款又可以转运到中央金库中了。[12]但是,比内地的些微变迁更重要的是敌人方面的变化。保加利亚人逐渐失去了蛮勇之气,另一侧的阿拉伯人也是如此。而当形势发生变化,新的敌人出现时,拜占庭帝国的中兴马上就结束了。在东边,帝国惨遭塞尔柱突厥人打击;在西边,帝国为抵御诺曼人而陷入困境。

表面看来,我们对拜占庭军制是非常了解的,因为有一系列详尽系统介绍各时期帝国军事制度的著作,还有许多时人写时事的详细战争或会战记述。莫里斯皇帝(602年去世)和人称"哲学家"的利奥六世皇帝(911年去世)留下了详尽而成体系的著作,尼基弗鲁斯·福卡斯(960年去世)则留下了一部很有价值的专著。但我们研究得越深,就越会怀疑这些著作中到底有多少是可以接受的。我们在研究古代史时就发现,古典时代流传下来的成体系的理论性著作绝对不是可靠的历史文献。一个不可思议的事实是，上述作者依然在复述着各种关于马其顿方阵的理论，仿佛从来没听说过罗马军团及其战术似的。然而，不只是这些记载，李维对古罗马支队战术的描述、撒路斯提乌斯（Sallust）对征兵方式的描述，还有一大部分韦格蒂乌斯的文字要么是离谱的误解，要么是纯粹的臆想。拜占庭的情况也一样。进一步考察会发现，不同著作之间互相矛盾的。这些著作中有很大一部分材料不能视为对实际做法的记录，而是毫无真实依据的臆想和理论，是复述和阐发当年亚历山大学派对马其顿方阵的理论总结。16 世纪拿骚的威廉·路易（William Louis of Nassau）①和17世纪的蒙泰库克利（Montecuccoli）②都借鉴了利奥皇帝《战术》一书的许多内容，18世纪的利涅领主（prince of Ligne）将这本书和腓特烈大王的条令编成一本集子给手下的将军看，还说利奥和腓特烈都比恺撒厉害，因为恺撒只是立下了榜样，其余两人则总结了条令。[13] 我们已经看到，利奥皇帝完全配不上这样的夸赞。韦格蒂乌斯的名声也是同理，此人的见识其实非常有限。（参见第 2 卷）

　　拜占庭的战争和会战记述——例如布林尼乌斯（Bryennios）③和安娜·科穆宁（Anna Komnena）④——同样荒诞到了极点，但通

---

① 率领尼德兰人反抗西班牙哈布斯堡王朝统治，尼德兰共和国首任执政（1559—1584），如今依然被荷兰人称为国父。
② 全名为雷蒙德·蒙泰库克利（1609—1680），军事将领，出生于意大利，为哈布斯堡王朝服役。他为线列步兵战术的发展做出了重大贡献。
③ 全名为小尼基弗鲁斯·布林尼乌斯（1062—1137），拜占庭将领、政治家、历史学家。
④ 皇帝阿莱克修斯一世的女儿（1083—1153），她写的《阿莱克修斯传》（接下页）

第二篇　鼎盛时期的封建国家

过比较印证，我们还是足以确定一个事实：与西方一样，罗马军团那样有纪律的步兵在希腊帝国也是不存在的。不管是西方还是东方，军队的中坚力量都是数量相当有限的重装骑兵。尼基弗鲁斯·福卡斯的一句话可以用来衡量其他一切相关证词："一名统帅只要有五六千名重装骑兵和上帝的援手就圆满了。"此语与历史证据是相符的，只要我们通过严格考证就能排除掉一切无法确证的记载。尼基弗鲁斯·波顿尼亚茨在描述米海尔三世皇帝（Emperor Michael III，1071—1078）组建长生军一事时也说过，长生军的主要训练内容是运用武器和骑马的技艺。[14]

东方军队和西方军队的第一个重大区别在于，外来蛮族雇佣兵在东方发挥的作用要大得多，而西方军队是用自己人打仗的；另一个区别是，弓骑兵和重装骑兵在东方军队中的比例相当大。1071年拜占庭军队在曼奇科特（Manzikert）被塞尔柱突厥人打败后，本土军人的地位大大下降，帝国几乎完全依赖异族雇佣兵。雇佣兵也失败了，君士坦丁堡便落入十字军手中（1204年）。希腊帝国光复后，旧的军事制度随之恢复。

因此，希腊帝国借以保全自身千年之久的军事力量基本上与3世纪后的罗马军队，以及查士丁尼征讨哥特人所用的军队是一样的。尽管有内斗和宗教争端，尽管兵变、宫廷政变、叛乱不断，尽管面临着四面八方的危险敌人——巴尔干半岛有保加利亚人（匈人），来自亚洲的穆斯林早在654年就第一次围攻君士坦丁堡——但帝国不仅坚持了下来，甚至多次取得大胜，还一度向东边扩展到

（接上页）是重要的拜占庭帝国史料。

了古罗马帝国的边界——底格里斯河。

问题来了，为什么旧帝国西部的拉丁部分没有挡住蛮族，最终被蛮族统治，而东部的希腊部分则表现出了更强的生命力和韧性呢？说希腊部分由于组织更完善，因此在政治和军事上优于罗马地区的看法是无稽之谈。毫无疑问，拜占庭贵族豪门不时会出现卓越的战士，他们率领部下——不管是封建征召军人还是蛮族雇佣兵——创下英雄伟业。这些家族本身无疑也是有部分蛮族血统的，然后率先在拜占庭高雅了起来，正如亚历山大大帝时代以来，希腊世界愈发成为一个采用希腊人的语言和思维方式的民族混合体。但这种情况在拉丁化的西部地区可能还要更厉害，因此，东西方的差别不可能在这里。

我相信，移植到希腊人土地上的东罗马帝国国祚长久的首要原因在地理方面，也就是君士坦丁堡无与伦比的军事区位。罗马是一座建在中等河流旁边的内陆城市，承受不住兵力稍多的军队发起的奋勇攻击。皇帝们有时会离开罗马城，驻跸于更安全的拉文纳。君士坦丁堡则雄立于海涛之侧，三面环水，哪怕是面对兵力大得多的敌人，却几乎不可能攻破。援军和补给可以从两个方向运达，敌人很难封锁。如果罗马成了全世界的首都，那不是因为它有经济优势——它没有多少经济优势——而是通过政治和战争。因此，当罗马城不再是四方朝贡的都城时，就失去了自然资源的援助。君士坦丁堡是世界贸易体系中重要陆路和水路的交汇点，不只是一座都城，本身就有极其丰富的自然资源，有利于防守。616年希拉克略皇帝在位期间，波斯人围攻过君士坦丁堡，没有成功；626年的阿瓦尔人，654年、667年、672年、717年、739年的阿拉伯人，764

年的保加尔人，780年、798年的阿拉伯人，811年、820年的斯拉夫人，866年的罗斯人，914年的保加尔人，也围攻过君士坦丁堡，但都失败了。[15]

如果君士坦丁堡被各路蛮族攻陷过，或者在700年前后落入穆斯林之手，就像当年罗马城被哥特人和汪达尔人夺取一样，那就意味着东罗马帝国的末日，就像西罗马帝国一样。但正因为帝都挡住了所有攻击，它才一次又一次地成为帝国收复故土的大本营。而当敌人暴露出弱点时，帝都甚至可以让帝国重新走向胜利与征服。拜占庭的历史无疑是世界史中最令人惊叹的兴衰交替历程。周边蛮族一次次横扫帝国，侵略劫掳，直抵京畿，他们有的来自北方，有的来自多瑙河以外，有的来自东方的阿拉伯地区和幼发拉底河流域，将小亚细亚整个打穿，还有跨海而来的各路海盗。这些战争消灭了大量人口，土地遂由蛮族所有。保加尔人和斯拉夫人当年立身于巴尔干半岛，其村庄南至伯罗奔尼撒，但帝国还是存活了下来，最后甚至将移民吸纳到了自己的机体和组织中，就是因为有君士坦丁堡坚守、维护和传承着古老的政治体系和政治思想。

这种认识的一个反例是，君士坦丁堡在1204年曾被十字军攻陷。但东罗马帝国坚持了下来，而且在半个世纪之后，地方势力将帝都夺了回来，从而复兴了古典意义上的帝国。但从两方面来看，这段插曲都可以视为例外情形。1204年的君士坦丁堡几乎是不设防的——内部陷入分裂，篡位者接连上台和垮台，谁都不能从地方引入援军。但十字军本身就是一支强大的军队，又与威尼斯舰队联合，从海路封锁了城市。于是，尽管有种种天然优势，君士坦丁堡还是陷落了。

地方势力坚持反抗，最终赶走敌人并不是因为希腊人在民族精神或军事素养方面更强，而一部分是宗教原因，另一部分是十字军本身性质的原因。如果征服君士坦丁堡的法兰克人还是蛮族异教徒，他们或许会一直统治这座城市。与西方人一样，希腊人会适应他们的统治，同时将征服者吸纳到自己的文化和教会中。但十字军遵照教宗额我略七世的精神，不仅将军事力量强加于希腊人身上，也将罗马教会强加于希腊人。若要服从罗马教会，希腊人就必须彻底改变自己的思维方式。他们从宗教斗争中汲取了强韧的反抗力量，加上法兰克人早就失去了民族大迁徙时期日耳曼部落骨子里的剽悍，要应付希腊人的反抗更是难上加难。当然，十字军刚来时有威尼斯这个盟友，实力举足轻重。但十字军取胜后将一位佛兰德地区的伯爵立为统治者时，伯爵手头只有十字军的一小部分。威尼斯人独占被征服的帝国土地的八分之三，大封建主获得了大片土地，两方都不服从号令。君士坦丁堡的拉丁帝国皇帝对手下骑士的统治力，与当年克洛维及其继承者对法兰克人的统治力不可同日而语。于是，来自西方的征服者尽管占有帝都，最终还是被迫撤出希腊帝国。

8　阿拉伯人[1]

古罗马人将蛮族骑手纳入麾下并组建的骑兵部队中,很早就包含了阿拉伯人,也就是撒拉逊人。在克拉苏征讨帕提亚的战役中,一位阿拉伯首领就发挥了一定的作用。378年,瓦伦斯皇帝从东方带来对抗哥特人的就是阿拉伯骑兵,不过,他们在阿德里安堡被日耳曼人的冲锋打败,这预兆了后世的多场会战。

与对待日耳曼人一样,罗马人一开始想要降服阿拉伯人。奥古斯都在位期间,埃及总督埃利乌斯·加卢斯(Aelius Gallus)出兵征讨阿拉伯人(公元前26年至25年)并夺取了一座大城镇,但因饥饿和疾病而损失惨重,于是罗马人再也没有在这个方向采取攻势。

与西边的日耳曼人一样,阿拉伯人是作为雇佣兵被带入文明世界的,尤其是在查士丁尼前后罗马人与波斯人交战期间。最终,阿拉伯人决定要自己掌权的时刻到来了。

但是,这个过程与日耳曼人大不相同。

除了战士精神,日耳曼人什么都没有,也什么都没带来。他们成为文明世界霸主时还是纯粹的野蛮人,在此期间对文明世界造成了很大的破坏。而阿拉伯人长期由两类人组成:一类是野蛮好战的游牧民,也就是沙漠中的贝都因人;一类是文化水准颇高的城市商人。将两类人团结起来的是共同的民族、共同的语言和共同的宗教文化;为了缓和与驾驭贝都因人的敌意和凶狠性情,精明的麦加商人无疑会有意地扶持宗教。[2] 犹太教和基督教造成了影响,并激发了他们的宗教冲动。

穆罕默德将这些成分与倾向整合为一个政治-宗教统一体。伊斯兰教不是基督教那样的宗教,而是以宗教力量为根基的民族性政治-军事组织。为了方便比较并认清两者的根本区别,我要打个比方:穆罕默德就好比身份是先知的阿米尼乌斯,将所有日耳曼部族统一在自己的领导之下。

作为战士、民族领袖和先知,穆罕默德从阿拉伯世界中一下子组织起了一支力量,以势不可挡的威力横扫了左右两侧——属于罗马的叙利亚和埃及,以及仍然在与罗马打拉锯战的波斯。

在落入日耳曼人手中的罗马帝国的土地上,古典文化在基督教会中保留了下来,而且西部形成了日益极端化的两极格局:一边是独立的教会;一边是独立的列国。教会和国家在伊斯兰教中是同一的:先知和他的继承者哈里发(代理人)既是精神领袖,也是世俗统治者;既是神意的解释者,也是军事统帅。贝都因人的军事实力长期以来为世人知晓和畏惧,命运(kismet)和天堂的教义更使其威力倍增,同时安拉的权威又确保了人们服从军令。就连虔信者都说:"最好的教理就是持剑助神。"[3] 劫掠成性的贝都因人也乐于顺从一个将文明世界的财富撒到自己大腿上的精神权威。这个精神权威为沙漠之子固有的战斗威力加上了纪律的要素，竟能达到禁止战士饮酒的地步。

一份关于阿拉伯军制的文献——尽管它出自 14 世纪，但仍然可以追溯古老的传统[4]——这样描述信士的顺从（第 28 页）：

> 伊本·伊沙克（Ibn Ishâk）在《战记》中写道：神遣者要离开卡夫拉谷（Wâdil Cafrâ），听说古莱什部落的人正要来攻打他，便向众人征求意见。阿布·伯克尔（Abu Bekr）先说了一番漂亮的话，接着是奥马尔（Omar），也讲得不错，接着米克达德·本阿姆罗（el-Mikdâd ben Amr）起身发言："啊，神的使者啊！你想去哪里就去哪里，我们都跟着你。我们不会像以色列的子孙那样说，'去吧，你和你的军队，去打吧。我们要留下来'。我们会说，'去吧，你和你的军队，去打吧，我们会与你和你的军队并肩战斗'。以遣你来的神的名义，如果你要我们一同去比尔德季马德（Birk el-Gimâd），我们就同你一路打过去，直到你到那里。"神遣者答道："说得好！"并祝福了他。接着，他转身说道："你们也是，向我建言吧。"他指的是辅士（Ancâr，投奔穆罕默德的麦加市民），因为他们人数很多。接着，赛义德·穆艾德思（Sa'd ben Mu'âds）说："神遣者啊，你说的好像是我们。""当然。"他答道。赛义德接着说："我们信奉你，相信你对我们的一切教诲都是真理。作为回报，我们发誓听从你，顺从你，这是确认过的。所以去吧，神遣者，不管你受命要去哪里，我们都会

跟随你。以遣你来的神的名义,如果你要我们追随你渡海,我们会和你一起跳进去,没有一个人会不跳。如果你要我们明天就迎敌,我们绝无异议。我们在战争中是坚定的,在战斗中是可靠的。神也许会通过我们向你展现让你喜悦的事物。那么,与我们一同进发吧,在神的祝福下。"神遣者对赛义德的发言表示满意,话语里激情澎湃:"起来!将好消息传开,因为神已经许诺我两派一心。以神的名义!我仿佛已经看到了我们的人广布四方。"奥马尔说:"以掌握着我生命的人的名义,他们绝对会将敌人砍倒。"

在穆罕默德之前,阿拉伯人像日耳曼人一样被分成许多部落,甚至比日耳曼人的还要多,因为随着城镇的发展,部落中还产生了社会阶层对立。先知凭借自己的制度将所有部落和阶层结合为紧密的统一体,由此不仅带来了强大的内聚力,还创造出一个极其庞大的协作集团。日耳曼部族从来没有合作过,我们还知道横扫罗马帝国的哥特人、勃艮第人和汪达尔人的军队人数是非常少的。与日耳曼地区一样,阿拉伯人口稀疏,但如今这片广大地域上的所有部落和阶层都紧密团结起来,组成了一支由一人掌握的军事力量。据说,穆罕默德于630年亲自率领3万人征讨拜占庭帝国,但这支军队在边境停了下来,没有取得任何成果。[5] 阿布·伯克尔① 的统帅哈立德(Chalid)率领1.8万人征讨波斯。[6] 在636年被波斯人击败的

---

① 阿布·伯克尔是穆罕默德的岳父,也是穆罕默德去世后的首任哈里发(632—634年在位)。

第二篇 鼎盛时期的封建国家

桥上会战（Bridge Battle）中，阿拉伯人据说只有1万人。[7]哪怕是在637年击败波斯的卡德西亚（Kadesia）决战中，根据"最古老、最可靠的文献"[8]，阿拉伯人也只有0.9万到1万人；稍后的贾柏莱（Dschabula）会战中是1.2万人。[9]从查士丁尼征战史中常见的兵力规模判断，这些数字并非不可思议。在攻陷泰西封后有6万人分到战利品的事实也没有否定这些数字。卡德西亚会战后确实有援军抵达，但我们首先就要怀疑指挥官在上报战果时会远远超出真实情况。从我们对十六七世纪德意志雇佣兵队长的了解来判断，这些极其贪婪的贝都因人报上去的数字大概夸大了3倍到4倍。尽管如此，按照最近的学者的看法，击败波斯的阿拉伯军队可能不止1万到1.2万人。但我们必须特别考虑一个事实：并非所有穆斯林军队都在境外作战，还有兵力相当或更多的军队正在叙利亚与希腊人打仗。634年，在耶路撒冷以南发生的艾德沙那迪恩（Adschnadein）会战中，阿拉伯人第一次击败希腊人，据当时记载有2.5万至3万人，尽管这个估算数字当然是不确切的。[10]为了确保优势兵力，他们从幼发拉底河前线调来正与波斯人对战的3 000名骑兵，这批人自带淡水，穿过沙漠赶了过来。即便这个数字有点太高了——从远方调来3 000名骑兵一事就是证据——但希腊帝国早就没有能力在任何地点投入对等数量的兵力了。回想当年查士丁尼之所以能派贝利撒留率领1.5万人征讨汪达尔人和哥特人，只是因为他能与波斯长期维持和平。阿拉伯文献中反复提到希腊人和波斯人占有极大的数量优势，数十万大军被打败，丧命于信士的剑下。[11]当然，这些记载与古希腊人讲波斯大军被米提亚德、保萨尼亚斯和亚历山大打败是一个道理。事实上，在这些战例中，占据数量优势的总是胜利一方。

哈里发将好战的沙漠部落全部收服，拥有了取之不竭的兵员，能够同时向四方派出多于敌人的兵力。他们不是一不发饷就哗变的雇佣兵，而是神的勇士。为了在征服的土地上获得最丰厚的报偿，他们可以在短时间内忍受匮乏和自我约束。因此，他们能够穿越荒凉的的黎波里去征服迦太基和整个北非，最后将西班牙也拿下，直到卢瓦尔河才遇到打败他们的人。[12]

据记载，征服北非的军队有2万人乃至4万人，这些数字显然是太高了。那么多人在的黎波里长途跋涉，后勤肯定供应不上，而且达成目标只要四分之一的人就够了。然而，穆斯林出现在西边的赫拉克勒斯之柱的同时，他们也在沿着亚历山大的足迹推进，远至中亚和印度。另外，拜占庭本土也受到了巨大的压力。

正如意大利、西班牙和阿非利加的哥特人和汪达尔人，得胜的穆斯林在被征服的土地上成了战士统治阶级。

穆斯林本身已经是一个组织完善的政治集团，并没有像日耳曼人那样严重破坏被征服的文明世界。经过短暂的停顿，经济生活便恢复如常，没有像西方那样完全沦落到以物易物的地步。新政治制度的根本原则是，被征服的不信者要纳税供养战士统治者。

日耳曼战士阶层必须分散到全国，靠当地人上交的实物供养，这种状况最终走向封地的形态，也就是封建制度。阿拉伯地区的文明和货币经济并没有遭到彻底破坏，因此阿拉伯战士可以由征税和军饷来维持，不需要散布各地。征服者们仍然在大型军事据点中聚居，尤其是在库法（Kufa）与巴士拉（Basra），这些据点后来发展为城市。

但我们已经看到——特别是在汪达尔人的例子中——单

第二篇 鼎盛时期的封建国家

纯依靠自身成员和传统家庭来壮大的战士阶层不可能持久。在日耳曼部族中,战士阶层越是与被征服民族融为一体,共同成为教会的成员,这个阶层消失得就越快。在阿拉伯人中,战士阶层坚持的时间要长一些,因为被征服民族大多保留了自己的宗教,统治阶层也具有更强的自身个性和战士特性的意识。此外,哈里发国政教合一的性质将信徒牢牢团结在既有制度下。但200年后,阿拉伯人起初从沙漠里带来的原初力量已经在文明的土地上耗尽了。宗教成分与战士成分是人为混合在一起的,而冲突从穆罕默德去世后就开始了,日后两者更是愈发疏离。哈里发国没有明确的继承法,神权国家从本质上就不是世袭的。在先知的女婿阿里以及阿里的儿子——先知的外孙们被暗杀后上台的倭马亚王朝主要代表好战的贝都因成分,而接下来的阿拔斯王朝(建立于750年)则更多代表宗教成分。我们不妨将两者分别比作几乎只知道打仗的墨洛温王朝和联络教会的加洛林王朝。在阿拔斯王朝哈里发哈伦·哈希德(Harun al Raschid)[①]的继承者手中,哈里发帝国迅速解体,正如查理曼帝国在查理曼继承者手中分崩离析。9世纪初之后,雇佣兵取代了信士,尤其是塞尔柱突厥人,他们不仅信奉先知教诲,更能提供兵员。塞尔柱突厥人的埃米尔和将帅很快就当上了主人,只给巴格达的哈里发留下宗教领袖的尊荣。大片地域——西班牙和埃及——脱离哈里发,建立了自己的哈里发国。

---

① 786—809年在位,开创了阿拔斯王朝的鼎盛时代,同时是王朝由盛转衰的起点。

于是，东方也发生了与西方类似的状况。尽管有先知的教诲，但精神权威与世俗权力的天然对立依然影响着伊斯兰教。塞尔柱苏丹是由骑士制度支持的世俗统治者，与西方的国王略同，但两者的统治原则存在根本的重大差异。但正如兰克所说，仅看外表的话，我们是看不出红胡子腓特烈与萨拉丁（Saladin）有什么重要区别的。单纯从军事角度看，我们可以将阿拉伯和塞尔柱军人简单地称为骑士；与西方相比，长官对手下的控制力要强一些，因为战士身份与宗教信仰在伊斯兰教中有着独特的直接关联。

罗马军纪最有力的表现就是：在一天的艰苦行军后，长官仍然可以命令士兵加固营寨。我们引用过的阿拉伯作者也提到了阿拉伯军队中的同样的命令（第13页）：

> 到达扎营地点后，埃米尔的第一道命令就是本日内挖好战壕，不许拖延迟疑。挖战壕是为了掩护部队，避免士卒逃亡，防止敌军突袭，还能抵御由敌军计谋和意外事件造成的其他危险。

这条规定在阿拉伯军队中是否真的实行了，我是有些怀疑的，不管怎么说，实行得肯定没有罗马人那样章法严谨。

战斗人员主要是骑兵和各自为战的士兵。将领和军纪的功能绝不是组成战术单元。当我们读到先知说，"真主的确喜爱那等人；他们为他而列阵作战，好像坚实的墙壁一样"（《古兰经》61.4）[13]，或者哈立德在雅莫科河（Hieromyces）会战（636年）前对将士们下令"面对严整有序、向你们走来的人群（希腊人），不要单打独斗"[14]时，我们会想到德意志国王亨利一世发布的要求军队前进时结成紧密阵形的条令。

利奥皇帝在《战术》第18章第49—50节中将突厥人描述为人马俱甲，枪矛、刀剑、弓箭兼用的骑兵。阿拉伯兵书中写道：

> 防具包括一身坚固耐用既不太重也不太轻的盔甲、一顶带护鼻的头盔、两只臂甲、两只胫甲、两只手套。战马必须有牢固的马掌，胸部、前身、颈部、后身强健。武器包括两张硬弓，配30支箭头尖直、箭杆硬实的铁翎箭，箭囊要大小适中，太大则笨重，令人分神，太小则装箭少，不合用，要选硬皮，缝制结实，挂带要用真皮，囊袋要扎紧；一支坚矛，杆务必要结实笔直，太长或太短都不好用，矛头要用最好的铁，多面开刃，坚硬非常，尖端锐利；一杆直标枪；一把锋利弯刀，可以是通体钢铁的利刃，也可以是短小灵便的短刃；一把两面开刃的尖锐小刀；一把坚固的钉头锤，不可太重，以免体力耗竭，也不可能太轻以至于无用，以能够大力击穿盔甲为准；亦可携带一把两面开刃的斧头，要能牢牢抓住，一击便可击破坚兵；30个石块，放在鞍桥左右各一的袋子里。这就是骑兵上阵所需的装备，缺了任何一样，便不算完整。

最后一句话——没有上述全部武器的人就是装备不全——大概应该理解为作者不知变通，夸大其词。这一点不仅能从常理推断出来，从作者的其他论述中也能得出。他在引用段落的前面说，装备完整的战士要部署在第一排,越靠后的人装备越不齐全,直到第五排为止。因此,作者认为绝大部分战士的装备都不齐全。此外,他还按照装备情况划分了多个兵种:长枪骑兵;标枪骑兵;弓箭骑兵;全装骑兵。

阿拉伯人与西方军队的首要区别在于弓箭的使用范围要大得多,弓箭其实与重甲不是很搭配。重甲不仅妨碍操弓,而且需要战马力气大,加上马也要披甲,所以速度不会很快。但如果马不是很快的话,弓骑兵就不能随心所欲地回避近战,这样弓箭就没有任何优势了。因此,如果事实上不是一贯如此,利奥笔下的单一兵种就被分成了两个,即包括人马俱甲的近战骑兵和轻装快马的弓骑兵。这无疑是亚洲民族的悠久传统,特别是大草原上的民族。由于环境的作用,草原民族一直在发展弓骑兵这个兵种。当十字军首先见识了弓骑兵后,他们也采纳了这个兵种,甚至将他们给弓骑兵起的名字"突厥之子"(Turkopolen)带到由骑士团统治的普鲁士。

尽管如此,这并不代表东西方军事制度存在根本区别,不过是有一定差异罢了。当西方骑士在圣地举办比武大会时,穆斯林骑士大概也在当地活动,而且最后也被邀请参与比武。东西方骑士同台竞技的事实足以证明,双方在武器装备、战斗风格和作战习惯方面是非常相似的。十字军骑士行记中有许多迹象表明,尽管基督徒和穆斯林骑士因宗教和种族而彼此仇恨,但他们的阶层观念是有一定相似性的。

在1192年棕枝主日的阿科(Akko)会战中,狮心王理查德(Richard the Lion-Hearted)赐给赛义夫丁(Seifeddin)的儿子一把剑。赛义夫丁是萨拉丁的儿子,在雅法(Jaffa)会战(1192年8月

5日）中将两匹战马送给了本来要步行前往战场的理查德国王。理查德感激地接受了，也用了这两匹马。

基督徒和穆斯林甚至有彼此分封的情况。

9　十字军东征综述

　　十字军东征应该放在本书的什么位置？这非常不容易确定。从军事史角度看，历次十字军东征在许多方面是自成一体的，因为我们发现其中有一些相同或相似的因素在不断彼此斗争。但十字军东征跨越的时段又很长，而且其间发生了重大的变化，因此似乎又适合按照时间和内容来分开研究。在东方作战的西方军人不得不面对特殊的环境状况和不同寻常的对手，由此自然也在西方产生了特定的新措施。当我们考察十二三世纪西方战争的重大变化，这些表现出与十字军东征有关联的变化时，一个问题就产生了，即两者到底是因果关系，也就是西方的变化是以十字军东征为基础的，还是单纯的平行现象，也就是说十字军东征在西方也必然会经历同样的发展过程呢？毫无疑问，十字军东征在西方造成了一定的反响，但只是加快和加强了自然的发展过程而已。因此，我认为应当在下一卷结合宏观背景来探讨狭义的十字军东征，眼下则仅限于介绍这些大事件的总体特征。

　　权威与权力分为多层的封建国家的形成并非中世纪的唯一特

征。中世纪的首要特征是教会，教会延伸到了所有这些松散的政治体系中并插手干预。对中世纪的罗马-日耳曼世界的正确认识不是德意志、法兰西、英格兰等王国并立，而是一个以独立王国为组成部分的普适宗教国家，借用兰克的表述，这些王国是自立程度不一的单元。

十字军东征源于囊括英格兰人、法兰西人、西班牙人、瑞典人、丹麦人、德意志人和意大利人的基督教会与伊斯兰教的对立。在这样的缘起之下，十字军东征并不遵循理性-政治的动因，而是受到一种神秘的压迫力量，要去征服伊斯兰世界中心的一小块飞地——圣地。

由于战争是政治的一种手段，战争行为归根结底是由政治目的决定的，因此神秘主义的底色让十字军东征从一开始就不可能具有理性的战略。哪怕西方只将一部分陷在巴勒斯坦的庞大兵力用于边境战争，那肯定会凯歌连奏。当红胡子腓特烈顺多瑙河而下时，希腊皇帝——他的帝国境内已经到处是拉丁人了——很担心十字军会夺取君士坦丁堡，然后塞尔维亚人、瓦拉几亚人（Wallachians）和保加尔人纷纷脱离希腊帝国，成为罗马皇帝的臣民。兰克补充道，要是这位霍亨斯陶芬王朝的皇帝有这种想法该多好！红胡子之子亨利六世还没等实施这项政策就去世了，而且他可能也失去了父亲当年拥有的实力。

但是，我们不必深究这种种的可能性。我们只需要明白十字军东征从根子上就没有战略逻辑，也要知晓十字军东征的起源。超验-神秘主义的品性能够生发出巨大的力量，人类却没有将这种力量引向现实可行目标的能力，于是这种力量就被白白消耗了。

誓言要求十字军解放圣墓,却不要求他们一直在巴勒斯坦保卫它。一小批人愿意留下来,因此十字军东征也具有殖民活动的一面,但他们被穆斯林所包围,分散地控制着从埃德萨(Edessa,今土耳其东南部的乌尔法)到耶路撒冷的几块区域。之所以能坚持下来,只是因为西方不时有生力军长途跋涉而来,能支撑一时是一时罢了。

关于175年间西方一次次派往耶路撒冷的十字军兵力为多少这个基本问题,与先前恺撒高卢军团和民族大迁徙的情况一样,我们也有两组彼此矛盾的数字:一组数字显示,十字军兵力多达数十万;另一组数字显示,在圣地战斗的只有几千人,其中骑士只有几百人,有时甚至总共不过几百人。汉斯·雅恩(Hans Jahn)有一本有关中世纪军队的专著,对十字军做过系统的研究。他认为十字军的兵力是相当小的,与同一本书中的其他结论相符。[1]当海因里希·冯·西贝尔(Heinrich von Sybel)于1881年出版《第一次十字军东征史》(*Geschichte des ersten Kreuzzuges*)第2版时,他认为自己除了复述文献中给出的数字外没有别的办法,却完全没有考证其可信度。但是,据第一次十字军东征的文献记载,十字军10万人"有锁子甲和头盔护体"(loricis et galeis muniti),共有60万"能战之士"(ad bellum valentium),还有无数非武装人员(富尔彻,Fulcher)或30万"战士"(pugnatorum,埃克哈德)。当从安条克突围时,据说十字军还有15万战士(bellatorum,奥德利克)。当我读到这支大军在多里莱乌姆(Dorylaeum)会战前在一日内通过了一座桥,然后还走了一段路时,我真是吃惊了。在一篇发表于《历史杂志》[*Historische Zeitschrift* 47(1882):423]的文章中,我考虑了所有因素之后估计，这支军队最多只有 10.5 万人，其中约有 1.5 万人是真正的战士。为谨慎起见，我当时补充说，这个最大估计值并没有排除一种可能性，即朝圣大军的总兵力为 6 万人左右，其中 1 万人为全副武装的战士。现在看来，就连这无疑也是太高了，尤其是 6 万人的数字，1 万的数字也一样。

奥托·黑尔曼（Otto Heermann）写于马尔堡大学的博士论文《第一次十字军东征时期西方军队在东方的战争活动》（"Die Gefechtsführung abendländischer Heere im Orient in der Epoche des ersten Kreuzzuges"）（1887 年）中就指出（第 102 页），一场在巴勒斯坦的会战投入的骑兵数目最多为 1 200 人，步兵数目最多为 9 000 人［1099 年 8 月 12 日的阿什凯伦（Ascalon）会战］。战事结束后，基督徒的总兵力缩水到了 260 名骑兵和 900 名下马骑士，而且集结难度非常大。有三次会战提到有 700 名骑兵，一次 1 100 名；相应的步兵数目分别为 2 000 名和 3 000 名。有一次文献记载的总兵力是 8 000 人［1123 年的阿什杜德（Ashdod）会战］，我怀疑这个数字可能是极大的夸张。

正如凭借恺撒本人对厄波隆尼人的评论，他笔下的几十万高卢大军就可以丢掉了一样（第 1 卷），凭借这些数字，我们先前读到的几十万大军就都可以丢掉了。如果几百个骑士就能守住圣地，那么征服圣地的骑士肯定也只有几千人。但是，按照我们先前的认识，几千人这个数字与民族大迁徙时期的军队，与查理曼的军队，与蹂躏欧洲大地最终占据塞纳河下游、英格兰和那不勒斯的诺曼军队是完全相符的。基督徒军队规模小，对手的兵力也不大。拜占庭已经失去了尚武精神。在哈里发国，阿拉伯人早就放弃了最初的蛮勇，哈里发沦落为象征性的宗教领袖，实权都在塞尔柱或库尔德酋长手中，而酋长手下的军事单位代表着一个高居于不好战的大众之上的阶层，其规模与西方的骑士阶层一样小。基督徒作者笔下的异教徒大军源于追求名望的幻想，正如他们笔下庞大的基督徒朝圣者队伍源于宗教热情的幻想。

定居在巴勒斯坦的基督徒战士数量很少，以至于在没有新的十字军东征从西方带来生力军时，叙利亚和埃及的穆斯林肯定要强大得多。因此，要不是基督徒能从专门的骑士团组织——先有圣殿骑士团和圣约翰骑士团，后有条顿骑士团——持续获得有分量的支援，基督徒无疑是坚持不了那么长时间的。圣殿骑士会规的前言中写道，世俗的骑士们以烧杀掳掠为能事，雨果·冯·帕扬（Hugo von Payens）创办的骑士团（1118年）则发愿服务教会与正义，传播真正的信仰，愿将自己的灵魂奉献给上帝。1125年，亲历骑士团创建过程的明谷修道院长贝尔纳（Bernard de Clairvaux）这样描述圣殿骑士：

> 不论在故乡还是战场，他们都不缺少良好的纪律，以其服从性而饱受赞誉。他们东来西往，俱从大团长号令；身穿大团长发给他们的衣物，从不羡慕别人的衣物或饮食。他们衣食从不过分，只以满足基本需求为限。他们过着喜乐平和的集体生活，不蓄妻子，也没有私产，奉行教规圆满无缺，一室一心，用心维护团体的和谐，同一颗心、同一个灵魂仿佛同等地寄寓在所有人身上。他们从不呆坐，从无旁骛。在与异教徒交战的少数间隙，他们总是

在修补损坏或磨损的衣物和武器，以免白吃面包。他们不下棋，反对打猎和驯鹰这两种别处流行的消遣方式。他们痛恨骗子、打油诗人、各种情歌，痛恨世间一切行虚荣和愚蠢之事的人。他们开战时从不鲁莽，而是谨慎镇定，正如真正的以色列子孙。但是，只要战斗开始，他们就会坚决地杀入敌军中，敌人在他们眼里就是绵羊。哪怕人数很少，他们也不知畏惧为何物，相信万军之主会伸出援手。因此，他们常常能一人驱逐千人，两人驱逐万人。他们比绵羊还要柔顺，又比雄狮还要勇猛，如此罕见的结合让人不确定该如何称呼他们——修道士还是骑士。但是，这两个称呼他们都配得上，因为他们既有修道士的柔顺，又有骑士的勇猛。[2]

不管我们在考察现实情形时要在多大程度上拒绝这样理想化的描绘，但修会形式的骑士团和他们的誓言仍然是一个了不起的现象。尽管在具体军事领域，他们并没有带来进步，但之后我们还会有许多机会关注他们和他们的作为。[3]

BOOK III
第三篇

The High Middle Ages
中世纪盛期

1 种姓骑士

民族大迁徙既不意味着一个强健、自然质朴、拥有正直传统的民族更新了一个堕落衰朽的民族,也不意味着日耳曼自耕农取代了罗马依附农,而意味着以市政官职、财富和教育为基础的罗马贵族被目不识丁、以彻头彻尾的战士体制为依托的日耳曼贵族取代。这种贵族与塔西佗笔下原始日耳曼部落的大人(nobility)[①]没有多少关联;纵观法兰克帝国,只有墨洛温王朝还保留了早期的酋长阶层。新贵族最重要的根基是这样一些家族:他们通过国王赏赐和战争财获得了大片田产,而最重要的是,他们作为伯爵或伯爵副手掌握了政府大权。但在法兰克帝国中,这批新贵起初并不是一个完全独立的种姓。在当时的法兰克文献中,"nobilis"和"ingenuus"都是指自由民,本质上就是法兰克人,或者说战士。一小撮新贵就是

[①] 此处将"nobility"译为"大人",一是为了体现古日耳曼的渊源,二是为了显示它与权势巨大的"aristocracy"(中文通常也译为"贵族")的区分。但是,由于"nobility"在中文语境中的通行译法是"贵族",因此在不涉及上面两个目的,且不会与其他相近概念混淆时,本书仍然会采用通行译法。

从众多社会经济地位底下的酋长当中产生的。

在萨克森人中，古老的日耳曼"大人"以不同于法兰克人的方式继续存在。当查理曼击败他们时，他们形成了一个悬隔于下层群体的种姓，以至于"nobility"一词在萨克森的含义完全不同于在狭义的法兰克王国境内。但这只是过渡阶段，随着萨克森"大人"也承担起法兰克伯爵的职责，他们也具备了治民者的特征。[1] 同样的事情也发生在巴伐利亚，一部分原有的"大人"家族保住了自己的地位。

因此，归根结底，贵族意义上的"nobility"并没有明确的定义，也没有得到法律认可的权能。从加洛林帝国整体来看，他们是由掌握宫廷高位和伯爵领地的大地主组成的。下层大人则与自由民合流。于是，"nobility"的概念逐渐失去价值和含义，不再是战士的同义词：一方面是因为越来越多非自由民具有了战士的地位；另一方面是自由民放弃战士地位，变成了农民。直到11世纪为止，不管身份是自由民或非自由民，战士在日耳曼-罗马国家都是社会地位低下、经济困窘的一群人，换句话说，他们与广大普通市民农民阶层没有两样。一部分战士生活在国王、公爵、伯爵、主教和修道院长宫廷和府邸中，直接归领主调遣，或者戍守要塞；另一部分生活在乡下，靠封建制度下的小农庄生活。

当时的文学作品中反映了这些关系，其中不仅笼统地提及战士阶层（militaris ordo）或骑兵阶层（equestris ordo）[2]，还区分普通战士（gregarii milites）和上级战士（primi milites）[3]，甚至会将战士分为一、二、三等。[4] 尽管如此，这些词汇并不是专业术语，也不是法律概念。[5] 我们甚至不能想当然地认为最底层都是非自由民：

最底层肯定也有自由民，而非自由民中也有升至高位，荫及子孙，同时没有摆脱非自由民身份的人。

所有从下级战士阶层向上攀登的人都在靠近贵族身份——甚至可以说是掌权贵族。征服了英格兰、南意大利和西西里的诺曼人并不都是北欧血统，而是由来自于不同族源和依附于诺曼人组成核心的战士们。德意志国王在意大利权势的扩张为许多德意志骑士带来争取更高地位和更大产业的机会。在持续的东方殖民活动中，德意志人中产生了越来越多的统治者家族。法国人为十字军东征提供了最多的兵力，而这场行动同样包含殖民成分。西班牙人则在伊比利亚半岛上向摩尔人所在地区推进。

当年拥有大片田产的骑士非常少，现在依然如此。这里有一个证据：甚至在今天，旧德意志地区的骑士庄园数目也很少，绝大部分在殖民地区，或者按今天的叫法，是易北河东（Ostelbien）地区。

西方骑士的持续扩张也提升了这个群体的社会地位。我们发现，过去只存在于事实层面的社会分化现在开始以法律形式固定下来了。过去变动的边界区域如今被界定为清晰的边界线。首先是上层"大人"形成了明确的分层，之后下层"大人"也经历了同样的过程，这个过程从 12 世纪几乎一直持续到中世纪结束。

除了寄居领主门下者，骑士阶层的经济基础都是封地。封地是不可世袭的，仅限附庸终身占有，领主去世时亦可收回（第 2 卷第四篇第 4 章）。但如果有合适的继承人，封地自然会传给他。从这种做法发展出一种世袭的主张，世袭的主张又越来越演变为一种世袭权利，于是巩固和提高了这个阶层的社会地位。康拉德二世传记的作者威博（Wipo）告诉我们，这位皇帝"不再褫夺先祖长期领有之封地，深得骑士（mmilitum）之心"。按照同样的思路，他在意大利正式颁布法律，规定封建领主不得将骑士封地分成生息或收租的地块（佃产），也不得对封地持有者提出超出常例的服役要求。骑士法庭的陪审团由地位相同的骑士组成，且有权向皇帝或行宫伯爵提出申诉。皇帝之所以采取这种态度，可能与继子施瓦本公爵恩斯特（Duke Ernst）的连续反叛有关。因为施瓦本的附庸不听从公爵号令，皇帝在冲突期间一直占据上风。

"我们不否认，"据说他们这样对公爵说，"我们明确发过效忠于你的誓言，除了那一个将我们赐予你的人以外，要为你对抗所有人。如果我们是国王也就是皇帝陛下的仆从，而他将我们赐予你，那我们就不能离弃你。但我们是自由人，认国王也就是皇帝陛下为我们的自由在地上的最高守护者，因此如果我们离弃他，我们就会失去自由，古人说，哪怕要赔上性命，勇者也绝不放弃自由。"

这段记载大概不是很可靠，因为勇者宁死也不放弃自由的说法引自撒路斯提乌斯的《喀提林阴谋》，施瓦本的伯爵和骑士们不可能了解这本书。但基本思想是正确的，也就是在封建国家的层级架构下，各个等级为彼此的地位和特权提供支持和担保。皇帝施政要咨询诸侯，诸侯施政要咨询骑士。这样一来，权力与自由就应当平衡。骑士对诸侯的权力发挥有限的影响，诸侯又对皇帝的权力发挥有限的影响。因此，维护骑士地位对皇帝是有利的。

下层贵族是通过授封仪式（dubbing）的形式获得完整社会地位的。如果说授封的做法与古代日耳曼人的"入伍"（Wehrhaftmachung 或 Schwertleite）传统有关联的话，那么随着军制的整体变化，授封也具有了另外的特征。入伍仪式的对象是首次获得兵器的青年男子，只要他看起来能用兵器了就举行。由于军事领域的发展，重装备和高大战马逐渐产生了，要将它们分配给刚刚成年的小伙子似乎不太可行。他必须经历长时间的学习、操练和考验，锤炼身体，这样才穿得起重甲，骑得了战马。古老的入伍仪式可能在14岁乃至12岁就举行了，而授封仪式大概要到20岁开外，往往比这还要晚得多。入伍仪式和授封仪式或许曾在一段时期内并存。但前者失去了意义，后者却发展为极受重视的仪式。全体基督徒骑士构成了一个兄弟会式的组织；每一个加入的成员都要发誓遵守骑士义务，甚至教会也常常会专门献上祝福。骑士的标志是肩带、骑士腰带（cingulum militare）和金马刺。我们发现，早在日耳曼人取代罗马军团时期的文献中，肩带和腰带就是战士地位的象征。君士坦丁大帝时期有一位殉教者，名叫阿基劳斯（Archelaus），他被颂扬的一桩事迹是让许多士兵皈依基督，士兵们接着就把骑士腰带（cingulum militare）放到了地上。[6] 834年，虔诚者路易被迫在兰姆大教堂公开悔罪并成为修道士，记载中特别写到他将骑士腰带解下，放到祭台上（"cingulum militare deposuit et super altare collocavit"）。[7] 每位骑士都有权为一人举行授封仪式，将其提升到与自己相同的地位。只要这项权利不受限制，当上骑士就不难，骑士阶层也就是开放的。但很快就有了限制，只有骑士出身者才可授封。法国国王路易六世据说曾下令（1137年），凡非骑士出身而授封者，应夺其马刺并将马刺扔到牛粪堆上。[8] 1187年，红胡子腓特烈禁止牧师和农家子弟领受骑士腰带。[9] 他的舅舅、历史学家弗赖辛主教奥托（Bishop Otto）曾以轻蔑的语气谈到意大利城市（1158

年），说那里的工匠之子都会被封为骑士。[10] 从 13 世纪起，圣殿骑士团规新修规范就不允许让非骑士出身者披上白袍，而且如果有非骑士出身者因失察而被接纳，则应开除团籍。[11] 同时，封建法还确立了一条影响深远的实质性规则，规定凡父亲或祖父非骑士出身者不得领受封地。[12]

"Heerschild"（封建阶梯制）这个词既表达了领地持有资格的概念[13]，也用于表达领地持有资格的等级。任何人都不得从同阶者处领受封地，因为那样一来，前者宣誓后就低于后者了（"Hulde"：受惠于他；"Mannschaft"：与其同列）。第一阶是皇帝，第二阶是行宫诸侯，第三阶是世俗诸侯，第四阶是伯爵，以此类推。次序在德意志南北有所不同，末尾是第七阶。不过，严格的阶梯制很快便被打破，到了 14 世纪就已经过时了。

于是，授封（也叫"赞授"，"accolade"）的意义并非肯定社会地位，而只是肯定个人名望，因为获封是基于个人的条件。它的特别之处在于有额外条件，即祖上也必须是骑士。这就创造了一种世袭的品位。世袭的情况或许之前就现实存在，但并没有法律的依据。[14]

红胡子腓特烈即位之初（1156 年）颁布的《维和令》（*constitutio de pace tenenda*）是授封资格限制导致阶层形成的先声，规定只有出身骑士家庭者才允许决斗。[15]

现在，新观念完全取代了早已混淆的自由民和非自由民的区分和价值。出身骑士家庭，属于骑士这个新种姓的非自由民跨入骑士阶层，非自由民的身份逐渐模糊，以至于大批原本是自由民的骑士自愿成为非自由民。[16] 尽管直到中世纪结束时，某些地方依然遗留着非自由民身份的痕迹，但这一区别最终还是完全消失了。如果德意志地区曾经存在过虽然不是战士，但地位仍然高于非自由民骑士的自由民，那么从 12 世纪起，骑士——不管是不是自由民——都无条件地高于普通自由民。[17]

因此，要想当上现代意义的"贵族"，传统日耳曼武士必须经历一个"化蛹成蝶"的特殊过程，首先要认清自己处于不自由的状况，从而与那些真正的非自由民打成一片。接着，这个非自由民武士官员阶层就将自身提升到了掌权种姓的地位。尽管如此，我们不应该过分看重向非自由身份转变的过程。事实上，它只在德意志地区才有确实存在的证据；它在法兰西的重要性极低，以至于有人完全否定它的存在。[18] 英格兰根本没有"役人"群体，英格兰国王事实上对骑士施加的苛政要远胜于德意志诸侯对役人的权力，役人尽管理论上是非自由人的身份，但他们形成了一个身份意识很强的兄弟会，不仅索要甚多，捍卫自身权利也极为坚决。

不论这个阶层的形成有多么重要，我们还是难以用准确的语言，在它自身的演变过程之中去把握它。按照当代的理解，骑士是出色的、通常拥有土地的战士，正是 12 世纪开始形成并发展为下级贵族的那个阶层。但从军事史的角度来看，我们必须——至少是可以——将骑士阶层认定为一个复杂的战士群体，它是由从民族大迁徙之后或多或少地定居在罗马帝国境内的日耳曼部落发展而来的，也有图尔（Tour）会战后通过附庸制与封地制产生的。但这就带来一个尴尬的状况：自 12 世纪之后，"骑士"一词的指称范围大大窄化。这个问题是有历史依据的，因为中世纪在这方面的用语本来就很不确切。究其要点，自 12 世纪之后，过去并不显要的战士阶层越来越突出，"骑士"一词从此就局限于一批社会地位相当高的人身上。下层武士被称作"军士"（"serviens"或"Knecht"），于是骑士与军士（Ritter und Knechte）经常用于指代全军。偶然因素在这些演变过程中发挥了很大的作用，这从一件事里就看得出来。在德语中，普通的"Reiter"（骑手、骑马者）演变成了显贵的"Ritter"（骑士），"Knecht"则下沉为底层士兵；英语的情况恰恰相反，"knight"（骑士）显然与"Knecht"是有关联的。"Knecht"有一个同义词是"Knappe"，两者的词源是相同的，因为"Knappe"就是"Knabe"（男孩），而"Knecht"的本意也无非是年轻人。但是，"Knappe"的意思渐渐变成了随身服侍和帮助骑士的年轻人，尤其是出身骑士家族、以学徒身份为主人做事的年轻人。最后，我们还应该记得德语里还有第三个原意与"Kechet"和"Knappe"相同的词："Thegen"（瑟恩武士）或"Degen"。

因此，骑士种姓在罗马-日耳曼化的欧洲的发展过程是这样的：作为入侵者和征服者的日耳曼人认为完全的自由民只有战士，也就是他们自己。但这并没有真正发育出种姓，原因恰恰在于这个群体过于依赖族群对立。基于族群的武士集团被基于附庸制和封地制的武士集团所取代，扩大了集团的基础，后者也因此跨越了自由与非自由的对立。但本质上世袭的职业武士阶层与非武士阶层的对立依然存在，高级贵族和下级贵族都是从武士阶层中发展出来的。

于是，这批出身骑士家庭，通过授封仪式加入兄弟会性质的骑士团体的"新骑士"形成了战士阶层中的战士阶层。理解此事何以发生并不容易，却至关重要，因为这个武士种姓的成形与确立不仅要有法律上的名义，更要有沙场上的实效，也就是在军事行动中确实技高一筹。我们不难理解为何日耳曼人在一个时期打败了罗马人那弥漫着市民与和平风气的世界帝国，也不难理解后来维京人为何能大杀四方，自立为武士种姓。然而，新生的骑士阶层彻底脱离周边环境，最终成为掌权贵族，这何以成为可能？除非进一步深究，否则答案不能显明。军人天性、强健体魄、勇猛之气都是不能直接遗传的，而通过教育的塑造也不能避免同族其他阶级的子弟中经常涌现出不亚于乃至优于骑士后代的人才，特别是骑士阶层身边就有同样世袭的军士阶层。军士当中肯定常有体力、武艺和勇气不亚于任何骑士的人，这是自然现象。

由于授封仪式与圣职任命有关，而且年轻骑士的誓言中有为教会服务的字句，有人大概就认为这个新阶层源于教会。骑士构成了一个庞大的、普遍的基督教修会，尽管其组织是如此松散，以至于"修会"一词似乎是极度的夸大。但一直有人相信，骑士制度应当视为对货真价实的骑士团——不久前在东方组建的圣殿骑士团和医院骑士团——的效仿，普遍意义上的骑士基督徒修会则是宗教热情高涨的第二次十字军东征（1147年）的产物。但我们很容易发现这是误入歧途。假如这一切的意义不过是某些武士说了一些仪式性的宗教誓词，往战袍上加了某些宗教徽记，那么这些现象就既不会有任何军事艺术史层面的意义，也不会导致一个在数百年里坚守自身地位的强大贵族阶层的形成。显然，这种现象存在着一股战争艺术史意义上的极强力量。除非我们完全沉浸到中世纪军事状况的本质里，探求其中的驱动力，否则就不能理解这一演变的过程。因此，我们必须从技术层面开始。

如前所述，直到查理曼时期，武士的护具——头盔、盾牌和锁子甲——都不是特别重。头盔没有面罩；锁子甲只保护上身，颈部没有防护。在整个中世纪，我们会发现装甲越来越完整，越来越沉重。[19] 古时候，战士经常与主要防具盾牌并称（"scutati"：盾士）；到了 11 世纪末，新的称呼"甲士"（loricati）取代了盾士；最后，从 13 世纪起，兵力计算的基准成了披甲战马（dextarii 或 falerati cooperti）。[20]

在罗马军团的时代，战场决胜靠的是维持阵形坚固、巧妙机动和纪律严明、训练有素的战术单元的合力，而在中世纪靠的则是单兵武艺和勇气。但是，精良的武器对精湛的技艺大有助益。不开裂的长枪、可透铁甲的刀剑、坚不可摧的盔甲盾牌——胜仗是它们带来的。

与《荷马史诗》一样，当时的歌谣不仅颂扬英雄人物，也夸耀战无不胜的神兵、圣剑巴姆鲁克的来历与神异。不仅刀剑经常有专门的名字，而且骑士的其他兵器也是如此。

武器精良、全身重甲、练过这些装备的人在单打独斗中就是比盔甲差劲的人厉害。尽管如此，军队里不能只有他们，因为重甲战士对许多必要的战争活动是无用的。他们步战很不灵便，只能离开固定位置很近的距离，另外上马、下马、从地上起身都很困难。[21] 他不能长时间追击敌人。他不能使用任何远射武器。事实上，他只用一匹马是不够的，为避免沉重负载将战马累垮，他必须将战马尽可能留到最后关头。行军时，他必须骑别的马，因此不能只有一匹马，而是要有两匹乃至三匹（这在 11 世纪以来的文献中看得很明白）。[22] 到了 12 世纪下半叶，战马开始披甲了，这种做法早在东哥特人与贝利撒留交战时就偶有记载。[23]

因此，从加洛林王朝到奥托大帝的时代，尽管有许多细小的区别,军事技术和武器方面还是相对一致的。与此同时,从广大战士中逐渐产生了一批愈发显要的精英武士,他们有能力购置和演练最昂贵和最完整的盔甲,供养多匹战马和仆人。这些骑士不能单独参战,他们身边需要各种各样的协助——不仅是仆役和侍从,也要有轻装步兵和射手。从古典时代向中世纪的过渡阶段,我们发现各个步骑兵种消失并彼此融合。同一批人既上马作战,也步行作战,既使用远程武器,也使用近战兵器。现在,步骑兵种再次出现了,但与古代完全不同。重装骑士身边有轻骑兵、弓骑兵、步行的弓手和弩手,还有近战步兵。如果只看表面,只看兵器,那么古今差别似乎并不明显:攻击用的兵器是一样的,防具也类似。但相似的外在表象在更深层处是本质的概念差异。

最相似的是轻装步兵,特别是弓箭手。与过去一样,他们只是辅助兵种。征服者威廉将他们用到了出神入化的地步。直到那时,这些兵种在德意志地区还用得很少,但其重要性从 12 世纪开始就稳步提高。

西欧原本是没有弓骑兵的,弓骑兵在罗马人中间也很少见。弓骑兵是东方民族,是波斯人和帕提亚人的传统兵种。就连十字军最初也都是通过敌人才了解他们的,或至少是学会了害怕这个兵种,然后自己也雇佣起弓骑兵。

近战步兵似乎曾一度完全消失,尤其是德意志地区,那里有许多场战斗的记载根本没有提到骑士下马战斗,纯粹是骑战。[24] 在第一次和历次十字军东征中出现了许多下马武士,但原因大概往往只是马没有了。但从那时起,越来越多的近战步兵逐渐在西方出现,并形成了与古典军队的根本区别。近战步兵是古典军队的中坚力量，结成大阵，后来阵形变得更加精巧，同时也没有丢掉集群的威力。中世纪没有这样的步兵。即使装备了防具和穿刺劈砍的兵器，步兵在战斗中还是完全没有独立性，只是骑士的辅助。

因此，骑士也变得不同于古代重装骑兵。亚历山大大帝时期的"王伴"（hetairoi）概念或许很接近中世纪初期的骑士。到了中世纪晚期，真正意义上的"骑士"的装备无疑要比任何古代骑兵都要重得多。汉尼拔和恺撒从蛮族雇佣的骑马作战单位更接近近代骑兵的概念，而非骑士。骑士是一个极其特殊的兵种，因为任何一个其他兵种——轻骑兵、步兵和弓手——面对面都挡不住他们，因此他们决定了战斗的胜负。骑士能不能击溃人数众多的罗马军团，这是值得怀疑的，但中世纪步兵肯定挡不住骑士。因此，凭借其武器的类型和威力，骑士构成了军队的骨架。不管从哪个方向，从很远的地方就能看见骑士，他是普通士兵的榜样，他的精神激励着后者，他的影响力也指导着后者。出身、训练、团结精神和社会地位将骑士的荣誉感和雄心强化到了极点，他必须做到勇猛非凡，否则就会受到鄙夷。我们能够看到，骑士既是兵种又是世袭阶层这一点不单纯是人造的概念，也不是偶然状况。如果没有这样一支社会中坚力量——或者更恰当地说，没有这样深厚的社会根底，那就难以集结起中世纪重骑兵所必需的精英集团。常备军曾存在于古代，到了现代又再次出现，他们通过集体生活和纪律被训练成战果卓越的队伍，中世纪是没有这种常备军的。军事训练只是家族和阶层内部的事情。于是，兵种就会变成世袭阶层，世袭阶层也会变成兵种。

腓特烈二世皇帝不无正确地写信给儿子说，他应该派更多骑士来，"因为帝国和皇帝本人的权力寓于骑士群体中"（"cum

specialiter in multiudine militum decus imperii et potentia nostra consistat"）。1368 年，科隆市与于利希伯爵（count of Jülich）续签起始于 1263 年的盟约时专门加了一条，规定伯爵在 9 名骑士以外提供的 15 名骑士侍从必须"是出身本阶层的良人"（"guder Lude, zum Schilde geboren"）。[25]

一个事实鲜明地体现了这个兵种的重要性，即拉丁文作者仅仅称呼骑士为"miles"——只有骑士才是真正的和完全的战士。这个词在古典拉丁文中指的是普通士兵，现在指的是最杰出的军人。10 世纪末的里歇尔（Richer）首次使用了"milites peditesque"（骑士和步兵）这个短语，时间是 995 年前后。从此以后，这个用法就经常出现，[26] 好像步卒根本不是正经士兵一样。当然，这个词从来不是一个定义稳定明确的术语。当一份中世纪文献记载一支军队的兵力是多少 milites 时，我们绝不能在没有进一步探究的情况下得出它还包括一定数目的其他兵种的结论，即轻骑兵、骑士侍从、普通士兵、弓箭手或其他步战兵种。至少在 12 世纪，如无特别说明，则"milites"也有全体骑兵的意思；我们必须首先明确一支军队到底是全由骑兵组成，还是也有步兵。但随着时间的推移，"miles"一词越来越仅限于真正的和狭义的骑士。[27]

旧武士阶层大体上也是世袭制，而且以内部通婚为主。不过，勇猛的年轻市民或农家子弟，乃至非自由人也可以加入这个阶层并成立武士家庭。反过来看，这些家族的子弟有时也会转变为农民或市民。现在，随着上层成员脱离开放的武士阶层，混迹于诸侯、伯爵、主教府邸和庄园这些培育特殊教养和优雅举止的社交中心，武士阶层的地位就下降了，分化最终也明确了下来。

写到这里，我希望读者注意本作第 1 卷（第四篇第 1 章）中介绍的上古时代罗马政治制度的一件事。上古史的一个未解之谜就是城市贵族——希腊的 Eupatrids 和罗马的 patricians——的起源问题，更进一步讲，为什么罗马的城市贵族比任何一个希腊城邦的城市贵族都要强大和持久得多。我给出的办法是联系中世纪文献来考察古代文献，正如我曾利用勃艮第战争的文献来澄清希波战争的情况。在中世纪，军功导致贵族阶层的形成；同理，一切资料都指向一个事实，即远古史前时代也发生了类似的变迁过程。一段时间以来，"远古中世纪"已经成了常规的提法；在意大利，对骑士阶层的形成发挥了重大作用的骑战也比在希腊显著得多。

但到了有史以来的古典时期，骑士阶层——单兵作战能力极强，决定战争胜负的战士种姓——就不复存在了。罗马贵族（起初是 patricians，后来是 optimates）是凭借政治力量和政治组织来统治的。与日耳曼公爵和伯爵不同，罗马执政官的首要身份不是战场上最优秀的战士，而是市长。哪怕到了职业军人观念和常备军完全取代古代罗马公民兵的时代，军队统帅也不以军人自居，而依然主要是政府官员。作为行省总督，卸任执政官和卸任裁判官也会统领军队。与此相反，日耳曼国王和王室官员原先是战士，保持了战士的本色，甚至是在他们凭借军事地位，完全掌控和治理民务时也是如此。中世纪的皇帝和国王都是骑士，他们的朝廷整个是由骑士组成的。占有土地的诸侯和伯爵是骑士，就连主教和修道院长也有骑士相随，而且经常亲自披挂上阵。按照艾因哈德（778年）的说法，查理曼让廷臣（aulici）担任军队首长。在这个社会中，一个人非骑士即教士，不存在两者以外的人。于是，摘下骑士腰带的国王或其他贵族就完全放弃了世俗生活，准备到修道院出家了。[28] 就连《尼伯龙根之歌》中的厨房总管鲁莫尔德（Rumold）都是一位"精挑细选的骑士"。一切不归教士行使的高级职能都由战士负责。凭借优越的职位、财富和收入，在国王、诸侯、伯爵、主教和修道院长的宫廷和府邸中当差的人构成了骑士阶层的最上层。

罗马显贵只需要做官员就可以了，因为凭借纪律严明的军队，他们能够掌控驾驭民众。到了罗马-日耳曼化的中世纪，领袖们可以没有训练有素的支队和大队，他们之所以成为人民的领袖，只不过因为他们同时也是胆子最大的斗士和力量最强的军人。

在这些圈子里，塔西佗描绘的古老日耳曼英雄观念延续了下来，并在故事和歌谣中维护和发扬：一方面，原本悲壮的英雄观念在这个时期变得更轻松了；另一方面，在资历较浅的家族中兴起了美的意识，而且最终激发出了理想化的骑士美学。通过自我施加的自律，骑士们变得高雅了。宫廷规矩和理想化的宫廷爱情就是骑士们的导师。[29] 他们用自己的勇气为教会代表的永恒观念服务。

身居社会地位顶层的骑士阶层是中世纪盛期特有的战士阶层，但并非当时唯一的社会阶层。尽管出身地位是骑士的一个重要而合理的基础，但普通士兵中自然也一直存在着许多能够履行同样职能的人——尤其是那些不担任官职的小块封地持有者往往并没有进入骑士阶层，但这些家族毕竟属于世袭战士阶层。[30] 不管他们是不是只有小块封地，是不是已经获得了自由，一位军事首领本人如果知道某些普通士兵可以胜任职务，就没有什么能阻止他为他们提供骑士级别的装备。[31]

从现实角度看，一支军队除了真正的骑士，肯定还有许多——

往往是极多——其他装备类同骑士的战士。³² 既然有未经历授封仪式的战士像骑士一样作战，也可能有出身骑士阶层的人充任低级兵种，或者穿的盔甲不是自己的，而是从领主那里借来的。另外，尚未授封骑士的年轻骑士阶层子弟，也就是侍从，表面上似乎也会融入轻骑兵队伍，与出身普通的轻骑兵并肩作战。社会地位和兵种地位的转换都是非常频繁的，而从现实角度来看，各兵种和阶层之间不像理论上那么容易区分。³³

起初，骑士阶层是从转化为田产贵族的上层市民中逐渐分离出来的。战士群体中有相当一部分一直生活在城市里。认为罗马化地区的日耳曼部族居于乡村的看法是完全错误的。作为伯爵的随从，他们本来就大多住在城里。行商不仅要会做买卖，也要有武艺，他们是兼职的战士。在城中伯爵和主教手下的战士里，似乎又有不少直接进入商界。在750年伦巴第国王艾斯图尔夫（Aistulf）颁布的敕书和不来梅主教的法令中，我们发现"经商"（qui negotiantes sunt）战士是一个单独的名目。在依然从军的战士当中，财产足够多的人当上了城里的官，还与富商家族共同形成了城市贵族阶层。³⁴ 红胡子腓特烈禁止农民和牧师子弟授封为骑士的敕令中，没有专门触及市民阶层的问题。

不管转化过程在各个方面的可能性有多么千变万化，中世纪军制的核心根本上是由世袭的战士种姓制度形成的。由此产生的摩擦和困境以一种务实的方式得以调和。在骑士子弟中，承袭的品性与后天训练达不到骑士在生理和心理方面的高要求者，会被强迫进入教会和修道院。如果其他阶层中的小伙子被发现具有优秀骑士的品质，他们可以从军士和侍从干起，然后作为没有骑士身份的骑士服役。最后，就连规定只有骑士出身者才能当骑士的法律也是能违背的。皇帝和国王们自然会将任何他们认为配得上这份尊荣的人封为骑士，而早在腓特烈二世皇帝时期，我们就发现有一套允许皇帝破格提拔合格人选为骑士的程序。[35] 从当时的文献对加封平民为骑士表示的愤慨来看，这种事情大概并不罕见。维恩特·冯·格拉文堡（Wirnt von Gravenberg）在创作于 1204 年至 1210 年之间的《维嘉罗伊斯》（*Wigalois*）中就抱怨道："愿上帝击败赐剑给配不上骑士生活和非骑士出身者的那些人。"13 世纪下半叶，赛弗里德·黑尔布林（Seifried Helbling）[①] 打趣道，将农民封为佩剑持盾的骑士实在是不可思议的事，就像在复活节上午的教会赐福仪式中用老山羊肉而不是羊羔肉当祭品一样。"这一刻，让盾牌变为犁的土板，让剑变成犁铧，让骑士的丝袋变为种子包，让腰带的镶边变成麻制的辔头。"奥托卡尔·冯·施泰尔马克（Ottokar von Steiermark）笑话"铁板鞋改成了铁帽子"。萨克森封建法汇编中有如下解释："如果一名农民受到国王青睐而被封为骑士，获得骑士的身份和权利，则国王的行为非法。农民若成为骑士，仍不具有骑士的地位。"[36]

有一则著名的故事说，一名骑兵作战特别英勇，于是红胡子腓特烈皇帝想要封他为骑士［1155 年在托尔托纳（Tortona）[②]］，但他回绝了这份荣耀，说自己出身低下，而且愿意保留原先的阶层。[37] 因此，早在那个时候，在习惯和整体生活方式方面，真正的骑士肯定已经与普通人形成了巨大的差异，以至于性情谦卑的平民会觉得

---

① 13 世纪的奥地利诗人，著有 15 本短篇诗集。
② 意大利北部城镇，1155 年腓特烈率军围攻此城。

进入骑士圈子是一件痛苦的事,自己在那里肯定会形同异乡人。

沿用了约 800 年的公式——"百姓存在是为了劳作,骑士是为了战斗,牧师是为了祈祷"——的第一次表达是在一名法国主教献给卡佩王朝君主虔诚者罗伯特(Robert the Pious)的诗中:

> 因此,上帝之室三分而一体。
> 有人劳作,有人战斗,有人祈祷。
> (Triplex ergo Dei domus est, quae creditor una
> Nunc orant, alii pugnant, aliique laborant.)[38]

中世纪的军事训练几乎完全是针对个人的。[39]步兵什么都不学,射手学射箭,骑士从小就学习骑术和运用武器,先在家里学,之后到主人家服役。以阶层为基础的训练过程完全是围绕武器展开的。

英格兰编年史作者豪登的罗杰(Roger of Hoveden)记述了亨利二世国王是如何将第三个儿子布列塔尼公爵戈德弗雷封为骑士,雄心勃勃的戈德弗雷又是如何修炼骑士的本领,与兄长亨利和狮心王理查德一较威名。

他们的想法是一样的,那就是在武艺上超过其他人。他们知道,除非提前操练,否则武艺到用得上的时候就使不出来。一拳都没挨过,上擂台都没底气。见过自己流血,感受过自己的牙齿被敌人一拳打松,经历过被敌人压倒在地上却依然不失胆气,一次次被抛到地上,一次次更加顽强地站起身来,这样的人上擂台才有希望。非有触动,德行不兴。屈服于恐惧的灵魂只会有片刻的荣耀。力量虽不足,心志却急迫于承受重担的人是无可指摘的。经年辛苦的奖赏就在胜利神庙静候。[40]

主要训练场所是诸侯的宫廷,豪族子弟会被送去那里接受训练。[41]

沃尔夫拉姆·冯·埃申巴赫(Wolfram von Eschenbach)①在《维勒海姆》(*Willehalm*)中描述了城堡前方广场上的操练:"在宫殿和椴树之间能看到贵族子弟在练习用矛和盾攻防,有的两人一组,有的四人一组,有的像波涛一样向对面的人冲刺,有的用棍子做假动作。"

《沃尔夫迪特里希》(*Wolfdietrich*)是这样描述训练场景的:

> 三位王子学到了许多骑士的本领:盾术、剑术、打靶、跳远、紧握骑枪、稳坐马鞍。他们全都技艺精湛。

11世纪末,西班牙人佩特鲁斯·阿芳西(Petrus Alfonsi)在《学士规范》(*Disciplina Clericalis*)中将学士的自由七艺与骑士七术(probitates)——骑术、泳术、箭术、拳术、诱敌术、棋术、歌术——进行了比较。[42](奇怪的是,最重要的剑术不在其中,而在其他地方,上菜、侍桌都被列为年轻骑士学徒的课程。)[43]众人之前进行的马上长枪比武是骑士训练的顶点,尽管这项活动可以追

---

① 中世纪德意志骑士和诗人(1170—1220),著名的作品是《帕西瓦尔》。

溯到古代。塔西佗介绍登科特里人（Tencteri）时就提到过（"lusus infantium, juvenum aemulatio"："孩子的玩耍，青年人的较技"）(《日耳曼尼亚志》第32章）。据记载，东哥特王狄奥多里克宫廷中也有这种活动。[44] 842年，日耳曼人路易和秃头查理在斯特拉斯堡共同举办的比武大会留下了详细的描述。两人在那里进行了庄严的盟誓。[45] 参赛者分成小队，放平长枪向对面直冲过去，但不会真刺，因此没有人受伤。随着武器重量逐渐加大，这些模拟战斗也进了一步：参赛者真得刺矛挥剑，不过会把武器弄钝。旧式比武叫作"Buhurt"，起源于法国的新式比武则叫作"迎击"（Tjost）或"刺击"（Stechen）。如果是大队人马同时向对方冲击，那就叫"团战"（Turnier）。这些比武活动和与之相随的一整套宫廷生活最早在法国确立，然后从那里传播到了包括德意志在内的其他地区。中世纪公认的团战创始人是1066年被杀的法国骑士戈德弗雷·德普勒伊利（Godfrey de Preully）。团战的主要目标是用钝头长枪将对手戳下马，这是一项极其危险的活动。不仅重伤是家常便饭，致死也并不罕见。以至于教会不仅三令五申禁止团战，还颁布了严厉的主教会议决议，规定违犯者将被开除教籍。第一次禁令发布于1131年的兰斯（Reims）大公会议。[46] 然而，骑士阶层绝不允许这项独有的活动被剥夺，团战最有力地彰显了骑士阶层的精神，也最清晰地将其与普通大众区别开来。哪怕只是为了一场游戏，既然来到这里，那就一定要看看谁才是真正的骑士，谁不仅武艺精湛，更能在危险面前眼睛都不眨一下。随着时间的推移，比武的条件和形式似乎越来越严厉了。他们不仅用钝头长枪，也用上了尖头长枪，金属横档可能会避免枪头刺入过深，或者指望细的枪杆会裂开，而不会穿透对手坚硬的盾牌和盔甲。但当时也有人用坚韧的枪杆,甚至有彼此为敌的人在赛场上叫嚣着要决一生死。

当两队人——偶尔也有两个人——同时向对面直冲时,目标是正面向对方冲过去,然后从对方身边绕过去,至少会造成严重的擦伤。

冲刺前的距离总是非常短的,而且举个例子,就连集体冲锋也不能与现代骑兵中队的集群进攻相提并论。集群攻击需要的先决条件与之大不相同,尤其是要进行长时间的共同训练,而不只是电光火石的碰撞。因此,中世纪团战不过是个人比武的扩大版而已。[47]

城市同样喜爱团战,也举办团战。腓特烈二世皇帝曾禁止吕贝克市民举行团战,[48] 理由是会带来混乱乃至"侵犯老妇和处女"("violationes matronarum et virginum")。但据《世俗法官编年史》(*Schöppenchronik*)记载,马格德堡市民曾邀请全体商人参加一场骑士们希望举办的团战。1368 年,康斯坦斯市民去苏黎世参加"刺击"活动。[49] 直到 15 世纪,城市贵族才被禁止参加团战,原因大概是随着公会的胜利,他们的政治地位发生了巨大的变动。他们被迫服从市议会(议会中的公会成员往往要多于贵族)的命令,要交税,还要像其他市民一样履行警卫义务。许多失去统治阶级地位的高傲贵族就此离开城市,移居乡下。[50]

这种军制的一大弱点就是纪律。事实上,我有些怀疑此处到底能不能用这个词,因为对我们来说,"纪律"有着强烈的技术性意味。骑士没有纪律体系的传统。中世纪武士阶层的根基是迁入罗马境内并定居下来的日耳曼部族军队。我们在讲日耳曼部族军队的组织与层级时就说过,他们其实根本没有军纪,尽管在一定程度上,他们的整体社会政治架构确实产生了类似军纪所起到的效果。因此，封建国家中也存在某种特别的层级与组织、命令与服从，否则各个部分——如果你愿意，或者叫"人群"——根本无法调动。但这不是我们所说的纪律，不是古代的罗马军团具有过的现代军队又重新获得的纪律。纪律基于惩罚的权力。惩罚的权力源于命令的权力，要求个人意志的无条件服从，从而让下属产生恒久有效的习惯。在任何纪律体系中，最难的不是让兵众服从，而是将军如何让下属服从。现代军事史充斥着军队之间的内斗，其来源是将军不服统帅。然而，与现代军队层级相比，中世纪诸侯对手下最重要的附庸所行使的权力是多么薄弱！就连附庸对领主的效忠誓言都不包含无条件服从的概念。1158年，红胡子腓特烈收复意大利领土，要求意大利市镇和主教向自己效忠，当时的誓言格式流传了下来。[51]比如，他们宣誓要听取、接受和执行每一项命令，但必须是皇帝行使权利的命令。诚然，拒绝服从命令有可能导致封地被收回，但那有可能会引发内战。附庸期望获得主人的"慷慨"赏赐，也可能因为叛逆不从而失去赏赐，但害怕失去赏赐和惹主人发怒的效果要比对惩罚的恐惧差得多了。惩罚是直接而严苛的，严厉程度是分等级的，甚至可以立即处死，就像被我们称为军纪的组织体系所保障的那样。毫无疑问，骑士知道自己应该服从主人，但这一武士阶层的根本精神里就有反骨，轻易便会打破服从的约束。在《尼伯龙根之歌》中，当沃尔夫哈特提到主人有令时，沃克尔嘲笑他说："凡是不许他做的事就不做，这样的人太胆小。"这种想法当然是符合真正的骑士精神的。

一位现代学者的观点是，妨碍有纪律的战术单元形成的独立不逊精神最早出现于骑士衰落的时代,"直到寻求享乐、唐突自私、背信弃义、工于心计和种种不忠行为取代了美好过去的熠熠生辉的美德,将不服从任何人乃至最高权威的骑士视为理想的错误观念才可能出现"。任何一个翻阅过德意志史册的人都会很快发现,即便在这里,"美好过去"的想法也是误导人的。当然,只要强力君主查理曼还在,尽管谋逆还是会有,甚至并不罕见,但既有的权威会采取有力行动并压制反抗。然而从加洛林帝国解体之后,即便有致力于重振乾纲的君主,我们还是一次又一次地遇到"不服从任何人乃至最高权威的独立不逊的精神"。早在查理曼孙辈统治时期,儿子反对父亲、公爵反对国王、伯爵反对公爵的叛乱就接踵而起,还有宁愿被开除教籍、投奔异教徒也不愿意屈服的萨克森和巴伐利亚贵族。因为家族中旧友艾伯哈德公爵(Duke Eberhard)及其手下的法兰克人破坏国内安定,奥托大帝不得不降罚公爵同时又花大力气安抚他,他的努力是多么徒劳。在颂扬施瓦本公爵恩斯特与父亲交战的歌谣中,恩斯特的形象里融入同样反抗过父亲奥托国王的前任施瓦本公爵卢多尔夫的形象,这种做法或许算不得错。希望不会有人提出这样的反对意见,上述事件都与最高层和最尊贵的贵族有关,中下层武士可能有不同的主导思想。纪律先起于上,后及于下,这是不可违背的定律。将校动辄哗变,士卒也会如此。伯爵对国王权威是怎样的看法,骑士对伯爵的军事权威就是怎样的看法,不会有两样。从红胡子时代开始,不仅有诸侯不尊皇命的例子,普通骑士也有这样做的。[52]第一次十字军东征的历史处处告诉我们,哪怕最迫切需要的领导和组织都要费大力气才能实现。

法国主教阿达尔贝罗(Adalbero)这样歌颂身为战士

（bellatores）的贵族（nobiles）[53]："如果有人逃避自己约束王权的罪行，那么就没有什么力量能够阻止他。"（"Quales constringit nulla pote-stas, Crimina si fugiunt quae regum sceptra coercent"）我们或许可以效仿席勒，将这句诗译为"只有军人是自由的人"。前面已经看到，骑士阶层的中坚力量役人在法律和社会上都是不自由的。这是不是说明骑士阶层内的各个部分，或者法国骑士与德意志骑士之间有区别呢？完全不是。但人就是这么复杂，名与实可能是完全相悖的。

无论如何，骑士团中仍然存在着极强的服从关系，团内有严格的惩罚制度，还有规范战时与平时的精确规则，例如为了节约马力，圣殿骑士如无特别许可，不得转入袭步（gallop）（第 315 次团会）。凡不将链甲衫穿在身上而是放在袋子里的人，都要拎着一个开口的皮袋或铁丝袋（不可用布袋），未经许可不得扎上（第 322 次团会）。处罚手段包括：坐在地上吃老百姓的饭；剥夺白袍；监禁；开除。有一次，一名团员接到长官命令时答了一句"等等，我一会儿就干"（"espoir, je le ferai"），就被团员大会全票开除，因为他没有立即服从命令（第 588 次团会）。

在普通士兵（Knechte）当中，纪律无疑是通过棍棒实施的[54]，但即便如此，我们还是必须认为这更多是仆人服从主人，而非下级服从上级的标准。

1158 年，刚刚继位的腓特烈一世皇帝发布了一份战场规范。该规范保留到了今天，有时也被称为"战争条令"，尽管它配不上这个名号。它完全不包含纪律规范，大体上不过是针对军中失序和争吵的禁令而已。争吵中不得发出战吼，呼唤同伴来帮忙。跑去劝架时不可拿刀剑，只可拿防具和棍棒。发现酒桶不可独自喝光，要给其他战士留一点。它明确了猎获的归属，还规定军人不能带女人随军，违者将没收盔甲（"omne suum harnasch"："本人全部装备"）；女人则要割掉鼻子。但军纪规定总是说起来容易，做起来难，最强大的皇帝也犯愁。就在皇帝庄严颁布这份"安军书"的同一年，腓特烈就不得不将大批妓女赶出了军营。[55]

如果没有一整套操练体系，真正的军纪就不过是空中楼阁，根本不可能建立。建立纪律的最佳手段是屡试不爽的训练，通过训练，一名士兵和他身体的每一个动作都由长官掌控。这种训练在中世纪是闻所未闻的。战士放弃自己的自由，成为军阀的附庸乃至役人的过程表面上严格，但就连这也没有创造出真正的军事服从，也就是我们所说的上下级关系。

以掌权者自居，不受严格纪律约束的战士阶层在日常生活中，在与劳动阶层接触乃至与同阶层交往时，也会行使自己的权力。这个战士阶层由蛮族演化而来。在民族大迁徙时期，蛮族不屑一顾地毁灭和践踏了古代文明世界。到了封建列国内战和私斗的时代，对流血和战争破坏的认同心理依然存在。11世纪初沃姆斯主教布尔夏德（Bishop Burchard of Worms）的服役准则（Dienstrecht）中记载，仅仅一年内，主教区内就有35名无辜的部属被同僚杀害。辱骂别人时，歪曲法律是司空见惯的常规。[56]势力更强的封建领主会为自己修建要塞，就连伯爵和主人的命令也可以不听从。他们很快发现自己受到了种种诱惑——欺压周边农民、向商旅征税或者直接抢光他们。[57]朝向宽裕生活的社会发展进程缓解了这种状况，因为上层阶级为自己提供了一定的教育，促进和建立了经济秩序，迎来了繁荣的新式文化生活。《尼伯龙根之歌》是在红胡子腓特烈、狮子亨利①和两人的儿子统治时期的骑士氛围中孕育出来的。作为世界文学中完全独立的一支，吟游诗人（troubadors 和 Minnesang）的歌谣正是这一武士阶层的思想产物。兰克有言："如果说战争唤起了每一种可能爆发的激情、粗粝和野蛮天性，那么相应地，骑士的使命就是拯救真正的人类，用习俗和女性的影响来调和勇武，通过宗教追求来变化蛮力。"但是，骑士阶层教育的教化力量往往会失效，甚至在骑士身上也是如此，四处游荡的浪人骑士经常变成盗匪。人类的本性就是这样，创造出齐格弗里德和帕西瓦尔这样理想人物的阶层，同样产生了瓦尔特·冯·德冯格尔魏德（Walter von der Vogelweide）②和强盗骑士。这个悖论也反映到了传统和历史中：一方面是抱怨、谴责封建制度的粗鄙和不自由；另一方面却浪漫化和崇高化骑士制度。事实上，不管从哪一个历史视角去看，这两种观念都是彼此关联的。英国人丹尼森中校（Colonel Denison）写过一本《骑兵史》（*History of the Cavalry*）；普鲁士王国战争部的布里克斯中校（Lieutenant Colonel Brix）出了一本带注释的德文版（1879年）[58]，书中有一段对骑士的描述（第126页）引自一本更老的书：

> 10世纪中期，几名有正当防卫之必要，又苦于受到无数主人苛待的贫苦骑士联合了起来，将百姓的苦难与泪

---

① 德意志诸侯（1129—1195），先后为萨克森公爵和巴伐利亚公爵，与红胡子相争但落败。
② 中世纪德意志地区的著名抒情诗人（约1170—1230）。

水放在心上。在上帝和圣乔治的见证下,他们彼此发誓,要投身于保护被压迫者的事业,用手中的剑保护弱者。他们衣着朴素,行迹严谨,有功依然谦卑,不成亦稳健镇定,很快便赢得了不起的名声。在淳朴而轻信的喜悦之下,心怀感恩的民众为给他们取得的战功增添了许多不可思议的说法,夸大了他们的勇气,还在祷告词中加入了这些手握神力、宽宏大度的解放者。受压迫的人会神化解救自己的人,这是自然的道理。

我们已经明白了,只要蛮族敌人——维京人、撒拉逊人、马扎尔人——达到一定的规模,封建国家就会变得软弱。哪怕是在国内,当我们认清王权的威力和执法能力是多么弱小,特别是在镇压私斗和抢劫方面时,这种软弱就会表现得更加明显。实行封建制的德意志王国在亨利三世时期达到了权势和扩张的顶点。他是雄主康拉德之子,康拉德则是柳特加尔德(Liutgarde)——奥托大帝的女儿——的曾孙。亨利三世时期,列日座堂总铎安塞尔姆(Anselm)为列日主教沃佐(Wazo,1041—1048年在任)写传,其中专门有一章讲沃佐对教区内强盗骑士采取的手段。哪怕在最有力的领主治下,这段记载也让我们全面认识到了帝国境内的安全状况,由此引发争斗的性质,以及建立切实有效权威的难度,因为骑士是如何对待诸侯的,诸侯就是如何对待国王的。因此,我要全文引用安塞尔姆的文字[59]:

出于虔诚、对无助者的同情、对穷困者的怜悯,主教从原本平和安宁的生活中挺身而出，扶危救难，坚信最神圣、最让神喜悦的事莫过于阻止强盗压迫无辜民众的暴行。大群强盗在沼泽或悬崖修建了牢固的贼窝，以其为基础劫掠周边，奴役民众至不可忍受的境地，为祸甚广，令乡里沦为废墟。贼窝一向肆虐，今日尤甚，主拣选的器皿决心一举荡平，解救乡间于久苦之匪患。我们的英雄充盈着撒母耳击败亚玛力王亚甲、以利亚打倒巴力先知的精神，只带着少数骑士随从，便开始逐个攻打贼窝。起初，强盗们信任墙壁和沼泽的力量，不相信有任何危险，辱骂我军，说他们想要攻克天险是痴心妄想。但我军在杰出领袖的激励下，一个比一个努力地堆砌土墙，制造束棒，打开前进的通道。凭着辛苦和努力，他们征服了自然，将一向只有鱼蛙的沼泽改造成坚实的地面，建造消灭盗匪所用的器械。接着，他们没日没夜地向贼窝投掷石块，主教也在现场颂歌祈祷，鼓舞士气。很快，因为没有援军能进来，强盗们在自身不受伤害的条件下投降了，贼窝也被夷为平地。就这样，贼窝一座接一座被打下来了。但我也要提到一点，围城军队的人数通常有 1 000 人——往往会多于此数，很少会少于此数，而主教一直按照古罗马的传统向骑士发放军饷（"cottidianos sumptus praebebat"："他为其供应日常所需"），允许普通士兵（gregario militi）屠宰不是耕地必需的牛并全价赔偿牛的主人，即便在这样紧急的状况下，他也没有做任何不义的事。

安塞尔姆就说了这么多。[60] 在甚至不存在一个强大王国的法兰西地区，教会试图改善现状，于是发布了"上帝休战"（Treuga Dei）运动，规定至少在圣史中的神日，也就是周四傍晚至周一上午期间，一切私斗都要中止，让平安统治大地。"上帝休战"运动接着传播到了勃艮第和部分德意志地区。后来不时有宣布特定时间内全境不许私斗，以此确保国内和平的法令，或者至少是立法规定私斗必须提前三天公布（红胡子腓特烈于1186年前后颁布）。但"永久和平"直到马克西米利安皇帝时才实现（1495年），而那时骑士制度、封建制度和中世纪已经全部落幕了。

2 骑士制度的军事特征

按照我们目前的进度,本卷前两篇主要是从军制史的角度来考察中世纪军事的,并通过一系列战役和会战来聚焦讨论。

在第三篇第 1 章中,我们探讨了骑士制度下独特的阶层分化,从而进入一个军事体系和军事行动的复杂程度远胜以往的时期。转变是逐渐发生的,但差异是巨大的,让我们得以将中世纪分为不同的时期。写到此处,我们也应当插入一宏观的研究,从理论上把握骑士制度下的战法与战略。当然,这项任务不仅在前一章中已有触及,而且基本上已经完成了,因为骑士阶层地位的根基正是战法。但现在这个问题必须要全面地、从相反的视角来重新审视,也就是从现有阶层构成的角度来审视,并详细考察其过程。这项任务要比本书先前对应的部分更加困难,因为先前的各个时期和发展阶段可以轻易分开,进行明确的断代,各自的特征也很明显。中世纪不存在这样明确的划分。

我们先前基本上把划分点定在 12 世纪,但一个时期的特征有时也会出现在另一个时期,而且发展是连续进行的。于是,一个世纪与另一个世纪无疑是可以区分开的,但这种方式仍然做不到明确的断代。最广义的整个中世纪(从民族大迁徙一直到15世纪末)都有着同样的基本特征。最后一场有详尽记载的真正的骑士战斗是1465年的蒙莱里会战(battle of Montl'héry),交战双方是大胆查理和路易十一,类似形式的战斗完全可能发生在亨利四世皇帝与各位反王,乃至克洛维与狄奥多里克之间。我一度曾考虑要不要把时间顺序放在一边,将极其生动的蒙莱里战记——作者是亲身参战的科米讷(Comines)——与亨利四世皇帝的征战史合起来讲,以此表明15世纪与11世纪的事件是何其相似。最后,我没有这样做,因为细节上毕竟有差别,而且这些差别只能在研究的过程中才会变得清楚。尽管如此,我还是建议读者从这里跳到蒙莱里会战的一章,从而对相似之处有一个完整的印象,并通过一个更好的视角来看待中世纪初期的事件,那些事件留下的记载不如科米讷写实和生动。

在整个中世纪军制中,除了相似的基本特征,自然也有不少差别、变动和呈现出面貌迥异的特殊情况,以至于相似点在全面考察事件后几乎消失不见。但我们必须努力把握相似性。为此,我们要考察十二三世纪的情况,但也要牢记一点:许多类似的事情之前就发生过,而且一直延续到15世纪,尽管那时雇佣兵盛行,武器也有了进步。至于界线要划在哪里,如果有可能划出界线,那就要到具体战例和本章之前和之后的研究中寻找。当考察具体战例时,我们必须不断记住一点:要将十字军东征的特殊情形及其在西方引起的反响纳入考量。

现在换一个视角来看,我们认识到查理曼和奥托大帝的战士主要由骑兵组成，他们有着良好但并不很沉重的装甲保护，在特定情况下也会下马步战。步兵或射手基本是没有的。11世纪以来，武士阶层分化出更明确的不同兵种，于是各种兵器在战斗中如何配合的问题就出现了。有两种可能的编组方式：一种是各兵种分别组成的单位，比如重装骑兵、轻骑兵、下马射手、下马近战武士；另一种是将辅助兵种围绕在主力兵种骑士的身边。

两种情况都发生过，但第一种只是便宜之计。原则上来说，第二种占主导地位，即围绕骑士布置辅助兵种。这一点在战记中是很清楚的，且源于武器的性质。其他三个兵种都不能与主力兵种骑士抗衡，在正常和同等情况下他们会一触即溃。

骑着轻型马、身披轻甲乃至近乎无甲的骑兵根本不敢与骑着重型披甲马、从头到脚是坚不可摧的铠甲的骑兵正面对抗。

弓箭手或弩手或许能指望自己射出的箭击中冲锋中的骑士（或战马）无防护的位置或盔甲的薄弱点，使其失去作战能力。但成功率是相当渺茫的，向来射出多支箭成功的可能性也很小，因为射手不会等到敌军骑兵靠近时才逃跑，那样几乎肯定小命不保，而是隔着老远，趁还有一线希望的时候就逃命去了。因此，一队独自列阵于开阔地、没有特殊地形保护的步射手是不能对抗骑兵的。关于中世纪后期英法战争期间的射手问题，我们会专辟一章讨论。

西方本身没有发展出弓骑兵，首次遇到该兵种是在匈牙利人身上，但在之后的十字军东征中更加见识到了它的厉害。我们后面会讨论弓骑兵特殊的优势和劣势。这里只提一点：总体来说，他们竞争不过装备枪矛和刀剑的骑士。

最有可能正面抵挡骑士的是近战步兵，他们沉稳而灵活，可以躲过对手的冲锋,然后从侧面攻击骑士或战马。但这只适用于一对一作战的情形。大批步兵可以结成密集长矛阵挡住骑士。但如果阵形不是很紧密,或者在任何一处出现了骑士可以通过的口子,步兵就输了。如果步兵阵形确实紧密,那么问题就在于骑士有没有射手。在这种情况下,罗马大队会主动出击,唯此方可活命。但中世纪步兵做不到(步兵发起进攻的记载非常少,只是特例),因为他们缺乏密集行进所需的训练与团结性。在胡斯派和瑞士人之前的整个中世纪,我只找到了一两个步兵(非下马骑士)向骑士发起进攻的确凿战例:1302年,弗兰德斯城市联盟在科特赖克会战(battle of Courtrai)击败了法军;1314年,苏格兰人战胜英格兰国王爱德华二世的班诺克本会战(battle of Bannockburn)有可能也是。在所有其他情况下,步兵都属于辅助兵种,不管是作为射手,是混编作战,还是以紧密阵形消极防御。

骑士是中世纪战争真正的决定性因素,我们已经多次证实了这一点,而且必须一再指出其重要性。在古罗马,骑兵被认为不及军团步兵("nequaquam par habetur":"绝不能视为平等")。[1] 中世纪的说法则是:"百骑可当千步卒。"[2] 与轻骑兵或射手一样,步兵在中世纪只是辅助兵种。

正常情况下,辅助兵种的最佳运用方式是尽可能支持主战兵种,而决定胜负当然是主战兵种的事。步兵从侧面能发挥一定作用,但效果最好的办法还是步骑混编,我们从古代就知道了这一点。因此,自从多兵种形成以来,混编作战就是中世纪实际常用的作战形式。

在进一步考察混编作战的各种可能性之前,我们首先要注意战术发展与军制发展之间的关系,换言之,辅助兵种的起源和社会性质。

辅助兵种有三个来源:一是没有上升为骑士,而是沿着另一个方向发展的古代武士阶层;二是独立意识觉醒,新加入战士阶层的市民,他们使用远射武器和枪矛作战;三是随从,他们是未成年的武士、学徒期的骑士、骑马的仆人,直到12世纪才成为战斗员。即便在那时,他们也不是手无寸铁,偶尔也会执行次要的作战任务,就像古希腊和古罗马的轻步兵(psiloi)那样,但他们在野战中是不计入实际兵力的,也不会随主人一起上阵。随着骑士阶层内部的分化,情况发生了改变。尽管重装骑兵是强大的战士,但依然有相当大的局限,有轻装部队参战是很受用的。如果这些人是特殊单位,那么骑士随从中的仆人同样是特殊单位,尤其是盾士。我们发现"盾士"一词("scutarius""escuyer"和"esquire"的词源)常常指的是下层武士,因此大概可以得出结论:该兵种是从两个来源发展来的:一是本来不打仗的骑士随从;二是没有上升为骑士的传统武士阶层。前者是从非战斗员变成了战斗员,后者或者保持了原有的地位,或者地位下降了,这种情况的可能性更高。因为他们拿着武器上阵只能换来别人分剩下的战利品。如果我们明白骑士从来不是独立的个体,而是某位领主的陪臣,是一个团体的成员,那么上述两类人的差别就更小了。平民士卒是要集中起来为己所用的,还是分给骑士做盾士和辅助兵,这都是封建领主说了算。

古典时代常有人提到步骑混编作战。维奥蒂亚人用过这种战法,恺撒在法萨卢斯会战之前专门临时编成一支混编单位。[3]韦格蒂乌斯(3.16)声称,就连最优秀的骑兵也打不过混编单位。恺撒在《高卢战记》(1.48)中这样描述古代日耳曼人的混编战法:"他们有6 000名骑兵"——他说的是阿里奥维斯塔的军队——"还有同等数量的步卒,是从全军精选出来的敏捷勇敢之士,一名步兵掩护一名骑兵,两人如同一体。遇到危急情势,骑兵会退回来,后方步兵急速上前支援。骑兵落马重伤,步兵会围起来保护他。如果需要快速前进或后退,受过专门训练的步兵会抓住马鬃,以此赶上马的速度。"

中世纪不可能有这种作战样式。骑士装甲太重,过于笨拙。步兵缺乏训练,与骑士没有战友情谊,只有从属乃至陌生人的关系。尽管如此,协作方式也是类似的。

萨巴·马拉斯皮纳(Saba Malaspina)①记载了安茹的查理(Charles of Anjou)②于1266年贝内文托会战之前对战士的讲话。这是一段常被引用的经典发言,点明了骑士混编作战的性质和意义。国王的建议是打马不打人,身披重甲的骑士落马后行动不便,步兵就能料理了他们。因此,每名骑士都应该配一两名步卒,人手不够可以找雇佣兵,因为久经考验的雇佣兵知道如何攻打马匹和落马的骑手。[4]

步兵首次以这种方式参与骑战的实例是1126年的莫尔迪-塞菲尔会战(battle of Merdy-Sefer),记载者是研究十字军东征的历史学家提尔的威廉(William of Tyre)。之后经常有这样的战例,比如

---

① 13世纪意大利历史学家,著有《西西里王国编年史》10卷。
② 出身法国安茹家族,1266年于贝内文托会战中击败神圣罗马帝国皇帝,夺取那不勒斯与西西里王位。

1191年的阿苏夫会战（battle of Arsuf）①、1214年的布汶会战（battle of Bouvines）②和1237年盾士（armigeri militum）将落马的敌人俘虏和捆绑的科尔泰诺瓦会战（battle of Cortenuova）③。

射手或者跑到骑士前面，或者留在骑士两旁，作为散兵尽可能在骑士冲撞前杀伤敌人。史籍中有一次（1264年）步兵和骑兵相互支援的例子。[5]这次战斗发生于普鲁士战争中，纳坦根部落（Natangi）首领亨利·蒙特（Henry Monte）在哥尼斯堡城下与骑士交战，他用矛刺伤了正要给弩（balistam）上弦的骑士亨利·乌伦布施（Henry Ulenbusch）。乌伦布施手下的一名步卒（famulus）用短矛（"cum modica lancea"）刺伤了蒙特，于是蒙特不得不撤退。当然，这个例子并不典型，因为骑士亲自当了射手。但是，英格兰编年史家吉拉尔德斯·坎布伦西斯（Giraldus Cambrensis）在亨利二世征服爱尔兰（1188年前后）的战记中对各个兵种的价值及其配合有过一番理论思考。[6]

他说，高卢人的战法——在他的概念里也包括诺曼人带到英格兰的战法，尽管它在英格兰颇受青睐——与爱尔兰人和威尔士人截然不同。英格兰人喜欢找开阔地，爱尔兰人和威尔士人则喜欢破碎的地形；一边是平原，一边是森林。一方以盔甲护体，另一方面则不想要沉重的负担。一方靠稳固取胜，一方以敏捷制胜。在平原，

---

① 第三次十字军东征中的一次战斗，英格兰国王理查一世在今（接下页）（接上页）巴勒斯坦的阿苏夫击败了埃及苏丹萨拉丁。
② 法国国王腓力二世在此战中击败了英国国王"无地王"约翰，后者损失惨重，次年即不得不接受《大宪章》。
③ 中世纪意大利教皇党与皇帝党之间的一场战斗，皇帝取得了胜利。

武装紧身衣外再穿铁甲的全装重甲能提供防护，但在狭窄的区域，不管是森林还是沼泽，步兵的适应性要强于骑兵，轻装士兵占有极大的优势。因为无甲部队总是打不赢就跑，对付他们只用轻兵器就够了。但若要到狭窄崎岖的地形中追击敌人，重甲必然会妨害行动。骑兵穿着繁复的盔甲，坐在高高拱起的马鞍上，上马和下马都很麻烦，步行更是困难极了。

因此，在所有爱尔兰人和威尔士人的战役中，这些经历过地方械斗锤炼的战士都是最优秀的。与爱尔兰人作战时，骑士一定要有弓箭手配合。因为如果爱尔兰人先朝重装骑士扔石头，然后敏捷地后撤，接着再回来时，我们就必须射箭予以还击。

文献中对重装骑士与轻装骑士如何在实战中配合语焉不详。在只有少数骑士参加的小型遭遇战中，轻重装骑士的配合不难，但人数越多，辅助兵种占用骑士的空间就越大，能起到的作用也就越小。当然，圣殿骑士团团规（第179次团会）规定，当骑士进入战场时，一部分扈从要将驮畜牵到后方，另一部分要在旗手（gonfalonier）指挥下随主人上阵。但从其他两次团会来看，让装备不足的扈从参加骑士战斗是一项过分的要求。第172次团会和第419次团会规定：凡是骑士团的骑士和重装士兵，战旗未倒而擅自撤离战场者都会在羞辱中遭到开除，无甲人员则可以选择撤退而不受指责；如果良知告诉他，他既帮不上忙也守不住阵地。在大多数情况下，条顿骑士团团规无疑都不要求扈从参战。但条文中规定扈从应集结在战旗下,等候主人从战场归来。[7] 他们对战斗虽然不起什么作用,却也省掉了一种危险:如果扈从顶不住压力而撤退了,恐慌情绪也可能会感染骑士。不管从哪个方面看,步兵都能多帮忙、少捣乱。他们能为主人提供各种帮助,遭到敌方骑士直接攻击的风险小了,而且溃逃时也不至于影响到骑士。[8]

科勒将军(General Köhler)① 在作品中多次提出,13 世纪的骑士随从中完全没有骑马武装的仆人,即便有也不是战斗员。科勒在这一点上说得过头了。毫无疑问,这些人或多或少是存在的,而且一直存在。他们也是战斗员,因为他们会承担次要任务,比如武装劫掠、蹂躏敌国领土之类。他们在小规模战斗中也会实际参战,辅助骑士。但是,扈从跟随骑士上阵是逐渐才发展为常规的。

接近 14 世纪中期时,为骑士单独配属辅助兵种的做法终于发展出了"gleve",或者叫"枪队"(lance)的概念,意思是一名骑士加上他的随从。战场上当然仍有被称作"独队"的个体骑士出现,但兵力核算的通常单位已经是枪队了。当然,这个概念很不明确。一个枪队可以多达 10 人(包括骑兵和步兵),但军队兵力按"骑枪"来核算这一点再次证明了骑士作为决定性兵种的有利地位。骑队准战斗员的多少不是很受重视。另一方面,枪队中的骑士不仅仅是最严格意义上的骑士,即天生的骑士、参加过授封仪式的

---

① 全名为古斯塔夫·科勒(Gustav Köhler, 1818—1896),1886 年以少将军衔从普鲁士陆军退役后撰写了多部军事学和军事史研究,包括三卷本《骑士时代的军制与军事:从 11 世纪中期到胡斯战争》(*Die Entwickelung des Kriegswesens und der Kriegführung in der Ritterzeit von Mitte des 11. Jahrhunderts bis zu den Hussitenkriegen*)等。

贵族，而且也可能是加入骑士队伍的贵族，或者装备等同于骑士的兵卒。社会地位的划分越是严格，下级贵族群体越是成形，纯正的骑士就越少。尽管许多在十二三世纪以军士身份参战的武士后代如今进入贵族阶层，但也有许多没保住封地的人沦落为平民百姓。于是，真骑士总是不够用的，需要从士卒中选出精锐来填补空缺，承担或多或少与骑士相当的工作。"骑士"一词的含义在12世纪还没有完全失去弹性，现在已经仅限于真骑士了，于是征召来的全体骑兵就用"骑士与军士"这个短语来表示。

混编作战的理论自1126年以来得到了文献佐证，但我们无疑可以假定混编作战是古已有之，只要有多个兵种就会存在。现在，混编作战催生了无数种特殊的兵种编排方式，有按照类型和适用场合划分的，也有来自统军者的具体构思和命令的。作战行为本身的发展和催生了各样阵形和兵种构成。

有一种阵形是置射手于骑兵身前，以便在两军接战前造成尽可能多的杀伤，然后在最后关头从战马之间留出的宽大空间中撤回。这种辅助方式有人使用，但不被认为是决定性因素，这是可以理解的。有些战斗根本没有射手参加，因为实际能射箭的时间肯定很短，成效也不会很大。另一方面，只要射手偶然聚集成团，或者没有迅速从缝隙和两侧撤回，他们就会妨碍骑兵前进。

装备枪矛的步兵大概只有在有拒马等障碍物时才会上前。他们通常会跟在骑士身后，战斗中从后方杀出。埃尔斯特河会战（battle on the Elster，1080年）的情况——为了从骑兵难以通行的侧面接近敌军，部分骑士下马作战——当然完全不同，和我们说的不是一码事。除了这种特殊的组合以外，枪兵能发挥的最大作用就是在危急时刻结成紧密阵形,为骑士提供掩护。首次提出步兵具有这一功能的理论著作来自韦格蒂乌斯[9],之后的利奥皇帝也有同样的看法。利奥在《战术》(第14章,第20段)中提议,如果敌军由骑兵组成,而我军的步兵相当薄弱,那么我军就应当将步兵布置于骑兵后1英里到2英里(约1.61千米到3.2千米)处。这样一旦骑兵被打退,他们不应该沿直线逃跑,而应该从步兵两边绕过去,并在步兵后面重新集结。[10]

这种战法的第一个实例似乎出自一首讲述罗伯特·吉斯卡尔(Robert Guiscard)的诗中。[11] 另外,对第一次十字军东征期间多里莱乌姆会战(1097年)的描述中也有一个可能性很大的疑似实例。当然,多里莱乌姆会战中的步兵可能以失去战马的骑士为主,但历次十字军东征期间,这种战法都得到成体系运用。安条克公国摄政罗格(Prince Roger of Antioch)手下的宫相戈蒂埃(Gautier)留下的记载极具价值,他在对哈布会战(battle of Hab,1119年)①的记述中写道,步兵列阵于三队骑兵之后,以便彼此掩护。[12] 十字军采用这种战法的原因是叙利亚的步骑比率和西方大不相同,从老家带来的大部分马匹在路上就死掉了,替用马又很不好找。根据领主们给教宗的报告——当然,它们在各个方面都是极度夸大的——安条克的骑士只剩下100匹马可用了。马匹的需求量显然非常大,因为日志中经常提到马匹作为战利品,骑士团团规中也频繁提及老家送来的马匹,如果叙利亚有足量可用的马匹,那肯定就犯不上花大价

---

① 耶路撒冷国王鲍德温二世在此战中打败穆斯林军队,挽救了不久前遭受重创的安条克公国。

钱运输了。因此，长枪步兵在十字军中的作用之所以远大于在西欧军队中的作用，既不是出于某种原则，也不是那里发展出了技艺超群的枪兵，只是迫不得已罢了。

我们既不能证明，也不应假设十字军的经验对西方产生了直接影响，尽管在接下来几代人的时间里，战场上确实出现了新的力量，他们就是市民，尤其是意大利市镇的居民，这股力量似乎很适合支援骑士。但对于这种值得怀疑的现象，我们其实只有一个确凿的成功战例，那就是莱尼亚诺会战（battle of Legnano）。这场战斗会在之后关于霍亨斯陶芬王朝与意大利征战史的一章中讨论。

布汶会战（1214年）有一段类似的记载，但只是插曲，并非决定性因素，而且显然诗人夸大其词了。[13]

诺萨勒顿会战（battle of Northallerton，1138年）是一次特殊但类别相似的事件。当时，一支英格兰民兵将一批下马骑士放在第一列，借此击退了苏格兰军的冲锋，但终究没有转守为攻。

总体来看，步卒作为射手或枪兵与骑士混编作战，为骑士提供直接支援的战法一直是存在的。1262年，斯特拉斯堡市民在豪斯贝根（Hausbergen）击败本城主教的战斗就是一个典范案例。

如果护甲不足的扈从和步卒加入了肉搏战，他们仍然未必会失败。要是骑兵攻击他们，他们可以逃跑而不失荣誉，圣殿骑士团就是一个例子。但骑士总是会优先攻击骑士，因为这是决定胜负的唯一办法，所以是关乎荣誉的事。据记载，布汶会战中弗兰德斯骑士遭到300名轻骑兵的攻击，但骑士们觉得不值得为此转移阵地。他们击倒了敌方没有防护的马匹，接着拍马上前，找到敌军的骑士交战。黑吕（Heelu）写过一首颂扬瓦林根[1]会战（battle of Worringen，1288年）的诗篇，诗中有一位军士呼道（第4954行）："人人都找敌方的领主厮杀，杀死那人才罢休。哪怕敌军一直排到科隆那么远，领主一死，他们就败了。"

尽管辅助兵种，尤其是射手和步行枪兵，有时似乎为骑士提供了重大支持，但我们不应该忘记辅助毕竟是辅助。骑士是决定性兵种这一基本事实并未改变。不论何时提起，下述命题的重要性都是怎样强调都不为过的：按照中世纪的观点，最优秀的军队，理想的野战的军队永远是清一色的重装骑兵部队。如果说尽管重装骑兵占据优越地位，但各辅助兵种的重要性似乎还是不断提高，那只是因为他们比重装骑兵更易得罢了。尤其是在只养得起少量重装骑兵和真骑士的小势力、小领主和小城市之间的争斗中，辅助兵种往往占到了战斗员的绝大多数。但国王发起的大规模决战似乎往往是纯粹的骑兵战，例如塔利亚科佐（Tagliacozzo）[2]、马希费尔德（Marchfeld）[3]和格尔海姆（Göllheim）会战[4]。文献中甚至经常会专门提到，来到战场上的步兵不会参战，而是留在后方。

问题依然在于骑士本身是什么阵形。相关的记载差别很大。拜

---

[1] 瓦林根位于科隆以北。
[2] 此战发生于1268年，支持教皇的西西里和那不勒斯国王安茹的查理一举击杀霍亨斯陶芬王朝末代国王康拉丁。
[3] 此战发生于1278年，哈布斯堡王朝的德意志国王鲁道夫一世击败波希米亚国王，标志着哈布斯堡势力在中欧的崛起。
[4] 鲁道夫一世战死后，他的儿子阿尔伯特本应继承王位，但众选帝侯不满其独眼相貌和粗鄙举止，遂另择一人为王，结果在1298年的格尔海姆会战中被阿尔伯特击败，只得承认王位属于阿尔伯特。

占庭皇帝利奥在《战术》（第18章，第88段）中说，法兰克人作战粗疏，缺乏技巧、预见性或警惕性。因此，他们不关心阵形有序与否，骑兵尤甚。但有序和无序是相对的概念，而且同一位作者在前一段就说法兰克人进入战场时正面平齐，阵形紧密。[14] 若是阵形完全无序，那么法兰克人或继之而起的各个民族根本不可能将部队带到敌人面前。

当我们读到亨利一世国王在与匈牙利人交战 [15] 前对萨克森将士下令，不许任何人试图跑到包抄部队的前面，于是全军在同一刻与敌军接战时，这段记载内容和拜占庭皇帝的说法是一回事。它不应该被视为非凡成就或创新之举，而是代表军纪重新得到了重视。尽管军纪是符合逻辑的，但还是容易被忽略，也经常被忽略。

一位阿拉伯军事史学家的著作中也表示了同样的警告（第209页）。圣殿骑士团团规中重新出现了军纪的概念（第162次团会）："骑士团成员不得擅自出击或出列。"（Ne nul frère ne doit poindre ne desranger sans congié）条顿骑士团也有类似的规定。[16]

但对完全以个体，以个人荣誉、个人名声和个人勇武为基础的骑士制度来说，秩序与整齐并不是自然而然就具有的。恰恰相反，个人从阵中擅自发起冲锋才是自然的倾向。因此，我们经常在史诗中发现与亨利国王的命令完全相悖的情节：一位非凡的英雄带头杀入敌阵，手下随之上前。[17]

但诗歌中颂扬的内容并不符合事实上采用的战术。因此，与诗歌不同，历史文献有时会赞扬以良好秩序进入战斗的部队，而且经常指出败仗是源于缺乏秩序。[18]

史诗中时常有领队或队长，他们的任务似乎是确保骑士守秩序，而真实历史中从来没有这种人。[19] 我们在众多场合了解到，骑士进攻时不像现代骑兵那样依赖冲锋，其常规做法是缓缓上前。[20]

当然，较大的分队和完整的大军必须按照封建制度下的等级拆成多个单元，即便各个单元的规模往往差别很大。[21] 我们可以设想，这些单元有的纵深大，有的纵深浅，有时排成横队，有时摆出纵队。尽管战斗记述有很多，但文献中关于阵形的直接信息非常少。事实上，对阵形准确详尽的描述只有一处，而且它所属年代的战争已经出现了许多新的因素，以至于在没有进一步研究的情况下，我们从中得出关于中世纪鼎盛期的正面结论时必然会有所犹豫。这场战斗发生于1450年的皮伦劳伊塔（Pillenreuth），交战双方是阿尔布雷希特·阿希莱斯藩候（Margrave Albrecht Achilles）和纽伦堡市民。当时火药早已运用于战争，弓弩交锋也取得了极大的发展，但骑战的状况依然与13世纪很类似，以至于我们可以透过此事来研究中世纪骑士战斗的一系列特点，而没有植入错误观念的危险。

皮伦劳伊塔会战
（1450年3月11日）

纽伦堡市长埃哈德·许尔斯塔（Erhard Schürstab）[22] 详尽描述了这场战斗。他不仅亲自指挥了此战，而且很了解敌方信息，因为阿尔布雷希特麾下的大批贵族作为俘虏被带回纽伦堡。

战前，阿尔布雷希特向纽伦堡市民发出挑战，宣布要在皮伦劳伊塔的市属湖泊捕鱼。湖在城南，从市里过去要走两个小时。藩候欢迎市民来帮他捕鱼和吃鱼，他会等着市民。纽伦堡发起了总动员，到场者共有 500 名骑兵和 4 000 名步兵，装备弩、火枪和枪矛。[23]当时纽伦堡有 2 万名市民，还接纳了 9 000 名到城内躲避兵祸的乡村属民。城市还请了雇佣兵，包括日后有"匪王"之名的骑士金茨·冯·考丰根（Kunz von Kaufungen），以及时任纽伦堡总司令的海因里希·罗伊斯·冯·普劳恩（Heinrich Reuss von Plauen）。藩候有 500 名骑兵。[24]

列阵和战斗的细节略过不提。我们关心的是双方骑兵主力的阵形。海因里希·冯·普劳恩唤来"高贵阳刚"的海因茨·岑格（Heinz Zenger）和其他四位骑士，让他们组成阵形的矛头，"这五人是排头兵"。第二排有 7 名骑士，第三排 9 名，第四排 11 名。接着是大批平民士卒，最后是 14 名纽伦堡的"荣民"（贵族），他们负责"保持阵形完整"。前排骑士都给出了姓名。全阵共 300 人。我们不清楚后排是每排 11 人、13 人还是 14 人，这一点也不要紧。无论如何，战斗单位的纵深是 22 排至 25 排。

按现代规制，它大致相当于一个三中队编制的枪骑兵–胸甲骑兵团。中队宽度为 4 列，团长、中队长和副官领头或压阵。

一名现代骑兵若是听说有个上校团长这样领着部下参战（应当指出的是，这不是行军阵形，而是战斗阵形），他肯定会说，那个上校要么该上军事法庭，要么该进疯人院。

这段记载之所以特别重要，是因为我们越是认真研究它，就越能认清并证明一支现代骑兵与一群骑士的根本区别。证据来源可确保此事并非虚构，也不是海因里希·冯·普劳恩的心血来潮，因为我们从同一份文献得知，阿尔布雷希特藩候的主力也是同样的列阵方式。（而且单独成排的骑士也留下了姓名。）其他一些篇章也记载或规定了类似的阵形。[25]

上述阵形的独特之处是正面窄（最多14列）和有尖端。我们先来看窄正面，对应的就是大纵深。设想对面敌军兵力相同，摆出2排、3排乃至4排的横队。那么，两军接触时，我们会受到敌军的两侧夹击。纵队中的骑兵不可能突然转向应敌，侧面被敌军刺击却无法自卫。纵深优势能抵消这一损失吗？就大队步兵来说，大纵深能造成向前的压力，可以击退或打穿兵力较弱的敌人。但放在骑兵单位身上是不行的。古代兵学家就知道这一点了。埃里安（Aelian）在《战术》（第18章，第8段）中说，步兵摆出大纵深阵形有优势，骑兵则没有，因为后排步兵能推着前排走，骑兵则不能。前后紧贴在一起不会让骑兵变成势大力沉的铁板一块，反而会让战马受惊，陷入混乱。

出于以上原因，现代骑兵条令规定的阵形与皮伦劳伊塔的骑士们恰恰相反：[26]"骑兵唯一的紧密战斗阵形是横队。因此，骑兵不得以纵队发起进攻（除非是时间、空间不允许展开的情况下的权宜办法），因为同等兵力且摆出横队的敌方骑兵会占据优势。""进攻成效主要取决于冲击力度和冷兵器。横队可以同时发挥全部武器的威力，纵队却只有一小部分可用。横队相对于同等兵力的纵队还有一个重要优势，即正面更宽大，伸长的两翼可以包抄敌军，攻击其最薄弱的侧面。骑兵侧面受攻击与坐守待敌同样是取败之道。"

因此，即便皮伦劳伊塔那样的纵队凭借尖端突破了敌军正面——甚至未必能突破——那也占不到便宜，因为全团的大部分人无力抵御两侧攻击，同时也被消灭了。

但骑士战斗与现代骑兵交战完全不同。

与现代骑兵战一样，侧翼制胜在骑士战斗中也具有特殊意义，但真要做到并不容易，因为骑士的行动要慢得多。骑士队伍直到距离敌人非常近时才会加速，而且加速后也没有快到哪里去，骑士仍然可以侧转应敌。因此，皮伦劳伊塔中的纵队本就不指望在战斗中维持住阵形，那会让大部分人用不上自己的兵器。但我们必须假定纵队向敌军前进的过程中，后排会向左右散开，所以也算是在前进和接触的过程中展开了。与现代不同，这种安排在当时不仅是有可能实现的，因为战马速度相当慢，而且是有优势的，因为它能保证进攻时的阵形紧密。理论上看，完全展开后再进军当然是更好的，但这就要求骑士们以宽大正面前进，那太难了，必须有一定程度的培训和操练，而这正是松散的骑士单位所不具备的。尤其是以宽大正面前进会让空隙拉大，让军队陷入危险。

前文引用过的《战术指导概要》（*Themes for Instruction in Tactics*）一书中提出（第46页），骑兵必须有强机动性。"横队则不具备，因为横队改变方向时很笨拙。此外，可供横队通过的开阔地形并不是到处都有。因此，骑兵行军时需要排成纵队。除了要在行军中保持机动性以外，纵队还必须以最快捷、最简便的方式展开为横队。"这段话要求骑兵以尽可能快的速度由纵队转为横队，而"骑士和军士"（Ritter und Knechte）根本不具备相应的训练和机动能力，于是，他们采用了慢速纵队的行进方式，大概直到与敌军接触时才会自行转为横队。

我们现在也能理解不同寻常的"尖端"了。如果队伍排成方正的纵队——比如，每排12人，每列25人——那么敌方的阵形要是更宽，我方前几排马上就会陷入被夹击的险境。但是，每排多加一个人的话，他就能保护前一排的侧面，同时不必担心自己暴露于同样的危险。然而，最多前面五六排会有这样的危险。两军接触的那一刻，后排自然就会展开，迎上敌军侧翼。如果要将逐排加宽的做法一直延伸到队尾，那么窄长阵形就会失去其最大的优势：方便控制，不易变形。

因此，以窄长纵队接近敌军的用意是，将全军以整齐紧密的阵形带到敌军面前。队尾的骑士也能镇住那些不太可靠的平民士卒。直到交战开始或交战前夕，大队人马才会展开，以便个人发挥。第一排仅有5人的好处是方便控制纵队，逐排加宽为前排提供了侧翼掩护，正如现在的第二梯队会与第一梯队交错分布，以保护其侧翼。

面对这种纵队，横队的劣势极难控御，其阵形松散且有空隙。而横队侧翼包抄的优势则无法发挥，因为敌军纵队的后排一直在散开，本来就在横队的对面，而且双方速度都很慢，于是后排有足够的时间顶上去。唯一真正暴露于侧翼攻击的前几排有尖顶阵保护，尖顶阵自然会使后排向左右两边延伸。

现代骑兵是作为一个整体战术单位，凭借尽可能紧密的冲击发挥威力，侧翼攻击尤为奇效，因为排成紧密阵形的单位对侧面攻击毫无还手之力。骑士纵队的本意并非以紧密阵形发起冲击，以势大力沉为能事。它只是为了接近敌人，然后各自为战罢了。

如果说这确实就是双方在皮伦劳伊塔摆出上述阵形的用意，那么尖端的构成似乎就有点太理论化了——甚至可以说是教条。因为每排左右掩护前一排的两个人不可能正好与前排保持一匹马的身长，这是显而易见的。等到两军接触时，左右掩护的人早就跑到第一排去了。战马有驯有烈、有快有慢，骑士有着急的，也有不着急的，完全不可能保持直线。因此我们不用管这一点，它对于实际操作来说是过于精致了，不过是短暂流行的玩法罢了。[27] 决定性的要点是以窄长纵队向敌军行进（文献中叫作楔形阵和尖顶阵），这是与现代骑兵理论差异最大的地方。

即使我们将前排依次收窄这一点视为缺乏现实意义的空文，但向敌军接近的纵队仍然是相当深的。这种做法已经得到来自骑士战斗性质的佐证，于是我们不需要进一步探究即可假定，骑士在之前的几个世纪里也是这样做的。

然而，纵队不是唯一的常用阵形。尽管这种优势不能决定胜负，宽浅横队有利于侧翼包抄这一点却从未被忘却。另外，有证据表明人们认识到了纵队与横队的对立关系，而且横队有时甚至会优于纵队。伊安·冯·黑吕告诉我们（第 4918 行），瓦林根会战（1288 年 6 月 5 日）中，利德凯尔克领主（Seigneur von Liedekerke）前进时高呼："敌军正向侧翼延伸，我们还没等反应过来就要被包围了。我们应该散开一些，让队列浅一些。"但黑吕不敢苟同，认为那是比武大会的做法，不适合实战。他表明最优秀的骑士之一利布雷希特·冯·多梅尔（Liebrecht von Dormael）表达了相反的观点。听到"浅一些"的呼声时，利布雷希特怒斥道："要深，要深，浅什么浅！人人彼此贴紧，今天的光荣属于我们！"于是每个人都喊了起来："阵形紧密！紧密！靠拢！"

在布雷顿人威廉（William the Briton）对布汶会战（1214 年）的记述中，有一位法国人将手下骑士排成一字横队，然后对他们说："战场宽阔，大家要散开，免得被敌人包围。一名骑士不应该把另一名骑士当作挡箭牌。"[28]

最后，宽浅阵形有一个我们必须提出的特点：只有它才有可能实施步骑协同作战。如果骑兵像在皮伦劳伊塔那样排成紧密的纵队，射手或枪兵都不可能发挥支援作用，只会被己方骑兵践踏。在皮伦劳伊塔，纽伦堡的大量步兵都是组成单独的单位，远远甩在骑兵后方，因此只是充当后备军。若要步兵实际参战，骑兵阵形必须相当稀疏，而只要他们以宽大正面前进，阵形自然就会稀疏。但如果他们排成20排到30排的纵队，人人推挤向前，那么后排骑兵看见前面有空就会顶上去。[29]

尽管尖顶纵队和横队（en haye）在理论上差别很大，但两者其实是可以并存的，甚至可以在同一场战斗中同时运用，我要再说一遍，因为两者只是接敌阵形，而非战斗阵形。即使接敌时是窄长纵队，战斗开始时估计也就展成横队了，因为每个人都想用自己的兵器。仅有的区别在于：与先展开为横队，然后从远处开始冲锋相比，先以纵队接敌，然后自然散开形成的横队要窄长得多、紧密得多。

当然，大军必须分成多个并排的纵队，彼此有一定间隔。如果是首尾相接，那么末尾的纵队肯定要很晚才能与敌军接触，甚至根本接触不上。

前期与后期的区别可能是因为到了15世纪，骑士与平民士卒的比率已经非常低了。因此，组建以士卒为主体、以骑士为骨干的大军成了大势所趋。

从早期开始的文献中就反复提到对"打头阵"的争夺，这似乎与并列纵队的观念相矛盾。早在温斯特鲁特河会战（1075年）中，施瓦就抢到了头阵,说这是他们自古以来的权利。此说有两个独立的消息来源(兰贝特和贝特霍尔德),因此可以认为是准确的。森帕赫会战(battle of Sempach,1386年)① 前也发生了同样的事,各地的骑士都说这是自己一直以来的权利。[30] 如果来自各地的单位是并排部署的,那么获得这项权利又有什么意义呢?

答案大概是:战斗常常在各路人马尚未完全展开时就打响了。这种情况下,第一支出营迎敌的队伍就会抢先进入战斗,尽管其他各路不会跟在后面,而是从各自的行军纵队或营地出发,尽快赶到头阵队伍的旁边。因此,各路人马是分梯队接敌参战的。实际参战的往往只有最先赶到的部队,原因在于战斗常常不会进行到底,而是初次交手就分出了胜负,因为认识到自己实力较弱的一方会认为已经输了。因此,对追求名誉的骑士来说,即使并排布阵是最有利的安排,布阵时担任前锋也是令人艳羡的好差事。

十字军东征时期的文献为下列观点提供了支持——并排纵队中依然有"头阵",因为进攻是分梯队的——当然,此处梯队指的是并列的各纵队是逐渐展开的。据戈蒂埃记载,在阿塔勒布会战(battle of Athareb,1119年)中,圣徒彼得(Saint Peter)② 手下的一支部队(acies)有打头阵的权利,并率先与敌军交手。[31] 接着是戈弗里德(Gaufrid)和吉多(Guido)的部队,但他们没有去支援头阵,而是看到头阵取胜后就转而攻击敌军的其他部队,也打了胜

---

① 此战中瑞士联邦凭借长枪兵打败并击杀了奥地利公爵利奥波德三世。
② 来自法国纳博讷,参加十字军东征后在叙利亚当上了巴拉主教(bishop of Albara)。

仗。这段记载只能解读为三支部队分梯队进入战斗。[32]

十字军东征期间，梯队进攻很可能成了公认的常规战法，因为这里的敌人以弓骑兵为主。弓骑兵自然会尽快投入战斗，对他们来说，最有利的时机就是敌军正在展开的时候。如果在西方，对最先展开的单位率先出击常常是因为单纯的不耐烦和骑士固有的不守纪律，那么到了东方，这样做是有实实在在的理由的——如果不尽快与敌军交手，弓骑兵必然会对各单位造成杀伤。在阿苏夫会战中，当狮心王理查出于合理原因没有发出进攻信号时，骑士们大倒苦水，说自己在没有任何防护的情况下被牺牲了！再来看突厥人，根据记述萨拉丁事迹的史家柏埃丁（Boaeddin）的相关记载，他们被骑士的长矛杀得四散奔逃。早在933年就有一则类似的记载：当时亨利一世与匈牙利人交手，结果萨克森人冲得太快，敌人连发出第二轮齐射的时间都没有。[33] 根据奥托·冯·弗赖辛（Otto von Freising）[①] 的记载，1146年，"亚索米尔格特"亨利公爵（Duke Henry Iasomirgott）[②] 与匈牙利人交锋时攻势如风，消灭了对方的弓箭手，但之后又被匈牙利国王的骑士击败。[34]

通过上述记载，我们已经掌握了骑士与弓骑兵之间关系的要点。

弓骑兵是中亚民族——波斯人、帕提亚人、匈人、阿拉伯人、突厥人的传统兵种。从这些民族不断取得胜利来看，弓骑兵是一个可怕的兵种，但必须有特定的条件。要不是弓骑兵最后除弓箭外也

---

① 12世纪的德意志教士和编年史家，1138年起担任弗赖辛主教，故名。
② 亨利时任巴伐利亚公爵，"亚索米尔格特"是他的绰号，意义不详，一种流行的说法是源于中世纪高地德语的誓词"joch sam mir got helfe"，意为"是的，所以请神帮帮我吧"。

装备了近战武器,那么与装备枪矛刀剑的十字军骑士对战时,他们的抵抗能力就要弱得多了。于是,他们在装备上与西方骑士并没有太大差别,而且凭借人数优势,他们也可以实施近战。骑射手只有在开阔平原上才能发挥全部威力。在那里,他们可以随意后撤,等到敌人累了,放弃追击时马上杀回来。因此,弓骑兵的起源必须到大草原上寻找,弓箭在草原上优势极大,所以军队才会不辞辛苦,不避繁难地训练和练习,直到掌握所需技能。一旦某地掌握了骑射技艺并作为传统承袭,这个兵种就可以移植到其他地区了。十字军很早就吃到了弓骑兵的苦头,于是开始将突厥人招至麾下,想靠他们提供保护。最早关于"突厥之子"(Turcopoles)的记载来自1115年,但耶路撒冷开城后,投奔图卢兹伯爵雷蒙(Raymond of Toulouse)并为其守卫大卫堡的部队可能就是一支弓骑兵了。[1]腓特烈二世皇帝征讨意大利期间,手下就有撒拉逊步弓手和弓骑兵。西方没有独立发展出弓骑兵,因为弓骑兵在山地、森林和沼泽中作用有限,组建起来也很费力。[35]

有人提出骑士军队的惯例是按照三层梯队编成和作战的,尤其是科勒将军,他有一整本书都是以此为基础。[36]这种观念应该被淘汰,因为它绝不适用于骑士军队。等到后面追溯了骑士发展为现代骑兵的变迁过程,并确定了"梯队"的技术含义时,我们会回到这一点。

---

[1] 第一次十字军东征期间(1099年),来自法国南部的大诸侯雷蒙率军围困耶路撒冷并迫使其投降,但他急于巩固的黎波里的领地,于是率军北返。然而,他不愿意放弃城西的大卫堡,就将其交给了另一支部队守卫,最后被布永的戈弗雷花大力气才拿下。

骑士间的战斗往往在第一次交手的那一刻就决出了胜负，失利的一方会承认战败并撤退。如果没有决出胜负，交手拉长成了战斗，那么骑士的使命和荣誉就要看"Kêre"了。这个日耳曼英雄史诗中的词指的是杀到敌军身后，然后转身杀回，期间不断与敌人交战，就像恺撒笔下的高卢骑士那样（《高卢战记》7.66）。[37] 但若是将这种出入敌阵的行为延伸到整个分队（梯队），说他们前赴后继，"轮回不绝"（"roulement perpétuel"），那就是虚构夸大了，与"梯队"是多排纵队的认识绝不能相容。[38] 还有一些说法是传奇色彩多于历史真实：战斗过程中偶尔会宣布休战，好让战士有机会恢复体力，[39] 或者一名骑士中断战斗，为对手献上颂词。[40] 按照骑士战斗的基本原则，我们可以得出一个结论：在任何一场战斗中，有多少个单位左右并排或前后相继，每个单位有多少排或多少列，这些都不是很重要。决定性的因素有人数，有武艺，还有自信，即骑士本人和相邻的人相信己方能够以比较整齐的阵形接敌。阵形几乎是凭借战士人数多少、地形空间大小而自动生成的。有记载称，某个单位的用途是在需要时提供支援，也就是预备队的功能，这些记载从战术上看是极其重要的。但我们不能将其与现代"预备队"相混淆，后者是用来决定最终胜负的。如果有两支兵力相当的现代军队相遇，一方的指挥官将全部兵力投入战斗，对面的指挥官则留下三分之一的兵力，他打的算盘是己方三分之二的兵力尽管弱于敌军，但足以支撑相当长的时间，破坏优势敌军的阵形，然后他派遣留下的兵力有序地加入战斗，一举奠定胜局。而对一支骑士军队来说，破坏阵形的作用要小得多，不能抵消初次交手时缺一个单位造成的劣势。主力颓势已显时才投入的预备队起不了多大作用，指挥官也会遭到添油战术的指责。因此，预备队在骑士军队中的目的与现代预备队大不相同，之所以暂时不许一个单位出战，是等着己方一旦出现薄弱点——而敌军或许恰恰在此处兵力强且紧密——这时再派上。所以从现代角度看，这更多是一个后发梯队的问题，而不是预备队。

确实有一些战记中有这样的说法，原本取胜的一方因为对方预备队突然出手而最终落败，比如塔利亚科佐会战；可这些文献本身不确定性太强，不能得出原则性的结论。这些案例很可能不是谋定后动，而只是偶然事件。尤其是这一条：任何指挥官都不会先放任主力被击败，而寄希望于之后派出预备队，击垮取胜后凌乱无序的敌军。这种计划的基础只能是在胜负未分之际，派出手头最后的部队去干预。

派出最后一支梯队是统帅所能做的最后的指挥行动。一旦统帅下令，或者将领合议确定了各部队的战斗位置，那么国王和公爵本人就会像骑士一样参加战斗，追求荣耀，而不再行使指挥权。[41]

一场典型的中世纪战斗和会战不过是众多骑士间的个人决斗，只能表面上做一定程度的驾驭，同时有其他辅助兵种的支持。但这种典型情形并没有穷尽所有可能性。我们可以设想出在一些情况下——也能找到实例——骑士认为下马步战更适当，或者辅助兵种发挥了超出平常的特殊威力。

这种战斗形式应不应该视为骑士的战术呢？这不过是文字游戏。根据克劳塞维茨的定义，战术是为会战目的服务的战斗力运用。按照这个定义，骑士军队无疑是有战术的。如果我们考虑到阵形需要做一定因地制宜的布置，有预备队引而后发，有关于射手或步兵如何部署、何时出击的命令，而且在某些情况下，射手或步兵甚至会被派去执行特殊的任务,那么中世纪军队是有某种将道上的战术的。但这些成就微乎其微,以至于从实践角度看,认为骑士军队完全没有战术的人也是正确的。

维奥莱-勒-杜克(Viollet-le-Duc)①说过:"断言封建军队没有任何战术,就好比一个人不懂某个国家的语言,于是就说这个国家没有文学。"42 因此,这位法国学者相信,学者们只是暂时还不懂如何在文献中找到和解读中世纪战术的秘密。从那以后,学界投入巨大精力试图破解他提出的问题,填补知识的空缺,但没有任何有价值的内容产生出来。

当然,我们不难从中世纪文献中推测出这样或那样的概念。但就本书目的而言,这些文献的性质是非常可疑的。

大多数中世纪作者一旦涉及细节,就没有陈述实际发生的情况,或者他们认为可信的情况的意识,而是绘声绘色,不吝文采,尤其是在描述最紧张和最令人兴奋的事件,也就是战斗的过程。而对于实情,他们或许根本懒得陈述。他们从一开始就没有声称自己讲的是真事——换一个说法,他们声称自己讲的真假参半。当然,古典时代不乏同类历史文献,现代学者也漫不经心地拿来用,但毕竟还是有几个让我们获知实情的求真史家。至少对于一场战斗,而且是特别重要的一场战斗——坎尼会战——来说,我们有两类史料可供参照。我强烈建议读者详参阿庇安对坎尼会战的描述,以此锻

---

① 全名欧仁·埃玛纽埃尔·维奥莱-勒-杜克(1814—1879),法国建筑师与建筑理论家,主要成就是修复了巴黎圣母院等多座中世纪建筑。此处引言出自他的《理性的法国家装辞典:加洛林时代至文艺复兴》(*Dictionnaire raisonné du mobilier françois de l'époque carlovingienne à la renaissance*)。

炼史料对读的功夫，为缺乏真实史料的情况做好准备。这门功夫对中世纪尤其必要，因为那时的时代精神就是随意而不加批判。作者少有地位崇高的人。最后，他们写作用的是一门外语——拉丁文，这更是一个尤其危险的歪曲现实的根源。他们在描述中经常引用古典时代作家的著作，而古典作家的用词会引入时代错位的概念和意象。拉厄文（Rahewin）记述了红胡子腓特烈的事迹。他对克雷马围城战（siege of Crema）的记载直接照搬了约瑟夫斯（Josephus）[①]对提图斯围攻耶路撒冷的描写，包括各种细节如全军分为7路等。10世纪的法国修道士里歇尔（Richer）用优美的语言详尽描绘了一系列军事事件，例如892年奥多国王（King Odo）与诺曼人的会战。但他的描述纯属虚构。

作者既然是这种态度，那么个别文献不论看起来如何精确，其意义都是很小的。唯有相互参照整个中世纪的各种记载，我们才能准确把握当时的典型情况。

认清了骑士的作战方式，我们还能明白中世纪的人为什么从来没考虑过建立真正的军纪，因为就直接的军事目的而言，军纪不会带来任何好处。毕竟，会战的胜负取决于骑士。无论何时何地，只要骑士能顶住，他们就是中流砥柱，是军队的精魄，也是其他兵种的骨架。但骑士制度的基础是发达到极致的个人荣誉观，严苛的纪律不仅无益，反而可能有害。对骑士来说，全军取胜是不够的。他希望也需要胜利中有自己的一份贡献，因为个人卓越是骑士最重要

[①] 公元1世纪的犹太历史学家，曾随罗马军队征讨平定叛乱，并见证了70年提图斯皇帝摧毁耶路撒冷城。

的人生追求,这种与纪律相悖的观念让骑士成了单打独斗的战士。拜占庭皇帝利奥说,法兰克人不论骑战步战都凶悍坚韧,势不可挡,缘由正在于此。[43] 毫无疑问,骑士在一些战斗中因为头脑固执、不听号令而落败,但那是例外情况,就连纪律最优良的军队也不能幸免。如前所述,骑士军队能接受的统率手段极其有限,有鉴于此,打败仗也算不得大事。军纪不严的首要缺点大概是追击时秩序混乱,忙着抢东西,而不是追敌人。十字军东征期间有一次判决,凡是我军完全取胜之前就开始劫掠的人,都要割去耳朵和鼻子。[44] 布汶会战之前,法国国王腓力·奥古斯都(Philip Augustus)宣布已经立起了一批绞刑架,大获全胜之前就被发现抢战利品的人都会被绞死。[45]

贪求战利品还刺激了抓俘虏的行为,俘虏可以换来赎金。骑士不断发展的阶级意识起到了推波助澜的作用。骑士会认为对手是同一个团体内的兄弟,几乎可以说是同志,自然从情感上就想保全对方,饶其性命。这种人性的敏感意识构成了对纯正好战精神的极大威胁,而且我们从很早就能看到这种意识了。奥德利克写道,在英格兰国王亨利一世击败法王路易六世的布雷缪会战(battle of Brémule,1119年)中,被杀的法国骑士只有3名,被俘虏者则有140人。"因为他们全身包裹在铁甲中,而且出于敬畏上帝和同志情谊,两边都饶恕了自己的敌人。"[46] 100年后,吉拉尔德斯·坎布伦西斯以类似的方式写道,除了种种其他区别,威尔士人与骑士不同的一点是,前者热衷于杀戮,后者则对俘虏更感兴趣。再后来到了奥地利骑士与瑞士人交战时,骑士又抱怨粗鄙的农夫会把敌人杀掉,而不是俘虏。

骑士团的许多规章条目清楚地展示了骑士的军旅生活和战争活动，尤其是圣殿骑士团。[47]

一支部队要扎营时会用绳子圈出一块做礼拜的地方，然后会定好大团长、食堂、地方指挥官和军需官的地面。直到有人高呼："尊敬的弟兄们，以上帝之名，扎营吧！"其他人才可以开始选择自己的位置（第148次团会）。

骑士团成员不得远离营地，以免听不到呼声或铃声。两名扈从中一人外出找柴火和草料时，另一人必须留守（第149次团会）。

骑士接到命令前不得备鞍或上马。骑士要仔细检查装备，不得遗漏。行军途中，每名骑士身前要有扈从骑马携带盔甲，身后要有扈从牵马（因为每名骑士都有3匹或4匹马），[48]而且任何骑士不得脱离行军纵队，短时内检验马匹气力除外。任何人不得擅自出击或出列，违者开除（第162、163、166次团会）。进入战场时，元帅（marshal）应手持军旗，命令5名至10名骑士紧紧围在自己身边，保护军旗。护旗者应尽力驱逐敌人，不得与军旗分离或走开，而其他骑士可以向前、向后、向左和向右发起进攻，简言之，只要能杀伤敌人，不拘方向（第164次团会）。[49]一名副帅（commander）应将备用军旗卷在骑枪上，主旗若有不测，则立即展开。因此，该副帅即使看到机会，也不能刺出卷有备用军旗的骑枪（第165、241、611次团会）。

骑士即便身负重伤，没有命令也不许放弃军旗（第419、420次团会）。即使打了败仗，只要军旗还在飘扬，骑士就不得退出战场，违者开除团籍。如果本团旗帜丢失，他可以聚集到医院骑士团或其他基督徒的旗帜下。除非所有旗帜都倒了，骑士才可以跟从神意，寻地避难（第168、421次团会）。

正如前述皮伦劳伊塔战场上的纵队阵形一样，通过与现代条令进行比较，骑士团的法规条文也能让我们明白中世纪骑士与现代骑兵的整体区别。在骑士身上，我们完全看不到紧密行进、展开和回旋科目的操练。仅有的管制是不许擅自出列或出击——这种事情在现代骑兵条令中根本用不着提——和关于保护军旗的规定。因此，对战斗的管制不过是为了整齐地接敌，以及战斗开始后让旗帜高高飘扬，激励战士奋战到底。

现代骑兵的战术恰恰相反。今天的规范是："骑兵的实战运用只有突破敌阵，一举决胜。"[50] 只有在突破未必成功的情况下，后续肉搏战才会带来特殊的形势反转。"现代条令接着写道："骑兵最脆弱的时刻莫过于攻击成功之后。"同时特别强调迅速重新集合的必要性，而且如有可能的话，每个单位自始至终都应该保持紧密队形。[51] 对骑士来说，护旗队在一定程度上是同样的目的。但战斗过程中是不可能集合、发信或下令的。关于侧翼进攻或防御敌方侧翼进攻的内容付之阙如，我们也找不到第二梯队或预备队的影子，因为胜负是由近身肉搏战决定的。除此之外就没有任何统御了，完全是骑士各自为战，不管在什么地方，用什么手段，只要能杀伤敌人就行。

现代骑兵的本质就是由长官控制的紧密阵形单位。因此，"集合"信号在操练中扮演着极其重要的角色，以至于当战马听到"集合"就会自动跑向信号发出的位置。骑士完全没有这种操练和信号，号声也与其无关。[52]

关于中世纪战争行为的早期研究总有一种自然的主导倾向：以今拟古，以今度古。本研究的主要成果是说明中世纪军事与所有现代战法,以及与古代军事的根本不同。一个骑士单位与一个装备长矛的胸甲骑兵中队是大不相同的。现在,我们要再次说明为什么古典时代军事史中的常见概念到了中世纪就消失了。

古典将道在于善用攻守各自的优势、每种武器的长处和地形特点。古典将领懂得如何将这些因素化为优势,同时回避其害处。

在马拉松,我们看到指挥官命令全军坚守,直到特定时机才出击。之后我们一次又一次看到统帅安排一部分军队防守,以便加强另一处,达到优势兵力。马军不可能采取这样的行动,因为骑手不能防守,只能进攻。

在这种情况下,利用地形的战术也不见了。骑士军队只能在平原作战。[53] 在特定条件下,将一支部队埋伏于侧面地形的做法可能有一定的意义,但重要性微乎其微。[54] 骑士战斗会迅速演变为全面肉搏战,让侧翼和正面的区分失去了意义。长官的任务不是占据有利侧翼地形,而是为骑兵单位获取足够的行动空间。

尽管中世纪和古典时代一样有兵种间的互相支持,但只不过是射手、步卒和轻骑兵协助骑士罢了。配合战术完全谈不上,因为三个辅助兵种没有独立价值。与古希腊方阵或古罗马军团不同,中世纪没有射手或步兵迟滞敌军进攻,为骑士争取迂回时间这种事情。辅助兵种比古代弱得多了。

因此,中世纪骑兵的战术任务与古希腊罗马完全不同。兵种混编不是为了相互支持——唯有相互支持,真正的多兵种配合战术才能施展——而是其他所有兵种都为唯一的决定性兵种服务,也就是骑士。战场和交战行为纯粹是由骑士的需要和特性决定的。既然骑士没有防守能力,对地形的利用方式也非常片面,所以完全不可能有巧妙的战术配合。

  这一切所围绕和所指向的中心就是近战步兵价值很低。吕斯托曾说:"步兵变得不重要是因为不受尊重。"但不受尊重的原因是什么?在古罗马,军团步兵被认为比骑兵更重要。一旦步兵失去了古代的地位,他们的名誉自然就会进一步降低。现在,步兵不仅得不到特殊关注,而且对最优秀和最有能力的人也失去了吸引力。但上述变化的决定性因素是战术单元的失落。中世纪的步卒是散兵游勇,而不是团结紧密和纪律严明的罗马大队成员。因此,谴责步兵毫无价值是不公正的。他们发挥不了比实际更大的作用,我们几乎可以说,他们也不被认为应该发挥更大的作用,原因是明摆着的,骑士被认为是唯一的决定性兵种。因此,步兵绝不能被认为是多余的,哪怕在步兵数量很多时也不多余,他们是骑士有益的和不可或缺的帮手,甚至在会战中也是;到了战场外,他们更是绝对必不可少的力量,尤其是在围城时。

  写到这里,我们要再梳理一下十字军对西方骑士战法的影响。

  第一个影响是他们遇到了一个基本上全新的兵种——骑射兵。另外,当十字军骑士不能换马时,他们只好步行参战,而且战法完全不同于当年在老家惯常也必然要采用的方式。这两点必然带来深远的后果。他们必须认真研究和发展兵种配合。混合作战的实践得到了系统性的发展和培育,弓骑兵也进入军队。为了抵御弓骑兵的突然袭击,十字军不得不认真考虑行军队形,认真程度远胜于西方骑士的通常情况。文献中经常提到十字军行军时采用三列平行纵队,以便各个方向都能立即投入战斗,当然,这只适用于有所需道路网络和行动自由的区域。[55]

3 雇佣兵

我们已经认定,个人自负成本出征的看法是错误的。这只在时间短、距离近的地方性冲突中才有可能,而在我们讨论的大国战争中是不可能的。从克洛维的时代起,出征军士就必须由大机构或大领主提供装备和粮草。组织出征的主要负责人是伯爵,至于他带的人是有封地的附庸,还是没有封地的附庸;是祖上传下来的军人,还是前来投奔他、看起来可用的浪人骑士和兵卒,这些人在实际表现上都没什么区别。除了口粮,领主很可能一直都要发现金报酬,甚至对自己人也是一样。自12世纪以来,这笔钱的数目很是不小。前文已经给出了一个例子,说明役人出征罗马应得的报酬。因此,尽管征发附庸役人和雇佣兵从概念上看是两个对立的类型,但从实际角度看,前者向后者的转变过程要容易得多。一定程度上,两者可能一直是并存的。据记载,早在10世纪就有一位威尼斯公爵——维塔利斯(Vitalis)或奥尔赛欧洛(Urseolo)——在伦巴第和托斯卡纳招募了一支佣兵,并因此被威尼斯市民杀害。[1] 992年,安茹伯爵富尔科(Count Fulco of Anjou)派出一支由"本部兵马和佣兵"组成的军队去攻打布列塔尼公爵柯南（Duke Conan of Brittany）。² 亨利三世皇帝①时期，教宗利奥九世在德意志募兵，攻打南意大利的诺曼人。³ 1066年，征服者威廉渡海攻打英格兰时的部队就以佣兵为主，而且我们在前面已经看到，封建制度的成分——当然，诺曼人带到英格兰的封建制度本就不全——很快就完全转化为佣兵制度。我们很快会在欧洲大陆看到同样的现象。在亨利四世②的历次战争中，钱的作用已经是举足轻重了。君士坦丁堡皇帝付给亨利四世津贴是为了让后者约束诺曼人罗伯特·吉斯卡尔，结果德意志皇帝却用来支付自己的军费。我们还经常看到国王借钱、城市替他还账的记载。到了他的儿子亨利五世时期，文献中第一次出现了"御库贪婪无度"（"regalis fisci os insatiabile"）的记载。⁴ 1106年，洛林公爵派游荡团伙（Gelduni）去解救科隆；⁵ 到了红胡子腓特烈时期，布拉班特佣兵（Brabantines）是皇帝手下的一支重要力量。1158年，热那亚雇佣射手对抗皇帝。借用德意志编年史家拉厄文的说法（4.20），拜占庭则在意大利征募"名为佣兵的骑士"（milites qui solidarii vocantur）。这些佣兵的主要来源不只是德意志地区，阿拉贡人、纳瓦拉人、巴斯克人③被提到的也特别多。他们的其他名号包括："coterelli"、"ruptuarii"（劫掠者）、"triaverdini"、"stipendiarii"、"vastatores"（劫匪）、"gualdana"（或"gelduni"：游荡团伙）、"berroerii"（军士、武装仆从）、"mainardieri"、"forusciti"

---

① 在位时间为1039—1056年。
② 亨利三世的长子，在位时间为1056—1105年。
③ 阿拉贡位于今西班牙东北部，纳瓦拉位于西班牙西北部，巴斯克位于西班牙北部与法国接壤的山区。

（流亡者）、"banditi"（被逐者）、"banderii"、"ribaldi"（流民，无赖）和"satellites"（随从）。⁶

封建兵制是以物易物的产物。除非货币经济重新取得了一定的发展，否则佣兵制不可能重新从封建兵制中再次产生并与之并驾齐驱。另外，一定数量的流通贵金属也与这种变化有关联。

民族大迁徙时期，正常采矿活动完全停止，贵金属供给必然是持续减少的，至加洛林时期达到最低点。[7]但早在8世纪时，贵金属的新来源应该就已经被发现了。法、德两地的河流中有人淘金。从加洛林时代起，普瓦捷①就开采出了大量白银。进入9世纪，阿尔萨斯和黑森林②发现了白银，从10世纪起蒂罗尔、施泰尔马克、卡林西亚，尤其是波希米亚和萨克森境内的克鲁什内山区陆续发现了白银；970年哈尔茨山区③也发现了白银。与此同时——甚至可能要更早一些——波希米亚、萨尔茨堡、匈牙利和锡本布尔根④发现了黄金，主要是在当年罗马人采不出多少黄金，或者根本无法开采的地区。

即便我们无法确定上述开采活动开始的具体日期，而真正有大规模产出也是后来的事，但12世纪以来的贵金属增速已经相当之

---

① 普瓦捷位于法国中部偏西。
② 阿尔萨斯今属法国东部边境。黑森林位于德国西南部边境阿尔萨斯以南。
③ 蒂罗尔、施泰尔马克、卡林西亚都在今奥地利境内。波希米亚是今捷克的一部分。克鲁什内山又称厄尔士山，位于今德国与捷克的边界上。哈尔茨山区位于德国中部。
④ 萨尔茨堡在今天的奥地利境内；锡本布尔根是德语中对特兰西瓦尼亚的称呼，位于今罗马尼亚中西部地区。

快，以至于提速过程必然早已开始。修道士阿波（Abbo）[①]记述巴黎围城战（886年）时已经在抱怨（第2卷，第605—609行）骑士只肯穿绣着金边的衣服了。奥托大帝之弟布鲁诺大主教的传记中也描绘了类似的景象，说大主教的骑士身着金紫，大摇大摆（"inter purpuratos ministros et milites suos auroque nitidos vilem ipse tunicam induxit"："在身穿紫衣的官员和金光闪烁的士兵中间，他穿着一件朴素的长袍"）。[8]

从单个文献不可能确定佣兵是步兵，还是像骑士一样马上作战。[9] 无论如何，最严格意义上的骑士从很早就开始当佣兵了。[10] 据编年史记载，1158年波希米亚国王拉迪斯劳斯征召部属出征意大利时，他们起初非常不满意。但是，当国王解释说不愿出征者可以留下，同时承诺授予愿意出征者报酬和荣誉时，他们就争先恐后地参加了。在早期，一块贫瘠的封地或者寄住宫廷内，朴素伙食就是兵役的报偿，但现在金钱多了，富足程度总体上也提高了，于是兵役就有了获得更大收益的可能。德、法地区的封建基础不像英格兰消亡得那么严重，但还是有逐渐靠近英格兰的情况。封地和骑士阶层不再是兵役的直接承担者，其首要意义仅在于代表和维持了一个不断产生优秀兵源的阶层，一个招募佣兵的理想源泉。我们或许可以说，社会根基的重要性和骑士一脉的阶级基础最有力的表现在于，尽管军事体系愈发转向佣兵，任何强健勇猛和经验丰富的战士

[①] 又名圣日耳曼的阿波（Abbo of Saint-Germain），法国本笃会（接下页）（接上页）修士，曾亲眼看见维京人围攻巴黎，并将见闻记于《巴黎城战火录》（*De bellis Parisiacae urbis*）。

都一样好用,但骑士作为一个阶层还是被保留下来,而且正是在这个时期演变为下级贵族。

与此同时,有封地的骑士向单纯的大地主转化的趋势趋于增强。

在写于1283至1299年之间的《小卢西达留斯》(*Little Lucidarius*,又称"赛弗里德·黑尔布林"①)中,扈从告诉骑士主人说,宫里的人都不谈帕西瓦尔和加姆雷(Gahmuret)②了,而是谈奶牛和粮酒贸易了。¹¹ 到了下一个世纪,奥地利诗人苏臣沃特(Suchenwirt)笔下一名从没离开过家乡的骑士说道:

> 像另一头奶牛,我留在这里,
> 其实,我是一个恋家的孩子。

早在12世纪,佣兵制已经取得了相当大的发展,以至于出现了著名的佣兵头领,他们可以视为日后佣兵队长(condottieri)的先驱。第一位是伊珀尔的威廉(William of Ypres)③,他似乎是弗兰德斯伯爵腓力的儿子。他娶了教宗加理多二世(Calixtus II)的一名亲眷,成为斯勒伊斯(Sluys)④领主,后来被英格兰国王斯蒂芬

---

① 《卢西达留斯》是一部创作于12世纪末的德语普及读本,以基督教知识为主。《小卢西达留斯》则是一系列讽刺诗集,作者是前面提到过的赛弗里德·黑尔布林。
② 帕西瓦尔是骑士加姆雷的遗腹子,出生时父亲远征东方,被绝口不提骑士之道的母亲带大。
③ 出生于约1090年,死于1165年。
④ 斯勒伊斯位于今荷兰西南部。

任命为肯特伯爵。在他率领下四处征战的队伍有骑兵，也有步兵。据编年史记载，他"仿佛是他们（手下）的公爵和君主"（"quasi dux fuit et princeps eorum"）。[12] 如果说伊珀尔的威廉是一名优秀的骑士；另一名佣兵头领以前是牧师，他就是布拉班特佣兵团团长康布雷的威廉。但大部分佣兵头领大概都是骑士出身，或者至少是通过获取封地和名望而提升到了社会上层。狮心王理查从囚牢被释放后，佣兵头领普罗旺斯人梅卡迪耶（Mercadier）是他最重要的支持者，而且两人据说私下里也是朋友。

随着时间的推移，封建兵制与佣兵制之间发展出了关联机制：国王或城市等大势力出钱，诸侯和领主出人，双方立约，定好价码。这意味着诸侯和领主——他们有一支固定的自募自养并提供武器的军队骨干，也有统军的经验和权威——有义务提供指定数目的军人，不论是某次具体的战役或是应急调用。第一份此类协议签订于1103年，征服者威廉之子英格兰国王亨利一世与弗兰德斯伯爵罗伯特约定，伯爵有义务向国王提供1000名骑士，每人配3匹马，报酬是每年400马克的白银。协议规定得非常详细。国王不得要求罗伯特攻打其领主法国国王。伯爵应在收到通知后40日内备好骑士，英格兰国王负责派船运输。弗兰德斯骑士在英期间，英格兰国王应为其供应口粮并按照国王侍从（"家臣"）的标准更换损毁物料。为强化协议效力，弗兰德斯伯爵手下的男爵和城主要另签一份文件，承认自己对英格兰国王负有义务。50年后的1163年（原文如此），双方的继承人进行了续约。[13]

这类协议之后层出不穷，尤其是在德意志自由市与周边封建领主之间。[14]

只要君主凑得出钱并及时发放军饷，雇佣骑士就完全听从指挥。相对于封建骑士，率领雇佣骑士参战对君主有着明显而巨大的好处——以至于在 13 世纪的法国，封建领主宁愿将空出来的封地卖给市民，而不是封给另一名骑士，换取其提供兵役。[15]

我们看到，富有的真骑士很容易变成强盗。无家可归的普通佣兵自然更容易胡作非为。军纪涣散的佣兵在行军途中本来就对沿线地区造成了严重破坏，但最糟糕的是战后解散各走各路的时候。全副武装的佣兵们聚而不散，骚扰劫掠，无以复加，连教堂或修道院也不放过。当然，他们本来就是人群中最凶狠和最粗鄙的分子，安居乐业不符合他们的本性。他们应征入伍，在战争中十分野蛮，无法无天，丢掉了一切约束和同情心。编年史作者赖谢瑙的赫尔曼（Hermann）① 讲述了我们所知道的最早的佣兵军队之一：1053 年，严厉而精力旺盛的教宗利奥九世征募了一支由冒险家和逃犯组成的军队攻打诺曼人。哪怕是国王用完佣兵之后，也要想办法让国土摆脱他们的蹂躏。1171 年 2 月 14 日，腓特烈皇帝与法王路易七世签订了一份条约，其中说到两人曾与许多男爵会面，并互相保证绝不会容忍国内有"败德之人"，也就是布拉班特佣兵或 coterelli。国王的附庸也不得接纳这些人，除非他在当地娶妻，或者长期为附庸服役。背约者将被主教开除教籍且不得参加圣事，应赔偿全部损失，邻人可武力迫使其服从。如果背约者势力强大，邻人不能迫使其服从，那么皇帝将亲自惩处。[16]

1179 年的拉特兰宗教会议对全体"布拉班特、阿拉贡、纳瓦

---

① 德意志本笃会修士、学者（1013—1054）。

拉、巴斯克佣兵和 triaverdini"以及所有心存犹疑、不肯讨伐者施加了最严厉的宗教处罚。

史籍中也记录了几次佣兵被武力解决的事例。以牧师康布雷的威廉为首、曾为英格兰国王亨利二世服役的布拉班特佣兵夺去了利穆赞①地区的博福尔城堡（Beaufort），并以其为基地蹂躏周边地区。1177年，他们终于被阿德马尔伯爵（Count Ademar）②和利摩日主教（bishop of Limoges）打败并全部杀死。[17]

1183年，一个大型布拉班特佣兵团在沙朗通③被消灭。为了消灭他们，之前在奥弗涅成立了声势浩大的"和平同盟"，由木匠杜朗指挥。

但是，和平同盟转而对抗领主，于是领主又与布拉班特佣兵联合，消灭了这些反叛的平民。

---

① 利穆赞位于法国中部，首府是利摩日。
② 阿德马尔是艾马尔（Aimar）的德语拼法，此处指的是利摩日伯爵艾马尔五世。
③ 沙朗通是法国中部城市。奥弗涅是法国中部偏南的一个地区，位于沙朗通以南。

4 战　略

　　我们前面针对战术说的话也适用于战略。战略——为战争目的服务的战斗力运用——当然是存在的，但战略艺术是极少的。

　　我们已经看到了，封建国家总体上没有多大的军事成就。军队规模小，纪律约束少，甚至没有无限期服役的义务。

　　查理曼威势的根基是帝国幅员辽阔，皇权乾纲独断。他真正的军事成就是非常小的，这从进展缓慢而有限的撒拉逊战争和旷日持久的萨克森战争就能看出来。这些战役基本谈不上战略，而继承他的各个王国很快就完全失去了力量。萨克森王朝有亨利和奥托两位雄主，通过向其他大诸侯家族和诸侯自治权妥协，他们在加洛林帝国的东部重建了强大的中央政权。奥托集结了整个王国的兵力，在莱希菲尔德大败匈牙利人，这确实是他的成功。但是，新王国的军事力量并不很大，甚至也不太可靠，因为半独立的大诸侯经常挑战国王权威，危害国土安宁。莱希菲尔德会战中，奥托的军队估计不会超过6 000人至8 000人。只有充分认识到这个数目的意义，我们才能理解异教民族为何屡屡得手。北方海寇、南边亚洲游牧骑兵的威胁之所以被解除，部分原因是基督教王国自身的军事实力，但诺曼人和马扎尔人进入信奉基督教的文明区域也是一个非常重要的因素。

中世纪战争的特点在978年奥托二世皇帝和姑表哥法国国王洛泰尔之间的争斗中表现得淋漓尽致。奥托是强大的德意志国王，德意志和意大利的主人，罗马人的皇帝，可当几乎毫无力量的西法兰克国王突然逼近时，奥托却不得不逃离都城亚琛。尽管他很快就集结大军复仇，兵临巴黎城下，但面对城防无可奈何，只得班师，途中还蒙受了相当大的损失。[1]

到了萨利安王朝和霍亨斯陶芬王朝①，皇帝的军队比奥托大帝在莱希菲尔德的军队也大不了多少——这个时期的多个可靠消息来源佐证了我们对查理曼军队规模的估计，因为考虑到几百年间的人口增长和经济发展，军队规模无论如何也绝不会缩减。

这一时期战争行为的变化与政治发展有关。

随着封建国家逐渐定型，封建制度下产生的各个半独立层级——包括领主和城市——都致力于通过建设工事来确保自身安全。城市加固了城墙，丘陵和高山上建起了几乎坚不可摧的城堡。国王的城堡也发生了转变。墨洛温王朝和加洛林王朝的王室城堡位于开阔的平原，而萨克森王朝、萨利安王朝和霍亨斯陶芬王朝的国王们则将城堡建在山上或有其他屏障的地点，以便防御。[2]

---

① 萨利安王朝是亨利一世建立的萨克森王朝的后继者，始于1024年，终于1125年，最著名的国王是在雪地中向教宗祈求宽恕的亨利四世。霍亨斯陶芬王朝始于1138年，终于1254年，最著名的国王是红胡子腓特烈一世。查理曼在位时间是768年至814年，800年加冕为皇帝。

因此，防守的力量相对上升，进攻则相对下降。兵力较弱的一方可以轻易回避决战，而兵力较强的一方即便打了胜仗，也更难从中获益。因为城堡和城市数不胜数，而且每一座围攻起来都要下苦功夫。在得到大批意大利人支援的情况下，强大的德意志皇帝腓特烈还是用了半年多时间才攻下小城克雷马（1160年）。

进攻方常常不打真正的围城战，而是采取比较松的封锁：用堡垒围住敌方城市，切断其与外界联系的商路。通过这种方式，诺曼人让南意大利的希腊人城市不得不投降，[3] 红胡子两次没有发动强攻就拿下了米兰。但这种行动需要将军队长期集结在一起，而中世纪的封建军队很少能做到这一点。

在霍亨斯陶芬王朝的所有大战中，哪怕是红胡子击败狮子亨利，以及两人的儿子——腓力和奥托——的争斗中，决定最终胜负的主要因素也不是军事行动，而取决于大诸侯和大城市的向背或阵营转换。站队无疑会受到军事胜利的影响，但并不受其支配。因此，这一时期有几次调配兵力和引而不发的计策中产生了真正的战略。比如奥托大帝发动莱希菲尔德会战，又如亨利四世对抗反王施瓦本公爵鲁道夫的战争。由于战争中的各个因素——政治、战略、战术——不断影响着彼此，这些会战中出现了难得一见的战术因素。而后来强大的霍亨斯陶芬诸国王时期尽管战事数不胜数，但再也没有类似的情形了。诺曼人打了黑斯廷斯一场胜仗便征服并长久统治了庞大的盎格鲁-撒克逊王国，这与英格兰政治上的落后有紧密关联。而德意志国王之所以不能在意大利建立类似的统治地位（尽管对手们不敢冒险发动野战），是因为意大利尽管是罗马化地区，但它的独立市镇和普适教宗蕴含着比日耳曼化的盎格鲁-撒克逊王国更强的抵抗能力。最终，意大利人甚至在野战中打败了敌人。但值得注意的是，莱尼亚诺会战（1176年）并没有一战定乾坤的意义。它的爆发是偶然的结果，起因是皇帝过分自信，想要率领德意志诸军穿越米兰地区（从科莫到帕维亚），中途与米兰城只有几英里的距离。于是，米兰及其盟友守在路口，凭借数量优势击败了德意志军队。但真正决定性的一点是：与狮子亨利关系破裂后，皇帝能从德意志带来的兵力相当有限，而米兰得到其他意大利市镇的支持，实力远在以往几次战争期间之上。米兰人尽管取胜，但还是愿意对皇帝做出多点让步，这就表明米兰人并未高估胜利的意义。

1237年，腓特烈二世皇帝大败米兰和伦巴第联军的科尔泰诺瓦会战也没有产生实际后果。

中世纪的人或许不知道野战是真正决定性的行动，因此战略的首要原则是将全部兵力集中到战场呢？有意思的是，骑士并不缺少这方面的洞见。在法国编年史《历代安茹伯爵事迹》(*Taten der Grafen von Anjou*) 中，当1041年戈弗雷·马特尔（Godfrey Martell）伯爵围攻图尔城，一支援军正在逼近时，伯爵管家莱西阿努斯（Lisaeus）对主人说：

> 与其被各个击破，我们不如集中兵力一战。会战是短暂的，胜利的成果却是巨大的。围城旷日持久，而且很难达成目标；会战则能让人民和城市臣服于你，战败者会在胜利者面前烟消云散。如果你打赢了会战，击败了敌人，那就掌握了局势，也掌握了图尔。[4]

当第三次十字军东征的大军逼近时,萨拉丁以同样的精神拆除了许多叙利亚城市的城墙,用守城士兵加强野战军。东哥特王托提拉也做过同样的事情。[5] 但这些情况是例外,而且一直是例外。纵观整个中世纪,我们发现相反的原则才是主流,即利用防御优势坚守城堡,因为真正从野战胜利中获益的条件非常罕见。封建军队人数太少,实力太弱,不能克竟全功。甚至救援被围城市——援军是有优势的,可以在对围城军极为不利的条件下发起进攻——的会战都很少见。

从战术角度看,会战不过是多场小型战斗的集合,能做出的决定只有开战而已;同理,战略考量也不过是执行政治决策。既然"如何"进行会战方面通常没有什么好决策的,那就只剩下一个问题了:统帅是否认为己方兵力足够强大,可以开战?如果认为不够强,统帅就会寻找坚固工事,而敌军只能决定要不要围攻。这可能取决于许多情况,下决心可能也是非常困难的。但这些考量并不真正是更高意义上的战略,不是战略艺术。器械装备、行军秩序、粮草补给或许对审慎和精力有相当高的要求,但要说它们是战略行动,那还差了点意思。

在中世纪,就连发动会战的终极决定也不是战略决策,因为它不是完整意义上的统帅做出的决定。纪律严明的军队发动会战是因为统帅下了令。中世纪统帅对军队的控制力达不到这个程度。不光他自己,全军必须都愿意发动会战,他才能发动。即便是纪律严明的军队,士兵主体对会战结果有信心也是一个非常重要的因素,而对中世纪军队来说,没有信心更是根本就打不起来。这个现象非常典型,维杜金德就记载过两次(1.36 和 3.44):一次是萨克森人与斯拉夫人会战之前；一次是与匈牙利人的莱希菲尔德会战之前，战士们首先宣誓支持统帅，然后庄严地宣誓会彼此协助。我们在别处也发现了类似的战前宣誓，甚至穆斯林那里也有。统辖全军的统一意志并不来自以统帅意志为依据决定一切的组织架构，每次行动都要单独创造，单独确保。

统帅极大依赖于部下心情和意志的这种状况无疑是中世纪战争中罕有会战的一个原因。战争几乎看不到尽头，打了许多年也没有一场会战，因为会战打响需要双方同时认为自己占据优势，除非一方迫不得已，再也不能回避战斗。胜算不大时，就连现代统帅通常也不会开战。但即便对方占有无可置疑的兵力优势，他还是有可能开战，因为他希望自己的将道和对地形的利用能抵消劣势。由前文对战术问题的讨论可见，中世纪统帅没有这样的希望，只有当他本人和全军都确信己方有优势时，他才会开战。

有一个现象体现了骑士战争的特点，也反映了以之为基础制定战略是多么困难，即战术失败的一方往往仍然能达到其战略目的。从常理来看，首先击败敌军的一方应该也能达成其战略目标。但统帅对骑士军队的控制力非常小，取胜后紧绷的神经放松下来本是常事，结果一松就紧不起来，尤其是在敌方损失惨重的情况下，于是，统帅不得不放弃乘胜追击的计划。前面讲亨利四世的征战史时，我们已经多次确证了这一点，之后还会有更多的实例。

中世纪找不到马拉松会战的米提亚德、普拉提亚会战的保萨尼亚斯、留克特拉会战的伊巴密浓达、坎尼会战的汉尼拔、那拉加拉会战的西庇阿、法萨卢斯会战的恺撒那样的英雄统帅，或许莱希菲尔德会战是一个例外。诺曼公爵威廉登陆英格兰后决定不立即进军伦敦，而是集中兵力于海岸待敌。这或许也可以视为一次根基扎实的战略行动，因为随后发生的会战战果辉煌且影响深远。然而，我们是琢磨了一会儿才认识到上述情形配得上"战略"这个词的。我们在亨利四世与鲁道夫的战争中无疑能看到一些战略思考，但从中并没有产生大决战，因此我们对此提不起太大兴趣。有一些布置精妙的突袭战可以考虑纳入战略的范畴内，比如腓特烈二世在科尔泰诺瓦对米兰人的袭击，但它们缺少莱希菲尔德会战中的那种高瞻远瞩。

如果有人因此得出个人品性在中世纪军队中相对不重要的结论，那就是彻头彻尾的误解。相反，恰恰由于中世纪没有扎实的艺术层面的战术和战略，所以统帅的个人品性不得不发挥更大的作用。理论上说，战略家的才能体现于成功发动会战，并凭借战术技巧打赢会战。而在中世纪，几乎只有在敌人也想发动会战时，会战才会发生。双方都急于求战的例子是很罕见的。统帅需要的是其他方面的本领和才能，第一条就是维持松散的封建国家的统一。

随着皇帝的在位、离开和回归，德意志帝国一次又一次崩溃，然后一次又一次重建。在这种情况下，个人品性意味着一切。

5 意大利市镇与霍亨斯陶芬王朝

加洛林帝国崩溃后,意大利和法兰克尼亚产生了多个名为"藩侯领"(margravate)的强大地方势力,类似于德意志地区的公爵领。但是,城市在意大利发展成独立政治势力的速度要比阿尔卑斯山对面快得多,势力也要强得多,而且它们发挥的作用要远胜于意大利诸侯。

在意大利,大量武士阶层成员一直住在城里。这种情况甚至在法兰克式的封建制度发展起来后也没有改变。998年摩德纳主教的一份文件中,除了提到教会同意以外,还明确提到了骑士和市民也同意。[1] 亨利三世皇帝时期,米兰的骑士(milites)和平民(plebs)之间爆发了一场长期内战。骑士被迫离开城市,然后在6座城门外建起了6座碉堡,对城市发起攻击。最后,亨利威胁要派4 000名骑士来弹压,这才平息了冲突。米兰市民也赦免了被赶出城的人。[2]

1067年,米兰各方缔结和约并规定了违约者的罚金:大主教违约应缴纳100镑;上层市民(ordo capitaneorum)20镑;附庸(vassorum)10镑;商人(negotiatorum)5镑。

在伦巴第①王朝和加洛林王朝时期，独立市镇是不可能存在的，一方面是因为君主实力还太强，另一方面是因为城市本身，各阶层的团结性还太弱。直到9世纪末，王权的松弛解体不仅让地方领主势力得以产生，也让独立城市成了可能。独立地位生发出了公民的团结意识，爱市情怀将各个阶层联合为一体，也唤醒了原本不尚武的阶层中的尚武精神。

在这里，我们可以不去考虑独立最终是以何种方式、何种形态取得的。³ 对我们而言，要点是各个阶层的团结与融合，尤其是武士阶层和市民阶层。无论如何，共居一市必然会产生多个方面的融合，武士干起了平民的行当，同时没有丢掉自由民和武士的地位。事实上，我们知道早在伦巴第人统治时期就有经商的武士了。另外，在封建制度下，全民征召对于放哨站岗、守卫城墙等防御目的是有用的，现实中也这样做了。

根据一份无疑出自后代可信度很低的记载，早在8世纪初，拉文纳和总督区②内的其他三座城市就是全民皆兵，对抗拜占庭皇帝。⁴ 到了奥托大帝时，路易德普兰杜斯（Luidprandus）竟然还有伦巴第统治民族的骄傲，如是写道："我们憎恨罗马人，以至于想不出比'罗马人'更严重的辱骂敌人的方式，它是一切粗鄙、懦弱、邪恶的代名词。"⁵ 但是，民族间的矛盾——同时也是职业间的矛盾——已经开始消散了。伦巴底语的痕迹在北意大利一直存在

---

① 伦巴第人是一个日耳曼部落，自565年开始统治意大利，直到774年被查理曼击溃。
② 查士丁尼再征服运动期间于拉文纳设立总督区，统管帝国在意大利的领地。

到 11 世纪，但之后就不见了（参见第 2 卷）。罗马人曾被伦巴第人视为半自由民，后来逐渐进入了自由民的行列。⁶ 市民形成了一个整体，共同捍卫市镇的自由。

意大利的城市军制就是这样发源的，要考察其成就，我们就必须去研究市镇与霍亨斯陶芬诸帝的战争。

一 征米兰
（1158 年）

霍亨斯陶芬王朝初期，德意志几乎就已经失去了在意大利的霸权。康拉德三世甚至没能加冕为皇帝。① 他的继承者腓特烈一世一上台就与归尔甫党（Guelphs）② 和解，并在狮子亨利的支持和陪同下再次取得了皇帝头衔。但随着形势的变化，他很快就不得不通过武力维持在意大利的统治。市镇领主之间的内斗让皇帝看到了希望，他认为有一大批人从一开始就会加入他的阵营，以便躲避身边的敌人。例如，1158 年，皮亚琴察（Piacenza）市承诺为皇帝提供 100 名骑士和 100 名弓箭手全程参加米兰围城战，另出 100 名弩手服役一个月。怀着报酬和权力唾手可得的希望，德意志诸侯与骑士欣然越过了阿尔卑斯山。

大战发生于新王上位的第七年（1158 年）。全军分为四路：奥地利公爵、卡林西亚公爵、匈牙利人一路，出弗留利（Friaul）；

---

① 通常来说，德意志国王要到罗马由教宗加冕后才能成为皇帝。
② 中世纪意大利亲教宗的一派，与亲皇帝的吉伯林派（Ghibellines）对立。

皇帝、波希米亚人及多名诸侯主教一路，出布伦纳山口（Brenner Pass）；策林根公爵、上洛林人及勃艮第人一路，出罗讷河谷，越过大圣伯纳德山口（Great Saint Bernard）；余者出莱茵河谷，越过施普吕根山口（Splügen Pass）。全军规模无疑是相当大的，但有人认为有1万名骑士，与意大利人会合后更是达到1.5万名骑士，总兵力达10万之众，这就太夸大了。[7]尽管意大利人不敢冒险与其野战，尽管他的军队按当时标准来看相当强盛，但数目还是不足以对米兰发动真正的围攻，甚至连完全包围的米兰都做不到。[8]他若是有10万人、5万人，或者哪怕3万人，团团围住都不是难事。尽管他有过几次突袭的尝试，比如强攻城门，但都没有成功。大军不得不采取蹂躏乡间和切断补给的手段，花了一个月时间才迫使米兰降服。（皇帝8月6日来到城下，米兰9月7日投降。）

二征米兰

（1159年至1162年）

1158年9月被迫降服后，米兰于1159年初再举反旗。皇帝必须等待德意志来的援军，然后才能真正采取军事行动。他决定先围克雷马，但尽管这个镇子很小——周长不过1英里（约1.61千米）多一点——皇帝还是用了足足半年时间（1159年7月2日至1160年1月26日）才将其攻下。这段时间里都没有足够兵力实施大规模行动。城下有皇帝御驾、狮子亨利、韦尔夫公爵等一批德意志大诸侯，但克雷马人不仅奋勇抵抗，击退了多次进攻，还主动出城袭击。皇帝对米兰城只是打了几次草谷，其间打赢了若干场战斗。最后,克雷马还是投降了,皇帝许其居民自便。

就在腓特烈全神贯注地围攻小镇克雷马时,米兰人决定冒险围攻科莫湖畔的马内尔比奥城堡(Manerbio)。[9]皇帝于是派出500名骑士,再加上马蒂萨纳(Martesana)和塞普里奥(Seprio)两伯爵领的兵力,将米兰人驱逐。从克雷马到马内尔比奥(位于埃尔巴市境内)有62千米的距离,行军需要两到三日。腓特烈从克雷马很容易就能切断马内尔比奥围城部队与米兰之间的联系,他的力量是有多薄弱,米兰人才敢冒险围城啊!

但是,占领克雷马已经达到了骑士军队的极限,他们无法立即投入下一场战斗。皇帝不得不首先将军队遣散。1160年夏,米兰人发起攻势,征服了一批皇帝的城堡,从而引发了一场更大规模的野战。

卡尔卡诺会战
(1160年8月9日)

等到先前迫降克雷马的德意志部队大多已经归国后,米兰人围攻了米兰城以南约23英里(约37千米)、科莫湖以东约5英里(约8千米)的卡尔卡诺城堡(Carcano)。米兰出动了全部兵力,另有来自布雷西亚和皮亚琴察的骑士。为援救卡尔卡诺,皇帝率领德意志军和意大利援军上路了,准备在卡尔卡诺与米兰之间集结军队(各部正从相反方向赶来),以便切断围城军与本城的联系。他甚至不等全军集结就鲁莽地出击,几乎直接冲进米兰人的军营,显然是不想让敌人毫发无损地离开。但他低估了对手。米兰人意识到自己与大本营的联系一旦被切断，仗就输了，于是决定立即攻击援军。

米兰步兵向德意志骑士进攻，结果挡不住后者的攻势，阵形被击破，损失惨重，丢掉了军旗战车（carroccio）。但在另一侧，也就是帝国军的左翼，米兰骑士及其盟友——可能还有另一支步兵的支援——击败了腓特烈手下的意大利骑士和步兵。当得胜的两翼分别重新集结时，皇帝意识到己方兵力太少了，不能冒险再战。米兰人的兵力无疑从一开始就要强得多。战斗结束时，皇帝据说只剩下200名骑士了。尽管如此，米兰人也不愿意立即冒险发起新的进攻，尤其是因为大雨下了起来。他们撤回营地，皇帝未遇抵抗就离开了，接着退往科莫湖，他被打败的部队往那个方向去了。

当然，这样一来，败走的皇帝就与280名从洛蒂（Lodi）和克雷莫纳（Cremona）过来与他会合的骑士分开了。米兰人抓住机会，趁他们赶到皇帝近前时突然出击并重创之。腓特烈亲自出马相援，救下了残部。

米兰人尽管取胜，但几天后就撤围而去（8月20日），因为他们害怕皇帝卷土重来。于是，我们看到卡尔卡诺会战属于中世纪司空见惯的战斗，战场上的输家依然达成了战略目的，对皇帝来说就是解救卡尔卡诺城堡。读者可与梅尔利希施塔特会战与弗拉希海姆会战作一对照。

为了提醒读者文献记载要慎用，这里要加一段库达涅鲁斯（Codagnellus）写的米兰编年史中的记载，直到今天为止，史学界还或多或少认为它是可靠的著作。会战发生约70年后，作者写道（SS., 18. 369 及之后）：1160年夏，米兰人和皮亚琴察援军出发去攻击正在蹂躏米兰乡下的皇帝。据说，他们带上了军旗战车和100辆由纪尧姆斯大师（Master Guilelmus）打造的100辆正面侧面都装有镰刀的盾车。盾车据说被摆在最前面，军旗战车和射手在第二排，骑士（milites）、大军旗和其他旗帜在第三排（"大队"，cohort），皮亚琴察人在第四排（quarto loco）。皇帝得知后恐惧不已，趁夜逃遁。

在卡尔卡诺会战中，米兰人将全体40岁以下的战士放到第一梯队（acies），共1 500人。40岁至50岁者在第二梯队，也是1 500人。战斗经验特别丰富的其余老兵在第三梯队，共1 000人。皮亚琴察和布雷西亚的援军被摆在平民士卒旁边，起巩固支撑的作用，同时也为了保护军旗战车（"juxta populum, qui confortarent et manutenerent populum et auxilium praestarent populo ad carocium manutenendum et defendendum"："在人群旁边，为其提供加强和支援，帮助其守护战车"）。米兰人的前两个梯队被打败了，皇帝接着向紧紧围住军旗战车的步兵（populus）施压。这时，之前埋伏在山谷中的老兵冲了出来，战车周围的部队也随之像战马一样发起疾攻（"populus cum caroccio qui impulsus a pupulo ita velocissime currebat ut destrarius"），一举转入攻势，杀得皇帝及其手下落败而逃。[10]

围困米兰

直到次年（1161年）春天，皇帝才有了足够的从德意志返回的援军，有能力与米兰正面开战。各路人马兵力的记载比较可靠。[11]施瓦本公爵腓特烈有600多名骑士（"ultra sexcentos milites bene armatos"），科隆大主教赖纳德有500多名，波希米亚王子及其公爵叔叔有 300 名（equites）。

尽管围城开始时狮子亨利也在意大利，但战记中没有提到他，而且不管怎么说，他在米兰陷落前就回德意志了。但作为参照，我们要指出，根据一份可靠的记载，狮子亨利两年前率领 1 200 名骑士参加克雷马围城战，他的叔叔韦尔夫有 300 名骑士。[12]

施瓦本公爵和科隆大主教都是亲近皇帝的大诸侯，也是皇帝的坚定盟友，他们不过能出 500 名或 600 名骑士。狮子亨利手握两个公爵领，实力远超其他所有德意志诸侯，他也不过提供了 1 200 名骑士。由此看来，德意志军的总兵力不会超过几千名骑士。1158 年的大军很可能还要强于 1159 年或 1161 年。无论如何，对历次战役的比较进一步具体证实了之前的判断，即 1158 年参战骑士达 1 万名是四舍五入出来的上限。

尽管意大利各市镇和领主派来了许多股兵力加入皇帝，但再次围攻反叛的城市不在他的考虑范围内。腓特烈在一场十日的战役（1161 年 5 月至 6 月）中彻底扫荡了米兰邻近区域，他认为这就够了。接着他遣散了意大利人的部队，并以阿达河（Adda）畔的大营为基地切断了米兰的粮道。他威胁要砍掉给米兰运粮者的右手，而且确实于一日之内对 25 名皮亚琴察市民执行了这项处罚。部分德意志诸侯和骑士在秋天回国了，余下的部队足以将米兰人控制住，并防止大量补给运入城内。为了加强威慑效果，皇帝不惜残酷地将高级俘虏弄瞎致残后送回城内。于是，坚守 9 个月之后，米兰城终于在饥荒、恐惧和绝望中无条件投降了（1162 年 3 月 1 日）。

图斯克鲁姆会战

（1167年5月29日）

罗马人派遣步骑大军攻打科隆大主教赖纳德占领的图斯克鲁姆（Tusculum），而皇帝当时还在围攻安科纳（Ancona）[①]。美因茨大主教克里斯蒂安前往救援。随之发生的战斗毫无战术意义。据圣布拉辛的奥托（Otto of Saint Blasien；M.G.SS., 20）[②]记载，克里斯蒂安规定了哪些人率先出战，哪些人攻敌侧翼，哪些人作为预备队援助友军（"qui primi committunt, qui consertos hostes a latere irrumpant, qui subsidia pondere proelii laborantibus ferunt"）。这不过是夸张的修辞。它与多份水准更高的文献相悖，按照后者的说法，长途行军后筋疲力尽的克里斯蒂安部队遭到罗马人突袭，起初落于下风，多亏科隆军攻击罗马军后方，才替克里斯蒂安解了围。面对合兵一处的帝国军，罗马人开始逃跑，先是骑士，接着是步兵，损失非常惨重。德意志人得到了几位意大利伯爵的支援。

这场战斗有意义的地方在于，有史料确证罗马人尽管数量优势巨大，但还是被打败的原因是——用本身是意大利人的洛蒂城编年史作者的话说——他们"害怕德意志人超过其他所有人"。[13] 我们马上就会想到当年的贝利撒留，尽管罗马市民志愿参战，但他还是拒绝率领他们与哥特人交战，因为怕他们坚守不住。

---

① 意大利古城，位于罗马城东南约25千米处。安科纳城位于罗马城东北方向，与图斯库鲁姆距离约280千米。
② 德国本笃会编年史作者，出生于12世纪中期，死于1223年。

另一个有意思的地方是，同一份史料中还写道德意志人照例高呼着"基督复活"杀入战场。尽管这位洛蒂城的作者是一位优秀、可靠的记录者，但我内心对这条记载的可信度依然有所怀疑。当然，这些骑士与远征解放圣墓的武士，与《尼伯龙根之歌》中的角色是同一类人。因此，在某些场合下，由主教率领的骑士进入战场时高呼"基督复活"是有可能的。十字军东征中或许确实有这样的惯例，但若说德意志骑士在皇帝与教宗间的战争中也是如此，那就很难想象了。原文如下："signo dato maximis vocibus cantum Teutonicum, quem in bello Teutonici dicunt videlicet 'Christus qui natus' et cetera omnes laetantes acriter super Romanos irruerunt."（"信号发出后，全军都不再说其他的事情，齐呼着德意志人在战斗中的口号'基督复活'，凶猛地打垮了罗马人。"）

埃赫蒙德修道院远在北海海滨，受乌特勒支主教管辖，那里的年鉴也记载了这场胜利，还说德意志骑士进攻时有"条顿人的凶悍"。这个短语古已有之，是诗人卢坎描述古条顿人时首创的。进入中世纪，埃克哈特于1096年首次使用该短语，而且带有讽刺意味，因为它后来有时表示狂乱愚蠢，有时又表示勇敢。[14]

赖纳德大主教给国内写了一份捷报，[15]这个例子表明我们必须谨慎运用史料。他一会儿说罗马兵力有4万，一会儿说是3万。他说对方有9 000人被杀，5 000人被俘，还者不过2 000人。科隆来的骑士（milites）数目不会超过106人（据《科隆年鉴》第140卷记载）。主教说己方一人未损（"nostros omnes sano et integro numero recepimus"："全军完好无损地回来了"）。同时代对此战的其他记载各不相同，罗马一方的损失人数显然都是主观臆断的。[16]

罗马人数量优势巨大且损失惨重是无须怀疑的，因为博索枢机（Cardinal Boso）在《亚历山大三世教宗生平》（*Life of Pope Alexander III*）一书中有类似记载。[17] 赖纳德的骑士不超过106名（或140名）大概也是实情。克里斯蒂安手下无疑也只有几百名骑士，再加上两位主教都有军士和佣兵（布拉班特佣兵团），总兵力最多几千人。但是，说罗马一方有三四万人也是极大的夸张。赖纳德一人未损的说法让整场胜利都显得有些可疑，即便我们有理由怀疑他是在吹嘘。洛蒂城编年史家也说罗马军的兵力是帝国军的20倍，但他说双方都有大量伤亡。

赖纳德捷报中有趣的一点是对阶层有明确区分，他说骑士将丰厚的战利品让给了佣兵和军士，而自己获得胜利的荣耀就足够了。

这场胜利的结果是皇帝夺取了罗马城。

圣布拉辛的奥托对整场战斗的描述纯属虚构。为强化批判分析思维，我下面会全文引用（转译自德文著作《早期德意志史家文集》*Geschichtsschreiber der deutschen Vorzeit*）。它也是罗伊特①《亚历山大三世教宗史》（*Geschichte Papst Alexander III*）和格雷戈罗维乌斯②《罗马城史》（*Geschichte der Stadt Rom*）中对此战描述的基础。原文如下：

> 如前所述，腓特烈皇帝平息了诸侯冲突，恢复德意志秩序。之后，在耶稣诞生后的第1166年，他从帝国各地

---

① 全名为赫尔曼·罗伊特（Hermann Reuter, 1817—1889），德国教会史学家。
② 全名为费迪南德·格雷戈罗维乌斯（Ferdinand Gregorovius, 1821—1891），德国历史学家。

调集军队,第四次翻越阿尔卑斯山,开进意大利。他接着穿过亚平宁山脉,率军进入托斯卡纳,[18] 转向安科纳边区,对反叛的安科纳市展开围攻。同时,先前因帝国事务离开皇帝的科隆大主教雷金诺德(Reginold)去往罗马附近的图斯克鲁姆城堡,他当时正带兵重新与皇帝会合,以便解决意大利问题。信使将消息带进罗马城后,拥兵3万的罗马人为了羞辱皇帝,从全城各处出发,突然将大主教困在了城堡内。皇帝在安科纳得知此事后立即召集诸侯,问他们是否应该放弃对安科纳的围攻,以援助大主教。有几位诸侯,大多是世俗诸侯,害怕撤围会引来不利的流言,于是表示反对。庄严的美因茨大主教克里斯蒂安对诸侯合议愤愤不平,因为世俗诸侯看不起他和其他主教,弃之于险地,于是他召集本部兵马,同时恳求并利诱其他人加入。[19] 他集合了500名骑士和800名佣兵,武备齐全,要去图斯克鲁姆攻打罗马人,解救大主教。当他抵达战场并在罗马人对面下寨时,他送信给对方要求停战一日,好让他的人休息一下,信中还提到了罗马古人的高贵情操,希望对方能同意自己的请求。但在这方面和其他所有方面,罗马人都完全不像他们的祖先。他们不接受主教的请求,还威胁说当天就要送他和他的全部人马去喂天堂里的鸟儿和地狱里的野兽。[20] 罗马人放弃围城,摆出3万人的大阵对抗500名德意志骑士。但收到回复后,大主教完全不为所动——因为他绝非不习兵事——又是奖赏,又是威胁,热情澎湃地激励手下参战。尽管与对手相比,他的兵力非常少,但他知道他们都是百战精锐。他用高贵的语言警告道,他们不能寄希望于逃跑,因为他们与家乡和皇帝的军队离得太远了,但他们应当记住自己是天生的勇士,而敌人是天生的懦夫,为了自己的性命,他们应该拼尽全力。

但当他看到骑士们充盈着条顿人的凶悍("animositate Teutonica")——他的训诫向他们心中注入了某种势不可挡的勇气——时,他便开始排兵布阵,规定了哪些人率先出战,哪些人攻敌侧翼,哪些人作为预备队援助友军。主教处于能够支援全军各处的位置,身边是最精锐的战士。现在,他竖起旗帜,展开各队,向罗马人出击,将希望放在神的手里。科隆大主教也披上戎装,让城堡守军和全部手下——估计有300名装备精良的骑士——拿起武器,随之做好支援准备,直到开战都一直在城内安静等待。战斗打响后,长矛在第一次冲撞时就破碎了。双方接下来用刀剑继续战斗,两边射出的箭遮天蔽日,像雪花一样落下。看啊,科隆大主教带着求战心切的骑士们冲出了城堡,从后方攻击罗马人,勇猛地将他们击退,四面合围,前后夹击。罗马人打仗只凭人多势众,克里斯蒂安主教率部从侧面突破敌阵,从中间将其斩为两段,接着奋力拼杀,娴熟地将其隔离为三股。在许多人被杀被俘之后,落败的罗马人开始逃跑,结果被胜利者一直追到罗马城内,惨遭最血腥的屠戮。将正在屠杀的骑士们唤回后,两位主教返回战场,入夜后欢庆胜利。

次日上午,罗马人急匆匆地到战场上回收阵亡者的尸体。他们被主教派出的骑士赶走,回城途中又被追杀,几无生还。最后,他们派出使节,恳求主教为了圣彼得的博爱,为了对基督教的尊重,恩准他们接回死者。主教同意了,条件是罗马人必须清点战斗中被杀或被俘的人数,然后亲自向主教报告并以书面形式承诺数目属实;他们必须同意此条件才能和平地收回遗体安葬。清点后的结果是,被杀或被俘人数约为1.5万人。他们接回遗体时放声痛哭,然后在主教准许后将其下葬。

莱尼亚诺会战
（1176年5月29日）

经历了无果的和平与对和平的期盼后,1176年春,红胡子在等待德意志援军以再次与米兰交战。除了在米兰以南约18英里（约29千米）的帕维亚（Pavia）等待的私人随从,他在意大利还有一支由美因茨大主教克里斯蒂安统率的雇佣兵,当时正在阿普利亚边界与诺曼人交战。我们可以假定皇帝招来了这支部队,并于3月16日在罗马附近的卡尔索利（Carseoli）打了一场胜仗,因为决战地点是在北方。由于狮子亨利这一次拒绝相助,让德意志军队规模大不如前,于是进一步提高了上述假定的可能性。但文献中没有记载克里斯蒂安得知北方南下的军队逼近时到底在何处。他可能已经在帕维亚附近了,但也可能还有一定的距离。无论如何,皇帝的任务是会合正在经迪森蒂斯（Disentis）、贝林佐纳（Bellinzona）和米兰北郊的科莫南下的大军与南方的各支部队,或者至少要与帕维亚的部队。假如德意志大军不走卢克马尼尔山口（Lukmanier Pass），而是走东边的某条路，比如布伦纳山口来通过阿尔卑斯山，那么集合诸军就不会有困难。文献里没有说皇帝为什么要下令走卢克马尼尔山口，大概是因为南下的各路诸侯——科隆、马格德堡两位大主教，维尔茨堡、沃尔姆斯、明斯特、费尔登、奥斯纳布吕克、希尔德斯海姆、勃兰登堡7位主教，弗兰德斯、荷兰、萨尔布吕肯的3位伯爵、策林根公爵贝特霍尔德[21]、图林根领主（landgrave of Thuringia）——中除了3位以外都来自西德意志，而且霍亨斯陶芬家族自带的施瓦本骑士也不想绕远走东路。于是，敌方大本营米兰正好卡在德意志军的集合地点上。

腓特烈决定亲自指挥南下部队，于是绕过米兰，急往科莫与其会合。接着，他打算原路返回，将大军带回帕维亚。但米兰人意识到，一旦皇帝集合了全部军队，他们就危险了。此时的局势有点类似于卡尔卡诺会战之前，米兰人再次做出了同样的决定：赶在皇帝集结全军前主动出击。他们劝说同盟诸城派出援军，向德军进发，堵住通往帕维亚的道路。

双方在行军路线上的莱尼亚诺遭遇，该地位于米兰西北约14英里（约22.5千米）。于是，会战爆发了。走在纵队最前面的米兰骑士被德意志军击退，而且有一批逃到原本跟随骑士的步兵后面。当逃跑的骑士逃回来、德军紧随而至时，米兰步兵可能刚刚从夜宿营地中出来，或者正准备出营。但他们没有被溃兵裹挟，而是站定脚跟，组成了一个紧密的大阵，高举盾牌，用矛头对准德意志人。部分从马上跳下来的骑士也加入大阵。根据一份文献的记载，军营似乎有堑壕或沟渠围住，大概不是完全围住，但肯定是有几面，这对防御大大有利。无论如何,紧密阵形的步兵击溃了追兵。皇帝有可能带了射手上阵,但文献中没有提及,或者是因为数量太少,或者是因为科莫市民——他们正与皇帝走在一起,包含射手——还离得太远。

正当德意志骑士徒劳地试图打穿米兰步兵大阵时,远道而来支援盟主的布雷西亚骑士刚好撞上逃跑的米兰骑士,便止住了他们的退势。米兰骑士意识到战斗胜负未分,步兵仍在酣战,于是决定回去支援正遭受强大压力、若无援军迟早会被击败的步兵兄弟。德意志骑士本来正与米兰步兵交战,现在发现又有人攻了上来,而且是从侧面,是敌方的骑士。受此激励,米兰步兵可能也转入攻势,他们原本就有相当大的数量优势。于是,德意志军被击败了,加上科莫人,总数可能在3 000人至3 500人之间。[22] 皇帝费了一番辛苦才逃回帕维亚,但我们不知道他是怎么做到的,因为他之前消失了一段时间。[23]

施瓦本的腓力

我们已经看到,在雄主红胡子的历次意大利征讨中,一场又一场战斗的实际参战兵力是相当少的。3个大王国的主人要攻下区区一座要塞城市都是极其困难的。

当反对派推举狮子亨利之子奥托为帝,反对红胡子之子腓力时,我们看到了同样的现象:霍亨斯陶芬家族有绝大部分德意志诸侯的支持,但还是不能压倒对手。

战役只是简单的蹂躏敌方领地。到了开战的第八年(1205年),

几乎所有德意志诸侯都承认了腓力的地位。于是腓力对仍然站在奥托一边，且由奥托亲自守卫的科隆发起了征讨。尽管腓力身边有数名公爵，但还是无力围攻科隆。

1206年，腓力二征科隆，据说率领着一支非常庞大的军队。但是，科隆市民在奥托的领导下竟然敢于出城野战，而他们的兵力不超过400名骑士和2 000名下马骑士。甚至当这支军队在瓦瑟贝格（Wasserberg）被帝国军消灭时（1206年7月27日），科隆依然没有立即投降，腓力也没有去围攻这座城市。相反，经过几个月的谈判，他给了科隆尽可能温和的条件。

他这样做的原因无疑在诸侯身上，既然科隆人已经表达了停战的意愿，诸侯就不会再参与围城了。在他们看来，科隆人的行为不是叛乱，叛乱是原则问题，一定要惩处，而是选王制度下必然会出现的私斗——与其说只是单纯的事故，不妨说是制度性的事故。

经过10年的争斗，腓力似乎终于占据了上风，却恰恰在此时被暗杀了。

腓特烈二世皇帝

在伦巴第争端中，腓特烈一世皇帝与其孙腓特烈二世的区别在于，后者很少能得到来自德意志的支援。但反过来看，通过母亲的血缘关系，他在意大利有自己的势力根基，即两个西西里王国。德意志诸侯不再愿意耗费大量自己的资源，向阿尔卑斯山对面派出大批兵力了。因为自红胡子以来，通过为帝国效力赢取奖赏和荣耀的思想已经失去了吸引力，而且家族自身的利益也取代了帝国观念，领主们满脑子想的都是一家一室。腓特烈二世逐步将南意大利重新纳入了自己的势力范围。在亨利六世皇帝驾崩后（1197年）的摄政时期，南意大利曾陷入无政府状态。接下来，腓特烈试图恢复帝国在北意大利的权利，身为意大利国王和罗马人的皇帝，这些先前被漠视的权利本来就是属于他的。如果他的政策成功了，其结果估计就是形成一个独立于德意志帝国的统一意大利王国。

1226年，腓特烈第一次试图再次控制北意大利市镇，结果失败了。10年后，通过向德意志诸侯让渡地方主权以换取其支持的手段，他营造出了有利的态势，要一战定乾坤，结果大业未成而身先死。

每当红胡子或之前的皇帝率领德意志大军来到阿尔卑斯山以南时，意大利人都不敢冒险野战。每当战斗发生时，尤其是红胡子在卡尔卡诺和莱尼亚诺被击败时，皇帝手头的部队都只是全军的一部分，米兰人的打算是趁着其他几路德军没到，便熟练地摆出密集阵形发起进攻，他们也确实是这样做的。通常来说，伦巴第人总是仰仗坚固城防。他们会和盟军一起向位于开阔地带的腓特烈二世进发，但目的不是野战，而是通过机动以及占据有河流、运河隔开的地形来阻止皇帝围攻和夺取要塞。在第一年（1236年），这种机动让他们取得了成功。到了第二年，皇帝亲自返回德意志，秋天带着2 000名骑士经布伦纳山口再次南下。他说服曼图亚退出伦巴第同盟，同时从东南边向布雷西亚进军，对其施加威胁。为了掩护布雷西亚，伦巴第军布阵于马内尔比奥附近，背靠小河鲁西尼亚罗河（Lusignolo River），在溪流的保护下，皇帝也是无可奈何。11月底，他只得解散驻扎在忠于帝国的城市中，再也不愿意待命的各支部队。

但是，皇帝巧妙地利用了这一形势，在最后关头成功发动了他想要的决战，并对敌人发起了致命一击。

科尔泰诺瓦会战 [24]
（1237年11月27日）

伦巴第人见皇帝解散了城市驻军，皇帝也有条不紊地向西渡过奥廖河（Oglio），似乎是要回克雷莫纳的冬季营地，于是他们也决定回家。包围布雷西亚的目标已经达成了。伦巴第人从当前位置直接回米兰和克雷马的途中要经过一条河，与皇帝先前渡过奥廖河的地点（蓬泰维科）只有一日的路程。为免遭遇敌军，他们谨慎地将行军路线向北移动了行军一日的距离，几乎是贴着阿尔卑斯山走。但是，皇帝立即率军沿河而上。伦巴第人本来平静地扎营于贝加莫（Bergamo）地区的科尔泰诺瓦镇，结果发现自己遭到突袭。由于帝国军长途跋涉而来，所以会战直到傍晚才打响。伦巴第人的前锋被皇帝的骑士击退。惊骇之下，没有马上逃跑的部队聚集在军旗战车周围。与莱尼亚诺会战时一样，战车也有堑壕保护，腓特烈的骑士无法强攻。为骑士打开通道的任务落在了撒拉逊弓箭手的头上。据多份文献记载，撒拉逊弓箭手参加了战斗，而且把箭都射光了。但保存至今的皇帝的战报中没有提到他们，所以他们的战果应该并不很大。可能是他们数量不多，或者很晚才抵达战场。无论如何，当天是不可能决出胜负了。皇帝命令骑士披甲过夜，明日再战。

但伦巴第人可没有等着再战。越来越多的人趁夜逃亡，最后发展成了大溃逃。他们将军旗战车丢弃，只带走了从旗杆上拆下来的十字架。但他们后来连十字架都不要了，皇帝军将它捡了回去。整个营地落入敌手，逃亡中又有许多伦巴第人被杀或被俘。

根据一份署名威内斯的彼得（Peter of Vineis）的官方公报性质的文件《帝国忠臣通谕》（*Encyklika an die Getreuen des Reiches*），帝国军开拔时的兵力超过 1 万人。[25] 因此，之前的兵力肯定要大不少，因为一批城市驻军已经被解散了。从先前我们对骑士军队的了解来判断，这个数目显得非常高，而且从文献整体来看，我们也不能排除作者为了彰显皇威而夸大的可能性。无论如何，此处肯定不是相反的情况，即为了增添胜利者的荣耀而故意缩小数目。既然作者没有说这 1 万名"本部兵马"（sui exercitus）是骑兵，也没有其他限定，因此我们应当按照最宽泛意义上的全体战斗员来理解。

1231 年同盟续约之时，伦巴第诸城同意盟军规模应为 1 万名步兵、3 000 名骑士和 1 500 名射手。[26] 我们可以假定，如果上限果真达到过的话——或许只有一半，尤其是步兵，盟军在 11 月底战役结束时的实际兵力就远低于盟约规定的上限。[27] 因此，盟军回避野战也是自然的，因为皇帝的军队有数量优势，估计还有质量优势。

既然我们在这里讨论的是一场双方都投入全部力量的大战，因此对双方兵力有一个正面的、足够可靠——以至于我们可以肯定地说，双方战斗人员的总数都不超过 1 万人上下——的估计值就非常有价值。

科尔泰诺瓦会战后战事延续

（1238 年至 1250 年）

尽管皇帝在科尔泰诺瓦会战中大破伦巴第人，但这场战斗并未带来决定性的成果。尽管米兰确实提出求和，但不愿意接受腓特烈要求的无条件投降，于是战争继续进行下去，没有受到科尔泰诺瓦会战多大的影响。到了次年，腓特烈连布雷西亚都打不下来，更不用说围攻米兰了。

尽管皇帝在两西西里王国实施严厉的统治，从而掌握了大量资源，尽管有不少意大利大市镇和大诸侯站在他一边，全力支持他的事业，尽管德意志地区为他提供了重要的帮助，但他的兵力依然不足以采取积极有效的军事行动。

军事行动仅限于蹂躏敌境、突袭和强攻城堡，偶尔会围攻中等规模的城市，而且除非城内有一派人心向围城军，在城内采取有效行动，否则围攻通常达不到目的。胜负不取决于军事成就，而取决于阵营转换，让城市与诸侯一会支持这边，一会支持那边。但由于大部分城市都有派系的权力之争，各个派系或向皇帝寻求支持，或向城市同盟和教宗寻求支持，于是阵营转换就更容易发生了。因此，年年不同、岁岁有变的时事主要取决于政治动机，而非军事动机。小规模冲突、战斗乃至大型会战经常发生，但成果往往很小，哪怕是在一方遭受巨大损失的时候依然如此，因为各方的兵力不足以实施宏大的围城战。

第三篇　中世纪盛期

帕尔马围城战

（1247 年至 1248 年）

　　科勒以为帕尔马当时约有 8 万人口。这个数目当然是太大了。帕尔马今天的人口都不超过 5 万。科勒说，当时左岸城区要比今天小得多，而右岸城区肯定也不会比现在更大。[28]① 根据《帕尔马年鉴》，腓特烈二世皇帝率领 1 万人，[29] 规模已经相当可观了。这份敌方记载给出的数字肯定是上限。

　　为了实施围城，腓特烈在较小的左岸城区对面建起一座坚固营寨，取名为"维多利亚"（Vittoria）②，以其为基地蹂躏帕尔马周边区域并阻拦援军。[30] 但主城区没有被围，被围的城市本身也有不少战力。它的盟友，尤其是乘船来到波河③河畔的曼图亚人，提供了有力的支援。因此，皇帝并不指望真正击败它，最多能逐渐消耗罢了。科勒估计，若要完全围住这座城市，皇帝需要修一圈周长约 5 英里（约 8 千米）的墙和 4 万名守军。如果说周长数估计不算太高的话，那么守军的数字无疑是过分了，因为围墙不需要处处安置等量兵力。他只需要在各处要道建起坚固城寨，再挖一圈壕沟，壕沟旁安上栅栏，阻止城内的人自由行动就可以了。这样一来，皇帝也不需要专门在瓜斯塔拉（Guastalla）④安排一支掩护兵力了。腓特烈毕竟是有作战经验的，而他没有那样做，只是封锁部分城区了事，

---

① 帕尔马河将城区分为两部分。帕尔马盛产美食，尤以火腿和奶酪著称。
② 意为"胜利"，与英语中的 victory 同源。
③ 波河横贯意大利北部，位于帕尔马以北，最近处不过 20 千米左右。
④ 瓜斯塔拉位于帕尔马东北约 30 千米处。

这似乎足以证明他的兵力不足以实施围城，因此他的部队规模肯定是相当有限的。

入冬后，皇帝解散了贝加莫、帕维亚、托尔托纳和亚历山德里亚（Alessandria）的驻军，并抽调本部兵马去特雷维索（Treviso）和亚历山德里亚。皇帝身边还剩下1 100名骑士、2 000名克雷莫纳步兵和数量不明的撒拉逊部队，总共不会超过5 000人。

皇帝后来又派出去1 000人。而且帕尔马人于2月18日发动突袭时，皇帝已经带着500名骑兵出去打猎了。

科勒明确表示，这次突袭是没有预谋的。帕尔马人只是想去波河攻打恩齐奥国王（King Enzio）①，安排了大约一半兵力去执行这项任务。另一半兵力出城只是为了掩护其后方。恰在此时，无人指挥，装备也不全的皇帝部队偶遇出城的帕尔马人并展开肉搏。这场仗打得很糟糕，皇帝的人一直被追到维多利亚营寨内，营寨也被追兵占领了。根据帕尔马人的记载，他们杀死了1 500人，俘虏了3 000人。但《普拉真提内年鉴》（Placentine Annals）的记载——100名骑士和1 500名步兵被俘——无疑更接近真相。

假如皇帝在维多利亚有更多的兵力，这样的进攻大概不会成功。但对于腓特烈当时的战略计划来说，一支五六千人的部队也不算太少。即便帕尔马守军可能要多一些，他们依然不会有攻占维多利亚敌营的能力，敌军却能以营寨为基地骚扰他们。诺曼人当年围困巴黎，米兰骑士围困被敌军攻占的米兰也是类似的手段。就连红

---

① 恩齐奥（约1218—1272），腓特烈二世的私生子，1238年被封为撒丁国王，1249年被俘囚禁致死。

胡子也不曾真正将米兰团团围住，而只是扫荡周边地区和堵住出入要道，用了9个月左右就迫使米兰投降了。腓特烈二世的实力要弱得多，甚至与帕尔马这座与米兰结盟，但当然要比米兰小得多的城市相比也是如此。红胡子当年在北意大利势力强盛，以至于他确实通过切断补给迫使米兰投降，而敌方完全没有认真试过救援米兰。但到了1247年，众多市镇拿起武器反对腓特烈二世，逼得他同时要与米兰及其盟友交战。尽管如此，要不是皇帝偶然外出期间，他那些不守纪律的愚蠢部下给了帕尔马人发出致命一击的意外机会，他的目标还是有可能实现的。因此，皇帝的过错不是战略层面的谋划失当和统率失职，而是没有先见之明，在营内兵力因外调而大大削弱的那一天，他竟然还离开了营地。

这一结果与先前事件也有重要关系。假如皇帝在1247年秋依然能集结大军的话，那我们就很难理解他为什么没有抓住科尔泰诺瓦战胜的机会，夺取最后的胜利。他在1247年根本没有生力军了，反而是减员严重。但如果我们接受他的兵力大不如前这一事实，那么他的行为就完全可以理解了。

尽管这次带有一定偶然性的战败严重损害了霍亨斯陶芬王朝一时的事业，但也没有造成长久的影响，就像皇帝在科尔泰诺瓦的胜利一样。

回　顾

从战争艺术史的角度来考察这将近100年间的历次战斗，我们很快就会发现，意大利城市并没有产生出希腊方阵和罗马军团那样的古典步兵单位。尽管步兵有时确实发挥了重要作用,特别是在莱尼亚诺会战中,但步兵依然不是决定性力量。不管数量有多大,步兵仍然是骑兵的辅助。即便关于莱尼亚诺会战经过的一手史料有不明确的地方,也有多种可能的解释,但我们从后续事件中可以得出毋庸置疑的定论。假如莱尼亚诺会战中的步兵有古代步兵的能力,他们肯定会扩大战果,但事实上并没有。米兰人完全没有从胜利中得出这样的结论:他们现在掌握了一种优越的新战法,再也不用惧怕德意志皇帝了。相反,他们以最温和的条件达成了和议,而且之后一代人——我们接下来要研究的之后几代人也是如此——的战法与其他国家前后几百年间的战法别无二致。

因此,意大利市镇并未形成古代雅典和罗马那样的公民兵,不是全体公民集体出征,实施严格的普遍兵役制。我们完全撇开他们有没有所需的武艺这个问题,意大利市镇缺少古典共和国特有的实施公民兵的先决条件,那就是城市和乡村的政治统一体,市民和农民的团结精神。希腊方阵和罗马军团的主体是阿提卡半岛的农夫、挖炭工和渔民,是罗马周边的农业部落成员,而不是住在雅典和罗马城里的人。但尽管意大利乡村无疑是由城市统治的,但两者并不构成统一体,农民也不是市民的同胞。市镇本身虽然有共和体制,但大多仅限于骑士团体。文献中没有记载兵役的具体指派方法。通常大概不过是召集志愿兵,但遇到重大危机或政治动荡,市镇很可能也会征召大批市民入伍,至少是短期服役,特别是用来守城。守城时或许也会全民皆兵。

但要打野战的话,市镇会派出由射手、枪兵配合,采用骑士装备的马队。

随着天生有尚武倾向的市民加入传统武士的行列，一同上阵，一同锻炼，那么只要爱国精神还活跃在集体心中，从中就会产生一支技艺高超的高效军事团体。即便高傲的德意志骑士会取笑这些被封为骑士的意大利木匠和工匠，但是他们还是甚至敢于面对由国王带队翻越阿尔卑斯山的德意志骑士。

军旗战车

我们知道意大利市镇实行且一直实行骑士类型的军制，但其特点是：与同时代的其他地区相比，步兵在混合作战中发挥的作用要更强，有时甚至要强得多。但意大利步兵还没有达到希腊方阵、罗马军团那样真正的紧密战术单元。我们可以将军旗战车视为缺失的战术单元的替代品。它是一部由8头公牛拉的重型战车，车上立有一根高高的旗杆，杆上挂着军旗，往往还有主保圣人的圣像。车上还站着多位牧师。这种神圣的战车一向与以色列人的约柜相提并论，倒也不无恰当。我们知道松散的步兵面对骑兵是脆弱的。于是，将军旗战车置于前排后侧是为了充当集合点，一时被击退或陷入混乱的人远远看见它就能重新整队。伤员也会被转移到车上，伤重不治者也能在死前由牧师免去罪孽。我们可以假定，意大利人每逢战前都要重申不应丢弃手持的军旗，但到了最危急的关头，他们应该聚集在圣车周围，车在人在，车亡人亡。组织严密和统率得力的罗马军团本来自然就具备的坚定精神和胜利信心（当然，他们也有自己的鹰徽），现在要由军旗战车来人为激发，并通过符号的宗教属性来强化。史料中首次提及军旗战车是在1039年的米兰，恰好是意大利市镇在阶层融合的作用下形成的，长期不习兵事的市民再次拿起武器的时代。用文献里的话说，黑里贝特大主教（Archbishop Heribert）①将所有人武装了起来，"从农夫到骑士，从贫民到富人"（a rustico ad militem, ab inope usque ad divitem）。³¹因此，早在作为城市象征的军旗战车第一次出现（至少是第一次记载）时，教会就是它的支持者。后来教会与市镇的盟友关系更进一步强化了军旗战车的宗教属性。战车也出现于阿尔卑斯山以北，特别是与教会关系密切的军队中。1086年布莱希菲尔德会战（battle of Bleichfeld）中，亨利四世的对手有军旗战车；1138年诺萨勒顿会战中，约克大主教统率的英格兰民兵有它；1191年，狮心王理查在叙利亚征战时也有它。另外，1214年布汶会战的奥托四世军中，1288年瓦林根会战的科隆军中，1298年阿尔蔡围城战（seige of Alzey）的美因茨军中都有军旗战车。在整个十二三世纪，只要意大利市民上战场，军旗战车无疑都是标准配置。³²

塔利亚科佐会战

（1268年8月23日）

讨论完霍亨斯陶芬诸帝与意大利市镇的斗争，我现在要探讨一下伟大的霍亨斯陶芬王朝的最后一位代表康拉丁的战败经历。不过，打败他的不是市民，而是安茹的查理。这位法国王子是应教宗召唤，前来将霍亨斯陶芬家族逐出世袭领地那不勒斯王国的。

---

① 1018年至1045年担任米兰大主教。

人们通常记述这场会战时，最重要的一手史料来自法国修道士普利马图斯（Primatus），他大概是在巴黎附近的圣但尼修道院写下的。维拉尼（Villani）的记述主要取材于他，所有后世学者——劳默尔（Raumer）、席尔马赫尔（Schirrmacher）、德尔佩什（Delpech）、科勒、比松（Busson）、汉佩（Hampe）、奥曼（Oman）①——的记述同样以其为基础，只是细节上略有差别。但近年来，罗洛夫（Roloff）②根据更早也更好的史料表明，普利马图斯的记载在每一个方面都是不可靠的。[33]关于这场会战，具有历史准确性的文献主要是皮亚琴察的《吉伯林年鉴》(*Ghibelline Annals*)和安茹的查理本人的简短报告。

在以上所有战报中，双方似乎都只有骑兵。因此，偶尔被提及的步兵发挥的角色很不重要，或许根本就没参战。

由于《普拉真提内年鉴》也说康拉丁及其盟友罗马元老（市长）卡斯蒂尔的亨利（Henry of Castile），两人的总兵力多于对手，对此我们似乎只能接受。但是，我不愿意完全信赖这个说法，因为完全没有步兵的记载让我生疑。罗洛夫认为康拉丁有5 000名到

---

① 维拉尼全名乔瓦尼·维拉尼（1276或1280—1348），佛罗伦萨银行家、外交家和市政官，著有《新佛罗伦萨编年史》。劳默尔全名弗里德里希·路德维希·格奥尔格·冯·劳默尔（1781—1873），德国历史学家和专业历史科普先驱。席尔马赫尔全名弗里德里希·威廉·席尔马赫尔（1824—1904），德国历史学家，著有《腓特烈二世皇帝》。德尔佩什全名亨利·德尔佩什（1832—1887），法国历史学家。比松，19世纪法国历史学家，曾参与编辑《勒芒历代主教行纪》。汉佩全名卡尔·汉佩（1869—1936），德国历史学家，主攻中世纪和神圣罗马帝国史。奥曼全名查尔斯·奥曼（1860—1946），英国军事史学家，著有《中世纪战争艺术》等。
② 全名恩斯特·奥古斯特·罗洛夫（1886—1955），德国历史学家。

6 000名骑兵,查理有4 000名骑兵的说法是可信的。如果我们将这些骑兵称为骑士,那就偏离了"骑士"一词的真正含义。毫无疑问,其中有许多并没有骑士身份,而只是普通的骑马士兵,尽管他们或多或少有重甲,但终归不是骑士出身。

会战经过是这样的:由德意志人、西班牙人、意大利人组成的康拉丁军一开始打赢了,但随后分散开来,完全放弃了密集阵形,于是被查理国王亲自率领的法国预备队出手击败。①

文献中没有说明查理的意图是什么,也没有说明显然之前没有被发现的预备队是怎么埋伏的。当然,查理不可能从一开始就打算先让主力战败,然后派出埋伏好的预备队,凭借严整阵形一举击败取胜后陷入混乱的敌军。如果靠如此简单的计策就能以少胜多,那么这种情况肯定会经常发生。引而不发的意图只能是于胜负未分之际投入预备队。战败后再出击很容易被击退,即便后方有一个规模可观、保持严密阵形的待命单位,能为一时被击溃,但数目仍然比对方多好几倍的己方部队提供一个重整旗鼓的凝结核。

罗洛夫对骑士军队取胜后的状况有一段清晰的描述:

> 设想有两支骑士军队开战。几千名各自独立的战士大约在同一时间开始了肉搏战。过了一段时间,兵力较弱的一方开始败逃。这时,胜利一方有人顺势追击后撤的敌军,也有人会下马包扎伤口,整理战斗中受损的盔甲,杀

---

① 安茹的查理(1226—1285)是法国国王路易八世的儿子,后来成为两西西里王国的国王。

死或俘虏落马的敌人，或者抢夺敌人身上值钱的盔甲或武器。当然，统帅也没有下令不许擅自掳掠和休息，或者要求骑士整装待发。骑士军队取胜后必然会是这样的状况，对战斗力无疑大大有害。一支在这个节骨眼上发动进攻的部队肯定会占据巨大优势，哪怕兵力要少得多。众多下马骑士在杀过来的骑兵面前几无还手之力，而且被攻击的人散布于一大片区域，攻击者起初可能都碰不上同等出身的对手，于是可以一点一点地吃掉对手。突袭过后战况的发展取决于具体情况，如果被攻击一方数目远远超过对手，他们是有可能应战并坚持战斗到胜利的。因为骑士是独立的战士，转向很方便，所以突袭位置在身后还是侧翼没有多大区别。关键问题永远是：突袭发生时，被攻击方有多少骑士不能战斗，他们散开的程度又有多大？

罗洛夫接着说，查理肯定是在霍亨斯陶芬军刚开始陷入混乱时出击的。那样做确实优势很大，但我要再说一遍，胜利仍然是一个巧合，原因或许是安茹军主力溃逃的速度比查理预料得要快。接下来的战斗无疑仍然是一场硬仗，但我们不知道最后获胜的为什么是法军，因为面对数量优势巨大，且因为先前的胜利而士气高昂的敌军，如果没有其他影响因素，单凭生力军的突然性和组织性并不足以奠定胜局。或许正如罗洛夫认为的那样，康拉丁的军队由3个民族组成，彼此很不信任对方，当敌方生力军突然现身时，他们都怀疑军中有内鬼，于是爆发了恐慌。

无论如何，这场会战在军事史方面的教益很少，因为文献没有说明两个最重要的问题——安茹的查理为何又如何布置预备队或埋伏，以及他为何取得了成功——纯粹的猜测复无益处。我们只能得出一个反面的结论：梯队布阵不是当时的常规做法，因为假如康拉丁的军队有第二梯队，必不得无序至此。

　　为了更好地批判性看待中世纪史料，接下来是罗洛夫的一些具体论述。据说，卡斯蒂尔的亨利及其西班牙部队追击得太远，以至于回到战场时，查理已经打败了德意志部队。尽管这样将会战分段好像能解释以少胜多，但罗洛夫基于文本分析和客观考据指出，分段是虚假的。在所谓的第三阶段中，西班牙人的阵形据说像城墙一样坚固，法军无法突破。但这段传奇的主人公瓦勒里的埃拉尔（Erard of Valery）知道该怎么办。他带着30名骑士诈败，西班牙人以为所有法军都要逃跑，于是开始追击，打散了紧密的阵形。然后，法军杀入大批敌军之中捉对厮杀，但毫无效果，因为西班牙人的盔甲砍不坏也穿不透。接着，法国人冲到跟前，抓住敌人的手臂和肩膀，把他们从马上扔了下去。西班牙人的板甲沉重，身穿锁子甲的法国人则更轻便灵活，所以取得了胜利。经历了一番奋战，西班牙人被彻底击败。

　　凡是对传奇战争故事有警惕的人一眼就能看出来。如果轻甲部队如此轻易就能击败重甲部队，那我们肯定会看到更多类似的记载，重甲武士也不会在军事史上存在那么长时间了。但罗洛夫还通过文本分析表明这条记载纯属传说，因为普利马图斯对两年前的贝内文托会战也有非常类似的描述，只不过那时的人墙不是西班牙人，而是德意志人。德意志人在塔利亚科佐为什么不用在贝内文托的战法呢？我们不清楚。而且，几年后详尽描述了贝内文托会战的匈牙利国王安德烈（Andreas of Hungary）也不知道如此有趣的细节。它的缘起很单纯：凡是与法国人打得最激烈的对手，或者最后一战中的对手都是同样的说法，而关系最近、年代最早的意大利本地文献则完全没有该细节。这一传说是后来在远离战场的地方才产生的。圣丹尼的普利马图斯听到的传奇故事来自从意大利归国的骑士，他们自称凭借计谋和努力先打破了强大敌人的阵形，然后展开近距离肉搏战，这才征服了对手。而且与所有添油加醋的故事一样，他们对西班牙人盔甲牢不可破的吹嘘其实是贬损对手的武艺，毕竟什么样的敌人是徒手就能打败的呢？有人要抓他们的手臂和肩膀，把他们从马上扔下去，久经沙场的西班牙人难道不应该用长短刀剑砍掉那人的手指头吗？面对轻甲或无甲战士，一名骑士只有遭到多人围攻时才会被打败，而且即便如此，他也不是因为穿了好盔甲所以被打败，而是尽管穿了好盔甲，还是被打败了。塔利亚科佐可能也是这样的情形。

　　进一步考察会发现，因为盔甲沉重而行动不便的战士形象古已有之。希腊人自称在萨拉米斯海战中以少胜多，他们是怎么解释的？他们说，在所有民族中航海经验最丰富的腓尼基人建造的舰船太重太大，以至于转向操控不灵。

　　如果我们将罗洛夫对塔利亚科佐会战经过的结论，与那些彼此只有细节差异且迄今为止都被普遍接受的各家记载做一比较，这就再一次证明单纯分析书面文献，不做客观批判分析是何其无益。我们的史学界是多么以分析中世纪文献的种种精微方法而自豪啊！精微确实是精微，但当代的批判学者们对塔利亚科佐会战的描述依然充斥着虚构，一如古人对薛西斯、辛布里人和条顿人的记载。

6　德意志城市

与意大利城市类似，德意志城市的军事体系以居于城中的骑士为基干，又有愿意与武士阶层融合的富商群体为补充。罗斯·冯·史莱肯斯坦因（Roth von Schreckenstein）①的说法是正确的 1，骑兵最初是由住在城里的骑士担任的，但后来包括了家产足以供养骑兵的全体。我们或许会怀疑有家产能不能确保会打仗，但我们一方面必须考虑保存了骑士荣誉观念的阶层传统；另一方面也要考虑到当时的商人阶层本就有武士色彩。那时的公共法律提供不了多少安全保障，最终让骑马武士自行执法成了可能。市民被称为骑士的例子非常多。2 阿诺德②在《德意志自由市宪制史》（*Verfassungsgeschichte der deutschen Freistädte*）第 2 卷第 186 页中写道："一半人是骑士，从世俗或教会领主那里领受封地，披甲骑

---

① 普鲁士骑兵将领（1789—1858），曾担任战争部长。
② 全名威廉·克里斯托弗·弗里德里希·阿诺德（1826—1883），德国法学家、历史学家和政治家。

马服役,享有骑士的一切特权。一半人是市民,居住在城中,以商贸为业,为城市的利益效劳。"³

在斯特拉斯堡、马格德堡、苏黎世和其他城市,作为骑兵服役的市民被叫作"Konstafler"或"Konstofler"(相当于英语里的"constable"、法语里的"connétable"和拉丁语里的"comes stabuli",意为"马厩伯爵")。1363年,斯特拉斯堡的"Konstafler"提供了81个枪队,行会21个,船夫5个,小店主4个,酒商4个,等等。皇帝巴伐利亚的路易(Louis the Bavarian)要求各自由市"按照古老的传统"提供骑兵,随其到阿尔卑斯山的另一边进行加冕。⁴

我们已经看到,与霍亨斯陶芬王朝的长期斗争并没有在意大利产生真正的公民兵。让一群市民做到如臂使指只能是有限和暂时的,他们本性如此。而在德意志,从市民中发展出尚武精神的机会和条件甚至还要更少。即便到了行会开始与豪族争夺权力和议员席位之后,他们依然没有多少军事方面的成就。与周边诸侯和骑士没完没了的私斗对发展出具有城市特色的高效军事组织同样少有助益。市民群众无疑也有武装,具有或逐渐养成了某些尚武风气,但他们依然一直只是骑士的辅助,尤其是作为射手,⁵并以射术为皇帝效劳而闻名。吕贝克的阿诺德(Arnold of Lübeck)①的编年史中称赞过常年演练、武艺高超的市民。⁶市民们也经常出动,尤其是攻打强盗骑士,但这些都是小型战斗,而不是战争。在14世纪,

---

① 本笃会修士(1211—1214年去世),1177年起成为吕贝克圣约翰修道院的首任院长,故名。

行会成员曾乘坐大车出征,每车6人。但早在1256年,美因茨市议会的一次会议上就做出决议,要尽可能招募佣兵。[7]城市不仅招募平民士卒或骑士,也会与周边领主和骑士签订协议,出钱换取后者持续提供协助的义务。

这种佣兵协议成了各地城市军事体系的一大特点。1263年,科隆与贝格伯爵阿道夫(Count Adolf of Berg)签订了攻守同盟协议。伯爵成为科隆公民,有义务为城市提供9名骑士和15名扈从,战马均应披甲,每天的报酬是5马克,以科隆自铸的钱币支付。作为回报,科隆要为伯爵提供25位人马俱甲的名门子弟。于利希伯爵威廉和瓦罗姆(Walrum)与卡岑埃尔根伯根的迪特里希(Dietrich of Katzenellenbogen)之间也有类似的协议。甚至到了100年后,这份协议仍然在续约,几乎一字不易。[8]沃尔姆斯市与莱宁根(Leiningen)历代伯爵也有类似的协议。[9]当科隆和沃尔姆斯市民要求这样的协助时,他们肯定自己都觉得手无缚鸡之力!你想一想,这种协议只要求二十四五个人!但这些人是骑士,25名骑士不算太小的数目。我要提醒读者:当年查理曼的法令可是细致到了规定某位伯爵可以留2名还是4名战士在家。除非我们明白加洛林军事体系也是基于骑士阶层,而不是征发农民,否则查理曼的法令就是不可理喻的。大众的不习兵事与骑士阶层构成了天然的互补,所以科隆人也承诺为盟友提供协助,但不是征发市民,而是——举个例子——出披甲战马。

如果市民真要出城,他们也不愿意超出当天晚上即可返回的距离。1388年,莱茵兰和施瓦本地区的城市明确做出了这样的决议。[10]城市当局经常颁布法令要求市民必须常备武器,规定武器种类,宣称要举行阅兵以确保法令得到遵守。这些法令从来没有落到实处。

我们有详尽的记载和描述，尤其是科隆市的历史档案常常会呈现出非常清晰的图景，比如戈特弗里德·哈根大师（Master Gottfried Hagen）①的韵体编年史 11。但是，在传说中被歌颂为科隆市民战胜科隆大主教及其骑士的瓦林根会战（1288年）不在此列，因为科隆市民在这场战斗中只扮演了次要的角色。

弗雷兴会战
（1257年）

1257年，科隆市与科隆大主教康拉德·冯·霍赫斯塔登（Conrad von Hochstaden）爆发了冲突。打了几仗之后，大主教堵住了所有通往科隆的道路，切断了水陆运输，要用饥饿迫使城市投降。以盟友身份为城市效力的领主迪特里希·冯·福尔肯堡（Dietrich von Falkenburg）是市民的统领，他号召市民出城击退敌人。他说，被区区400名敌人堵住所有道路是科隆的耻辱。市民承诺跟随他，并在弗雷兴（Frechen）攻击了大主教的军队。按照哈根的说法，科隆赢了。福尔肯堡起初将本部兵马留在手里，然后出击，一举取胜。但如恩嫩（Ennen）②所说，后续事件里看不出科隆确实打赢的样子。如果大主教的部队真的不超过400人，那就显得

---

① 科隆市政府书记员（1230—1299），著有《韵体编年史》（*Reimchronik*）。
② 全名为莱昂纳德·恩嫩（Leonhard Ennen，1820—1880），神学家，历史学家，编有6卷《科隆市历史资料集》（*Quellen zur Geschichte der Stadt Köln*）。

科隆市民的军事能力相当差劲。我们或可假定，为了激励市民，迪特里希口中的敌军兵力远远小于实际情况。但这仍然表明科隆的军事成就是很小的。

科隆内斗

从市民内斗的记载中也可以得出同样的结论。在康拉德的继任者、福尔肯堡的恩格尔贝特二世大主教（Archbishop Engelbert II of Falkenburg）煽动下，行会一度要反抗豪族的霸权。他们聚集在一起，计划袭击贵族的宅邸。此举引发了激烈的巷战，贵族占据上风，血洗街道，织布工损失尤其严重。尽管科隆街道狭窄，骑士还是在马上交战。哈根多次写到他们奋马向前，冲破了行会成员用来堵塞街道的锁链。由于骑士及其支持者的数目肯定相当少，这更突出了他们的个人武艺远超市民大众。

几年后的一场街头巷战也是类似的性质，对战双方是科隆的两大豪族——奥弗斯德伊岑（Overstolzen）家族和魏森（Weisen）家族。争斗结束后，战败被逐出城外的魏森家族谋划突袭夺城。一名家住城墙拱门下的穷修鞋匠被一笔钱收买，同意在城墙下挖一个足够一名骑手通过的洞。林堡公爵瓦尔拉姆（Duke Walram of Limburg）、克利夫伯爵和福尔肯堡领主承诺将于1268年10月14日率领500人穿洞进城。公爵依计行事，顺着地下通道进入城内，打开最近的一座城门，然后带着全部兵马入城。但奥弗斯德伊岑家族及时接到警报，市民也加入了他们，双方展开激战，大批贵族家庭成员被杀，最后进攻者或被赶走，或被俘虏。

豪斯贝根战斗

（1262年3月8日）

这次战斗非常有意思，交战双方是斯特拉斯堡市民和本城主教瓦尔特·冯·基豪尔赛克（Walter von Geroldseck），两边各自留下了一份记载。主教一方是里歇尔（Richer）写的孚日山瑟诺讷修道院（monastery of Senone）史（M.G.SS., 25.340），他是当代人写当代事，因为他的作品于1265年结尾。另一份记载作者不明，与事件隔了一代人的时间，年份大约是1290年。它是在斯特拉斯堡写成的，显然不具备一手史料的可信度，而且我们看到的版本有多处篡改痕迹，已经不完全是最初的样子了。但从军事史角度出发，这本书——过去被叫作《豪斯贝根会战》（*Conflictus apud Husbergen*），现在改为《瓦尔特战争》（*Bellum Walterianum*）——仍然是一份极有价值的证据。因为尽管有个别点属于传说性质，但作者显然有亲历者作为信息来源。这份记述在某些方面相当清晰具体，只可能源于对会战发生时代的生活方式、交战方式的真实反映。最早用德文写史的人之一，14世纪斯特拉斯堡编年史作者弗里切·克劳奇纳（Fritsche Closener）在记录瓦尔特主教的争斗史——后来登上帝位的哈布斯堡伯爵鲁道夫（Rudolf of Hapsburg）也有参与——时也没有别的好办法，只能将这份旧拉丁文本翻译成德文而已。[12]

斯特拉斯堡市民与主教间的战争照例打了很长时间，因为双方都在乡村烧杀抢掠，主教还堵住了通往城市的路口。编年史作者里歇尔写道，阿尔萨斯全境荒无人烟，百姓陷入悲伤之中。由于乡间的有产骑士都站在主教一边，所以他提前布置了警报，见市民出城就召集骑士。如果斯特拉斯堡城西14英里（约22.5千米）的莫尔塞姆（Molsheim）响起钟声，村子要由近及远依次敲钟，直至响遍全境。[13]

有一次，市民出城捣毁了斯特拉斯堡城北约5英里（约8千米）的曼德尔塞姆（Mundolsheim）附近通往阿格诺（Hagenau）和察伯恩（Zabern）的道路上的一座塔楼。主教拉响警报，率军在市民回城途中发动袭击。于是，留在城内的市民启程去救援出城的同胞，并在城西北偏西约31.5英里（约51千米）的豪斯贝根会合。"措恩领主，我亲爱的同志，"斯特拉斯堡市长、先前出征带队的老骑士赖姆博尔德·李本泽勒（Reimbold Liebenzeller）对带队增援的尼古拉斯·措恩（Nicolaus Zorn）说："以神的名义，欢迎你。在所有的日子里，我从没有像现在这样急着见到你。"[14]

市民摆出战斗阵形（"ordinantes acies suas"："整理战斗线列"），彼此激励，尤其是对步卒说："今天要拿出强健的精神，为了城市的荣誉和我们自己、我们的孩子、我们的后代长久的自由，无畏地战斗。"两名骑士专门被派去指导步兵（"populo seu peditibus"："大队步卒"）如何作战，市民承诺听骑士指挥。

据说，主教的骑士看见敌军势力很大就犹豫起来，不愿冒险进攻。但当他们警告主教时，主教斥责他们是懦夫，还说他们想走就走吧。于是，他们为了自身荣誉留了下来，尽管预料到会战死，但依然上阵，编年史作者如是说。

尚未成为骑士的年轻斯特拉斯堡贵族艾克沃塞姆的马库斯（Marcus of Eckwersheim）稳端长矛，率部一马当先冲向敌人。主教座下骑士拜克莱里乌斯（Beckelarius）上前应战。两人的矛都成了碎片，冲撞力是如此之强，以至于两人都被甩到地上，两匹战马都死了。两边的友军都冲上去支援，市民的部队成功救下马库斯并杀死了对手拜克莱里乌斯。

现在，双方的骑士大战开始了，斯特拉斯堡很快占据了上风。因为大批市民步兵端着长矛冲了上去，专刺敌人的战马，主教的骑士很快就全部落马。赖姆博尔德·李本泽勒之前教他们只管不停地刺，刺到友军的马也没事，因为市民毕竟离家近，可以走回去。文献中不吝笔墨，相当严肃地强调了这段话，而老骑士本来大概只是想开个玩笑。但无论如何，它描绘的骑士与矛兵混合作战的场景对我们是非常有价值的。

主教的骑士之所以被敌军的巨大数量优势和步骑配合击败，是因为他们的长矛步兵没有上来。斯特拉斯堡没有让弩手辅助骑士作战，而是将他们从大部队里抽出来，没等开战就列好队，阻止主教的步兵上前支援骑士。可惜，文献中没有说明他们是怎么做到的。据说，当市民为了绕过一道壕沟而朝回城方向运动时，主教就以为他们打算撤军，于是派骑兵先上，不等步兵赶上来就发起进攻。

然而，斯特拉斯堡弩手不可能插到敌方骑士和步兵之间。我们或许可以这样设想：他们抢先占据了位于己方军阵前方的一处高地，主教的部队要沿着山脚前进。即便弩箭挡不住骑士，但却把步兵吓退了。当然，进一步考察会发现，上述看法似乎也不太站得住脚，因为斯特拉斯堡人占据的高地肯定只是一座小山，主教的部队完全可以避开它行军，何必要走低洼的山口。我们只能认定这一情节完全是虚构，尤其是文献中说弩手只有300人，而主教有5 000名步兵。即便步兵实际只有800人或1 000人，远离大部队的300

名弩手怎么能打得过呢？要是一群矛兵竟然没有信心在野战中击垮人数不如自己的弩手，那他们肯定差劲得不得了。或许这段记载的核心是斯特拉斯堡弩手列阵于大部队两侧，向紧跟着骑士的敌方步兵射箭，后来被夸大成了弩手完全阻止敌方步兵参加骑士战斗。

无论如何，重点是斯特拉斯堡占有极大的数量优势，而出身骑士家族、作为"虔诚骑士"亲自下场参战、期间有两匹坐骑被敌军杀死的主教觉得数量优势没什么好怕的。

主教战败了，60名骑士被杀，76名被俘。斯特拉斯堡只损失一人，而且起初只是被俘，后来才被恼羞成怒的主教部队杀害的记载，与会战的整体性质太不相称，不可采纳。假如勇士主教手下的骑士果真预料到自己会阵亡，但还是"为了自己的荣誉"而杀入敌阵，那么被杀的60名骑士就不会去白白送死。此外，这场战斗时间并不短，因为主教的第一匹坐骑死后换了一匹，第二匹死后又换了一匹，最后才骑着第三匹逃离。对斯特拉斯堡人来说，打了胜仗不流血会减损他们的名声。虚假记载的原因无疑是文本写于事件发生一代人之后。斯特拉斯堡当地对此战的口述史中特别强调屠夫比尔格林（Bilgerin）的命运，言语间透着义愤，说敌军将毫发无伤的他抓了俘虏，然后将其杀害。故事将重点放在比尔格林身上，掩盖了其他被杀的人，于是他最后就成了唯一的死者。

7　条顿骑士团征服普鲁士

在十字军、教会和西欧的历史中，骑士团扮演着非常重要的角色，本书也经常提到他们。但他们的意义不在于，比如书写了战争艺术史上特殊的一页，或者产生了别具一格的作战形式。

我们或许会以为他们发下了服从的誓言，有严格的纪律，因此表现上会与同时代的通常状况有所不同。但我们到处都看不到不同。恰恰相反，骑士团的团规最清晰地体现了骑士开战和战斗方式的特征。骑士团中被视为战斗人员的真骑士一直都太少了，不足以开辟新的战法。他们的意义和成就源于组织，而组织的力量源于拉丁教会各国为圣地征战而不断输入的人力和物力。

但是，这些骑士团中的一员，条顿骑士团，在一个地方取得了无比重要的长远成功。

强大的德意志帝国用了整整三百年时间——或者从亨利一世算起，是两百多年——才彻底征服和同化易北河与奥得河之间弱小的斯拉夫部落。记住这漫长的时间，那么对于波兰人无力征服北边的异教徒邻居——维斯图拉河（Vistula）和梅默尔河（Memel）之间普鲁士人，最后只得召唤德意志的条顿骑士团来帮忙一事，我们就不会感到惊讶了。[1]

对于这一转折引发的不同寻常的建国和殖民史，我们的了解并不很准确。直到 100 年后才有彼得·杜斯贝格（Peter Dusburg）[①]以求实精神记录当时的情况。但是，我们可以清晰地看出条顿征服期间的基本军事原则。

恺撒征服高卢凭借的是常备军，常备军立于高卢中央，以万钧之力击败和镇压每一次反抗。骑士团没有常备军。它也没有查理曼那样由附庸组成的军队，可以像大帝那样在必要时发动远征，配合政略逐渐消磨和挫败萨克森人的反抗。在征服普鲁士，顺便占据利沃尼亚（Livonia）和库尔兰（Courland）[②]的时期，这支德意志骑士团的直属兵力非常少。直到成为三地的统治者之后，它才成为一股强大势力。奇怪的是，任何时期的骑士团成员数目在文献中都没有记载，因此无法确定。[2]13 世纪时肯定不过几百人，最多不超过 1 000 人。骑士团的力量源于一个事实：骑士团代表了那个时代的崇高思想，是教会与骑士的有机结合，而且作为教会和骑士的捍卫者，骑士团身后不仅有德意志，更有整个西方世界的支持。一边是教廷颁布通谕，发表布道鼓动十字军；一边是诸侯和骑士好战的天性和对冒险的渴望。这两个因素为骑士团带来了源源不断的强大兵力，最终使之有能力完成了当年耗尽皇帝和国王的力量，吓得波兰

---

① 又称杜伊斯堡的彼得，去世于1326年后，条顿骑士团成员，编年史作者。
② 此处说的普鲁士主要位于今天波兰的东北部。利沃尼亚在今拉脱维亚东部和爱沙尼亚，库尔兰在今拉脱维亚西部。

不敢动手的功业。以耶路撒冷为目标的十字军东征没有带来长久的政治成功，但从这条大河中分出的流向波罗的海一角的小溪却结出硕果，对世界历史造成了延续至今的显著影响。

骑士们首先在维斯图拉河畔的波兰边境荒地建立了坚固的托伦城堡（Thorn）（1230年或1231年），接着顺维斯图拉河而下，建立了其他要塞：库尔姆（Kulm）、马林维尔德（Marienwerder）和埃尔宾（Elbing）（1237年）。之后，他们沿着弗里斯泻湖（Frisches Haff）东进，在岸边修建了拜尔加（Balga）（1239年）。有学者认为骑士团沿边境行动是为了包围普鲁士人，但这不是真正的原因。他们从不曾计划由两个基地分别出发，采取协调一致的战略行动。决定性的因素是这些据点都邻水，彼此之间能保持联系，还能通过水路与德意志地区相连。他们一旦顺着诺加特河（Nogat）抵达波罗的海，就与德意志海港建立了联系；埃尔宾在一定程度上是吕贝克的殖民地。因为领地新发现的厄尔士山银矿而成为诸侯首富的迈森藩侯亨利（Margrave Henry of Meissen）拜访过骑士团。在一次十字军征讨中，他为骑士团提供的"朝圣"号和"弗里德兰"号两艘战舰比他提供的骑士贡献还要大，让骑士团得以控制弗里斯泻湖。

从水滨城堡出发，骑士团开始在内地修建堡垒，最重要的是雷登（Rheden）、巴尔滕斯坦因（Bartenstein）和勒塞尔（Rössel）。这种步步为营的策略——与查理曼征讨萨克森时完全不同——并不来自某条抽象的战略原则，而是与骑士团的特殊状况和强项相适应的。骑士团本身的实力不足以发起攻势，但十字军经常来到这里，而且常常是带着骑兵随从的大诸侯——迈森藩侯、勃兰登堡藩候、图林根领主、不伦瑞克公爵（Duke of Braunschweig）、梅泽堡（Merseburg）的一位主教、安哈尔特（Anhalt）地区的一位诸侯。每一次援军都被用来打击异教徒，向内地推进一步，建立永备工事。骑士团就这样以城堡为基地依次征服了维斯图拉河沿岸的普鲁士人、波梅萨尼亚人（Pomesanians）、波吉萨尼亚人（Pogesanians）和厄莫兰人（Ermelanders）。据文献记载，1236年在索尔格河（Sirgune，又称"Sorge"）畔也有过一次战斗，但我们或许会怀疑它重不重要，乃至是否发生过。无论如何，最重要的因素是修建城堡。

之所以如此，是因为在一切殖民征服活动中，决定性的因素往往不是通过突然袭击和欺骗敌人就能轻易成功的初次征服，而是有效地处理随之而来的起义。一旦被征服民族熟悉了外来的统治者及其带来的变化和压力，他们马上就会揭竿而起。1242年，征服后的第十二年，第一场大起义爆发并持续了11年，直到1253年才结束。骑士团不是凭借野战军和野战坚持下来的，而是因为普鲁士人打不下来坚固的据点，所以没能将骑士团赶走。远方的战士一次又一次前来援助骑士团，一起发动攻势，还帮助他们深入内地，在克里斯贝格（Christburg）修建了一座新的守备后勤基地。最后在教宗特使列日的雅各布（Jacob of Liège）的斡旋下，骑士团与部分起义军缔结和约（1249年2月7日），和约文本保存至今。后来冲突再次爆发，骑士团甚至在克鲁肯（Krücken）打了一场大败仗（1249年11月23日），54名骑士团成员被杀。但最后所有起义军还是接受了和约。

骑士团立即恢复了扩张活动。1254年，在奥托卡尔国王（King Ottocar）亲自率领的一支波希米亚部队支持下，要塞柯尼斯堡（Königsberg）在普列戈尔河（Pregel）河口处建了起来。为了与库尔兰建立通路，骑士团之前就在库勒舍斯泻湖（Kurisches Haff）湖口处建立了梅默尔（梅默尔堡），在内陆建立了克罗伊茨堡（Kreuzburg）。接下来是库勒舍斯泻湖旁的拉比亚乌（Labiau）（它有可能是更晚才修建的），以及内地的普列戈尔河畔的威劳（Wehlau）。以上述及其他几处城堡为基地，骑士团完成了对东普鲁士的征服；那时当地的大部分居民已经不是真正的普鲁士人，而是立陶宛人了。

6年后的1260年，当骑士团在杜尔班（Durban）大败于立陶宛（1260年7月13日），以利沃尼亚团长布尔夏德·冯·霍恩豪森（Burchard von Hornhausen）和元帅亨利·博特尔（Henry Botel）为首的150名骑士被杀后，第二次大起义爆发了。这一次，维斯图拉河沿岸的波梅萨尼亚区忠于骑士团，但内地的5个区——萨姆兰（Samland）、纳坦根、厄莫兰、波吉萨尼亚、巴尔滕——都起事了，起义军有完善的计划，也选出了头领或者叫公爵，领导人民坚定斗争了15年。与早年在罗马城生活的阿米尼乌斯一样，这些头领中的一位——纳坦根的亨利·蒙特曾在马格德堡受过教育，就连他的基督教名字很可能也是在那里取的。普鲁士人在正面作战中频频占据上风，尤其是在勒包（Löbau）一举全歼基督徒的军队，击杀副团长黑尔梅里希（Helmerich）和40名骑士团成员（1263年7月13日）。总体来说，两边交战的方式是不断出兵烧杀抢掠，普鲁士人一度兵临托伦城下，还毁掉了马林维尔德城。但与上次一样，最终决定胜负的还是对城堡的争夺。除克里斯贝格以外的全部内陆要塞都被普鲁士人占领了。尽管普鲁士人从敌人那里学到了一些攻城器械的用法，但攻城能力还是很弱。然而，通过在骑士团城堡外修建工事，轮流派兵驻守，封锁内外交通的手段，普鲁士人成功用饥饿将敌人赶出了城。正如当年阿里索要塞内的罗马守军和瓦卢斯残部曾面对日耳曼人在城内坚守数月，等到粮草耗尽又悄悄出城，行军90英里（约145千米）抵达莱茵河一样，普鲁士要塞的骑士团守军最后引开围城军的注意力，秘密撤走，这才保住性命。

海伊斯贝格（Heilsberg）和布劳恩斯贝格（Braunsberg）的守军以这种方式逃回埃尔宾，魏伊堡（Wiesenburg，拉斯滕堡以北）的守军穿越荒野逃回波兰或萨森（Sassen）。发现他们要跑，巴尔滕头领迪万（Diwan）便带着13人，骑着专门为长途行动备好的马匹追了上去。他们最后追上了，但他本人在打斗时受伤，其他人就不再追击了。

克罗伊茨堡守军的运气就没有那么好了，他们趁夜逃跑时被发现并被斩杀。

巴尔滕斯坦因在封锁下坚持到第四年，最后形势极其危急，其守军只有秘密逃亡才能活命。他们为逃亡做了巧妙的准备，数日间躲在墙内一声不出，好让普鲁士人以为城堡已经被放弃了。普鲁士人靠近时突然遭到射击，退走时损失惨重。守军撤退时分为两股：一股去了40英里（约64千米）外的柯尼斯堡；一股去了70英里（约113千米）外的埃尔宾。一名眼盲腿瘸的骑士留守，定期在指定时刻敲钟，以此欺骗因为最近的损失而更加谨慎的敌人，让他们以为城内依然有人把守。等他们终于认定德意志人真的走了以后，后者早就跑得无影无踪了。两股守军分别成功抵达柯尼斯堡和埃尔宾。

对于上述所有要塞,骑士团都无力救援。但是,梅默尔堡、柯尼斯堡、拜尔加、埃尔宾等邻水要塞都岿然不动。起义军不敢冒险接近托伦和库尔姆。拜尔加,特别是柯尼斯堡都遭到强大敌军的围攻。在柯尼斯堡,普鲁士人甚至试图在普列戈尔河上修桥以封锁河道,但骑士团毁掉了桥,给养和援军通过水道送入城内,最后甚至成功解围。有一次,于利希和贝格两位伯爵赶走了普鲁士人(1262年1月22日)。1265年,不伦瑞克公爵和图林根领主抵达柯尼斯堡,让骑士团得以从城内重新发起攻势。

第二次大起义的结束方式似乎与第一次类似;普鲁士人并没有被真正打败,而是在等待时机。两位酋长(或者称公爵)——纳坦根的亨利·蒙特和厄莫兰的格拉佩(Glappe)被骑士团欺骗抓获并处以绞刑,其中可能也有同族背叛的因素。另一位酋长——巴尔滕的迪万在围攻申塞城堡(Castle Schönsee)时被杀。普鲁士人意识到,尽管他们对征服者造成了那么大伤害,夺取和摧毁了那么多城镇、村庄、要塞并将居民杀害,但还是不能赶走敌人。于是,领地位于东南角的苏道恩部公爵斯库曼(Skumand, the duke of the Sudauens)在奋战多年,一度将战火烧到库尔姆地区后决定放弃。万念俱灰的他率部出走立陶宛,但之后又返回,放弃异教信仰,承认了骑士团的统治。其他酋长也是这样做的。1283年,托伦要塞建成后的第五十年,骑士团终于完成了对普鲁士的征服。

我们可能会问:罗马人当年有没有可能以同样的方式统治日耳曼,并引入罗马的政治制度。罗马人与条顿骑士团的第一个不同点在于,前者的任务要艰巨得多。毕竟普鲁士比日耳曼尼亚小得多,而且就算日耳曼尼亚人口稀疏,普鲁士只会更稀疏。甚至最深入敌境的据点离大海和维斯图拉河这两个安全的基本盘也不太远。在整场斗争中,波兰人一直是骑士团的盟友。尽管波美拉尼亚公爵(dukes of Pomerania)有时与骑士团关系恶劣,与普鲁士人直接结盟,但凭借军事实力和外交手段——公爵已经是基督教文化圈的成员了,前来参加十字军征讨的各地诸侯会出手干预——公爵最终被安抚下来。如果我们将德意志,部分程度上还有波兰和整个西欧,用于征服普鲁士并使其基督教化的资源加起来,那么与普鲁士一隅相比当然就显得极为庞大了。我们不能忘记,这场斗争总共持续了53年,而恺撒只用8年时间就征服并平定了莱茵河以西的庞大高卢全境。通盘考虑下来,恺撒征服高卢那样高烈度的速战速决成本更低。骑士团做不到是因为实力不济,而且外界资源总是一滴一滴地流入。于是,罗马人为什么没有用骑士团的方法征服日耳曼尼亚呢?答案是:如果他们对日耳曼尼亚志在必得且愿意投入必要的资源,他们肯定会用恺撒的方法。罗马皇帝绝不会用耗费巨大的骑士团的方法。第一次失败后,他们会立即发动全面战争。但我们已经知道为什么全面开战在日尔曼尼库斯被召回后便不复可能,以及为什么日尔曼尼库斯被召回了。

8 英格兰箭术与爱德华一世
征服威尔士和苏格兰

弓箭在中世纪早期战争中的重要性很不清晰,从文献中看不太出来,就算能看出来其说法也是犹豫和多变的。对于最早的日耳曼人,史料中基本没有提到弓箭(第2卷),但民族大迁徙时期的哥特人和其他日耳曼部族又好像广泛使用弓箭,以至于韦格蒂乌斯会说罗马人败在日耳曼人的箭雨下(第2卷)。加洛林王朝的法令中有弓箭的规定,但同时期的记述中很少提到弓箭,而且德意志骑士肯定是几乎只用刀剑枪矛的。另一方面,诺曼人在黑斯廷斯会战中对弓箭的运用极其熟练。但十字军与突厥人打交道时发现对方的射手素质更高,于是仿照突厥人组建了弓骑兵。我们知道撒拉逊弓箭手是腓特烈二世皇帝在意大利的军队的重要组成部分,但根据文献记载,在腓特烈的儿子和孙子与安茹的查理交手并失败的历次会战中,射手并未发挥积极作用。[1]

除了弓以外,弩也渐渐流行起来。[2]"弩"在德语中叫"Armbrust",与"手臂"(arm)和"胸膛"(breast)都没有关系,而只是中世纪拉丁语词"arcubalista"和"arbalist"在民间流变的结果。古典时代的弩似乎已经不只是大型投射武器，而也有小型手持版本了。现藏于勒皮博物馆（museum of Le Puy）的一幅4世纪浮雕中有弩，韦格蒂乌斯、阿米阿努斯和约达尼斯似乎也有提及。在真正意义上的中世纪，弩首次出现在路易四世御用《圣经》的小幅插画中，时间是937年。安娜·科穆宁据说以"Tzagra"的名字提到过它，说它是一种西方人特有的武器。1139年拉特兰宗教会议的决议中以一种无法完全理解的方式提到了它。[3]但既然腓力·奥古斯都（Philip Augustus）①的传记作者宣称是狮心王理查首次将弩带给了法兰克人，而且据说命运女神希望狮心王死在这种武器之下，所以弩在12世纪肯定还是一种相当少见的武器。[4]

  护甲的强化导致武器的相应变化。早在查士丁尼时期的《箭术入门》（*Anleitung zum Bogenschiessen*）[5]一书中就建议抛射，因为平射出去的箭不能穿透敌人的盾牌。弩箭的穿透力远胜于弓箭，因此弩似乎是对付重甲骑士的理想远程武器。尽管如此，弩的流行过程非常缓慢，而且从未完全取代单体弓，只是与弓并存而已。弩最后甚至还被弓打败了。弓在很长一段时间里只是偶尔被提及，接着情形在十四五世纪发生了惊人的变化，弓在英格兰军队中突然具有了压倒性的意义。这是如何发生的？这样一种有几千年历史，技术水平大概不可能有进一步提升的古老武器为什么突然变得如此重要？

  奥曼在《战争艺术史》（*History of the Art of War*）一书中已经

---

① 即法国国王腓力二世，1180年至1223年在位，1191年至1199年间与英格兰国王理查交战。

认识到，弓箭复兴的缘起要到英格兰国王爱德华一世和他的威尔士战争中寻找。之后，约翰·莫里斯（John Morris）写了一本全面探讨当时战争军事的极有价值的书，书中对弓箭的源起做了彻底的介绍。[6] 与之前的奥曼一样，莫里斯的出发点是这样一条记载：先前的通行方法是只将弓弦拉到胸前，现在却要将长弓的弓弦拉到耳侧。[7] 我不想逐字重复说一遍，因为弦拉得越远箭的力道越强，不是什么新发现，而且以前肯定也有臂力强的人。此外，我们在700年前的普罗柯比著作（参见第2卷）中发现了一模一样的记载，作者的意图是证明弓箭在当时已经得到了广泛使用。既然有一些时代和民族善用短弓、不用长弓，而且有波斯人和帕提亚人这样以射术闻名的民族也这样做，那么弓体形制的差别肯定不是特别重要。优秀的射手当然一直都会在体力允许的情况下尽可能将最硬的弓拉到最远的位置。但是，莫里斯的观点只需稍加改动就会变成真理。我们可以从弓箭已经存在了上千年，箭术也不可能有突破这一点出发，但箭术并不总是维持在高水平上。如果说箭术在中世纪的某些时期和某些民族中默默无闻，而且有些大战没有射手参与，这无疑意味着制弓和射箭的技艺都退步了。莫里斯指出的一点非常好：19世纪末，随着赛艇速度达到前所未有的高度，小艇这样古老的器物也迎来重大的生产技术进步与完善。对一门技艺的热衷总是与相应器具制造水平的不断提高相伴而行。因此，不管是长弓还是将弓弦拉到耳侧的惯例，它们都不是一个引入全新事物的问题，而是从一定的基础起步，改进弓箭制造和使用技术的问题。随着这种过去被忽略的武器受到越来越多、越来越强的重视，进步自然而然就会发生。于是，使用弓箭的技术提升到了一个新的高度。这个高度无疑曾经有人达到过，只是在当时的人眼中好像是新奇事物。因此，箭术进步不是弓箭复兴这一军事史现象的原因，而是其结果；当然，它对其原因也会有反作用：弓箭取得的成就越大，人们就越愿意使用这种武器。

于是，真正的问题就是：箭术在这个特定时期，在英格兰这个特定地域再次被接受的动因源于何处？

源起是爱德华一世国王（1272—1307年在位）的威尔士战争，最后威尔士人被征服，威尔士并入英格兰。在英格兰土地上发生的前两次决战——刘易斯（Lewes）会战和伊夫舍姆（Ewesham）会战，交战双方是爱德华一世之父亨利三世和国王手下的男爵们——依然基本看不出射手的用处，与同时代的贝内文托会战和塔利亚科佐会战没有区别。爱德华曾以王太子的身份参与了这两场会战，之后又去圣地参加十字军，他大概是在那里了解了突厥弓箭手及其威力。根据一份未经证实的文献，他甚至被突厥人射伤过。登上王位后，他给自己设定了征服威尔士人的目标。凭借凯尔特遗风和古老的蛮族战法，山寨中的威尔士人历经风雨而不倒，先后到来的罗马人、盎格鲁-撒克逊人和诺曼人都不曾征服他们。爱德华要为接连不断的边境冲突和周边郡县的苦难画上一个句号。北威尔士人沿袭古代传统，仍然以矛为主要兵器，就像塔西佗笔下的日耳曼人那样；南威尔士人则已经受到英格兰-诺曼人的统治和影响，发展出了完善的箭术。早在爱德华一世两代人之前，政治作家和历史学家吉拉尔德斯·坎布伦西斯（又名杰拉德·德巴里，"Gerald de Barri"，死于1220年前后）曾提出过击败威尔士人的方略。杰拉德本人的祖父是诺曼人，担任彭布罗克（Pembroke）治安官，祖母则是一位威尔士首领的女儿。他为父系和母系都感到骄傲，而且对两边的成就都表示了赞赏。他称赞了骑士，也描述了威尔士人的战法，指出轻装上阵的威尔士人有时攻势如火，有时又会隐秘灵巧地退入道路不行的山林。因此，杰拉德建议从归顺或结盟的威尔士部落获取辅助部队，让弓箭手与骑士联合作战："弓箭手永远应该编入骑士的队伍。"（"Semper arcarii militaribus turmis mixtim adjiciantur"）。[8] 爱尔兰不久前正是通过混合作战被征服的。事实上，更往前的征服者威廉也是这样打败盎格鲁-撒克逊人的。但杰拉德认为自己提出的是一条不同寻常的建议，他也承认法国人只有长矛骑士这一种战法，从而进一步证明征服者威廉时代的战法确实已经衰落了。1181年亨利二世颁布的《国防法令》根本没有将弓箭列为兵器。[9]

因此，爱德华一世之所以会捡起和发展箭术——这门有过流传，但后来被忽视，当时已经少有人知的技艺，是因为山地作战的迫切需要。箭术复兴最初主要是在临近威尔士的各郡，对当地人来说，这是一场关乎生死和传统的战争，另外威尔士人也会为英格兰人服役，领英格兰的军饷。尽管边郡的远程武器使用率较高，但纯粹靠封建制度下的征召服役不会有更大的进展。附庸义务仅限于服役40天的规则在当时还是实行的。实际服役期还要更短；有时只要求服役3周，也有记载称服役期以随身携带口粮耗尽为限。他会带上一条火腿，尽快吃完，然后回家。[10] 但爱德华知道，只有发动一场尽可能重大的战争才能实现他的目标。我们知道，在诺曼人的国家，佣兵一直是征召附庸的补充乃至替代品。爱德华作战全靠雇来的佣兵，只让征召兵执行次要任务，或者与佣兵混合作战。[11]

例如，他命令所有有产骑士（财产达40镑以上）做好应征服役三周，并在第一期服役结束后继续为国王作战，同时从国王处领取报酬的准备。"除此之外，如我有意，应继续为我有偿服役三周，期间开支由我负担。"（"Ad eundum in obsequium nostrum et morandum ad vadia nostra ad voluntatem nostram quandocunque super hoc ex parte nostra per spacium trium septimanarum fuerint premuniti."）[12] 在本郡或本边区服役是没有报酬的，但出境行动会立即发放报酬。如有大规模行动（例如一场重要的围城战），等到最初的无偿3天服役期结束后，本郡作战的征召兵也会领到报酬。[13] 爱德华还从加斯科涅调来经验丰富的战士与英格兰佣兵并肩作战，而且他会连续作战，冬季也不例外。莫里斯运用大量文献资料、国王御令、佣兵工资单等，详尽说明并生动描述了这场战争，读来总会想起罗马人的日耳曼征讨和条顿骑士团的普鲁士战役。爱德华首要关注的是维持交通线和后勤给养。与日尔曼尼库斯和德意志骑士一样，他利用包括河道和海洋在内的水路来达到这两个目的，从5个港口调集船只。图密善当年在卡狄人的地盘里铺设了180千米长的道路，从而征服了这个部族（第2卷）；爱德华也是如此，雇来伐木工人在威尔士丛林中开辟道路。[14]

尽管爱德华的战争有全国的鼎力支持，尽管尽了最大的努力，但他召集的军队规模并不比我们之前了解的中世纪军队更大。根据一份详细的记录，1277年开战时，国王的战马是从法国带回来——有100多匹。[15] 我们注意到，这个数目证明100组"战马和优秀骑手"（dextrarii et magni equites）在当时已经是相当可观了。

莫里斯（第80页及之后）认为爱德华一世手下最多有2 750

名骑士，包括全部有义务成为骑士的人在内。因此，他假定按每名骑士另配两名骑手计算，英格兰的最大可用兵力——但当然不会同时全员征召——约为 8 000 名骑手。

莫里斯估计（第 132 页），1277 年的步兵数目上限是 15 640 人，但其中最多有 6 000 多一点是英格兰人，威尔士盟军则有 9 000 人以上。这样庞大的军力只能集结很短的一段时间。

在 1282 年的第二次战争中，步兵兵力为 8 600 人，包括约 1 800 名威尔士人。包括骑士和侍从在内的骑兵总数为 700 人到 800 人。[16]

入冬后，部队因伤亡和逃亡而减员严重，但从加斯科涅来的佣兵弥补了损失。战争爆发时，爱德华继承的国家的大总管（seneschal）还只需要提供 12 名骑马弩手和 40 名步行弩手。[17]但现在来了一支 210 名骑兵和 1 313 名步兵的军队，这是莫里斯根据军饷名册得出的确切数字（第 188 页）。援军的主要武器是弩，而且用桶和筐带来 7 万支弩箭。从国王支付的高额军饷来看，这些弩手被视为精锐部队。[18]凭借这支援军，爱德华一直战斗到了最终取得胜利。

据莫里斯估计（第 105 页），威尔士战争中两场较大的会战的总参战人数不会超过 2 000 人到 3 000 人。[19]

回顾当年腓特烈二世皇帝和征服者威廉的时代，两人手下都有大批射手。这表明每当一位卓越统帅凭借强大中央政权召集军队时，军中总会有射手。但封建征召兵与射手气质不和。统帅明白射手的价值，也重视射手，但必须花钱才能雇到（至少要有付钱的承诺，如征服者威廉）。附庸和单个骑士不会训练射手，也不愿意随从里有射手。他们倒也不是不重视这种武器的技术层面和实战威力，但我们已经认识到封建骑士的观念与射手的运用之间有着显著的张力，因为后者与上层统帅和佣金支付有关，而这种关系与骑士制度的本质是相违背的。

文献中没有直接说明爱德华最终为什么选择了弓，而不是当时颇受重视，他也大量使用的弩。法国学者吕斯（Luce）[①]在《贝特朗·杜盖克兰》（*Bertrand du Guesclin*）的第160页写道，你只要看一看博物馆里14世纪"如此笨重难用"的弩，就能明白它为什么比不过英格兰长弓了。但我认为这样说太过分了。尽管英格兰用长弓取得了多次胜利，但弩在与弓的竞争中还是获得了认可，继续占据一席之地。一方的长处是操作简单，射速更高；另一方面的长处则在于穿透力大得多。因此，这不是一个某方占尽优势的问题，而是各有不能相抵的利弊。有学者将弓弩同时并存的局面与19世纪上半叶的来复枪和燧发枪之争相提并论，恰当确切。燧发枪装填和开火速度高得多，但精度低；有膛线的来复枪装填困难，但精度更高。这个问题直到装填快，精度也高的后膛装填器出现才得以解决，但弓弩之间的两难一直没有化解。[20]朱韦纳尔·德·于尔桑（Juvénal des Ursins）[②]这样描述1414年的布拉班特公爵约翰："他有4 000名弩手，每人配两把弩，有两名强壮的士兵配合，一人持大盾，另一人备弩，确保弩手随时可以发射。"

我认为爱德华一世发展弓，而他的前任狮心王理查青睐弩的原

[①] 全名西梅翁·吕斯（1833—1892），法国历史学家，曾任法国历史学会会长。
[②] 法国神职人员，历史学家（1388—1473），著有《法王路易六世传》（*Histoire de Charles VI, Roy de France*）。

因在于，理查的对手是骑士，而爱德华的对手是护甲微不足道的威尔士人。我们会看到，一旦弓在威尔士战争和接下来与苏格兰人的冲突中证明了自己，历代英格兰国王就将弓沿用到英法战争中，而且找到了最能发挥其威力的方式。

在大量辅助骑士作战的娴熟弓手帮助下，加上让长期开战成为可能的积极官署，最后还有监管有序的后勤补给体系，爱德华一世只用几年时间就彻底征服了威尔士山民。凭借在这次战争中建立的军事力量，他接下来又战胜了苏格兰人。

福尔柯克会战

（1298年7月22日）

以威廉·华莱士（William Wallace）为首的苏格兰人占据了一处前方有沼泽庇护的阵地。苏格兰军有4个人数众多、射手穿插其间的矛兵单位。数目不多的骑士留在后方。

爱德华率领一支以骑士和射手为主的强盛军队迎击，也有一些苏格兰人为他作战。苏格兰人前方的沼泽没有起到保护作用，因为英格兰人从左右两边绕了过去。面对冲杀过来的优势敌军，苏格兰射手的阵形立即崩溃，骑手也不战而逃。接着，英格兰骑士扑向矛兵单位，但没能突破厚实的枪林，却被对方缠住。爱德华国王命令骑士撤退，让射手攻击苏格兰人的密集大阵。英军矛兵也捡起石头朝无助的人群扔去，支援弓手作战。苏军很快就耗尽力气，无力继续抵抗，骑士遂得以打破其阵形。一场大屠杀开始了。

按照最小的估计，苏格兰有1 000名骑兵和3万名步兵。最重要的信息来源——在其他地方理智而可靠的吉斯本修道院司铎沃尔特·亨明福德（Walter Hemmingford）——给出了 30 万人的数字。奥曼认为 3 万是有可能的，即便我们假设大队枪兵以乡村民兵为主，但在我看来也是太夸张了。

科勒以为苏格兰人把自己拴在一起是误读。原文是"Scotos lanc-earios, qui sedebant in circulis cum lancies obligatis et in modum silvae condensis"（"苏格兰矛兵围成一圈，矛紧靠在一起，密如丛林"）。"obligatis"只是说矛"紧靠在一起""合在一起"罢了。

莫里斯估计英格兰一方的骑兵总数为 2 400 左右，而不是一份编年史中说的 7 000。[21] 英军有率军前来的 8 名伯爵和一名主教，另有各色佣兵，尤其是加斯科涅人和刚刚归顺爱德华、如今为其服役的威尔士人。

科勒认为，此时英军这样的步骑混编在军事史上前所未见。这个观点可能要推翻。骑士军队通常都是步骑混编的，与希腊对战的波斯人是这样，民族大迁徙以来乃至整个中世纪都是这样。但福尔柯克会战中的弓手之所以大显神威，首先是因为爱德华的弓手实力强悍，其次是因为苏格兰人的 4 个大阵完全是防御阵形，成了弓手前所未有的好靶子。说到底，苏格兰大阵与哈罗德手下的盎格鲁-撒克逊军没什么不同，后者同样在黑斯廷斯被威廉的弓手和骑士打败了。此中有一个区别是苏格兰人并非完全没有骑兵，但我们看到这些骑兵马上就跑了，所以其实也没区别。另一个区别是，哈罗德摆出了一个宽浅的紧密阵形，苏格兰人则分成 4 个窄长的阵形。这个区别可以由方便在场骑士前出来解释，可能还因为弓手数目众多，不能全部置于单一方阵前方，最后一个因素是矛兵素质不同。

哈罗德的手下是职业军人，而苏格兰一方至少大部分是民兵。后一类部队必须是大纵深，不然阵形不稳；职业军人采用宽浅阵形是为了让更多人能参与战斗，而且其中很多人不是用矛，而是用更高效的战斧。较深的苏格兰部队一直是矛尖向外，围成一圈的纯防御姿态。

因此，福尔柯克会战的不寻常之处更多在苏格兰一方，而非英格兰一方。中世纪从来没有这样大队步兵被骑士攻击，而没有立即崩溃的情况。但规模较小的情况下，紧密步兵单位没有被骑士打垮，而是被射手击败的现象无疑是经常发生的，例如1214年的布汶会战和1237年的科尔泰诺瓦会战。

9　战例介绍

我接下来要简要介绍若干关于会战、战斗的报告或战略态势。这些内容有的是我认为在史实方面,或者是文献分析方面有特殊的意义,能够夯实前几章提出的观点,也有的是为了避免读者可能得出的误解和错误结论,尽管这些事件本身不值得全面讨论。

坦什布赖会战
（1106年9月28日）

英格兰国王亨利一世与其兄长诺曼底公爵罗伯特之间的坦什布赖会战之所以值得一提,是因为人们误读了文献,于是认为双方的骑士都曾下马作战。果真如此的话,那可是当时的一大奇观,值得予以最高的关注。但是,德拉蒙德（Drummond）[①] 的详尽专著表

[①] 全名为詹姆斯·道格拉斯·德拉蒙德,该观点出自他在柏林大学（接下页）（接上页）的博士论文《12世纪英格兰军事史研究》。

明,坦什布赖会战无疑只是"一场完全正常的 12 世纪战斗"。[1] 因为亨利国王正在围攻一座罗伯特赶来救援的城堡,所以亨利军中肯定有步兵。但他并没有让步兵直接参战,而是让他们作为预备队守在骑士后方,显然是为了以防万一。一旦骑兵逃跑,步兵可以发挥主心骨和骑士集合点的作用。为了巩固步兵,国王及其亲随下马并与步兵站在一起。尽管如此,他的骑士由于有数量优势,直接就打赢了,步兵没派上用场。

按照上文解释(第 277 页),骑士分为一、二、三线(prima, secunda, tertia acies)的记载就不需要考虑了,因为各个单位是前后挨着的。

布雷缪会战

(1119 年 8 月 20 日)

布雷缪会战 (Battle of Bréule) 也有英格兰国王亨利让骑士下马的记载,这支部队寸步不移,于是击败了法王路易六世。德拉蒙德试图给出合理的解释,但他最后不得不说:这条记载并不是一种多年后才出现的状况的早期实例,而可能是纯粹的虚构。据说参战的 900 人(亨利 500 人,路易 400 人)中只有 3 人被杀,却有 140 名法国人被盎格鲁-诺曼人俘虏,因为双方的骑士都饶过了对手的性命。

布林乌尔德战斗

（1124年3月26日）

布林乌尔德战斗（Engagement at Bourgthéroulde）的起因是亨利一世的部队在狭窄山口堵住了反叛骑士的去路，后者试图强行突破但没有成功，马匹被守军射死，80人被俘，但没有一人被杀。

当然，守关的王室骑士肯定要下马。从文献分析角度看值得注意和有趣的一点是，记录者奥德利克·维塔利斯说他们下马是为了断绝退路和振奋士气。[2]

诺萨勒顿军旗会战

（1138年8月22日）

苏格兰国王大卫入侵英格兰，为此征召了低地地区的德意志附庸和苏格兰高地的凯尔特蛮族。受到威胁的诸郡号召民兵拿起武器，对抗烧杀掠抢的入侵者。

年迈的约克大主教让人用担架抬着他四处激励民兵，振奋士气。他们备好了一辆军旗战车，上面有约克的圣彼得、贝弗利的圣约翰、里彭的圣威尔弗雷德三位圣徒的旗帜。旗杆顶部有一个银制圣物匣。所有人都做了斋戒和祈祷，由牧师赦免罪过和发放圣餐，并向彼此发誓坚定忠诚。他们列阵于约克城北诺萨勒顿（Northallerton）附近的一座山丘，等待敌军进攻，由下马骑士组成民兵方阵的第一排。英格兰国王斯蒂芬不在场，但派了骑士来支援。方阵中站着许多弓箭手。一部分弓箭手可能原本站在前面，接着退到骑士身后，以便从骑士后方，或者说越过骑士的头顶射击。[3]

我们有四份记载，作者与会战相距都不远，而且内容基本相符。一位是苏格兰边境附近的赫克瑟姆修道院长理查德（Richard the prior of the Abbey of Hexham），写于1154年之前。另一位是里沃修道院长埃尔雷德（Abbot Aelred of Rievaulx，死于1166年），他早年曾住在苏格兰国王大卫的王宫里，居所离会战发生时的战场很近。

会战过程大体如下：在盖尔人（Gaels）[①]的疯狂冲锋和苏格兰王子亨利指挥的骑士攻击被击退后，其余苏格兰人便不再进攻，没等敌人反击就撤走了。亨利王子和他的几名骑士有可能打穿了英军方阵的左翼，但力量不足以从后侧发起进攻。

此战在英格兰传说中非常有名，有神话和夸张的成分。据说苏格兰人占有极大的兵力优势，战死者达1万到1.1万人。我们可以假定兵力更多的其实是英格兰一方，因为不管在什么时代，民兵只要成功集结起来，人数肯定相当多。民兵的弱点通常是缺少军事素养。这场会战一个特别有意思的地方是：通过主教的口才、教会的资源（军旗战车）和骑士站在第一排，与群众并肩作战等因素，民兵真的坚守住了阵地。当然，这些因素的效力仅限于让民兵坚守阵地，击退敌军进攻——可类比于莱尼亚诺会战，但比不上马拉松会战中冲锋杀敌的雅典民兵。

---

① 凯尔特人的一支，生活在爱尔兰和苏格兰。

林肯会战

（1141年2月2日）

林肯会战（battle of Lincoln）引人注目的原因也是双方都有步兵：一方是市民；一方是受到下马骑士鼓舞的农民。斯蒂芬国王下马作战不幸战败并被反叛男爵俘虏，大概是因为叛徒。[4]

第一次十字军东征中的会战与战斗

奥托·黑尔曼于1887年在马尔堡大学通过的博士论文《第一次十字军东征时期西方军队在东方战况研究》（"Die Gefechtsführung abendländischer Heere im Orient in der Epoche des ersten Kreuzzuges"）中已经做了细致系统的分析，有兴趣的读者可以自行查阅，我就不再赘述细节了。不过，与前文讨论过的迪特里希对伦巴第战争的研究一样，该文基于对客观事实的错误假设，理论上也有问题。黑尔曼说十字军中有步兵，有骑兵，有团，有中队，有军官，因此他对当时的基本军事概念有误解，不了解骑士军制与纪律严格的现代军队的根本区别。这不单纯是用语问题，例如黑尔曼本来可以不用现代术语，但他还是用了，或者他赋予现代术语比通常更宽泛的含义。相反，两者的独立是在绝对的、客观的层面，它不仅仅是影响到了文献中每一句话的解读方式，更从头到尾主导着文献。黑尔曼基于他对军事单位的假定，从文献中读出来的巧妙阵形和机动方式——在一定的限度内，他可以这样解读——必须直接排除，因为问题恰恰就出在理论假设上。骑士不是"现代骑兵"，尽管两者有一些外在的相似性,但差别是非常大的。当然,我们从单场会战的记载中得不出这个结论,而只能去看从古典世界没落直到近现代的整个发展历程。

不过,如果我们排除黑尔曼文中的错误图景、概念、假设和结论,它的内核仍然是很有意义的。我要挑出几个对我们特别重要的因素来讨论,作为对黑尔曼的补充。

黑尔曼文中第 105 页的一处评论特别恰当:当时的会战时间很短。当然,他的总体论述与此有些矛盾,而且当然是不正确的(第 121 页):

> 反复拉锯,多个单位或梯队被击破,全军被四面合围或部分围住,然后最高统帅带着预备队赶来救援,对我军受到最大压力的地方发起进攻,最终赢得胜利——这些特征反复出现于大部分会战当中。

黑尔曼是被突厥人占有巨大数量优势的看法引入了歧途。在这一点上,基督徒作者的记载完全不值得相信。

多里莱乌姆会战
(1097 年 7 月 1 日)

十字军是在行军途中遭到攻击的。骑士被突厥人的优势兵力击退,在弓骑兵射出的箭的追赶下,他们逃向已经在后方安营扎寨的步兵那里。步兵保护了骑士("militaris fugae impetus pedestrem conclucat tarditatem, isque vicem densissima pedestrium hastarum sylva nunc fugam impedit, nunc extinguit": "往回冲的骑士践踏了行动缓慢的步兵，步兵浓密的枪林反过来在一处拖慢了骑士，在另一处则堵住了骑士")。⁵ 挤作一团，混乱不堪的大队步兵和骑士受到突厥人的猛烈攻击。防御由试图突围的骑士领导（"jamque nobis nullla spes vitae…tunc proceres nostril…pro posse illis resistebant et eos saepe invader nitebantur, ipsi quidem a Turcis fortiter impetebantur"："我们无望生还……接着，首领们……奋力抵抗，往往还努力反攻。他们自己当然也受到了突厥人的猛烈袭击")（富尔彻）。

最后，本来在 2 英里（约 3.2 千米）外分开行军的另一半部队急忙赶来，他们这才逃出生天。援军靠近时，突厥人也离开了。

安条克湖畔会战
（1098 年 2 月 9 日）

基督徒在围攻安条克城，有一支敌军前来解围，仅有 700 人的基督徒骑士决定出营应战，步兵留守。⁶

凭借强大的冲击力，这支小小的骑士军队击退了敌军。

黑尔曼强调，基督徒分散在当时肯定不太宽阔的整个平原上，以免数量占优的塞尔柱突厥人（雷蒙德①的记载是 2.8 万名骑兵！）实行包抄。但文献中又说，基督徒排成了三列梯队。可他们只有

---

① 指阿吉莱拉的雷蒙德（Raimund of Aguiler），曾参与第一次十字军东征并留下了相关记载。

700 人。这里就有矛盾了。科勒（3:3:159）已经提出了异议，指出更好的文献中根本没提梯队的事，而且他们是依靠 5 个单位（博埃蒙①另率一队留后）同时出击取胜的。

安条克吊桥行动
（1098 年 3 月初）

这场战斗起于基督徒的一次突围行动，他们刚刚夺取安条克，现在反被敌军困在城内。步兵的参战尤其值得注意。据雷蒙德记载，跪地祈祷过后，普罗旺斯骑士盖吉亚的伊苏安度斯（Isuardus of Gagia）鼓动起 150 名步兵的斗志。接着，他大喊一声："冲啊，基督的精兵！"带头杀出，据说其他部队也随之上前。

安条克城下决战
（1098 年 6 月 28 日）

尽管目击者留下了众多记录，但此战的决定性因素依然晦暗不明，军事价值很低。

正当基督徒攻占了主堡以外的全城时，摩苏尔的埃米尔②卡尔波加（Karbogha, the emir of Mosul）率领一支庞大援军逼近。基督

---

① 指安条克国王博埃蒙一世（Boemund I of Antioch），本为诺曼佣兵，后来参与十字军东征成为国王。
② 埃米尔是伊斯兰世界的一种领主和将领的头衔。

徒没有发动野战，而是任由自己被围在安条克城内。粮食吃尽时，他们终于决定孤注一掷，全军出城，结果毫不费力就取胜了。根据一名僧侣在梦中得到的启示，他们在一座祭台下发现了圣枪，全军遂再次满怀信心和胜利的意志。我们或许可以强调这是一个彰显骑士军队特征的实例：与只靠服从命令就能战斗的纪律严明的军队不同，他们必须每个人都具有或被激发出适当的情绪时才能作战。但即便圣枪的故事很典型，它本身或许也不足以解释当时的情形，因为我们知道对面的卡尔波加军中存在严重的不和、不信任和背叛行为。因此，这可能才是基督徒迟疑许久后一击得手的决定性原因。

按照济贝尔（Sybel）①、库格勒（Kugler）②、黑尔曼、奥曼和科勒（3:2:170）等人的通行解释，基督徒走过了奥龙特斯河（Orontes）大桥，但接下来不是背对大桥，而是侧面对着大桥，各队鱼贯而出，面朝右侧列阵（济贝尔说是面朝左侧）。但在我看来，这种解释完全不可信，最起码是不能理解。卡尔波加的部队就在附近，他们怎么会让基督徒在自己眼皮底下这样部署？当然，卡尔波加没有在敌人刚上桥时就出兵是正确的、符合逻辑的做法，但他为什么放任对手全部过桥，而没有趁着尚有一半敌军在渡河，忙着执行侧对大桥的笨拙部署时派骑兵出击呢？那样一来，他肯定能击败敌军，将他们赶回桥上，消灭挤作一团的基督徒。卡尔波加有不这样做的特殊理由吗？基督徒又怎么会让自己面对这样的可能性呢？

---

① 全名海因里希·冯·济贝尔（Heinrich von Sybel, 1817—1895），德国历史学家，曾任普鲁士档案馆馆长。
② 全名伯恩哈德·冯·库格勒（Bernhard von Kugler, 1837—1898），德国历史学家，以十字军研究著名。

此战的兵种配置方式很出名。以弓手为主的步兵在前，凭借从城中缴获的马匹而增多的骑士在后。但骑士后来冲到前线，决定了战斗的胜负。

我们不必像黑尔曼那样重视各单位的兵力、次序和相对位置，更别提 8 排分成 4 个梯队这档子事了。各单位并排分布，从离河最近的单位开始分梯队出击。但这一点并无更多意义。

军阵正面从奥龙特斯河延伸到山下，长为两个 miliaria——至少合 2 000 步，也有可能是 4 000 步。因此，他们要么展开为只有几排的一字长蛇阵，因为基督徒最多有 2 000 名骑兵，要么各单位之间留有很大的间隔。

一份文献（雷蒙德）说他们彼此间隔很大，就像游行中的神职人员一样。[7] 科勒的理解是单位的间隔，黑尔曼则认为是骑士的间隔。我认为黑尔曼的说法更符合逻辑。

所有文献都说步兵走在骑士前面。但我们发现在战斗中，步兵遭到骑士身后的突厥人攻击。于是，黑尔曼在论文的第 121—122 页得出了一个很可能正确的结论：步兵穿过骑兵，回到后方集结。但他错误地认为，弓手从后方越过骑士头顶将箭雨射向敌军。那样对肉搏中的己方骑兵和战马来说太危险了。

雷蒙德还记下了一段特别有趣的插曲：被突厥人从背后袭击的步兵单位收缩阵形，挡住了敌军，"步兵组成圆阵，顽强地挡住了敌军进攻"（pedites facto gyro impetum hostium sustinuerunt viriliter）。

阿什凯伦会战

（1099年8月12日）

征服耶路撒冷后不久，十字军就要去迎战一支在阿什凯伦附近登陆的埃及军队了。为应对来自各个方向的突袭，十字军排成平行的3路，分9队行军。与德尔佩什一样，黑尔曼认为这里的"队"是细长纵队，但那样不仅行军不便，更会带来一种显然要避免的情况：侧翼比正面薄弱得多。因此，我们大概可以将每支队伍设想成皮伦劳伊塔会战中的那样。根据最好的文献（雷蒙德），全军共1 200名骑兵，每队平均133人。准备开战时，后队已经赶了上来，与前队并排而立。《法兰克人史》（*Gesta Francorum*）中明确记载，诸侯们是并排在一起的。穆斯林没有迎战，而是立即逃跑了。[8] 为了与这条记载调和起来，认为3路行军，每路3队本身就是3梯队的战斗阵形（而不只是行军阵形）的黑尔曼提出，3个梯队不是前后排列，而是呈品字形：一队在前；一队在其左后方；一队在其右后方。事实可能确实如此，但它们未必称得上"梯队"，而只是部署尚未完成罢了。科勒（第178页）也反对黑尔曼的看法，但他自己的看法也不清晰，大概是笔误造成的吧。(他在注释6的开头说各队前后排列，末尾又说是左右排列。)根据科勒的记述（3:3:339），由于步兵的情况，十字军在东方不可能采用梯队阵形和战法。

雷蒙德认为，除了1 200名骑兵以外，十字军还有9 000名步兵。步兵由射手和矛手组成，行进于骑兵前方，骑兵随后前出发起进攻。[9]

我们很难想象骑兵如何能穿过这么多步兵，也很难理解在如此悬殊的步骑比率下，为何还是只有骑兵发挥了决定性作用。文献中给出的步兵数目估计是太高了。当然，十字军诸侯给教宗的信中确实说基督徒一方有 5 000 名骑兵和 1.5 万名步兵。但这封信中还说巴比伦国王（即埃及苏丹）有 10 万骑兵和 40 万步兵，而且我们也想不出十字军在安条克城内只剩下几百匹马，他们现在又从哪里变出来 5 000 名合格的骑士坐骑？所以我们还是倾向于雷蒙德——他本人在战场，负责高举圣枪——的估值（步兵数目甚至还要再减掉一些）。诸侯信件中给出的数字证明，就连官方文件的数字也未必总是可靠。[10]

拉姆拉战斗
（1101 年 9 月 7 日）

黑尔曼（第 58 页）试图从拉姆拉战斗（engagement at Ramleh）的文献记载中解读出某种精巧的品字形结构，尽管鲍德温国王[①]率领的基督徒军队只有 260 名骑士和 900 名步兵，而且步兵还被留在后方，没有实际参战。文献中提到了"前阵"（anteriores acies），用"头部"（in capite）来表示胜利，用"尾部"（in cauda）来表示战败。所以从史料来看，步兵确实没有参战。不过，科勒已经正确地反对和驳斥了这种解读方式；当然，科勒在别处（3:2:186）依然支持梯队阵形。

---

① 指耶路撒冷国王鲍德温一世（1100—1118 年在位）。

拉姆拉战斗
（1102 年 5 月）

鲍德温国王只带着骑士就去攻击一支兵力大得多的埃及军队，结果被打败了。富尔彻批评他阵形散乱，而且不等步兵赶上来。由于十字军单凭骑士就打赢了 1098 年的安条克湖畔会战，黑尔曼就得出"步兵"从那时起变得更加重要的结论，尽管他驳斥了德尔佩什更加极端的解读方式（第 66 页、第 124 页）。我们不能采纳这个结论，两次战斗结果的不同也可能是因为拉姆拉的敌军素质更高或人数更多。

战败的指挥官常会遭到口诛笔伐，我们从中得不出什么定论。

拉姆拉战斗
（1105 年 8 月 27 日）

黑尔曼在此处同样试图从文献中读出他的品字阵，但他也承认找不到有说服力的证据。

萨明会战

（1115 年 9 月 14 日）

阿塔勒布（贝拉斯）会战

（1119 年 6 月 28 日）

黑尔曼认为萨明会战（battle of Sarmin）和阿塔勒布会战 [battle of Athareb，或称贝拉斯会战（battle of Belath）] 两场会战都有分梯队进攻。科勒表示同意。安条克公爵罗杰（Prince Roger of Antioch）的宰相留下了一份非常好的文献，其著作还提供了"初次交手"或"前线战斗"并不意味着各单位前后排列的文本证据（参见第 280 页）。

哈布会战

（1119 年 8 月 13 日）

与阿什凯伦会战一样，哈布会战（battle of Hab）中的基督徒军队依然是 3 路行军，每路 3 队，而且同时遭到多个方向的攻击。有几队被击溃，但基督徒最终赢得了胜利。全军有 700 名骑兵和几千名步兵。

十字军分成 9 队行军，横竖均为 3 队，目的是同时应对四面进攻。黑尔曼将其描述为窄长纵队。按照本书提出的理由，那是不可能的。阿什凯伦会战中一队平均有 133 名骑兵，这是黑尔曼自己的估计；而到了哈布会战中，一队平均不到 100 名骑兵（另有步兵），阵形肯定同样类似于皮伦劳伊塔会战。科勒也这样认为（3:2:211）。

哈扎斯会战
（1125年）

在黑尔曼的哈扎斯会战（battle of Hazarth）示意图中，步兵在骑士后方，理由不明。而且在其正文第98页中说，骑士发起进攻时，步兵已经在交战了。

迈尔杰-萨法尔会战
（1126年）

据提尔的威廉记载，在迈尔杰-萨法尔会战（battle of Merdj-Sefer）中，步兵用剑杀死了倒地受伤的敌人，堵住了敌军的退路，还帮助摔下来的友军上马。

哈丁会战
（1187年7月4日）

格罗（Groh）1909年于柏林大学通过的博士论文《耶路撒冷王国的覆灭》（"Der Zusammenbruch des Reiches Jerusalem"）对哈丁会战（battle of Hattin）有详细叙述，佐证了我关于骑士与步卒侍从之间关系的看法。

阿克会战
（1189 年 10 月 4 日）

弓手和弩手移动至骑士前方。

阿苏夫会战
（1191 年 9 月 7 日）

　　在这场会战中，沿海岸从阿克（Acre）去往雅法的狮心王理查于行军途中遭到萨拉丁攻击，结果打了一场大胜仗。科勒（3:3:234）和奥曼（第 305 页）对其进行了详尽讨论。科勒的主要史料基础是彼得伯勒修道院长贝内迪克特（Benedict of Peterborough）[①]的记载。奥曼则表明，经过对战场地形的考察，贝内迪克特的说法与 3 份最贴近事件本身的证据——理查国王的行纪、国王写给明谷修道院长的信、萨拉丁传的作者巴哈阿丁（Bohaed din）——对不上。因此，我们只能不予采纳。

　　这样一来，科勒的记述似乎就站不住脚了。我们必须立即否定科勒给出的十字军兵力——10 万。即便他的叙述本身无懈可击，我依然觉得他的一个观点缺乏依据，即这场会战是确证其中世纪战术观的绝佳例子。

---

① 英格兰神职人员，1193 年去世。

雅法战斗

(1192年8月5日)

狮心王理查遭到一支兵力据说有7 000人的马穆鲁克人和库尔德人军队攻击,而他只有55名骑士,其中有15人骑马;另有以下船的热那亚弩手和比萨弩手为主的2 000名步兵。他让矛兵排成一线,单膝跪地,矛尖指向战马胸部。后面是弩手,与矛兵穿插排列,两人一组:后面的人负责拉弦、装填、递弩;前面的人只管放箭。这样就能做到不间断射击。穆斯林一队接一队地冲上来,但都不敢冒险进攻。他们骑马上前射出的箭毫无效果,自己却损失惨重。最后,理查率领骑士发起攻势,突入敌阵,左劈右砍,亲自救出了被敌人包围、险些被俘的莱斯特(Leicester)伯爵和拉尔夫·莫莱翁(Ralph Mauléon)。战斗就这样持续了几个小时。突厥人最后抛下700人和1 500匹马撤走了,十字军只损失了两人。[11]

将史料复述了一遍之后,奥曼写道:"他们的阵形起到了极好的保护作用。"我对这一结论不能苟同。要是这么简单的办法就能挡住规模大得多的敌人,它的运用肯定会更加广泛。我们一看到突厥人的伤亡数字就会明白,这是一段极具夸张色彩的描述。即便有两排弩手为后盾,一排矛兵还是太弱小了,不可能吓退一支意志坚决、装备优良的骑兵。而萨拉丁的战士既有勇气,又不缺好盔甲。如果说7 000名突厥人这个数字不是完全离谱的话,这段记载依然不能证明理查的阵形牢不可破,而只是表明这些敌人当天并无斗志。来袭者大概只是一支规模有限、以轻骑兵为主的部队,试探性地进攻几次,很可能只是想看看能不能吓退基督徒,没准再造成一点恐慌，但他们并不敢真的去强攻。

除了奥曼用到的《行纪》（*Itinerary*）以外，目击者科吉舍尔的拉尔夫（Ralph of Coggeshale）也留下了一份报告（S. 史蒂文森编，罗伊斯书系，第 45 页）。根据他的记述，国王有 80 名骑士，但只有 6 匹马和一头骡子。

> （国王）命令同行的骑士……紧紧靠在一起，每个人旁边都挨着另一个人，这样队伍在战斗中不会有空隙，免得敌军插进来。他还命令每人前面摆几块木头作为拒马，木头是从搭建军帐的同一个地方找来的。

最后，理查一面让弩手保持在前排，一面发动突击，以损失一名骑士的代价取得了胜利。

十字军中的步兵

与黑尔曼一样，科勒（3∶3∶209）相信在十字军东征时期，战争这所学校锻炼出一批精干的步兵。他说，继在多里莱乌姆会战的拙劣表现之后，步兵在安条克和阿什凯伦的战斗中已经赢得了关注，而当时的西方完全没有可用的步兵。他接着又说，步兵得以发展的原因要到抵御突厥弓手的必要性中去寻找。在我看来，他提出的历史关系并不成立。

没有证据表明多里莱乌姆会战中的步兵一文不值。不管他们是失去了战马的骑兵，抑或从一开始就是射手和矛手，我们都可以也必须认为发动征讨、揽他们的领主们当初选的都是将来到了战场上有用的人。事实上，西方到处都有足够多的接受实战教育的机会。[12] 战斗打响后，博埃蒙自然会率领骑士，一马当先。尽管不能完全确定，但他出击时可能根本没带上步兵，因为富尔彻明确记载突厥军全是骑兵，而基督徒一方则既有步兵，也有骑兵。

国王的骑士们被打败了，可能有步兵支援，也可能没有。他们向后方退去，然后被矛尖向外的步兵主力挡住了去势（拉道夫）。现在大部队稳住了阵线，然后骑士从中发起突击，稍作前进。

即便到了更晚的时代，矛兵在战局不利时所能做到的也不过如此。这种状况直到瑞士人和胡斯派时才有了变化。

文献中完全没有提到基督徒军中的远射武器肯定只是偶然。一种可能的解释是作者要努力浓墨重彩地描绘博埃蒙遭到突厥弓骑兵四面合击的危险处境。要是提到基督徒弓箭手挡住了敌军，那么他的处境就不会显得万分危急，戈德弗雷等人的救援也不会显得无比神奇了。我们知道诺曼人在其他场合善用弓箭，之后的十字军会战中也有射手参加，因此射手必定不会完全缺席于多里莱乌姆会战。

最后，科勒认为十字军是为了在突厥弓手面前保护己方骑兵，所以才不得不发展步兵，这表明他完全不理解重视中世纪各兵种的性质。除了盔甲以外，近战骑兵面对弓手——不管是步弓手，还是马弓手——的唯一自保手段就是尽快杀过去，通过逼近来威胁对手，只给他射出一支准头很差的箭的机会。许多场合都证明为骑士配备矛手与射手能起到很好的辅助作用，不只是十字军东征。但我们不能说步兵的辅助作用是保护骑兵。

步兵在叙利亚的重要性确实要高于在西方，而这无疑只是因为缺马。

米雷会战

（1213年9月12日）

阿拉贡国王彼得（King Peter of Aragon）前来支援图卢兹伯爵，后者是一名阿尔比派教徒（Albigensian），正受到西蒙·德·蒙福尔（Simon de Montfort）统率的十字军紧逼。[①] 彼得围攻图卢兹上游加龙河畔的要塞城市米雷（Muret）。西蒙进城后发起突击，一举打跑了正在睡觉的围城军。

因为这件事恰好留下了大量记载，所以历来有人从各个方面来讲述和研究它。但从军事史角度来看，要不是有许多关于中世纪战术的有趣理论都以它为具体依据，这场会战其实并无特殊价值。

据文献记载，西蒙将骑士分为三队（有叫"ordines"的，有叫"acies"的，也有叫"batailles"的），以"圣三一"命名。另有一份文献写道，法王腓力·奥古斯都在布汶会战中采取了同样的做法。科勒（1∶144，第105页）据此得出结论："从对于圣三一命名的评论来看，'ordines'绝对就是梯队。"除非梯队阵形（即前后排列）和圣三一的类比关系能解释得更清楚一些，否则我们必然会怀

[①] 阿尔比派又称清洁派、卡特里派，是中世纪法国南部的一个得到当地诸侯支持的教派。1209—1229年，以法国贵族为首的十字军在教廷号召下攻打阿尔比派，最终将其消灭。

疑科勒的分析是不是板上钉钉。

这位作者还认为蒙福尔只有不到 800 名骑兵，其中骑士的比例不到一半，而彼得有 4 万人，其中 3.8 万是步兵。他在第 101 页补充道："尽管如此，我们说话一定要小心，不能说他（蒙福尔）是 800 骑兵对 4 万，因为步兵几乎算不上参战。威廉·布里托（William Brito）[①] 的说法更离谱，甚至讲异端诸侯手下有 20 万人。"

最后，科勒还说（第 116 页）十字军损失了 1 名骑士和 7 名军士，敌方则折损 2 万。

对于秉性轻信的他来说，埋首书斋或是戎马一生都没什么区别。

迪厄拉富瓦（Dieulafoy）在发表于 1899 年《法兰西文学院院刊》(*Memoires de l'Academie des Inscriptions*) 第 36 卷的 "米雷会战"（La bataille de Muret）（从第 44 页开始）一文中讨论了这场交战。基纳（Kiener）在 1900 年 6 月 23 日出版的《德国文学报》(*Deutsche Literaturzeitung*) 第 26 期发表了对该文的评论。

斯代普战斗

（1213 年 10 月 13 日）

科勒（3:3:283）和奥曼（第 444 页）详尽讨论了布拉班特公爵与列日主教之间的斯代普战斗（Engagement at Steppes）。双方中

[①] 又名布列塔尼人威廉（William the Breton，约 1165—约 1225），法国诗人、编年史作者，著有《法王腓力行传》(*Gesta Philippi H. regis Francorum*)。

线都是矛兵，列日一方的矛兵是市民。不过，他们直到骑士已经决出胜负时也没有参战，其任务是为撤退中的骑士提供保护。

科勒与奥曼的区别是，科勒说列日的骑士在两翼都取得了胜利，奥曼则说只有左翼取胜。

布汶会战

（1214 年 7 月 27 日）

关于此战的旧说已经被 C. 巴尔豪森（C. Ballhausen）的博士论文（1907 年通过于耶拿大学。指导教师为 J. W. 施密特）推翻了。因此，我删掉了第一版中的相关讨论，但我在若干关键点上与巴尔豪森有分歧。德尔佩什在《13 世纪战术》第 1 卷（*La tactique au XIIIième siècle*）中的详尽论述尽管看似旁征博引，但莫利尼耶（Molinier）发表于《历史评论》（*Revue historique*）第 36 卷第 185 页的文章已经将其彻底否定。

奥托四世皇帝及其盟友集结于布鲁塞尔以南的尼韦耶（Nivelles），法王腓力则集中于佩罗讷（Péronne）。两军起初擦肩而过，竟然绕着对方走了一大圈，最后腓力反而到北边的图尔奈（Tournai）附近，奥托则在南边的瓦伦谢讷（Valenciennes）附近。上述行军路线无疑可以用两边都对敌方动向一无所知来解释。（巴尔豪森的观点完全相反，我不能苟同；他为腓力前往图尔奈给出的理由不够充分。）得知对方位置后，两人便各自掉头。腓力沿着先前北上的道路从图尔奈南下，经布汶去往里尔（Lille）方向，所以他是要离开敌军。而奥托则是向敌人追去。

腓力自东向西行进，正要在布汶附近的小河马赫河（Marque）过桥时得到消息，说德意志人正在向他赶来，并与腓力朝那个方向派出的分队展开遭遇战。腓力立即命令已经过桥的部队掉头，因为他想要应战。我们不能假定腓力若要送主力过桥，便可能会与敌人激战，因为尽管他很可能有大批部队尚未过桥，但皇帝的军队也需要相当长的部署时间。巴尔豪森认为奥托计划切断腓力的退路，这在我看来并不明确。就战略角度而言，腓力的决策极其凶险，因为他几乎完全背对着敌人，而且身后的退路只有那座桥，史料中明确记载马赫河没有其他渡口。然而腓力依然决定在此应战，唯一的解释只能是他有十成胜算了，因为他有排兵布阵的时间，而且史料中专门提到，他至少在决定性兵种——骑士——上有相当的数量优势。

国王在上午明明要撤军，而不是应战皇帝，现在又改变心意，这当然是值得玩味的。尽管如此，此处并无绝对的矛盾。因为腓力上午的决定只是既不留在图尔奈，也不向皇帝出击。但现在形势变了，皇帝正在向他赶来，而腓力在上午并不知道这一点。

反观奥托方面，他之所以尽管兵力占劣势，但还是决定出击，大概是因为他希望趁法军过桥过到一半时发起攻击，他也相信自己能做到。文献中明确写道，皇帝看到敌军已经列好阵时发出了惊呼。

皇帝接下来没有撤出战斗并非完全不可理喻，因为他可以假定一旦德军掉头，法国人就会扑上来，这样他就必败无疑了。因此，这种情况下更好的办法是最起码保住进攻方固有的士气优势，打一仗看看，没准会有好运气呢。

如果基本战略形势就是如此的话，那么会战结果也可以依样解释。皇帝战败的原因是他半渡而击的设想失算了。国王取胜的原因是他的兵力大大强于对手，且迎敌时阵形严整——事实上比进攻方还要严整，文献中专门说明皇帝行军队伍散乱。

双方兵力没有可靠的估计值。过去的学者（例如席尔马赫尔）认同桑斯的里夏尔（Richard of Sens）给出的数字，即奥托有 2.5 万骑士和 8 万名其他战士。霍尔臣斯基（Hortzschansky）[①] 相信腓力的兵力为 5.9 万（骑士 2 000 名，骑士随从 7 000 名，步兵 5 万名）；奥托为 10.5 万（骑士 5 500 名，骑马的骑士随从 19 500 名，步兵 8 万名）。他还纳闷（第 41 页），皇帝有这么大的兵力优势怎么还会输呢？

科勒认为法军有 2 500 名骑士、4 000 名轻骑兵和 5 万名步兵，而德军只有 1 300 名至 1 500 名骑士，但其他兵种的数量非常大。奥曼给出的估值要小一些，但他同样相信腓力可能有 2.5 万到 3 万名步兵，奥托有 4 万名。

在上述所有估计中，连奥曼也算出，步卒兵力无疑都被大大高估了。我们已经从无数例子中了解到，编年史作者的笼统描述和"无数大军"根本毫无意义。26 日上午，奥托从斯海尔德河边的莫尔塔涅（Mortagne）出发，为绕开直线路径上的森林而取道维勒茅-弗鲁瓦蒙（Villemaux-Froidmont），走了整整 14 英里（22.5 千米）才到战场。哪怕是一支行军纪律卓越的 5 万甚或是 4 万大军，

---

① 全名为约翰·霍尔臣斯基（1722—1799），出身索布人的德意志教师和历史学家。

在同一天内完成行军、部署、开战也是一项实打实的成就。而对于一支由佣兵、市民和骑士组成的纪律涣散的军队，我觉得几乎不可能做到，正如莫利尼耶已经观察到的那样。

巴尔豪森认为双方兵力都不超过 8 000 人，我对此表示同意。奥托的骑士肯定不超过 1 300 名到 1 500 名。腓力方面确实要多一些。两军可能都只有 5 000 人左右的兵力，因为文献中多处给出的各单位兵力都非常小。

最重要的是，战况本身就否定了步兵数目超乎寻常的假设，因为双方的步兵都没有任何成果。温克尔曼（Winkelmann）提出法国市民"为火炉与家园"（pro aris et focis）而战，因此士气高昂的说法是空穴来风。文献里完全找不到证据表明腓力得到了市民部队的大力支持。各城估计确实为国王提供了一批射手，按照通常的方式配合骑士作战。弗兰德斯城市也以类似的方式为奥托派去了援军。

法方的损失似乎很小。稍晚写成的英格兰文献《梅尔罗斯编年史》（Chronicle of Melrose）甚至声称只有 3 名法国骑士被杀。我们只能认为法军伤亡确实很少，因为否则的话，史料中肯定会记下更多地位高的战死者。皇帝一方据说有 70 名骑士和 1 000 名步兵被杀，被俘者甚众——一份史料说有 127 名骑士被俘，一份说是 131 名，还有一份说是 220 名，包括 5 名伯爵和 25 名方旗骑士。[13] 如果塞浦路斯的约翰（John of Cyprus）因此说这场会战"极为激烈，但为时不长"（durissima pungna, sed non longa）的话，那么在我看来，奥曼认为会战持续了 3 个小时就有点过分了。我倾向于认为胜负几乎在第一次交手——不过，各处开战时间并不统一——时就决出了。在这一点上，胜利者微小的损失数字是比所有作者的陈述都更有力的证据。史家给出的战斗持续时间一贯可信度很低，因为战斗开始和战斗结束都不是非常确切的概念，为天然的夸大倾向提供了一片特别肥沃的土壤。威廉·布里托有一段写道（《行传》311），市民未开战时就来到中央，然后从骑士之间走到前面充当射手。他在另一段（《行传》312）又说市民直到战斗开始后的第四个小时才抵达。我们是不是要设想双方的中军站着围观侧翼的交战？甚或是一边正在布阵，另一边就友好地等着对方完成？即便一支骑士军队中的各个单位往往不会同时出击，但假如双方不急着从行军队形直接依次展开攻击，出击间隔肯定是很短的。

此战最重要的信息来源是威廉·布里托，他当时以法王御用牧师的身份在场。他留下了两份记述：一份是续写里戈尔（Rigord）的散文体编年史《法王腓力行纪》；一份是他的史诗《法王腓力行传》。科勒完全不同意的记载，一方面高度认可他的史家风范（第118页）；另一方面又批评他不懂战术，从而强化了单挑在中世纪会战中发挥主导作用的印象（第135页）。事实上，错误出在科勒身上。奥曼（第471页注释）正确地指出，科勒从威廉的记述中读出来的三个梯队不仅没有原文依据，更是被威廉专门排除的阵形。科勒对这场会战的整体看法随之崩塌，就像他对黑斯廷斯会战的理解那样。

皇帝一方的布洛涅伯爵手下有700名（另说400名）布拉班特步兵，另有骑士若干。他让步兵组成圆阵，好让自己打累了进去休整。当皇帝战败，其余部队纷纷逃窜时，这支部队依然在坚守。法国骑士不敢冒险往矛尖上撞。但援军抵达后，他们最终还是被打败了，布拉班特人惨遭屠杀，伯爵也成了俘虏。

由于上述场景出自英雄史诗《法王腓力行传》，其中的个人因素或许不能太当真。但如果这些因素属实，那就更加说明当时步兵的弱势。一份编年史盛赞布拉班特佣兵，说他们的武艺和勇气与骑士相当（"pedites quidem, sed in scientia et virtute bellandi equitibus non inferiores"："他们当然是步兵，但作战的见识和勇气不亚于骑士"）。然而，他们的行动纯粹是防御性的，而且尽管他们人数相当多，但任务不过是为几名骑士提供一定程度的保护。至于他们是直接被骑士击溃了，还是之前就被射手消耗过，我们只能略过不谈。要点在于：哪怕是这支在文献中被誉为精锐的部队，它在战斗中也不发挥任何独立、积极的作用。

但事实上，我们大概不能把话说得这么满。我认为可以做这样的假定：上述情景只是战斗的最后一幕，仗已经打输了，战败方的士兵只是想临死前多杀几个人罢了。而在战斗的开头，他们完全有可能随骑士进军。

根据文献的明确记载，奥托皇帝中军步兵就是这样做的。他们击退法国市镇派出的射手，从骑士中间冲将进去，直到腓力·奥古斯都国王面前，还把他从马上拉了下来。许多学者认为是步兵孤军深入，骑士止步不前，但事实当然不是这样，而是步骑共同发起的总攻。

巴尔豪森毫无真凭实据地认为，奥托的军队（包括英格兰人在内）兵力与法军大致相当，皇帝落败的首要原因是跋涉疲惫。但我不相信皇帝真的绕了一大圈，也不认可巴尔豪森主张的战斗地点。

博恩赫沃德会战

（1227 年 7 月 22 日）

乌辛格（Usinger）在《德丹关系史》（*Deutsch-dänische Geschichte*）（第 428 页）中整理了相关文献。有可信度的文献都完全看不出博恩赫沃德会战（Battle of Bornhöved）的经过。丹麦文献将丹麦国王瓦尔德马（Waldemar）的失败归咎于迪特马申人（Dithmarschen）的背叛，他们站在丹麦一边，却突然从背后袭击。

赫尔曼·科尔纳（Hermann Korner）[①] 和兰贝克（Lambeck）[②] 的《汉堡史记》（*Rerum Hamburgensium libri*）（2.37）对此战的记载中颇有神话色彩：正当吕贝克市长发誓时，阳光突然照射得丹麦人目不能视物。

哈塞（Hasse）发表于《石勒苏益格-荷尔斯泰因历史杂志》[③]（*Zeitschrift für Schleswig-Holsteinische Geschichte*）第 IV 卷的《博恩赫沃德会战》（"Die Schlacht bei Bornhöved"）一文没有得出任何军事方面的重要结论。

---

① 德国佣兵头领、编年史作者（约 1365—1438），为吕贝克城撰写了《新编年史》（*Chronica novella*）。
② 全名为彼得·兰贝克（1628—1680），出生于汉堡的德国历史学家。
③ 全名保罗·哈塞，19 世纪德国历史学家，该文发表于 1877 年。

阿派托山会战

（1260年9月4日）

在800名德意志骑兵的支持下，锡耶纳人在阿派托山会战（Battle of Monte Aperto）中打败了佛罗伦萨人。

科勒的记述（3∶3∶289）可指摘之处甚多，特别是他根据文献得出佛罗伦萨一方有3万名步兵和3 000名骑兵，这数字显然是太高了。随着战斗的进行，发挥作用最大的是分为4队，每队200人的德意志骑兵。要是敌军真有3.3万人，那么4支各200人的队伍是不可能决定整个战局的。文献中说佛罗伦萨一方有1万人被杀，1.1万人被俘，这肯定也是极大的夸张。

科勒认为步行作战的市民主要充当射手，这个观点可能是正确的。

刘易斯会战

（1264年5月14日）

以西蒙·德·蒙福尔为首的英格兰男爵击败了国王亨利三世。一同指挥王家军队的还有亨利之弟、曾被德意志人选为国王的康沃尔伯爵理查（Richard of Cornwallis）和亨利之子，即后来的国王爱德华一世。

双方都有步兵和骑兵，但文献中未提到步兵发挥积极作用。此战似乎是一场骑兵战。

对于文献中夸大到无可救药的兵力数字——一边有4万人，

一边有5万人（科勒认可这些数字，3∶3∶303）——奥曼（第415页）做了精彩的剖析并正确地予以驳斥。

瓦林根会战
（1288年6月5日）

围绕林堡伯爵继承权爆发了一场争执，形成两大对立联盟：一方以布拉班特公爵约翰为首；一方以科隆大主教齐格弗里德为首。两人是争夺下洛林主导权的老对手。战后不久，伊安·凡·黑吕（Ian van Heelu）为纪念胜利者布拉班特公爵而创作了一部韵体编年史，详尽描述了这场战争以及最终决定胜负的瓦林根会战。

科勒在这场会战中发现了最了不起的战术现象。公爵的部分兵力（贝格伯爵的骑士）等到后面才参战这一事实被说成是最天才的将领也不过如此的壮举（第176页），还是一种后来进入德意志地区的战法的起点，因此愈加重要。当然，他在下一页就写到同样的事情在米雷和塔利亚科佐就发生过；再往下看几句还会发现，这种战法可以回溯到12世纪。

这场会战绝对没有什么新战法。由于骑士单位的一种机动方式和双方步兵采取的行动，它确有可观之处。最终决定胜负的因素可能是：尽管有军旗战车坐镇，大主教的步兵还是没有守住阵脚，对面的科隆市民和山民则向着大主教骑士的侧后推进。但这一点尚不明晰，因为黑吕这唯一的详尽文献显然将聚光灯打在布拉班特公爵身上。理查德·雅恩（Richard Jahn）敏锐而细致地进行专门研究（1907年通过于柏林大学的博士论文），试图通过黑吕的诗句来建构会战的图景。但我还是不免怀疑，一场骑士战斗中怎么会有如此复杂的谋划和行动。即使作者从诗句中读出的"战术"可能有点过头了，但站在今人的角度，从战术视角出发尝试重构这场会战，详尽而富有时代气息地叙述了一场骑士战斗，无论如何是非常有价值的。雅恩的研究做得非常用心，对主题具有值得赞赏的了解和完整的把握。尽管我在前面提出了一些保留意见，但我衷心推荐学者以雅恩为进一步研究的基础和榜样。通过这种方式，我们或许能够达到对中世纪战斗的更完整认识。

黑吕说骑士分成了多个 konroots，雅恩将其解释为真正意义上的骑兵中队编制。但由于骑士的观念与这样严整的阵形截然相悖，所以"konroots"应该并无实指。

按照雅恩的结论，黑吕不加区别地用"扈从""军士""仆从"（"Knappen""serianten""Knechte"）来指称所有骑士以外的人。

黑吕的两个表述对我们很有价值，前面总体介绍骑士战争行为时其实已经用到了：一个具体证实了骑士是缓步接近敌人，"仿佛新娘走在马的前面"；另一个是关于应该"厚"（dick，即大纵深紧密阵形）攻"薄"（dünn，即散开阵形）攻的对话。

另外，我们还发现了一个源远流长的故事：后来战败的齐格弗里德大主教是带着锁链上阵的，本来想用来捆绑俘虏。（参见第2卷）

切尔托蒙多会战

（1289年6月11日）

科勒（3:3:329）将佛罗伦萨与阿雷佐之间的切尔托蒙多会战

（battle of Certomondo）称为意大利军事史上"划时代"的事件。我看不出依据何在。一部分步兵布置在骑兵侧面、一部分布置在后面的做法被科勒（第337页）视为创举，其实并无特别之处。科勒说阿雷佐的步兵手持长刀伏地，从下方划开佛罗伦萨战马的腹部。除非他能解释佛罗伦萨的战马为什么没有越过或践踏趴在地上的人，骑手又为什么没有用矛刺底下的人，否则我只能将其当作不经之谈。佛罗伦萨人最后在前线后方组成车营的做法也是其他场合的常见现象。就车营的战术意义而言，即让部队"严阵以待"，或者用大白话讲，没有夹着尾巴逃跑，它与兵士趴在地上，用长刀划破战马肚子的故事是相同的。

马希费尔德会战

（1278年8月26日）

科勒（2:106）认为，哈布斯堡伯爵鲁道夫麾下的德意志军有2 000名骑兵，内含300名人马俱甲的骑士。匈牙利人至少有3万名骑兵，其中1 000人有马甲，另有23 500名步兵。由于他同时又认为步兵留在营中，没有参战，于是鲁道夫享有巨大的数量优势，那么我们就很难解释为何战斗会来来回回那么长时间，奥托卡尔又为什么一度接近胜利。但是，上述数字全都来自不可靠的编年史记载。此战尤其值得注意的一个特点是，关于它的众多记述中全都没有提到双方的步兵，于是它好像是一场纯粹的骑兵战。匈牙利人大部分是弓骑兵。

科勒的详尽叙述是博采各路史料后描绘出的一幅虚构图画。

关于这场战斗的其他著作同样不如人意。读者可参阅奥托卡尔·洛伦茨（Ottocar Lorenz）发表于《历史杂志》（*Historische Zeitschrift*）第 42 卷（1879）的文章和《13 世纪至 14 世纪德意志史》（*Deutsche Geschichte im 13. und 14. Jahrhundert*）第 2 卷；奥斯瓦尔德·雷德利希（Oswald Redlich）《哈布斯堡伯爵鲁道夫》（*Rufolf von Habsburg*）（1903）。或许未来会有新的专著能把这次重大事件讲得更清楚。

康韦战斗
（1295 年 1 月）

牛津郡多明我会修士尼古拉斯·特里维特（"Nicolas Trevet or Trivet"，死于 1328 年）记述了 1295 年 1 月英格兰人在康韦（Conway）战胜威尔士人的经过。原文如下：[14]

沃里克伯爵得知大批威尔士人集结于两座森林之间的某处平地，于是带着精锐武士和弓弩手趁夜发起攻击，将威尔士人团团围住。威尔士人将矛尾插在地上，矛尖对准来攻的骑兵，以图挡住突击。但伯爵在每两名骑兵之间布置一名弩手，当大部分威尔士矛手被弩箭射倒后，伯爵率领骑兵对残敌发起进攻，并让对方蒙受了重大伤亡，据说，这个伤亡比先前交战都要大。

格尔海姆会战

（1298年7月2日）

从记载来看，这场德意志国王拿骚的阿道夫（Adolf of Nassau）和反王阿尔布雷希特·冯·哈布斯堡-奥地利（Albrecht von Habsburg-Austria）的决战好像纯粹是一场骑士间的战斗。我们对步兵或射手的情况一无所知。双方兵力未知。

据说阿尔布雷希特曾下令杀死马匹。于是，马匹尸体就多得堆成了一堵堵墙，巴伐利亚骑士在墙后由领主带头继续步行作战。这大概与阿尔布雷希特命令手下将剑刃磨利，以增强刺击威力的记载同样是虚构。[15] 另一段描述也不可能是真实的反映：巴伐利亚战士虽然不能行动，但至少可以歇息片刻，因为他们的马被杀死了。[16] 坐骑被杀的骑士不会静观事态发展，即使他们躲在死马后面，敌人也不会给他们歇息的机会。

BOOK IV
第四篇

The Late Middle Ages
中世纪晚期

1　中世纪晚期的研究路径

　　十四五世纪出现了一系列军事创新，在某些方面大大改变了我们迄今为止形成的中世纪战争图景，因此这里必须再划一道分界线。这些创新并不是逐渐脱胎于旧形态的新形态，彼此之间也并不构成有机的联系。事实上，它们是彼此独立的现象，或者再次消亡，如高度发达的弩手战法以及弩手和下马骑士的联合作战，或者几个世纪后才得到全面发展，如火器的兴起，或者像流星一样转瞬即逝，如市民和农民步兵战胜骑士军队，又或者是空前绝后的现象，如胡斯派。尽管这些事件本身都很重要，但它们并没有为战争带来根本性的变化。直到中世纪结束，我们在前文中了解到的主要特征或者一直保持不变，或者一次又一次以几乎相同的面貌重新出现。

　　因此，我会这样组织材料：从理论意义和历史特殊性、历史因果性两方面依次介绍十四五世纪的特殊现象，接着考察几场战役和会战，以表明军事事件是循环往复的，同样的事件完全有可能发生在十二三世纪乃至更早，从而证明这些变化并不代表一个连续的渐进过程，而是一系列独立的现象。

  分析到最后，真正的历史进步只来自一地一点——瑞士。因此，我要将其从时间序列中拎出来，专辟一编来讨论。

2 方阵会战、城市军队与征召民兵

科特赖克会战
（1302 年 7 月 11 日）

尽管我们已经见到了大量关于中世纪步兵的记载，但若是在胜利一方，步兵永远只能配合射手发挥次要作用，甚至莱尼亚诺会战也不例外，或者直接被骑士击败。第一场面貌一新的会战是科特赖克会战。

虽然弗兰德斯伯爵领属于德语区，但加洛林帝国分裂时，它成了罗马化的西法兰克王国的一部分。然而，历代伯爵一贯享有相当独立的地位，直到法王美男子腓力（Philip the Fair）①驱逐伯爵并将其领地收归王室。于是，城市和农民揭竿而起，反抗法国统治。颇有人望的布鲁日（Bruges）领袖彼得·柯尼格（Peter König）率众驱逐王室守军，引得小城市和农民团体纷纷来投。除布鲁日以外最

---

① 即腓力四世（1285—1314 年在位），对外四处用兵，1305 年强迫合并弗兰德斯，1309 年迫使教廷迁到法国境内的阿维尼翁。

强大的弗兰德斯城市根特（Ghent）一直处于分裂状态。人称"鸢尾花党"（Leliaerts[①]）的贵族派忠于国王，但他们无力阻止扬·富尔鲁特（Jan Vorlut）领导的平民派前去援助布鲁日市民。但起义军的总指挥是被囚禁的吉多伯爵的幼子和孙子于利希伯爵威廉。威廉尽管做过牧师，但后来还是顺应了好战的天性。两位伯爵都是25岁上下的年轻人，他们能接过指挥权似乎并非因为他是本土领主家族的代表，而是依靠与平民领袖的协议——这是封建势力与民主势力的一次奇特联合，让人不禁想起马拉松会战的统帅米提亚德。

当腓力国王的堂兄大将军阿图瓦伯爵（count of Artois）统率大队援军逼近时，弗兰德斯人还在围攻法国人占领的卡塞勒（Cassel）和科特赖克两座城堡。弗兰德斯人从卡塞勒撤围，集中全部兵力于科特赖克，该城市民也加入了起义。阿图瓦伯爵直抵城下，他无疑认为只要自己现身就能让弗兰德斯人的市民军队撤退，从而成功解围。但弗兰德斯人坚信必须打一场会战才能拯救自己的国土，而且下定决心在这里，在科特赖克城下应战。如果他们退走并解散军队，法国人不仅会收复城堡，蹂躏低地，更可能会攻占城市，甚至包括城防薄弱的布鲁日。与古时在阿提卡作战的波斯人相比，他们预期能获得的市民支持力度要大得多。

法国人试图解救的科特赖克城堡（或称"科特赖克要塞"）北依里斯河（Lys），位于科特赖克城区北角，与城市本身一样位于河右岸（南岸）。为阻断敌军与城堡的联系，弗兰德斯军列阵于

[①] "Leliaert"是法语"Fleur-de-lis"的转写，意为鸢尾花，是法国王室的标志。

第四篇　中世纪晚期

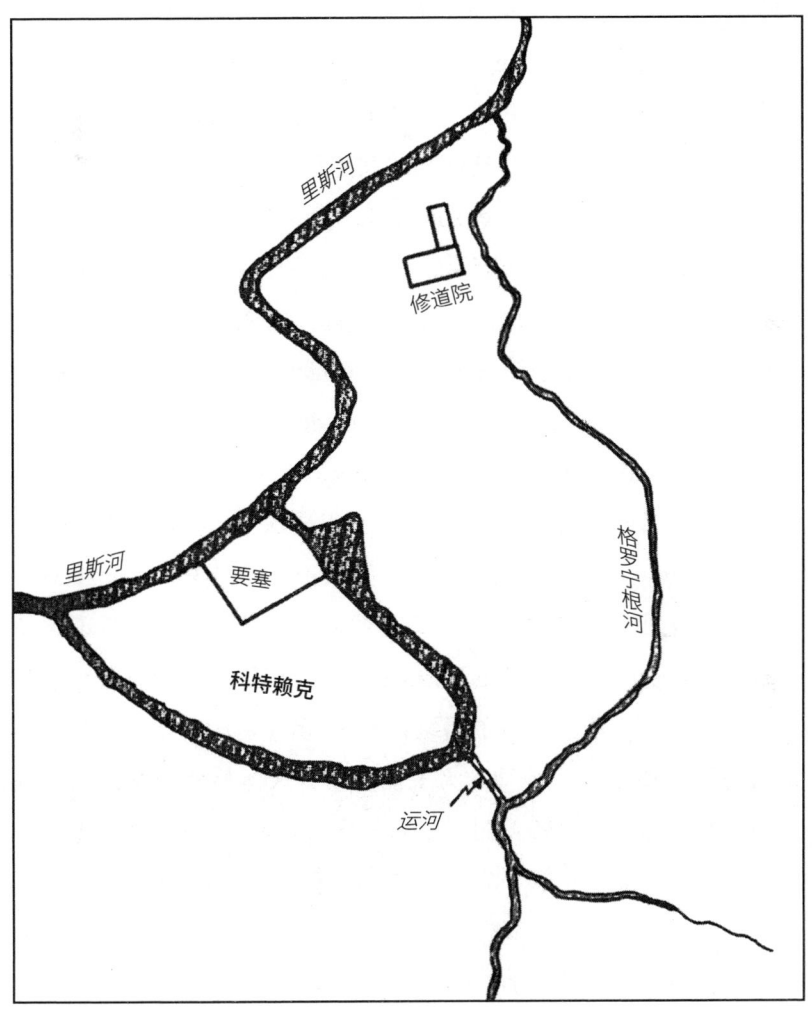

图3　科特赖克会战

城区与河流的夹角处，城区在其右侧，以窄长阵形向南沿河延伸。左侧是一座河岸上的修道院，正面是相当深且部分河岸为沼泽的格罗宁根河（Gröningen）。这是退无可退的位置；市民一旦战败，就会被赶进身后的河里。他们在这里应战是下定了不成功便成仁的决心。文献中是这样描述其阵形的："一条很长也很深的战线"（"acies longa valde et spissa"），"将矛攒在一起，队形紧密"（"pariter adunati et densati lanceis adjunctis"）（《根特年鉴》*Annales Gandenses*）。"布鲁日市民只编为一个单位，前排是弩手，其余人有的拿矛，有的拿头部包铁的棍棒"（"Brugenses unam solam fecerunt armotorum aciem praemittendo balistarios deinde homines cum lancies et baculis ferratis alternatim postea reliquos"）（《弗兰德斯伯爵世系》*Genealogia Com-itum Flandrensium*），"组成深厚紧密的队形"（《圣但尼编年史》）。因此，他们的阵形类似于古希腊方阵（phalanx），长度无疑至少有600米，甚至可能更长。数量不多的弩手部署于一线，大部分人装备矛和goedendags（一种斧枪），而且很可能只有一部分人穿盔甲。两位伯爵统帅和10名左右的骑士随从都下马加入方阵，所以无人骑马。为了加强前方天堑格罗宁根河——据维拉尼称，该河宽5臂（ell，相当于英制的码，约90厘米）、深3臂——弗兰德斯人布置了陷阱，很可能还加深了水浅的河段。

方阵后方有一支预备队，由久经沙场的骑士约翰·冯·雷讷瑟（Johann von Renesse）指挥。另一支由伊珀尔（Ypres）市民组成的部队面朝城堡列队，防止守军在战斗中攻击方阵后方。

文献中将阿图瓦伯爵描述为一位经历过五六次会战考验的勇猛战士。他知道敌军阵地的厉害，不仅难以正面强攻，又不能从两侧包抄。他犹豫了几天时间，设营于城南约 1 英里（约 1.6 千米）处。市民果真愿意承担风险，在退无可退之处交战吗？当然，为了将敌人引出阵地，法军统帅可以沿伊珀尔河进军或直奔布鲁日，沿途劫掠乡间。但科特赖克城堡守军有可能在此期间被迫投降，其他手段的成效也不确定，而在这里打一场胜仗就能奠定战争的结局，将敌军一举歼灭。于是，阿图瓦决定进攻。

他派热那亚弩手和西班牙标枪手在前，然后是各队左右排列的骑士，后方有一支小型预备队。

弩手和标枪手击退了敌方射手，并向似乎紧贴格罗宁根河的方阵射击。射击效果相当好，方阵抵挡不住，但两位伯爵率领方阵以良好的秩序后撤了一小段距离。法军射手没有为了再次接近敌人而随之渡过格罗宁根河，因为那样受到反击的危险太大了。于是，阿图瓦伯爵发信让弩手后撤，由骑士上前进攻。既然敌方步兵已经从前方屏障稍稍后撤，他便希望自己的骑兵渡河后会有足够的空间执行冲锋。尽管射手穿过前进中的骑士后撤造成一定的混乱，还有一批热那亚人遭到践踏，但这大概是骑兵与射手协同作战时的常态，对战斗的进程和结果不会有任何影响。

但这时发生了一个前所未有的新状况。正当骑士顶着水流、沼泽河岸和弗兰德斯人布置的障碍物艰难渡河时，敌军方阵突然向前猛冲，扑向骑士奋力砍刺。骑士的武器几乎派不上用场，自身的独特优势——通常能够将敌方步兵击溃和打倒的重装战马冲击——也无法施展。

毫无疑问，两位弗兰德斯伯爵教过市民这种战术，现在见到恰当时机就发出信号。骑士的数目无疑远少于对方，射手又撤了回去，于是每名骑士都同时受到多名步兵的攻击。骑士很快就被打败了，阵亡者甚多。弗兰德斯人先前有令，凡是战斗尘埃落定之前饶恕敌人或抢劫财物者，友军应立即将其斩杀。

只有在中路的骑士迅速渡过格罗宁根河，按照通常的方式攻击并击退了敌军方阵。但由约翰·冯·雷讷瑟统领，一直谨慎留后的预备队此时出手恢复了局面。战斗现在变成了彻底的灾难，就连最初取胜的骑士也不能幸免，因为他们不得不渡过格罗宁根河撤退，在河中被轻松打垮击溃。据说，阿图瓦伯爵本来要向武装修士祖弗廷根的威廉（William of Süftingen）投降，但他讲的是法语，于是弗兰德斯人大喊"我们听不懂你说什么"，就把他杀了。[1]

城堡守军试图出城突袭，被专门布置在城下的伊珀尔部队轻松击退。阿图瓦派圣波勒（Saint Pol）指挥的预备队没能前往救助或支援。

维拉尼记载了弗兰德斯人对科特赖克的胜仗是如何自豪到了极点，其中有一名装备goedendag（一种斧枪）的人竟敢直面两名马上的骑士。作者还说，他是因为此事新奇才记述得如此详细。

弗兰德斯人自称从阵亡骑士身上拿到了700副金马刺，于是将这场胜利命名为"金马刺战斗"。

班诺克本会战

（1314年6月24日）

这场会战的局面与福尔柯克会战（1298）完全相反，而类似于科特赖克会战。当年被爱德华一世降服的苏格兰人再次举事，奉罗伯特·布鲁斯（Robert Bruce）为王。爱德华二世陷入与本国男爵的冲突，长期无力干涉，但最后还是率领一支大军北上。在英格兰国王抵达之前，罗伯特稍稍后撤至福尔柯克以北若干英里的斯特灵城堡（Stirling）（当时仍然被英军占领）面前，列阵于小河班诺克本河的左岸高地，侧面有沼泽或森林庇护，不容易被包抄或包围。正面开阔地只有约 1 英里（约 1.61 千米）长，中部有一条罗马古路穿过深深的班诺克本河谷去往斯特灵。班诺克本河谷宽不足 2 000 步，苏格兰人所在的高地与谷底有 186 英尺至 240 英尺（约 57 米至 73 米）的高差。

苏格兰人的阵形与福尔柯克会战中的阵形类似：4 个矛兵大阵，身后有一小支骑兵。[2]

奥曼对会战经过的记述如下：多沼泽的深谷本就是令人生畏的天堑，罗伯特又在通往己方阵地的斜坡上布置隐藏陷阱，为正面突破造成更大的阻碍。

尽管障碍重重，英格兰骑士依然冲上斜坡，试图击溃苏格兰人的单位。但大队英格兰人马——大概有 1 万匹马和 5 万到 6 万名步卒——在狭窄地形中动弹不得，大部分根本没到敌人跟前，只是站着不动。但最重要的是，射手无法穿过骑兵上前面对苏格兰矛手。一支射手成功绕到苏格兰侧翼，结果被骑兵统帅罗伯特·基斯（Marshal Robert Keith）率领骑士击退了。最终决胜的行动来自从英格兰人侧面现身的苏格兰士兵。他们将彩布缠在矛上，给人一种生力军正打着战旗前来的印象，同时大声呼喊口号，让英格兰骑士心惊胆战。

最后一段转折不过是传说，只要讲出来就明白了。即便我们假设英格兰骑士胆小如鼠，这些苏格兰士兵又是从哪里来的呢？毕竟军队两侧都是不可通行的地貌。真正的问题是：英格兰人为什么没有仿效福尔柯克会战的战法，先让射手骚扰苏格兰矛兵阵，待其疲惫再派骑士攻击？有一种解释是苏格兰骑士赶走了射手，而没有像福尔柯克会战中那样逃跑。这个解释并不充分，因为班诺克本的英格兰骑士为什么不去援救射手，先把数量不多的苏格兰骑兵赶跑，而是徒劳地陷在矛兵那里呢？我们或许可以这样解释：苏格兰人组成紧密的方阵，侧面保护得很好，最多有少数射手能执行包抄，骑兵做不到。但即便如此，英格兰射手也可以像黑斯廷斯会战中那样在正面射击。进一步讲，侧翼行动似乎并非全无可能，因为会战前日据说有 800 名英格兰骑士绕过苏格兰人的左翼，来到其中部后方的圣尼尼安教堂（Saint Ninian's Church）附近某处，经过一番激烈交战才被打退。

　　黑尔斯勋爵（Lord Hailes）、林加德（Lingard）和保利（Pauli）[①]认为，苏格兰人并非正面朝南列阵于班诺克本河后方，而是左靠斯特灵悬崖，右倚班诺克本河。这样一来，左翼当然不可能被包抄，可右翼就更加暴露了。另外，东北—西南方向的阵形正面与"朝阳照到英军脸庞"的记载也不相符。在我看来，上文中奥曼的观点——苏格兰人列阵于班诺克本河后，背朝斯特灵——是有确凿

---

① 黑尔斯勋爵本名戴维·达尔林普尔（1726—1792），苏格兰法官，历史学家，著有两卷本《苏格兰年鉴》（Annals of Scotland）。林加德全名约翰·林加德（1771—1851），英格兰天主教神父，历史学家，著有 8 卷本《英格兰史：从罗马首次入侵至亨利八世继位》（The History of England, From the First Invasion by the Romans to the Accession of Henry VIII）。保利全名赖因霍尔德·保利（1823—1882），德国历史学家，研究方向为英国史，著有《英格兰史：从亨利二世继位至亨利七世去世》（History of England from the Accession of Henry II to the Death of Henry VII）。

地形依据的。

答案可能还是要到兵力中去寻找。迄今为止的主流观点是英军规模大得多。福尔登（Fordun，1384 年前后去世）撰写的苏格兰编年史记载英军有 34 万名骑兵和等量的步兵，共 68 万人。大部分近代历史学者接受的数字是至少 10 万。我们前面已经看到，谨慎如奥曼也认为英军有 6 万之众。这个数字甚至似乎有档案依据，即保存至今的爱德华二世发给一批郡督和男爵的征兵令。不光是英格兰和威尔士，爱尔兰乃至加斯科涅也要为这次战争出兵。骑士征召令照例没有给出数字。但除骑士以外，"步卒"（pedites）也在征召之列，各地都规定了明确数目：约克，4 000 人；兰开夏，500 人，等等。英格兰 12 郡、边境诸男爵及威尔士共计要出 21 540 人。上述地区占全国土地的三分之一左右。奥曼论证道，如果我们再假设南方派往遥远北方参战的人数较少，那么全军大概不少于 5 万至 6 万人。

针对这一论证，我首先要指出文献中没说南方除了骑士及其随从外，为此战出了一兵一卒。威尔士人被征召的原因是，作为半蛮族，他们被认为特别会打仗，尤其是山地作战。但英格兰南部征召大量人员去苏格兰一事既无证据，也不可信。

但是，想当然地认为实际征召人数与纸面人数相去不远肯定也是错误的。现代政府的精确性连代入到 16 世纪都不行，14 世纪就更别提了。国王要求约克郡督出 4 000 人，这甚至不能证明郡督实际派出了此数的一半。

进一步研究征兵令会带来更多疑问。爱尔兰征兵令上的日期是 3 月 22 日。步卒征兵令是 5 月 27 日，且应于 6 月 10 日前抵达贝里克（Berwick）。当然，从语境来判断，它可能只是照搬了一份之前的命令。但从道理上推断，这些援军是临时决定征调的，因为命令中说之所以需要步兵，是因为苏格兰人已经在"坚固险要（骑兵难以接近）"["in locis fortibus et morosis（ubi equitibus difficilis patebit accessus）"]之处安营扎寨。但不论它只是重复之前的一份命令，起到提醒重视的作用，或者它就是第一份命令，我们都不能假定命令发出14天后，这么多士兵就真的到苏格兰边境的指定地点集合了。事实上，它可能只是急迫地发出去了，但根本没有实际执行。因为如果这样一支兵力出现在班诺克本，他们肯定会有所表现，以某种方式做成某些事。他们被征召来是为了在骑兵无法通过的位置与苏格兰人展开近战。现在苏格兰人就在这样的位置上，而英格兰步兵据说却在骑兵身后无所作为，并没有穿过森林，绕过沼泽去包抄苏格兰侧翼。

当然，这就带来了另一处矛盾：步兵征召令已经发出，但将领不等步兵抵达就开战了，他们没有时间等待了。战役的目标是解救斯特灵城堡，而守军司令腓力·莫布雷爵士（Sir Philip Mowbray）已经与苏格兰人约定，若圣约翰日之前不能解围，他就会交出城堡。会战正是在那一天打响的。

关于要不要背上民兵这个包袱，国王的骑士随从中间可能自始至终存在意见分歧。毕竟，民兵只有很小的军事价值，而且可能有一批骑士的立场是民兵的用处没有麻烦大，于是尽管只有少数步兵报到，战事还是继续推进，没有多作迟延。

上述各点让我相信——尽管未经证实也无法证实——英格兰军很可能还是以通常的骑士为主，占据数量优势的是本土作战、为保卫民族自由而真正征召了大批民兵的苏格兰军。

如果我们接受这一点，那么战斗过程就可以理解了。苏格兰人两侧的地形非常有利。英格兰骑士并未试图包抄，因为正面进攻就需要动用全部力量。只有射手进行了包抄，结果被方阵后方的苏格兰骑士击退。

进攻方输掉了这场决战——与黑斯廷斯会战和福尔柯克会战相反，而与科特赖克会战相似——因为多沼泽的溪流、斜坡和陷阱等正面障碍物对骑士造成了极大的困难和惨重的伤亡，侧翼行动不可能实施，行动不便让射手不能像往常那样与骑士协同作战。还有最后一点，布鲁斯肯定率领数量占优、阵形紧密的大部队发起了反攻。

班诺克本会战并未证实苏格兰人或苏格兰军制具有相对于英格兰的理论优越性。奥曼正确地指出，即便在这次辉煌胜利之后，罗伯特·布鲁斯依然回避与英格兰人野战。1321年，他甚至放任一支英军重返爱丁堡，然后才用切断补给线的方式再次将其引诱到野外。

罗兹维克会战
（1382年11月27日）

正如希腊市民和农民曾击败波斯骑士一样，弗兰德斯和苏格兰人也通过巧妙利用地形而击败了英国和法国骑士。但希腊人很快就更进一步，不再回避与波斯人野战。而我们已经知道，班诺克本并不是苏格兰人占据上风的起点，科特赖克之后也再没有类似的胜利。相反，80年后的罗兹维克会战（battle of Rosebeke）证明，一旦市民失去了地形优势，占据上风的依旧是骑士。

这场会战的政治起因和特征不同于科特赖克会战的地方是，弗兰德斯伯爵如今不站在市民一边，而是支持国王。在阿蒂维尔达的腓力（Philip of Artevelde）领导下，根特市起兵反抗当地统治者路易伯爵，软硬兼施将其他弗兰德斯城市争取到自己一边，并赶走了伯爵。年轻的法王路易六世遂率军支援伯爵，镇压叛军。阿蒂维尔达的腓力试图与英格兰国王结盟，双方由弗兰德斯伯爵的女婿和日后的继承人勃艮第公爵腓力居间联络。我们从这一战略中也能感受到1382年与1302年政治局势的差异。

阿蒂维尔达围攻斯海尔德河边的奥德纳尔德（Oudenarde）城。该城位于根特上游25千米处，由一名法国骑士为伯爵坚守。直到6个月后的1382年11月中旬，法国国王才集结起一支援军并从阿拉斯（Arras）率军启程。

尽管阿蒂维尔达据说有强大的炮兵，但他并没有强攻奥德纳尔德，而试图用饥饿迫使守军投降，并挖了堑壕保护围城军免受外来攻击。

于是，11月7日法国军事会议〔王室军队总司令奥利维耶·克里松（Constable Olivier Clisson）和国王的三位叔叔〕于塞克兰（Seclin）开会讨论方略：是沿着斯海尔德河直扑阿蒂维尔达及其军队，解救奥德纳尔德，或是转移敌军注意力，使其放弃围城，离开建好工事的阵地，也许还能迫使或诱使其在别处进行决战。大概是记得科特赖克的惨痛经历，他们决定不直接进攻，而是转进西弗兰德斯，尽管奥德纳尔德城内的部队被围得很苦。假如阿蒂维尔达与弗兰德斯诸城有默契，靠得住的话，那么他大概就用不着撤出奥德纳尔德阵地了。如果城市关闭大门，法国人只能蹂躏延边平原，而不能攻击举事的市民，解救遭受围攻的同胞的话，那么阿蒂维尔德无疑会占据气势的上风。但弗兰德斯的世袭领主路易伯爵当然也在国王营中。由来已久的依附关系，对法国大军的恐惧，大概还有对根特城和阿蒂维尔德本人的嫉妒，这些因素加起来让诸城的气氛充满着不确定性。阿蒂维尔德似乎打算守北边的屏障里斯河，但法军从科特赖克上游的科米讷（Comines）顺利渡河，伊珀尔和一批其他市镇立即倒向王军。

如果阿蒂维尔德留在奥德纳尔德，那么法国人就会向布鲁日进军，夺取这座意见分歧严重的城市，阿蒂维尔德的军队也会随之瓦解。他现在别无选择，要么撤回根特，寄希望于坚守，但弗兰德斯的其余地方就要牺牲掉了；要么率军从奥德纳尔德迎战法军，祈求战神赐福。那会是一场单纯的、双方条件相当的野战。如果这位弗兰德斯领袖试图在伊珀尔和布鲁日之间寻找一处坚固的阵地——像先辈在科特赖克的阵地，以及他在奥德纳尔德城下巧妙布置的阵地那样的话，那么首先这样的位置并不好找，而且就算运气好找到了，法国人也未必会强攻，大可以实施包抄，将弗兰德斯人从阵地调动出来，在更有利的位置发起攻击。米提亚德在马拉松，弗兰德斯人在科特赖克的有利阵地不仅需要统帅慧眼识珠，更需要整体的政治-战略局势迫使敌军进攻选定的位置。1382年入侵弗兰德斯的法军既然不去直接救援奥德纳尔德，他们就可以在开阔的平原上任意选择路线，若觉得一处阵地过于坚固，不攻便是。于是，防御方不可能找到一处特别有利的位置布阵，然后对敌人喊话："要么来这里打我，要么滚回去。"这一次是一场单纯的野战，而且只有双方都

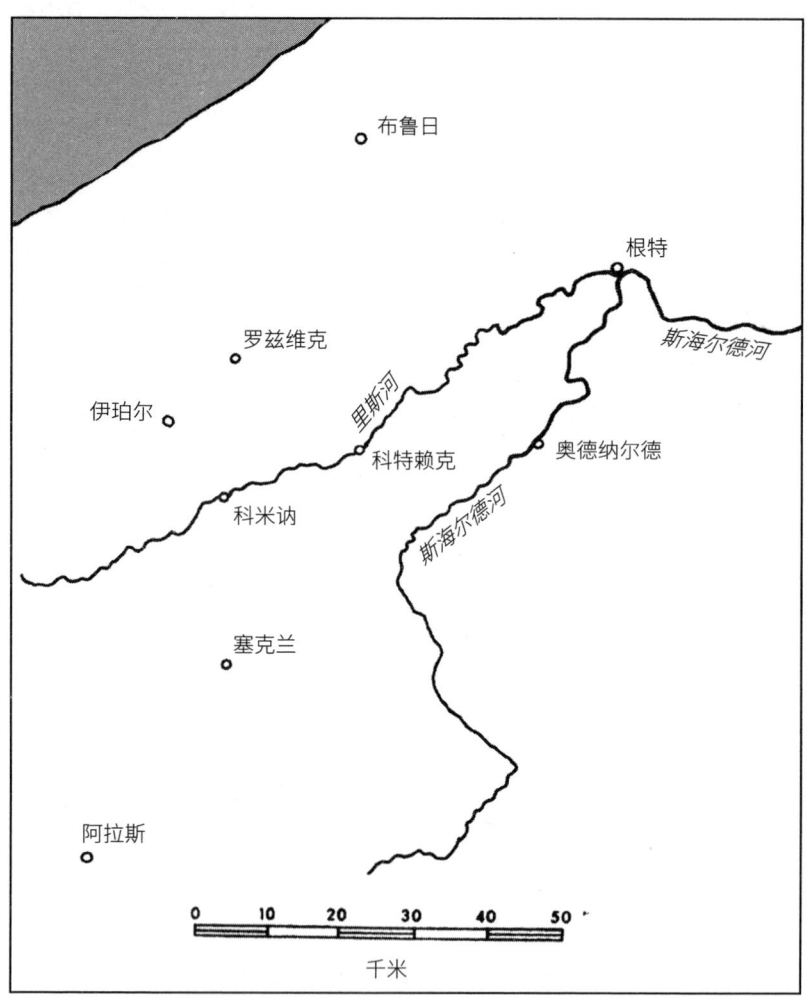

图 4　罗兹维克会战

没有地利强援的情况下,仗才会打起来。当初市民和农民在地利的支援下打赢了科特赖克会战,如今被迫表明自己在同等条件下也有直面骑士的胆量,如果他们不愿意不打一仗就认输的话。

自称"弗兰德斯守护者"的阿蒂维尔德的腓力勇敢地要求发动决战,市民们也勇敢地追随他参战。

手持长矛和"goedendags"(一种斧枪),组成紧密方阵的弗兰德斯人没有像科特赖克会战中那样待敌进攻,而是坚决地向前,迎击前进中的敌军。必须说明的是,这是他们成功的唯一机会。与科特赖克会战不同,他们既无侧面屏障,又无骑兵掩护两翼,如果还是等着法军进攻,那从一开始就输定了。因此,阿蒂维尔德随机应变,主动采取攻势,表现出了他的勇气和军事才能。11月26日至27日夜,两军在伊珀尔西北10英里(约16千米)处各自扎营,营地相距不远。次日早晨,两军侦察过对方的阵地后,于西兹维克(West Rosebeke)村列阵,列阵完毕后开战。

王军司令将步兵全都部署在中央,而且为了加强抵挡弗兰德斯人进攻的能力,他还命令所有部署于中央的骑士下马,只有年轻的国王及其亲随除外。[3] 但中军的任务只是拖住敌军。主攻将由两翼的骑士实施,他们可没有下马。[4] 这是万无一失的布置。"我们赢定了,我方的平民士卒就能打败他们。"王军司令据说在侦察归来,报告战斗即将开始时对国王如是说。

开炮过后,以紧密阵形从斜坡上冲下来的方阵起初让法军后退了一小段距离。傅华萨(Froissart)写道,"人群逼近,枪棒如林",像野猪一样扑向敌军。这位圣但尼修道院的僧侣也承认,法军退后了一步到一步半。

但法军没有完全被击溃，落荒而逃。他们已经赢了，因为骑兵现在从两侧杀入弗兰德斯人的方阵，打断了正面的推进。这不禁让我们想起坎尼会战。弗兰德斯人没有取胜，遂遭屠戮。据说当惊恐的人群越缩越紧时，有许多人被活活挤死，其中之一就是阿蒂维尔德的腓力。他的尸体后来在战场死人堆中被发现，大概并无伤口。

罗兹维克会战中的双方兵力没有可靠记载，也没有做出估算的充分依据。

这场会战对欧洲历史极为重要，其意义主要是负面的，而非正面的。假如弗兰德斯人在罗兹维克取胜，那么本来已经造成很大麻烦的法国市民马上就会拒绝服从国王。一旦市民军队展现出在野战中击败骑士军队的可能性，类似事件肯定会接踵而起，从而赋予德意志–罗曼各民族一个全然不同的社会发展方向。

市民军队与征召民兵

罗兹维克会战向我们展示了全民皆兵的倾向——它对莱尼亚诺会战的胜利至少做出了一定贡献，更在科特赖克促成了一场完全由市民自身取得的大胜——为何没有产生任何长久的效果，让市民步兵长期占据优势，而不过是插曲而已。毋庸置疑，我们仍然会发现市民被征召上阵，编成部队，甚至偶尔会打几场胜仗。但中世纪临近结束时，市民的战斗力似乎不进反退，再次瓦解。德意志城市颁布了无数军事法令，但最后还是靠佣兵打仗。因此就我们的目的来说，详细列出法令条文纯属多余。⁵ 多芬根会战（1388 年）是德意志城市战斗力的一次检验，成绩不尽如人意。为方便对照参明，我会在关于瑞士军队的下一篇中描述这场战斗。纽伦堡市民击败阿尔布雷希特·阿希莱斯的皮伦劳伊塔会战在前文已经讨论过了，它似乎纯粹是一场骑士战。意大利完全是佣兵的天下。英格兰民兵从来没有真正的军事价值。在法国，历代国王特别排斥市民兵，因为他们成事不足，败事有余。

据傅华萨记载，腓力六世于 1347 年解释说他以后打仗上阵只用贵族，不用别人。文中描述市民是累赘，因为他们在近战中一触即溃，就像阳光下的雪一样。他们只有射手和金钱还有点用，其余的人应该待在家里，照顾妻儿，经营生计。至于打仗，唯一用得上的人就是从小学习军事技能、专门为战争培养的贵族。⁶

通过这些记载无疑能看到贵族的傲慢和骑士的妒忌。当时军饷确实比以前高了，骑士不愿意与市民分享。⁷ 但现实情况很可能与腓力国王怒气冲冲的描述相差不大。

尽管有罗斯贝克之败，但市民兵延续最久、运用最多的地区还是弗兰德斯，这是符合逻辑的。到了 15 世纪，最终与弗兰德斯一同归入勃艮第公爵治下的边境伯爵领布拉班特和埃诺（Hainaut）仍然为领主提供部队。但关键要素，那个带来科特赖克的胜利，那个在有前途的市民军队中必然充当中流砥柱的要素，也就是装备近战武器的大队民兵消失了，市民部队以射手小队为主，因此只能是骑士的辅助兵种，就像在法国那样。⁸

3　下马骑士与射手

克雷西会战[1]

（1346年8月26日）

英格兰国王致力于让两座大岛臣服于自己的权杖之下，将威尔士、苏格兰和爱尔兰并入自己的国土。法兰西国王同样试图真正君临封建诸侯，后者基本只是名义上从属于王室。但这两个相邻的王国从一开始就互相使绊子，以免对方变得过于强大。于是，一方的割据独立势力受到威胁时可以得到另一方的保护，共同对抗压迫者。苏格兰人依附法王，弗兰德斯人则依附英格兰国王。英法两国在两地的连绵战争是中央集权与地方割据之间的斗争。这种对立关系又与接连不断的阶级斗争、王朝战争、合纵连横以无数种方式纠缠在一起。但是，在卡佩王室长支断绝，英格兰国王爱德华三世为自己和后代索取法国王位，与瓦卢瓦家族的腓力发生冲突时，英法斗争达到了顶点。作为先王堂兄，腓力主张的基础是男系继承权。而爱德华是先王姐姐的儿子，从女系来看关系比腓力更近。加斯科涅是爱德华的祖业，无论如何都属于他。

1340 年，英格兰在斯勒伊斯（Sluys）海战击败法国舰队，于是爱德华掌握了制海权，可以在任何地点登陆。1346 年，在一名流亡法国贵族的劝说下，他选择在诺曼底登陆。由于法国先前将主力派到了加斯科涅的英格兰国王领地，所以英军毫不费力地劫掠并夺取了一批诺曼底村庄，分散了敌军在南部战场的注意力，也解救了危如累卵的当地英军。法国国王现正率军朝爱德华而来，于是英格兰国王决定走陆路去盟友弗兰德斯人的地盘。他的这个决策可能并非出于自愿。他曾允许手下的部分船长带着伤病员和战利品回国，但其他所有船只也都擅自踏上了返程之路，所以英军一下子与本国失去了联系，不得不从陆地上前往友军地区。腓力国王试图截住正在行军的敌人。他不等全军集结就派人毁掉了爱德华必经的桥梁，迫使其绕路，同时各路人马陆续来到法王身边。

凭借巧妙至极的机动和命运垂青，爱德华成功渡过了塞纳河和索姆河。当他向北走了足够远的路程，一旦战败也有退路时，他面对追兵摆下了阵势。

参加克雷西会战（battle of Crécy）的英军人数估计在 1.4 万至 2 万人之间。御库总管沃尔特·德·韦特万（Walter de Wetewang）为随后发生的加来围城战起草的花名册似乎提供了佐证。这份留存至今的档案给出的数字是 3.2 万人。扣除掉克雷西战后才抵达的援军，得出的结果就是 2 万人上下。这个兵力看起来太高了，以至于我对它的真实性心存怀疑，但它也可能属实。[2]

关于腓力六世在爱德华 7 月 12 日于诺曼底登陆之后的 6 周时间里是否集结起了一支兵力与英军相当甚或更强的军队，我们不得而知。先前在加斯科涅作战的部队正在急速赶来，尚未抵达。即便法军兵力少于英军，腓力的应战决定仍然是可以理解的。因为他的骑士肯定多于对方，而且英军不断后撤也给人逃跑的印象，提振了法国人的信心。

如果两军相遇后打了一场普通的骑士战，那么法军肯定会取胜。

但爱德华三世天才地创造了一种新战术，顺应地形和战略局势，以中世纪前所未有的方式发挥武器的威力，从而击败了勇猛的法国骑士。

英军中有很大的比例是弓手。在通常的战斗记录中，射手是骑士的辅助。在相对开阔的地形，孤立的射手无法与数目相近的骑士抗衡。如果骑士迅速冲了上去，那么还不等弓手射出的箭让大量骑士或战马失去战斗能力，他们肯定就被骑士踏翻了。但在知道骑士肯定马上就会冲过来，那时自己就输定了的情况下，射手通常不会坚持射击到最后一刻，而是甚至在骑士还没进入有效射程时就逃跑保命去了。因此，战术家的任务就是让射手严守阵线到最后一刻，以便持续射击。为了这个目的，爱德华国王命令骑士下马，与步行作战的射手和矛兵编在一起。如果骑士在马上的话，他们个人可以在肉搏战开始时取得更多战果，但现在骑士的首要任务不是直接建功。在克雷西，骑士的主要使命是鼓舞和稳住大队平民士卒，而像平民士卒一样步行作战会让这个使命更好地达成。少量马上的骑士混在射手和矛兵之间不能给后者带来任何安全感。士卒们会感觉这么点骑士起不了大作用，而且一旦形势不利，他们就会拍马逃跑，留下老百姓去支付战败的血债。确实有不少中世纪会战留下了老爷逃出生天、步卒惨遭宰割的记载。这听起来好像不太骑士,但也不能简单地打上懦夫的标签;毕竟那时骑士已经挽救不了部下,只能陪他们一起死了。当时的氛围并不排斥这种办法。一旦仗打输了,就连勇敢的人也被允许逃跑和尽一切手段自救。骑兵逃跑当然要比步兵更容易。但是,每当步兵看到占尽优势的骑兵自愿放弃优势,他们的信心就会提升到顶点。骑士之所以叫骑士,是因为骑士愿意骑马作战,骑马作战时的威力也最大;他的技术优越性依赖于战马。在克雷西,与其他一些战斗不同,骑士放弃最强的作战资本并非为地形所迫。这是心理-精神因素与技术-物理因素的抗衡,前者压倒了后者。我们在古代的一些个例中能发现这种张力:当恺撒率领新兵军团第一次与赫尔维蒂人交战时,他让人把自己和所有高级军官的坐骑都牵走,亲自步行指挥作战。此举无疑为有序指挥造成了很大困难,却是让新征兵团面对赫尔维蒂人狂野冲锋时稳住阵线的最有效手段。在 357 年的斯特拉斯堡会战中,阿勒曼尼人甚至要求本部酋长下马,与士卒一起步行作战。这样万一要逃跑时,酋长不能抛下民众先开溜。1170 年,埃诺伯爵鲍德温(Count Baldwin of Hainaut)与勒芬伯爵戈弗雷(Godfrey of Louvain)交战时为了鼓舞部下士气而下马。[3]中世纪晚期经常能看到类似的行动。[4]

于是,通过把下马骑士安插在射手中间,爱德华对齐射的运用方式迥异于其他骑士战斗。弓手会持续射击到最后一刻,因为他完全确信一旦敌方骑士逼近,他可以向后撤几步,而身边的下马骑士必定会上前迎战。

但爱德华甚至做到了更上一层楼。他没有正好堵在法军前进的道路上,而是列阵于道路左边与路平行的一道山脊上,一片茂密

战争艺术史：中世纪战争

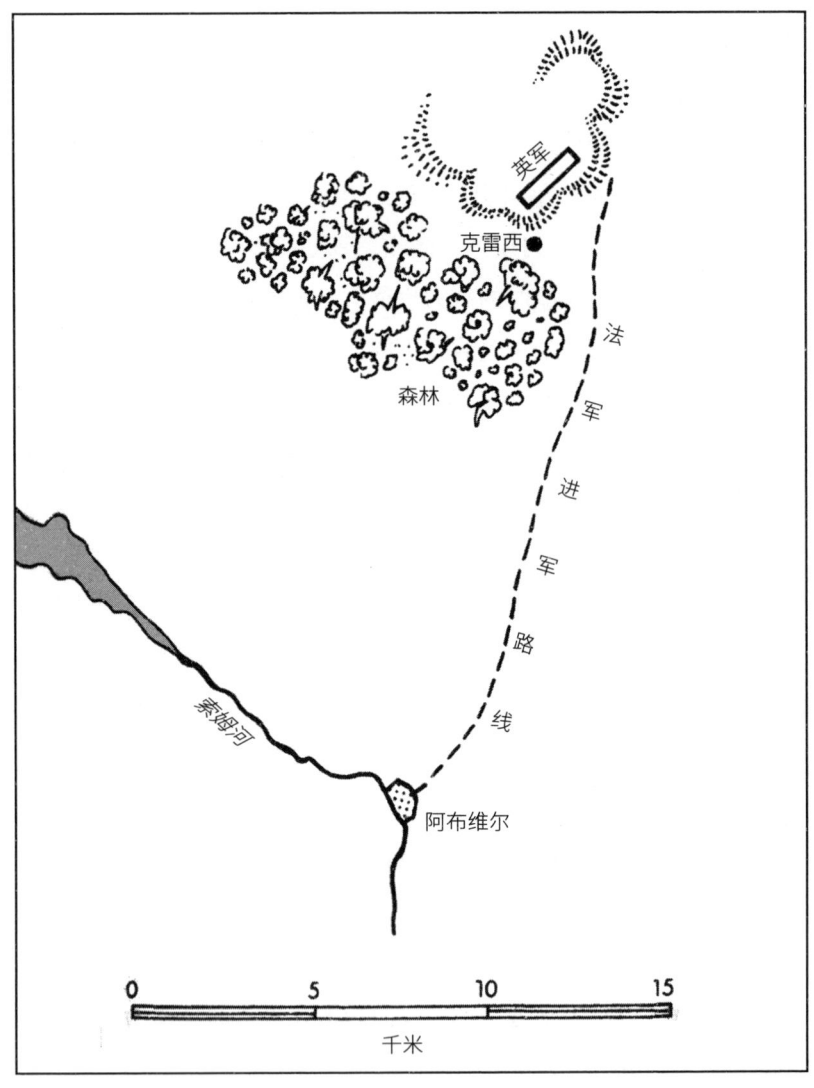

图5 克雷西会战

的森林和右侧一道很陡的坡可在法军进攻时提供掩护。因此，为了与英军短兵相接，法军必须面朝英军左翼布阵，仰攻山坡。我们现在知道，爱德华当年也知道，骑士一旦面朝敌军就不好约束。前队由行军队列转为横队，面朝敌军保持不动，直到后队全部入阵，这是只有纪律极其严格的军队才做得到的事。因此，爱德华侧面对敌的打算是引诱对方零散地出击。如果是正面对敌，很远就能看见敌军正在接近，诱敌就难得多了。分次进攻有利于英军发挥齐射的威力，因为弓手不仅可以从正面向冲来的战马和骑士射击，也可以从侧面射击，威力还要更大。

最后，阵形的形状也值得注意。傅华萨记载，弓手站成"herse 的形状"。这个表述让许多人感到迷惑，其实用今天的话讲，就是国际象棋棋盘的形状。"Herse"的意思是"耙子"①，还有"城门吊闸"或"栅栏"的意思。我看不出吊闸和栅栏有什么可比之处，但"耙子"的形象特别贴切。耙子的齿不能挨得太近，那样翻起来的土会堆在齿的前面；前后排的齿也不能对齐，那样挖不出几条沟。相反，耙子要么每一排的齿都往一个方向偏，要么整体是斜的，达到的效果是一样的。于是，为了让多于一排弓手可以同时射击，爱德华没有横平竖直地布阵，而是让各排都错开一点，穿过空当射击。至于能不能多于两排弓手同时射击，我就不谈了。⁵ 第三排、第四排、第五排很可能只在大队密集敌军正在逼近但还有一定距离，可以被抛射的箭击中才会射击。随着敌军走近，后排弓手就射不到

---

① 此处的"耙子"指的不是九齿钉耙那样只有一排齿的农具，而是由多排齿组成的。

他们了，只能充当前排的后备力量，迅速将伤员替换下来和递送弓箭。

　　腓力国王前日夜宿于克雷西以南约12英里（约19千米）处的阿布维尔（Abbéville）镇内及镇郊。直到下午3点，他才在行军途中得知英军已经列好阵等他来了。他决定将进攻推迟到下一天，但前锋已经看到敌军了，后队得知消息后也往前挤。于是，国王决定立即发动决战。他先让热那亚弩手上前，但他们没占到山上的英军弓箭手便宜。直到法军骑士从弩手中间冲了出去（不少弩手被践踏），试图采用常规战法突破敌阵时，战斗才正式开始。假如法军骑士一开始就部署有序，全体同时发起冲锋，那么英军的箭恐怕挡不住攻势。但法军是到了一支部队，就冲上去一支部队，一次接一次地冲锋，因为地形有坡度，所以速度快不起来。亲历者说总共有十五六次进攻。英军的宽大正面每一次都将箭雨倾泻到一支小队上，尽管很多箭对骑士和战马的铠甲没有起到杀伤效果，但毕竟还是有大量的箭击中了目标，以至于仅有个别骑士突入敌军阵线。[6]突入以后，他们又被英军骑士和矛手击倒。主要攻击目标当然是离法军行军纵队最近的右翼。右翼由年仅16岁、人称"黑王子"的威尔士亲王指挥。他的形势一度危急万分，竟让父王从中军调了20名骑士前去增援。这支小小的援军就足以将法国人击退，因为能进入肉搏战的人本身就很少。

　　腓力国王骑马来到近处，坐骑被射杀。他明白大势已去，便带着少数随从离开了战场。

　　发起进攻的法方贵族十分英勇，从阵亡名单中便可见一斑；为首者是眼盲的波希米亚国王、卢森堡伯爵、查理四世皇帝之父约翰。余者包括腓力国王的弟弟阿朗松伯爵（count of Alençon）和侄子布卢瓦伯爵（count of Blois）、洛林公爵拉乌尔（Duke Raoul of Lorraine）、弗兰德斯伯爵路易、阿库尔伯爵约翰（Count John of Harcourt）、萨尔姆伯爵西蒙（Count Simon of Salm）、桑塞尔伯爵路易（Count Louis of Sancerre）、欧塞尔伯爵约翰、格朗普雷伯爵约翰（Count John of Granpré），另有83名方旗骑士和约1 200名骑士。

爱德华国王取得的是一场纯防御战的胜利，此类胜利在军事史上极为罕见。国王严令不许追击，甚至下令不得前进，以免步兵在谷中遭到敌军骑兵突袭。

如前所述，爱德华三世借以打赢克雷西会战的弓手是由他的祖父爱德华一世引入英格兰军事体系的。这并非理论创新，而是复兴和发扬了继承自过去的作战样式。事实上，征服者威廉当初的射手就很强，腓特烈二世皇帝的甚至要更强些。爱德华一世对这种武器的重视尽管让他征服了威尔士和苏格兰，但此举并未对作战方式带来任何变化，也没有长期为英格兰带来相对于敌人的优越性。爱德华二世有弓手，但还是输掉了班诺克本会战，随之丢掉了苏格兰。1339年初次与法军大战时，爱德华三世也完全想不到自己能靠弓箭手的数量和精度击败敌人。事实上，他与众多德意志诸侯和领主订立了盟约和雇约，如贝格伯爵、林堡伯爵、荷兰伯爵、行宫伯爵、勃兰登堡藩候、于利希公爵、盖尔登公爵（Duke of Geldern）和布拉班特公爵，甚至还有神圣罗马帝国皇帝本人巴伐利亚公爵路易。为了支付这些贵族佣兵的薪水，英格兰不得不开征重税。除了国会批准的款项以外，国王强征的税费还要多得多。他对羊毛出口征税，还从汉萨同盟的商人手中大笔借款，作为回报授予有损本国臣民的特权。对于一批莱茵河下游的诸侯，他付不出现金，于是就用规定数量的羊毛出口协议抵债。富裕的修道院也要出钱资军。虽然他通过这种方式集结起了一支大军，但1339年入侵法国时还是一无所得。尽管腓力六世国王率领征召来的军队前来，但腓力一直避战，爱德华也认为自身实力不足以逼迫对手交战。腓力正确地估计到，英德联军不可能长期集结。没过多久，诸侯们就声称自己给的已经够多了，爱德华只得无功而返。

战争进入第七年，爱德华再次率大军渡海。这一次他没有带德意志骑士，而换上了人数更多的弓手。尽管这次的军队由英格兰本国人组成，但它依然是一支雇佣军。所需资源来自极为严苛的税收，重新采用了加洛林敕令中的征兵方式，即征召符合资格的男丁从军，然后允许其出资代役。

如果英格兰国王第一次入侵时就无力迫使对方决战，那么1346年手上的骑士大不如前，决战就更指望不上了。他起初或许曾打算直扑加斯科涅。而且不管怎么说，他都只有间接的目的，是为了将敌人引开，从而解救遭到围攻的加斯科涅城堡和当地军队。

最后会战之所以展开，是因为法国国王受到英军不断后退的鼓舞，对自身实力充满信心，于是决定向敌方阵地发起进攻，而没有像类似形势下的1339年比龙福斯（Buironfosse）那样只是对峙。

英格兰长弓在克雷西之所以发挥出空前的威力，我们已经归因于形势和统帅共同造就的特殊战术条件。文献里没有直说这一点，而是描述与强调弓固有的高射速优势和箭的威力。但克雷西的胜利不可能源于弓本身，因为那样一来，我们就不能理解为什么弩会与弓在重要性上并驾齐驱；不管是克雷西之前还是之后，也不能理解弓为什么在中世纪的前几百年里没有扮演更重要的角色。这场会战的目击者中没有能够洞悉和深究战术关系的真行家,只留下了箭"像雪花一样"飞舞这类的笼统说法。我们只能将其作为事实接受,解释就只能靠自己了。大量文献——包括维拉尼这样的重量级人物,他显然也认为需要为现象给出解释——声称英军摆出了车营。也有人(吕斯托)将这一记载解读为英军在阵前修了一座小工事,向骑士射击时起到了保护作用。但经过比对所有文献,我们发现射手前方无疑没有任何屏障。因此,英军取胜只是因为爱德华国王指挥得当,果断组成弓兵阵,并让骑士和矛兵穿插其间,坚定其心。但反观对方,法国骑士战败不是因为没有决心,而是因为不守纪律,零散进攻,不能形成整体合力,结果在敌军箭下失败。

有一个问题能让我们更好地认清整体形势:据文献记载,腓特烈二世皇帝也有很强的弓手,他为什么从来没打过类似的仗呢?他肯定有过这样的想法。答案在于克雷西会战是一场防御战,打防御战要知己知彼。极其自信而强大的法国骑士向英军阵地直冲过去,正如他们1302年在科特赖克向弗兰德斯人冲去一样。但意大利市镇的骑士可没有这样的精神。他们的目标从一开始就不是——事实上,也不可能是——在野战中击败皇帝,而只是拖住皇帝,不要被皇帝击败。只有卡尔卡诺会战和莱尼亚诺会战那样有利的机会出现时,他们才会应战。因此,主动权和进攻权完全在皇帝一边。但爱德华将自己的目标限定于蹂躏劫掠平原地带,以此伤害敌人,还有一次夺取了一座守备不足的城市。而且他等着由对方来攻打自己。

当然,英军在克雷西的阵形不是临时想出来的。弓手在通行不便地段打小型防御战无疑是常事。早在12世纪就有战例,如布林乌尔德战斗（1124年）和雅法会战（1192年）。克雷西会战似乎还有两位直系先驱。一是杜普林沼地会战（battle of Dupplin Muir）（1332年8月9日），爱德华·贝利奥尔（Edward Baliol）统率的一支苏格兰流亡者，在入侵苏格兰的英军和外国佣兵配合下，击败了由摄政王马尔伯爵（earl of Mar）指挥的一支苏格兰军队。二是贝里克附近的哈利顿山会战（battle of Halidon Hill）（1333年7月19日），爱德华三世本人击败了由摄政王阿奇博尔德·道格拉斯（Archibald Douglas）指挥的苏格兰军。[7] 两场会战中都出现了下马骑士与弓手的组合，而且一份由斯温布鲁克的贝克（Baker of Swinbroke）撰写的英格兰文献更是明确写到：英格兰人在哈利顿山学会了一种不同于先辈惯例的步行战法，只有追击时才上马。在克雷西会战没有发生的骑马追击据说在哈利顿山上演了，于是从军事史角度来看，哈利顿山会战的重要性比克雷西会战还要大。但我觉得关于这两场会战的记载并不很可靠，还不值得军事史学界去重点关注。实际参战兵力方面的疑点尤其大，而且我们也难以理解苏格兰人怎么会在哈利顿山冒险进攻英格兰人。克雷西会战仍然是有可靠历史记载，由下马步兵和射手配合取胜的唯一一场大战。将战场选在敌人进军路线的侧面真乃神来之笔，如此谋划无疑是为了引诱敌军零散进攻，同时强化了弓手的威力。

挟克雷西取胜之势，爱德华围攻加来。加来最终投降，但之前进行了11个月的顽强抵抗。腓力国王曾率大军来解救这座忠诚的城市。但当法军逼近时，爱德华已有援军抵达，手下有3.2万人。腓力不愿冒险进攻，尤其是经历克雷西会战之后；他再次空手而回，让加来自生自灭。

但即便是军势强盛的爱德华，他除了夺取加来也没有别的想法。因为就算他极力从广大的王国压榨资源，成功集结起一支中世纪前所未有的 3.2 万人的大军，当长期维持这样一支军队并利用其实施行动还是超出了爱德华的能力范围。甚至在夺取加来后，英军还是和以前一样忙于劫掠、无暇他顾，于是苏格兰在此期间再次脱离了英格兰统治。

莫佩尔蒂会战

（1356 年 9 月 19 日）

克雷西会战 10 年后，爱德华三世之子——黑王子爱德华对法国人取得了一场非常类似的胜利。但是，我们首先要再次排除文献中给出的巨大数字。根据卡尔·兰珀（Karl Lampe）得到公认的专著[8]，英军有 1 600 名至 1 800 名骑士、2 000 名弓手和大量步兵；法军则有 3 000 名骑士。凭借骑士数目的优势，法军向着正深入卢瓦尔河并劫掠两岸大片土地的黑王子前进。王子退到一处合适的地点才停下。国王犹豫要不要进攻，因为援军正在陆续赶到，而且他以为王子或许是粮草不济才被迫撤兵。和谈开始了。接着，王子佯装后撤，诱使法军前锋立即发起进攻，结果遭到英军箭雨袭击，又被英军骑士击退，逃窜过程中还将恐慌情绪传给了后方扎营的法军主力。为了挽救荣誉，约翰国王命令法军骑士下马步战。在抵抗了敌军很长一段时间的进攻后，国王和随从成了阶下囚。

因此，莫佩尔蒂会战（battle of Maupertuis）是黑王子精妙地挑起和实施的一场防守反击战。与法国封建骑士相比，英格兰佣兵

（尽管有一半骑士征自加斯科涅）更听从统帅指挥。因此，法国人的全部勇气都无济于事。

阿让库尔会战

（1415年10月25日）

从战略背景来看，阿让库尔会战（battle of Agincourt）比莫佩尔蒂会战更接近克雷西会战。这一次，英格兰国王亨利五世还是在诺曼底登陆，向弗兰德斯进发。法军再次试图阻止其渡过索姆河，并在河口处堵截成功，亨利被迫向上游多走了100多千米，来到一处河水拐向北流的地方，那里几乎已经到了河源。法军不得不绕着河弯走，英军则可以走较短的内线，赶在法军前面渡过了河。1346年，英军渡过索姆河后停下脚步，转身列阵等待追击的法军，从而发动了会战。1415年，法军沿着与英军平行的路线向北多走了五日路程，赶到前面堵住敌人去路，英军被迫出击。

因此，这场会战的态势与克雷西恰好对调，从战术角度看更是极有意义。英军在克雷西采用的下马骑士与弓手混编战术的强项在于防守；但现在的问题是，该战术在攻势中何以成功？法军将阵地选在两片森林之间的狭窄地带，有记载称其宽度不超过500米。亨利五世似有犹豫，可能还摇摆了半天的时间，不知要不要冒险进攻。但他估计告诉自己，如果他试图绕过法军，法军会再次列阵于英军前方，或者攻击行军中的英军，同时法军的援军也会增加，所以最好立即开战。

论述此战的首要任务是说明英军何以战胜英勇的法国骑士，即便英军这一次完全没有克雷西和莫佩尔蒂会战取胜的有利条件,而且包括法语文献在内的史料一致认为英军兵力远少于法军。前人论述都没有破解这个谜团。我的论述以弗里德里希·尼特(Friedrich Niethe)的专著为基础。[9]

第一点是:我们是否要接受法军占据数量优势,而不认为英军兵力更多。当然,史料众口一词地记载,法军人数大得多,但就连我们掌握的法语文献也对战败方也不是友好,而是敌视的态度。没有任何记载是代表奥尔良派(或阿马尼亚克派)的观点,所有文献都来自对立派系。此外,我们之后讨论胡斯战争时还会了解到,甚至己方作者在战败后有时也会夸大兵力,而事实显然表明阿让库尔会战就是如此。假如法国人真觉得自己的兵力足以发起进攻,那他们应该在亨利渡过索姆河后立即行动,当时两军正在佩罗讷对峙。但法国人放任亨利离开,只是挑动对方来一场骑士战斗,用这样笨拙的计策试图留住对方。此举唯一的解释就是法国人想争取时间,因为有大批部队还没到位。但亨利恪守英国战术,没有选择出击,于是两军几乎并排走了5天。这是一场彻头彻尾的赛跑;如果亨利领先,他既可以不经一战就前往属于自己的加来,也可以效仿先辈的克雷西故事,转身迎击法军。但如果法国人占先,他们就会迫使英军打一场违背自身战术的进攻战。亨利的部队之前已经连续走了14日(10月8日从阿芙勒尔,Harfleur启程),现在国王一天休整时间都不给,又展开了艰苦的行军。最后法军脚程更快,但代价是援军在这样的行军条件下赶不上来。王军司令德阿尔布雷(d'Albret)或可聊以自慰的是,向北行军至少拉近了与布拉班特公爵的距离,后者正率援军赶来。毫无疑问,法军列阵于阿让库尔时每个钟头都在盼着公爵到来。但我们知道公爵直到最后一刻才抵达战场,而且只有他一人,手下骑士并未参战。上述各点只能得出一个结论:在英军渡过索姆河之后的6天里,法国人没有大批援军加入,因而在阿让库尔兵力占劣势,而非如文献所说占优势。至于亨利为何仍然对进攻心存犹豫,英国战术的防守性便足以解释。尼特估计英军兵力约为9000人,内含1000名骑士,法军兵力则在4000人至6000人之间。[10] 他认为亨利没有步行矛兵,除了披甲骑士以外只有弓箭手,后者除了弓以外也会携带一些近战武器。

法军既然计划取守势,于是让部分骑士下马,与弩手和步兵混编。但在一场纯防御战中,这种阵形会让自身毫无保护地暴露于大量英军弓手之下,所以两队骑士没有下马,留在两翼策应,一旦英军弓手真要上前,骑士便可发起反击,将其击退。

上述阵形看起来布置周全,其实有根本性的缺陷。它的基本假设本身是相当正确的,即弓手在开阔地带挡不住骑兵的攻击。但问题是还要看两军兵力。预定攻击弓手的骑兵单位只是法军一部,前进时却会遇到英军的全部兵力,同时己方主力在防守阵地消极等待。因此,法军作战计划的结果是分散兵力。战略形势让法军不得不采取守势。假如法军射手与英军相去不远的话,那么尽管法军总兵力较少,还是能够取胜的。但法军射手实力很弱,[11] 同时防御战这种形式也大大不利于装备近战武器的军队。正确的做法应该是在英军射手走到足够近的地方时步骑齐出,主动进攻。法军似乎有一种必须尽量坚守的先入之见,所以没有这样做。不过,正因为一味防守在英军远射武器面前毫无胜算,法国人才留了部分骑兵用来进攻。而在当时的情势下,这种进攻不可能成功。

更妥当的做法大概是前几天行军时发起进攻，因为法军的构成根本不适合防守。亨利也预见到了这种可能性，因此为每名弓手配了一根约 2 米长的尖头粗棍，一旦敌军骑兵逼近就按栅栏的样子插在面前，迅速形成一道屏障。我们接下来会看到，英军现在尽管处于攻势，但这个权宜办法还是派上了用场。

之前，每当骑士与射手一同参战时，射手身后总会跟着马上的骑士。

现在，亨利国王命令骑士下马，与射手站在一起。通过这种方式，他就把已经在防御战中检验过的战法用到了攻势当中。变化的原因要到两个兵种的数量关系中去寻找。亨利手下的弓手大概有骑士的 8 倍多。如果骑士留在马上，那么从他们开始冲锋的那一刻，弓手就不能参与战斗了。当弓手的数目使其只能充当辅助兵种，胜负完全取决于骑士时，那样做是可以接受，也是符合逻辑的。但到了现在这样的情况下，弓手数量占全军的大头，骑士就必须与弓手紧密协作，而这就要求骑士必须下马，不管身穿重甲行军是多么难受。为了让骑士不至于完全喘不上气，他们前进途中停下来了一次。

当英军进入敌军射程之内时，弓手把尖头木棒插进面前的土里。我们很难想象他们是怎么可能做到的，因为法国骑士随时可能发起攻击，而弓手能射箭的时间很短，一秒钟、一支箭都耽误不起。此外，木棒也会妨碍英军自身继续前进。但既然两份彼此独立的文献都记载了此事，我们也只能相信它，然后这样来解释：法国人执迷于防守，于是给了英国人足够多的时间从防守战术转换为进攻战术。另外，栅栏估计并没有插满全军正面，只是在两翼骑兵对面插了几段，可能还要靠后一点，没有真正进入法军射程。接着，英格兰中军上前，向法国步兵射箭，逼迫骑士进攻并将其引向靠后布置、有栅栏保护的英军侧翼，再以弓箭杀伤。

不管情况如何，数量庞大的英格兰弓手和下马骑士一起击退了几百名法国骑士的冲锋，一如当年的克雷西会战。然后，正当法军骑士或无人战马（其中很多都受伤了）冲回后方，在刚刚开始往前走，甚或还站在原地的己方步兵中间造成混乱和气馁时，英军坚决地杀入敌阵，就连弓手都掏出了近战武器。法军抵挡不住，被英军冲锋打垮。面对英军射来的箭雨，法军弩手刚开战就撤到了后排。失败的骑士在进攻和后来的步战——下马骑士身穿重甲，根本跑不掉——中都有许多大贵族战死或被俘。

与萨拉米斯会战和塔利亚科佐会战一样，关于此战也有人（沃尔辛厄姆）[①]说盔甲严密的法国骑士行动不便，因此被轻装上阵的英军轻松击败，于是我们必然得出穿盔甲的人战斗力不如不穿盔甲的人的结论。

结　果

克雷西会战后，英格兰的弓手和下马骑士混编战术似乎只适用于防守。但在阿让库尔会战，亨利五世将同样的战术运用于攻势。不过，那只是在这一场会战的极其特殊的条件下才有可能的。没有

---

① 全名为托马斯·沃尔辛厄姆（Thomas Walsingham，约 1422 年去世），英格兰编年史作者。

新战术从中发展出来。有人认为英格兰步卒已经在向现代步兵转化，因而爱德华三世应该被视为真正的开创者；这是不正确的。[12]恰恰相反，弓手骑士混编方阵尽管多次取得辉煌战绩，但一直只是插曲。现代步兵是从另一个完全不同的、我们现在还没讲到的根源中发展出来的。归根结底，爱德华三世与亨利五世的弓手、矛手、骑士与中世纪的其他弓手、矛手、骑士并无区别。只不过由于弓手数量大大增加，骑士纪律性有所改善，这些兵种的某些特性被巧妙发挥到了极高的境界。骑士下马是这个过程的必要条件，但并不是技术进步。因为骑士放弃了战马的威力，而且骑士射手方阵在开阔地形依然无法抵挡马上骑士发起的强力攻击。骑士步行实在是困难，以至于到了后来，统帅如果有这样的计划，就必须向骑士规定好前进途中停下来的频率，好让他们喘口气。大胆查理的管家奥利维耶·德拉马什（Olivier de la Marche）写道，勃艮第骑士有一次走得太累了，必须由侍从托着胳膊，免得摔倒在地。[13]

虽然如此，到了14世纪下半叶，我们发现骑士下马作战成了惯例。马匹好像只是他们的交通工具，而不是作战的资源，除了上马追击敌人，或者去取回一直由侍从牵着的马逃命的时候。这种做法并非基于技术因素，而只能到最初导致防守方下马的心理因素的增强中寻找原因。骑士下马的一个结果是战斗的严肃性升高到了顶点。骑士在战斗中下马是自断退路之举，是摆明了要不成功便成仁。斗志上的提升大概足以弥补，甚至超额弥补物理上的劣势——尤其是骑士日少，士卒渐增，而士卒会因骑士下马而使士气得以提升，估计还有可能由此注入新的信心。我们可以这样说：在平民佣兵数量远远超过骑士以后，骑士的物理杀伤沦为次要因素。于是，不再直接利用骑士的精神力量，而将其间接用于提升大队平民士卒的士气便成为可取之举。

当然，勃艮第骑士也曾拒绝下马（比勒涅维尔会战，battle of Bullegneville 1431年）。最后在皮卡第人（Picards）和英格兰人的威胁下，统帅决定所有人必须下马，否则不论地位高低，一律处死。[14]

我相信，骑士下马之所以在中世纪早期少得多，原因也在这里。

前面讨论的心理因素是长期存在的，我们可以这样说，它们在加洛林王朝或霍亨斯陶芬王朝时期同样可以运用。但释放这股力量有两个必要前提，首先是平民士卒，特别是射手的增多；其次是克雷西及英军之后取得的历次胜利带来的冲击。这个过程之所以发轫于英格兰，是因为英格兰骑士纪律性更强，更听从统帅号令，从而让统帅有能力开辟创新。而一旦取得巨大成功的下马骑士明显地标示出一种实践方法，那么所有人的观念自然会转到这个方向上。它不仅成为一种惯例，甚至成了一种模式，表明一个人的骑士精神可以脱离战马而存在。这大概就能解释为什么在阿让库尔会战的最后一刻，身边只有几名骑士的勃艮第公爵之弟法国贵族布拉班特公爵会立即下马，与其他人用同样的方式并肩作战，并随即被英军杀死。他的祖父法国国王约翰为纪念传说人物亚瑟王而创立星之骑士团（Order of the Star）。团规要求成员逃跑距离不得超过4个arpent[①]（个人估算）。[15] 这条规定荒谬至极，现实中不可能执行，但它竟然能写进团规本身就表明，当时崇高武士的骑士荣誉观念已经

---

① 法国古代长度单位。

近乎讽刺画。只要再往前走几步，它就达到日本骑士"侍"的切腹的地步了。为了理解骑士下马作战竟成为一种原则——甚至在进攻中也不例外——这样骨子里反自然的过程，我们必须牢记其中的过火之处。但这些做法说到底太违背天性了，并没有完全占据统治地位。我们仍然不时会看到一些马上交战，或者至少是有一部分骑士没有下马的会战。[16] 至于有利于下马的自然条件——或是地形崎岖，或是骑士为步兵充当主心骨的欲望——在现实多久一次和多大程度达到，我们很难确定。因为文献往往会在骑士根本没有下马或没有普遍下马的场合说骑士下了马。[17]

即使骑士下马只是一段重要的插曲，但我们仍然可以将其视为现代军队的先行者之一，因为它代表着某种向后世军官团的过渡。现代意义上的军官不再亲自拼杀，而只是通过纪律和榜样保证大部队作战。我们已经看到，骑士下马的首要原因当然也是这种对人群的心理作用。为此，他们放下了自己的一大利器，随之也放弃了一大部分个人成就。

4　奥斯曼土耳其

我们已经看到，阿拉伯人的天生勇武是如何在几百年后被塞尔柱突厥人[①]取代。甚至在十字军东征结束之前，成吉思汗领导的蒙古人就已经席卷了东方世界。尽管成吉思汗和追随其脚步的帖木儿立下了赫赫战功，我们在此处还是略过二人不谈[1]，不过从废墟中兴起的奥斯曼土耳其人的独特军制倒是值得描述一番。

与塞尔柱人不同，奥斯曼人其实并不是突厥人的一支，而是混合了五花八门的部族，共同追随大军阀奥斯曼（1300年）和他同样好战的继承者们。当然，诺曼人同样会合了众多源流。

奥斯曼土耳其人一开始与先前东西方的各个民族并无区别。他们是强大的骑马武士，攻城略地，然后作为一个军事共同体或武士阶层分散于征服的各地。阿拉伯人最初的制度（第207页）是被征服民族向国库交税，由国库供养武士阶层。后来阿拉伯人自己改成

[①] "突厥"和"土耳其"在英语里都是"Turks"，采用"塞尔柱突厥"和"奥斯曼土耳其"的译法只是顺应中文语境习惯。

类似西方的封建制度，甚至越来越靠近西方。武士个人被授予封地，直接收取赋税，并行使一定的司法权。[2] 塞尔柱人和奥斯曼人先后延续了这套制度。但它与西方制度相比还是有区别的。就我所知，区别如下：第一，奥斯曼封地一直要按照货币价值来评估和分配；第二，封地在晚得多的时候才变为世袭。由此引出了第三条，政府官职没有被封地主夺走，而是留在苏丹手中。因此，奥斯曼国家更接近于盎格鲁-诺曼人的国家，而非欧陆国家。前两者的封建制度都没有真正发育完全，但奥斯曼封建制度在最发达的时候也与盎格鲁-诺曼人有显著的区别。因为按价值分等的奥斯曼封地"提马尔"（timar）其实只是多次封给同一个人，与其家族并无紧密关系，封地可以说是属于武士共同体"斯帕西"（sipahi）整体的。大封地主的年轻儿子不会继承父亲的产业，而要从普通战士的封地做起，日后表现出色再获赐更大的封地。即便苏丹对被叫作"提马里"（timarli）的授封武士有如此大的权力，我们依然会看到他们在应该应召出征时心存犹豫，甚至会彼此说出来。据估计，在被征服的塞尔维亚地区，大约每40平方千米的土地会设置一名有封地的斯帕西。在提马里之外，苏丹还有贴身侍卫御门斯帕西，可类比于法兰克的斯卡拉卫队。除了骑兵，苏丹还有长矛步兵"阿萨班"（asaben）。但与西方一样，他们并无出色战绩。如我们所见，尽管这些制度自有其东方特色，但并不足以与同时期其他国家的制度明显区分开。假如奥斯曼帝国只以有封地和没有封地的斯帕西为基础，它就不可能生发出让先前的穆斯林国家黯然失色的蓬勃活力。

赋予奥斯曼人以鲜明特色，奠定和维持奥斯曼数百年霸权的部队是耶尼切里（janisaries）。[3]

耶尼切里意为"新军"（Jeni dscheri），成立于1330年前后。与同时期的英格兰弓手一样，他们是步行作战的弓箭手，但组织形式完全不同。他们是一支纪律严明的常备军。英格兰弓手也是专业的战士，但他们是被雇来打短时间战争的，在战争各参与方和约缔结后就解散，或者回归平民生活，或者寻找下一任雇主，或者落草为寇。耶尼切里最初也是雇来的，后来则长期集体为苏丹效力。耶尼切里的兵源来自被征服的基督徒，他们自小就从父母手中被抢走，皈依伊斯兰教，经受严格的职业军人教育。他们不得娶妻成家，与战友生活在一起，不分彼此。耶尼切里既是军事单位，也是经济共同体。一列（file）10人，共居一帐，用同一口锅做饭，用同一匹牲畜载物。8列到12列为一连，号为"奥达"（oda），设连长一名。在14世纪，耶尼切里共有66个奥达，总兵力估计为5 000人左右。征服君士坦丁堡的穆罕默德二世（Mohammed II）新增33个奥达，称"塞克班"（segbans）；后来又设100个奥达，称"贾加"（Jagas）。[4]

这支队伍的团结与品格有一个先决条件，那就是绝对可靠准时的后勤体系。奥斯曼苏丹不断从被征服民族榨取资源来供养耶尼切里，当时的基督教君主没有人能做到这一点。我们从军官的奇特头衔中就能看到耶尼切里是何等依赖于后勤组织。奥达长官的名号是"乔尔巴基巴奇"（Tschorbadschi Baschi），意为"分汤人"；另一个名号是"大厨"；还有一个叫"军需长"。士官被叫作"赶驼人"。"奥达"的本意是"屋子"，也就是战友们一起睡觉的地方；它很可能也被叫作"奥尔塔"（orta），意为"炉子"，就是大家一起做饭的火灶。锅被视为队伍纯洁性的象征。除了每列的小锅以外，全连还有一口集体的大锅，御膳房每逢周五就会为安拉的勇士送来国菜羊肉抓饭。每名耶尼切里战士的毡帽上都别着一把木勺。

除了军人气质以外，耶尼切里还贯彻培育着伊斯兰教的精神。托钵僧性质的拜克塔什教团（Order of the Bektaschy）参与了这支部队的创立。托钵僧会作为牧师、歌手和滑稽艺人随耶尼切里出战。战士们戴着僧侣的毡帽，帽徽是一条挂着的白布，以纪念为战士献上祝福的托钵僧挥舞的衣袖。年轻新兵的教育大概主要也是由托钵僧负责。

这些战士忘记了父母，忘记了家园，只知皇宫，不知故乡，只认苏丹陛下，不认父亲长老，心中只有苏丹的意志，只求获得苏丹的垂青。他们只知道一种生活，那就是严守纪律和从不质疑的服从。他们只知道一种职业，那就是当兵打仗。他们没有私心，除了生前死后可能获得的报偿，按照伊斯兰教义，战斗会开启天堂的大门。

僧院般的军营生活纪律极其严格，任何人不得在外过夜。新兵要毫无怨言地服侍老兵。受刑者要亲吻蒙面施刑者的手。

在装备和单兵素质方面，耶尼切里与英格兰弓手大致相当，但纪律性让他们能够实现更大的功业。尽管有记载说矛兵（阿萨班）有时会配合耶尼切里作战，以抵挡敌军战马，但这显然只是例外情况。阿萨班不是骑士那样地位更高、能提振弓手士气的武士；相反，他们的地位更低。耶尼切里足够镇定，本身就能直面任何攻击——当然，他们还没到能够在开阔平原挡住骑士全力冲击的程度。弓箭不可能达到这种程度。但他们知道如何在阵前修建小型工事和挖掘战壕，躲在后面等待敌军出击，而把进攻的任务留给了斯帕西骑士。

尼科波尔会战 [5]

（1396年9月25日）

我之前已经指出君士坦丁堡的选址异常险要，既有天堑屏护，又享有贸易中心和交通节点的资财。这座城市的坚固还体现在一点上：土耳其人先拿下了整个巴尔干半岛，然后才攻下君士坦丁堡。从1356年土耳其人首次在欧洲站住脚到1453年攻陷帝都几乎过了一百年。在这一个世纪中，奥斯曼帝国定都于阿德里安堡，出兵降服了塞尔维亚人和保加利亚人。

当时，日后亲自戴上皇冠的勃兰登堡选帝侯——查理四世皇帝之子西吉斯蒙德（Sigismund）与匈牙利公主联姻，从而登上了匈牙利王位。他明白受到威胁的不只是他的王国，还有整个西方世界，于是发动自己的全部关系，从四面八方调集支援。身为卢森堡伯爵，西吉斯蒙德的祖上是一个说法语的家族，所以他一贯与法国人友好。他的祖父约翰国王在克雷西会战中被杀。现在，被德意志、意大利、英格兰承认的教宗博义九世（Pope Boniface IX）对整个基督教世界发起动员，并传讲了十字架。①

此举大获成功，只有十字军东征可与之相比。一支强盛的法国骑士远征军由勃艮第公爵腓力之子、年轻的讷韦尔伯爵（count of Nevers）率领。威尼斯承诺出船。德意志人、英格兰人、波兰人和意大利人踊跃投入匈牙利国王帐下。参加的德意志诸侯有行

---

① 源自使徒保罗的十字架信仰，认为十字架代表着人的救赎，所有人都要会合在十字架的真理之下。

宫伯爵鲁普雷希特（Ruprecht）和纽伦堡城主约翰（Burgrave John of Nuremberg），随行者还有斯特拉斯堡城的骑士。当时以罗得岛（Rhodes）为大本营的医院骑士团（Knights Hospitalers）大团长率领骑士加盟。瓦拉几亚君主米尔恰（Mircea）也派出了援军。法国一家就出了 1 000 名左右骑士和侍从，加上辅助部队可能有 2 500 人。基督徒全军的骑兵总数可能在 0.9 万至 1 万人，扣除行军损耗和留守驻军，真正参与会战的大概有 7 500 人上下，这支大军是如此强盛，以至于远道而来的骑士们与异教徒战斗时的踌躇满志似乎是可以理解的。文献里没写步兵的事。大军沿着多瑙河前进，河上有一支船队随行运输补给。

他们不仅要将土耳其人彻底赶出欧洲，甚至想夺回圣墓。据说西吉斯蒙德曾放话，就算天堂塌下来，他的大军也能用矛顶住。既然如此，人还有什么好怕的呢？

大军在铁门峡谷（Iron Gate）①渡过多瑙河，但没有朝后勤困难的内陆阿德里安堡方向进发，而是在辎重船队的陪同下继续沿着多瑙河走。他们占领了多座保加利亚城市，自信一定能吸引巴耶济德苏丹（Sultan Beyazid）率军前来，然后发动他们想要的决战。

维丁（Vidin）不战而降。5 日后，拉霍瓦（Rahowa）的保加利亚人起来反抗土耳其驻军，城遂失守。但尼科波尔（Nikopol）坚决抵抗，十字军打了 16 日都没有攻下来，而援军逼近的消息已经传来。

得知十字军来犯时，巴耶济德正在君士坦丁堡城下。他似

---

① 位于多瑙河上游，现在是罗马尼亚和塞尔维亚边界的一部分。

乎花了一些时间准备，让基督徒继续深入。接着，他从腓力波利斯（Philippopolis）出发，经特尔诺瓦（Trinova）穿过希普卡山口（Schipka Pass），也就是转向东进，原因显然是他发现尼科波尔东侧的地形特别适合自己的战术。苏丹行军神速，信使前脚报告他即将抵达，他后脚就到了特尔诺瓦（与尼科波尔的直线距离为90千米）。9月24日晚，他在距离基督徒军仅有五六千米的地方扎营。基督徒的阵地位于城下的多瑙河谷，土耳其人则在河谷东南方的一处起伏不平的台地，宽度约为2英里（约3.2千米）多一点，左右两侧均为陡坡。

土耳其人的突然出现让基督徒大军的局势极为被动。哪怕仅仅提前一天得到消息，他们也能前往台地迎敌，但现在只能在土耳其人眼皮底下行动，顺着一道狭窄的山谷向台地走去。当然，他们当天已经撤围，因为先前就接到了几份敌军逼近的报告，但他们没料到对方贴得这么近，逼得自己要立即出动。直到当天深夜，西吉斯蒙德才找法国人敲定了部署和作战方案。讨论的主要内容估计是争论率先出击的荣誉应该给谁，但礼节问题背后可能隐藏着一个战术问题。西吉斯蒙德之所以想让自己的匈牙利军打头阵，最关心的大概不是荣誉，而是装备。匈牙利人历来保有弓骑兵，因此特别适合打响第一枪。但法国人坚称打头阵是自己的权利，而且说赢了。来自多国的各支部队依次顺着山谷上台。

耶尼切里严阵以待，身前有轻便的栅栏保护，就像阿让库尔会战中的英军弓手那样。要说英国人其实是照搬了耶尼切里的做法，那也不是不可能；毕竟英格兰骑士确实参加了这场战斗，亲眼看见了土耳其人的胜利。在其他方面，这场会战更像克雷西会战，而非阿让库尔会战。土耳其人占据了对弓手有利的防御阵地，引得基督徒一批一批地发起攻击，而没有集合后一齐进攻。巴耶济德在耶尼切里阵地前布置了小股骑兵，他则带着斯帕西骑士藏在一座山的后面。当法军走上台地，看见小股土耳其骑兵及其身后的弓手时便压抑不住，向敌军冲杀过去，要么以为自己看见的就是全部敌军，要么以为敌军布阵未成，自己赶上一场奇袭。西吉斯蒙德徒劳地派人传信说他们应该等全军就位再出击。

法国骑士轻易击退土军骑兵，结果被后者引到耶尼切里的射程内。当西方骑士和坐骑受到密集箭雨攻击后，苏丹率领斯帕西骑士从山上现身，带头向骄傲的法国骑士发起了势如破竹的冲击。我们可以假定耶尼切里两侧留足了空间，斯帕西骑士顺势而下时不会踩到己方的弓手。凭借极大的数量优势，他们从四面八方冲向法军，很快便将其团团围住。

当西吉斯蒙德率领匈牙利人、德意志人和其他部队抵达参战时，法军已经完蛋了。土耳其人很快就大获全胜，击败了十字军。

关于土军总兵力是否多于基督徒这个问题，我们只能放在一边。文献给出的最高数字是 40 万（《埃斯特年鉴》*Annales Estenses*），没有给出任何估算兵力所需的可靠依据。[6] 鉴于基督徒一方完全没有领导可言，土耳其一方卓越的协同配合和在战略、战术两方面富于创造精神的领导才能就足以解释土军的胜利。但土军可能也有相当的数量优势，所以不妨估计在 1.1 万至 1.2 万人之间。由于耶尼切里不需要骑士支持就能稳住阵脚，而且土耳其骑兵也发起了攻势，所以在技艺和威力方面，这次胜利甚至要比英格兰在克雷西会战和阿让库尔会战的胜利更加辉煌。

这三场会战不仅在战术行动上相似,就连取胜的终极原因都是如出一辙。它们都是强势君主麾下的军队击败了无法控御,只相信匹夫之勇的封建军队。西吉斯蒙德国王本人不必为领导不力负责,因为他都指挥不动手下的匈牙利人,更别提对法国人了。但苏丹的军队比爱德华和亨利的军队纪律好得多,听指挥得多,因此他的胜利比两位英格兰国王也要了不起得多。

身后是宽阔的多瑙河、敌人的国土和紧闭的城门,城内还发起了一次突袭,基督徒军就此被歼灭。[7] 讷韦尔伯爵被土耳其人俘虏;西吉斯蒙德国王乘船顺多瑙河而下,最后经君士坦丁堡和达尔马提亚回国。

如果奥斯曼人的大潮没有在尼科波尔会战后立即吞没西方世界,君士坦丁堡甚至还能继续坚守,那是蒙古人帖木儿的功劳。8年后,帖木儿在小亚细亚安哥拉(Angora)[①] 的一场大战中击败了勇敢的巴耶济德,并将其俘虏。

---

① 即今天的土耳其首都安卡拉。

5　胡斯派

关于胡斯派（Hussites）的军事体系，我首先要复述马克斯·雅恩（Max Jähns）在《军事史手册》(*Handbuch einer Geschichte des Kriegswesens*) 从第 891 页开始的描述。

书中写到塔博尔派（Taborites）分为两支：一支留守家园；一支征战沙场。前者从事农业手工业，供给军需，后者只负责作战。但两者似乎会交替执行任务。

日什卡（Ziska）[①] 的战法完全符合逻辑。他的军中绝没有骑士和纹章，也不练习比武和礼仪。但少了这些事物换来的是对地形特征的细心考究。

塔博尔派努力挖掘工事这门艺术的每一种资源，除了土垒以外，尤其擅用战车。攻守兼备的战车战法是日什卡最重要的手段，

---

① 通译为杰士卡，但与实际读音相差太大。胡斯战争起义军领袖，激进的塔博尔派将领，1360 年出生于破落骑士家庭，1419 年起兵后多次击败前来围剿的帝国军队，1424 年在军中死于瘟疫。

这种前所未有的高效战法引起了所有同时代人的惊诧。

车营是一座移动要塞，马车之间由锁链联结，以纵队方式行进。每辆车由两匹马牵引：一匹在前，由缰绳掌握方向；一匹在后，通过皮带固定在车上，负责出力。行动以旗为号，旗放在每列的首车和尾车上。塔博尔派掌握了种种实践中的微妙技巧，这些移动要塞也在不断进化，成就实在是非凡。车队通常会分成四"线"（纵队）；外面的两列叫"外线"（krajni）；里面的两列叫"内线"（placni）。外线的头部和尾部比内线长，伸出来的部分叫"边线"（okridli）。这样安排是符合当时情况的，只要一次移动就能从行军队形转换为严密的营地（tabor）。但车队也可以组成各种形状——甚至在移动过程中也可以——尤其是 V 形、C 形、E 形和 Q 形。

当移动要塞要转换为紧密的车营时，马具会被卸下，车把靠在前一辆车上，车与车之间紧紧拴在一起。马不能离车，以便随时可以开动，因为胡斯派喜欢突然从守势转为攻势。盾手（paveseni）会持盾遮挡马车之间的狭窄缝隙，掩护里面的战士。每辆车上站着 4 名打谷人，每分钟能挥舞包铁连枷二三十下，另外还有长钩兵、弓箭手、弩手和火枪手。每辆车下面挂着两条长木板，可以挡住小型投射物。车后有多排士兵严阵以待，随时准备支援车上的战士。最后还有一批预备队待命，一旦被击退的敌人露出破绽，便从暗门冲出去。

与胡斯战争同时期的教宗庇护二世（Pope Pius II）（原名埃内亚·西尔维奥·皮科洛米尼，Enea Silvio Piccolomini）为我们描绘了塔博尔派的战法，尽管不够充分，却相当生动。他说：

他们在田野里扎营,妻儿也随军同行,因为马车的数量很多,形成的工事简直像是一面墙。向战场移动时,他们会将马车编为两线,步兵在内,骑兵在外,但不会远离车队。如果战斗即将打响,车夫们会听从队长的信号,迅速将敌军一部围住,形成一个包围圈。接着,这些被战车向内挤压,与同伴失去联系的部队或者丧命于步兵剑下,或者被男男女女从战车上方射死。骑兵在车营外作战,但眼看要被敌军击败时,他们就会退入车营,下马步战,就像站在城墙上战斗一样。就这样,他们赢得了许多场会战,取得了胜利,因为周边民族不熟悉这种战法,而且波希米亚地势开阔平整,很方便车辆的集合、分散和重聚。

以上显然是最常用的战法,而且皮科洛米尼的另一段话写得更清楚。他写道:

战斗信号一旦发出,车夫们就会驶向敌军,按照先前的布置组成某个字母的形状。经过训练的塔博尔派很熟悉车与车之间形成的通路,敌人却落入了绝望的迷宫,找不到从哪里出去,仿佛被困在一张网上。如果敌军像这样被打散、分割和孤立,步兵就能轻松地用刀剑和连枷彻底将其击败,或者敌人会被站在车上的射手打倒。日什卡的军队就像一支有许多手臂的怪兽,出人意料地迅速抓住猎物,将它捏死,吞下它的碎片。即便个别人成功逃出了车营迷宫,他们也会落入外面列阵的骑兵手中，在那里被杀死。

1421年12月,日什卡被围困于陶尔刚山(Taurgang Mountain),似乎只有投降和死亡两个选择。他用锁链将战车拴在一起,让精锐战士上车,然后往山下走。敌人不敢冒险进攻移动要塞,退缩犹豫,放任他离开,日什卡遂得退入科林(Kolin)。

一年后,日什卡挥师进入匈牙利。匈牙利人避而不战,于是胡斯军撤退了。面对四面八方的不断进攻,几百辆装备无数枪炮战车的强大车营在平原和森林中翻山渡河,行军6日。尽管匈牙利人频繁试图进攻行动中的堡垒,但每次都被击退。

以上是雅恩的描述,作者说他的主要观点的依据是埃内亚·西尔维奥·皮科洛米尼(教宗庇护二世)。后者不仅是胡斯战争同时代的人,而且与最熟悉胡斯派军事体系的人关系密切。教宗在巴塞尔宗教会议上表现活跃,与切萨利尼枢机(Cardinal Cesarini)亲近。枢机亲自领导了最后一次针对胡斯派的十字军征讨,并于和谈期间要求波希米亚将领普罗科皮乌斯(Procopius)[①]讲解了胡斯派军事体系。埃内亚·西尔维娅去过波希米亚,甚至去过塔博尔。后来,他还亲自与胡斯派运动幸存的领袖进行过谈判。

我们不能指望有人会比亲自动笔的教宗掌握更多的信息,而且就算教宗本人缺乏批判性,他的记载也经过训练有素的历史学家的考辨。雅恩的主要观点并不直接来自教宗,而是通过波希米亚历

---

① 塔博尔派军事将领,1434年战死。

史学家帕拉茨基（Palacky）① 的中介。就连最近介绍这一时期的作者劳瑟斯教授（Professor Loserth）在《晚期中世纪史》（*Geschichte des späteren Mittelalters*）第 490 页中也简要给出了同样的说法。后来，雅恩在《军学史》（*Geschichte der Kriegswissenschaften* 1：303）中继续坚持之前的观点，并提供了新的文献佐证。关于车营用于进攻一事，他专门引用了恺撒的两段话，他在前面介绍赫尔维蒂人和日耳曼人时已经讲过了同样的内容。[1]

波希米亚历史学家帕拉茨基相信，尼古拉斯·冯·胡斯（Nicolaus von Huss）和日什卡"制定了一套有机融合罗马人的古老经验和原则与基于火药的最新战争艺术发展的新战法，或许也有其他专家的协助参与"[2]。

假如原始史料已经散失，那么在历史批判中反对一种得到广泛认可的历史叙事当然是非常困难的。雅恩是普鲁士总参谋部军官和军事科学院教授，他的《军事史手册》是献给毛奇元帅的，他的《军学史》得到了慕尼黑历史委员会的赞助。他的著作基于水平极高的史料（谁能质疑恺撒在战争记录方面的权威？），他还有最优秀的历史学家为自己站台。尽管如此，他的叙事整个都是虚假的。从最开始研究军事史的时候起，我就坚信——依据客观分析——车营不可能用于进攻。但为了用史料反驳这种说法，我就必须找到一位懂捷克语的学者。我在每个学期的研讨课上都会问班上有没有斯拉夫学者。最后，我找到来自波罗的海地区的马克斯·冯·武尔

---

① 捷克历史学家和政治家（1798—1876），捷克民族复兴运动中影响力最大的人物。

夫（Max von Wulf）先生。他懂俄语，自信也能掌握捷克语。他接受了这项任务，而且可以说出色地解决了问题。但我当时还不是教员，所以花了不少工夫才让他的指导教授通过了他的论文。[3]

雅恩对恺撒的引述从一开始就透着不靠谱，因为他引用的段落根本没有他读出来的意思。武尔夫接下来证明，就连雅恩引用的埃内亚·西尔维奥段落也是子虚乌有。娴熟机动和字母形状的记载最早出自17世纪耶稣会士巴尔比努斯（Balbinus）的著作。历史学家阿施巴赫（Aschbach）[①]的《西吉斯蒙德皇帝传》（*Geschichte Kaiser Sigismunds*）中有一段描述来自巴尔比努斯。迈纳特（Meynert）[②]在《军事艺术史》（*Geschichte der Kriegskunst*）中原封不动地照抄了阿施巴赫，不仅没有注明原作者，而且错误地加上了"埃内亚·西尔维奥写道"。接下来，雅恩沿用了迈纳特的说法，而没有检查埃内亚·西尔维奥是不是真的说过那段话。

正如战车的熟练机动不能追溯到原始文献一样，车辆移动时用锁链拴在一起的说法同样没有史料依据，纯属帕拉茨基捏造。

但事实依然是，见多识广如埃内亚·西尔维奥确实写了车营用于攻势，而且雷根斯堡的安德烈亚（Andreas of Regensburg）对克拉托维会战（battle of Klattau）（1426年）的记载从正面佐证了他的说法。但武尔夫不仅证明这两则互相支持、看似无懈可击的证据是基于误解，还发现了误解的来源。幸好乌尔姆军队司令海因里希·冯·施托费尔（Heinrich von Stoffel）寄回本城的克拉托维战报

---

① 全名约瑟夫·阿施巴赫（1801—1882），德国历史学家。
② 全名赫尔曼·迈纳特，德国历史学家。

保存了下来，让我们得以纠正安德烈亚的记述。至于埃内亚·西尔维奥的错误，我们之后会更详细地讨论。

我比较详细地介绍了这条错误链以及这些错误最终是如何解决的：一是因为有史学方法的价值；二是因为军事史中多有类似情节。但在其他大部分情况下，从史料出发的澄清研究做不到同样的程度，所以学术界还是很难抛弃文献记载，哪怕行家一看就知道是错误。学者传抄千年，直到蒙森都不愿意抛弃的李维（8.8）对罗马支队战术的描述；至今依然有人相信的罗马军团士兵近战时彼此隔着6英尺（约1.8米）；查理曼的农民大军；步兵三角阵，我相信，有关于其的记载和雅恩笔下的攻势车营"移动堡垒"完全是一样的。当只有一匹马被敌人的矛或者箭击倒，这座"移动堡垒"会怎么样呢？敌军难道会放任胡斯军的车夫横行阵中，然后以旗为号，摆出复杂的形状？

按照武尔夫的说法[4]，正如李维将操练变为实战，埃内亚·西尔维奥也是如此，也没能区分马车行军纵队和战斗阵形。25年后记述当年情形时，他漫不经心地将两者融合为一幅虚假的车营进攻画面。于是，与李维一样，埃内亚·西尔维奥最初的记载原本是好的，只是后人传抄时产生了误解，将其扭曲成了从客观角度看骇人听闻的描述。但这些后世的评论者没有打破砂锅问到底的勇气，而是试图用经不起推敲的答案和掩饰手段来营造出一种实际有可能发生过的样子，如此必然会偏离了追求真知的目标。

在讲解胡斯派的特色战车战法之前，我要先简短介绍一下它的前身。

战车主要使用于上古时代，也就是本书的起点以前。它后来以镰刀战车的形式出现了几次，但成效不大。⁵在恺撒笔下，名为"埃塞迪"（essedi），用法与《伊利亚德》中一样的布立吞人（Briton）①战车非常实用而高效。但恺撒并未效仿，也没有像对待日耳曼骑兵那样招至麾下，所以战车的这种用法不过是军事史上的昙花一现，不值得多加考虑。既然现在讲到了战车无可置疑地大放异彩的历史时刻，所以我们回溯了一下它的过去。⁶

然而，我们现在讨论的战车与镰刀战车，与作用相当于马鞍的战车毫无关系，而是专门用来组成车营工事的。

早在远古时代，人们就认识到车营是一种有效的防御武器。欧里庇得斯的《腓尼基女人》（*Phoenician Women*）（第450行）中写道，一方用车辆组成堡垒抵御对方。在日耳曼人携家带口地迁徙时，车营无疑发挥了一定的作用，阿德里安堡就是一个例子。

到了中世纪，车营同样不时见于史册。随行车辆平时可作为轻便的营地屏障，如有必要可用来堵路，这样的想法并不稀奇。有一份1413年（早于胡斯战争）由文策斯劳斯国王（King Wenceslaus）手下战将豪耶廷的哈耶克（Hajek of Hodjetin）发出的波希米亚军令中就对战车和车营做了规定。现在，胡斯运动突然又将这种传统的营地工事发扬到了新的高度。

胡斯运动具有宗教和爱国双重性质，是一场捷克民族主义运动。战争刚爆发时，布拉格市发布公告称德意志人是"捷克人的天敌"⁷。日什卡在一份檄文中宣称，他拿起武器不只是为了挽救神的律法真意，更是为了解放波希米亚和斯拉夫民族。⁸部分贵族、

---

① 凯尔特人的一支，恺撒入侵时生活在不列颠岛上。

布拉格和许多其他城市的政府也加入了运动。但是，运动的主要参与者是觉醒的市民和农民。

我们都知道市民和农民征召兵的战斗力是何等低微。骑士把他们的队伍击溃，一点儿不当回事。纵使宗教热情与爱国热情的结合有着无俦的威力，能够在个体心中唤起澎湃的勇气，却还是无法将集体的战斗力提升到能打赢职业军人的程度，正如为自己的财产和生命、妻子和子女而战的意识没能让法兰克王国和盎格鲁-撒克逊王国的百姓成功抵挡维京人，也没能让罗马人战胜日耳曼人。

因此，波希米亚人起初也不能在野战中打赢西吉斯蒙德国王率领的德意志平叛军。国王兵临布拉格城下，试图发起围攻但失败了。十字军内部的不和让他无可作为，波希米亚人保卫家园又相当坚决，国王只得撤走。与他对抗的不只是无序的群众，还有为数不少的波希米亚贵族领主，后者才是运动的领导者。战争第一阶段的大量战斗——德意志军还打赢了不少场——除了波希米亚领主和骑士得到了众多为这场宗教爱国运动而拿起武器的市民和农民的支持，给人的印象与中世纪晚期的其他战斗并无区别。

于是，战局很快进入僵持，胡斯派获得了适应战争并在实战中开创新战法的时间。最初支持运动的保守派很快就与激进派闹翻。激进派在随之而来的内战中占据上风，而且发展出了新的战法。但他们仍然没有大举进攻的能力。直到战争开始后的第八年（1427年），胡斯派才开始侵入德意志。这一过程与后来的英国革命和法国革命相当类似。1792年法兰西共和国之所以能击败普奥联军的入侵，更多是凭借向共和国投诚的王室旧军和要塞堡垒，而非动员起来的志愿兵。[9]

胡斯派领导人的首要任务是让士兵能顶住骑士冲锋。胡斯军的兵器是有什么就用什么，如长矛、斧枪、斧头、刺棒、连枷，而且基本没有头盔、身甲、盾牌一类的护具。

想到将车营用来防御并付诸实施的人很可能就是日什卡，一位久历战阵的贵族。一开始很可能就是把普通的农家大车聚在一起，但后来就有专门制造的战车了。战车有结实的木板保护；车轮之间挂着长条木板，免得敌人爬进去；车队还会带着铁锁链，可以将车连起来，以免个别车辆撤出战斗时露出空当。一辆车配4匹马。每当有敌人在附近，战车就会尽量以多列平行纵队行进，方便迅速组成方阵。他们备着铲子、斧子和鹤嘴锄，必要时用来开路；当然，只有在最终选定阵地时才会这样做。战车前方经常会挖一道沟，土就扬到车轮上用来掩护。车的前后各有一扇打开的暗门，暗门一开始大概是用特殊的盾牌盖住的。只要有可能，车营都会在山脊上列阵，守军手持远程武器立于车后，如标枪、投石器、石块、弓弩。每辆配10人的普通战车之间是火器车，当时军队使用火器已经有一段时间了。[10] 德军若要攻击这样的车营，骑士们先要下马，穿着沉重的盔甲爬山坡，期间不断遭到射击，尤其是来自火器的射击。即便他们来到了战车面前，要突破也不容易，白白蒙受损失又不能给敌人造成任何严重的杀伤。但是，一旦发现敌军有任何混乱或后退的迹象，整装待命的胡斯军预备队就会拿着近战武器从暗门里冲出去，当然只有在群众被宗教热情点燃、斗志充盈、满怀自信和对头领的信任，而头领经过历练、成竹在胸、掌握驭众之道的情况下，这样的壮举才有可能发生。我们必须注意和明白一点：并不是随便一支其他时代的农民起义军都能凭借临时拼凑的车营击败骑士军队的。胡斯军战术的成就不仅需要宗教和民族基础，以便形成良好的秩序、领导、组织、信赖和信任，也需要懂得如何组建和运用农民军的关键人物。

埃内亚·西尔维奥记载了重装士兵是如何在进攻高地上的车营时轻易丧命，这就是一个值得注意的典型通俗历史叙事。[11]他将失败归咎于胡斯军的一个花招：妇女们将袍子铺在战车前方的地上，下马骑士走上去时马刺会被缠住，然后倒地被杀。这则小故事让我不禁想起波利比乌斯笔下一则罗马人讲述的故事，说高卢人赤身裸体，手持软剑；只不过在这里高卢人蠢笨，罗马人狡诈（参见第1卷）。

胡斯军运用火器取得了巨大战果，于是有人认为日什卡改良了火器技术。但我们看不到有这种情况；关键点要到别处寻找。胡斯军在火器数量或样式方面并不优于对手。火枪露天放在专门制造的火器车上，用铁条固定在结实的木台上。每次组成车营时，枪口都会朝外，但在这个位置上既不能抬高，也不能偏转。[12]装填复杂而缓慢。这种武器根本不能在行军和进攻时使用，却恰好适合胡斯军，因为他们的战术以等待敌人进攻为基础。敌人靠近便火枪齐发，这自然会造成深刻的印象，大概比实际效果还要厉害得多。因此，胡斯军火器的优越性主要不在武器本身，而在战术运用。

旧波希米亚年鉴中是这样描述1423年的霍日采会战（battle of Horic）的：

> 日什卡与众人驻扎在圣戈特哈德教堂附近，方便将火器布置在高地上，骑兵来攻时必须先下马，而且不仅没有

地方拴马，盔甲也比步卒更沉重。他们爬上去冲击马车时已经没劲了。日什卡率众拿着火器以逸待劳，敌人冲击战车前会惨遭收割，等他们被打退了，日什卡又会放出生力军追击。

年鉴对1423年日什卡在匈牙利的战斗也给出了类似的描述：

但每当敌人开始攻打他，骑兵下马后步行发起冲锋，他们总会被他打倒。骑战和步战是两门不同的本领，骑兵不熟悉步战。[13]

用一份编年史的话说，日什卡也渐渐通过"拣选"组建了一支骑兵，挑出塔博尔派中最精锐的人，"如同骑士的士兵"，将被俘骑士的装备配给他们。尽管他们从来没有发挥重大作用，也不能独自对抗敌军，但依然起到了支援步兵和扩大战果的作用。他们通常在车营内面朝后列队，当步兵从前门杀出时，骑兵也由后门而出，环绕车营，或攻击敌军侧翼，或发起追击。

胡斯派作战的关键是出营时机要恰当。出营过早的情况曾多次出现，困于车营阵前的敌军那时尚未动摇，胡斯军在营外又没有任何保护，于是被敌军打垮。更有甚者，敌军会利用诈败将胡斯军引出车营，然后再用专门预备的伏兵将其击败。[14] 1427年，孤儿军（Orphan Army）一部在纳霍德（Nachod）经历过这样的事；1431年，塔博尔派在奥地利境内的魏德霍芬（Waidhofen）也经历过。

胡斯派教徒会在野战和留守之间轮换的记载是不正确的，正如罗马人当年对古日耳曼人的类似记载也是不正确的。相反，真正善战的那一部分教徒逐渐从最初的群众运动中分离出来，自成一体，成了一支常备军。对运动热情最高的人携妻带子聚集于波希米亚南部的卢日尼采河畔（Luschnitz），作为神的军队，他们建立了一座营地，从《旧约》中取了一个名字：塔博尔①。除塔博尔派以外，布拉格城也编成了一支军队。

　　日什卡在世时，塔博尔派就有过一次纠纷。1424年日什卡去世后，内部不和就成了常态。忠于日什卡的一派自称"孤儿"，因为日什卡死后，他们就失去了父亲。人称"牧师"或"秃头"的普罗科皮乌斯成了另一派的领袖，也就是狭义的塔博尔派。布拉格军始终保持着民兵的本色，但塔博尔派的两支队伍染上了终日群聚、互为兄弟的团伙色彩，不断向职业军人的方向发展，职业化的种种好处是有了，坏处很快也来了。他们代表了真正的胡斯派军事体系和胡斯派战争艺术，让全世界惊恐不已，在传说中活跃至今。两支军队都会不时从胡斯派占主导的村镇中征召专门的民兵，以此壮大实力。相对于当时被称为"大塔博尔"的正面作战军，地方征召的部队名为"乡团"，或者"老塔博尔"。[15]把所有队伍都算上，我们能分出5支部队——2支是常备军，3支是民兵——但从来没有五军合战的情况。一支部队的兵力估计有5 000人到6 000人，基本不会多于此数，但大概有时会远小于此数。三军合战出现过几次，例如1426年的奥西希会战（battle of Aussig）和1428年的格拉茨会战（battle of Glatz）。[16] 1430年侵入德意志时，据说所有胡斯派的军

---

① 和合本中译为"他泊山"，是希伯来士师底波拉击败迦南大将军的地方。

队，所有波希米亚的武装力量都聚集在了一起；1431年，波希米亚大联军据说在陶什（Tauss）吓退了十字军。每逢大军聚集在一起，到了行军时总会再分开。我们已经知道数万大军在一条路上行军的种种困难了，放到这里只会难上加难：不仅随军妇孺特别多，而且除了装载粮草辎重的车以外，他们还有一批战车。

一旦悍勇之气占据上风，完全成为胡斯派的主流，其结果就是人未到，杀气先至，以至于德意志人只要听见远方有战歌传来，便会作鸟兽散。胡斯派到了这个地步，不管是内心还是外在，必然都肖似辛布里人和条顿人的行动，或者民族大迁徙时的军队。

胡斯车营战术的弱点显而易见。它本质上类似于英格兰国王发展出的战术——也就是说，它只适用于防御。事实上，它要弱于弓箭手加下马骑士的英格兰战术，因为它要笨重得多，而且甚至不存在可用于攻势的例外情况。但车营尽管笨重，尽管只能用于防御，但依然有其重要性：一方面是因为它有效利用了远程武器，包括不久前发明的火器；另一方面是因为它赋予了出身平民、装备甚至包括刺棒和连枷在内的近战武器、没有装甲的步兵以有力而独立的地位。避身于车营之后，进而出营突击，最后赢得胜利——三步战法为胡斯军不仅带来了士气上的优势，更有进一步的影响——尚不足以形成一支组织严密、敢于在没有车营庇护的开阔地带直面骑士的步兵，这是肯定的，但足以使其在有利情势下偶尔发起攻势行动。考虑到对战双方的性质，这种行动已经能让胡斯军赢得关键决战，并不时为这群异端教徒带来不可战胜的名声了。

我们已经在无数地方发现，错误的兵力数字为正确理解战争造成了极大的困难。胡斯战争也不例外。但不同于有人可能会认为的那样，问题主要并不是夸大胡斯军兵力，因为这种情况只是偶尔发生。更令人惊讶的是，实际情况恰恰相反：德意志编年史中夸大了被胡斯军击败的德军兵力。每当战败方承认自己输给了一支规模远逊的军队时，人们马上就觉得可信，这种倾向无疑是情有可原的。但此处无疑不是这种情况；在悲痛和对胡斯派的恐惧之下，德意志编年史作者沉湎于一种受虐般的快感，也就是夸大己方兵力，以此极言失败之惨痛。[17] 1421年经埃格河（Eger）入侵波希米亚的第一支基督教军队进至扎泰茨（Saaz），待日什卡率领波希米亚军前来时便不战而退。据一位亲历者称，基督军有10万骑兵和"车辆步卒"。[18] 另一份文献与之大体相符，记载基督军估计有20万以上。[19] 但一封偶然保存至今的信件中说，先锋官估算过这支部队的兵力，发现"我们约有4000名骑士和随从"。[20] 这当然是一支大军，因为我们还要加上步兵。但扎泰茨人英勇抵抗了几周，有些围城军便自行离开，余部自觉无力与前来的波希米亚人一战，于是也撤围了。

在1426年的纽伦堡帝国会议上，西吉斯蒙德号召集结一支6 000个枪队的军队。诸侯回应说，德意志集结不了这么多人，波希米亚也养不起这么多人。[21] 他们愿意提供3 000到4 000个枪队，其中1 000个枪队由城市负责。但后者愿意出的兵力甚至连1 000个的边都不沾。[22]

德意志军败给胡斯军的最大一场酣战是1426年6月16日的奥西希会战。当时，德意志军前往救援易北河畔的奥西希城，该城忠于德意志，正被胡斯派围攻。援军几乎完全来自迈森和图林根，另有一支来自劳西茨（Lausitz）。有确切资料表明，德军主力的马匹和人数各为 1 106 和 8 000，加上劳西茨的部队，总数不会超过 1.2 万人。关于胡斯军的总兵力，通行观点是 2.5 万人。尽管塔博尔派的两支兵力和布拉格民兵都包括在内，但这个数字或许太多了。不论如何，胡斯军的兵力都要大不少。萨克森女选帝侯曾训诫即将出征的战士，让他们"不要因为敌军势大而畏惧逡巡"。这话说得没有错，然而，编年史作者们却说萨克森军有 10 万人；马蒂亚斯·德林（Matthias Döring）宣称德意志军对波希米亚人有五比一的兵力优势。[23]

尽管兵力较少，但萨克森军依然试图强攻胡斯军的车营，甚至在一处成功突破阵地，但当普罗科皮乌斯率部冲出时，他们最终还是被打败了，而且损失惨重（3 000 人至 4 000 人）。

1427 年，勃兰登堡选帝侯腓特烈一世再次率军侵入波希米亚，据编年史记载兵力达 16 万到 20 万。[24] 温德克（Windecke）在《西吉斯蒙德传》（*Leben Sigismunds*）中提出了相反的看法；亲历此战的骑士海因里希·冯·施托费尔从军营中给乌尔姆市议会的报告中称军队规模"相当小"。当这支军队围攻小镇米斯（Mies）时，胡斯军抵近，于是尽管选帝侯和英格兰枢机主教勉力维持，但德军还是逃跑了。

1431 年，德意志帝国会议决定召集一支不少于 8 200 个枪队的大军。但这个数字从一开始就是泡影，因为部分兵额被派给了勃艮第、萨伏伊和条顿骑士团，而大家会前就知道这三家不会出一兵一卒。另一份决议还要更虚幻：各地要派出步兵参战，近者 25 抽 1，远者 50 抽 1。[25] 我找不到依据来确定实际集结的兵力。从以前的教训来看，编年史给出的数字（例如步兵 9 万、骑兵 4 万）毫无可信度。尽管普法尔茨、黑森和帝国的其他一些地区也没有出兵，奥地利和萨克森忙着进攻别处，但勃兰登堡选帝侯腓特烈率领的帝国军规模可能还是要比 1427 年从米斯城下逃走的那一支大不少。不过，这支在陶什与胡斯军对峙，并重演米斯故事，临阵脱逃的军队到底是不是比胡斯军人数更多，我们就不能确定了。[26]

只要回想一下德意志帝国当时的组织形态，我们就不会惊讶于以帝国之实力，怎么竟然不能集结出一支更大的军队。就许多区域和城市而言，它们到底属于还是不属于帝国都不好确定。帝国本体完全瓦解，没有任何明确的常设机关。正当帝国会议决定对胡斯派用兵时，美因茨和科隆两位选帝侯对黑森领主宣战了（1427 年）。1428 年宣布征税以募集征讨胡斯派的军费时，以奥格斯堡主教为例，他向教士征收了 3 000 盾税款，但并未上缴，因为他还要跟阿彭策尔（Appenzeller）打仗。光是派出使节，警告不从命者就花完了上缴中央的少许资金，因为诸侯、贵族、自由市全都一毛不拔，用一位当时人的话说，给的"不多也不少"[27]。

当时的编年史怎么竟然还是记载德意志兴起大兵，讨伐异端呢？

爱夸张是人类抹不掉的天性。如果一场失败惨痛到再怎样夸大都抹杀或掩盖不了的程度，那么对事实的歪曲就会朝相反的方向摆去：既然吹牛不再能带给人满足，那就沉溺于悲痛吧。胡斯军只进过一次勃兰登堡选帝侯的藩国；1432 年，他们在贝尔瑙（Bernau）城下驻足一日，对这座墙壁坚固的城市发起进攻，没打下来也没有被打败，于是就撤了。[28] 类似地，胡斯军只来过萨克森两次：一次在易北河右岸，一次在左岸，从没有走到瑙姆堡那么远的地方。

由于胡斯派从车营中获益巨大，德意志人便决定效仿。但两军以车营对战，于是都等着对方先动手，只是互相绕圈子那样有趣的戏剧性场面从未发生过。在奥西希，萨克森军立即发起了进攻；而1429年和1431年的两支十字军还没等波希米亚人过来就脚底抹油溜走了。但轮到波希米亚人侵入德意志时，那里没有能与之抗衡的军队，只有要塞在坚守。

这样一来，纯粹的防御战术也能用来发动攻势战役。

传说和后世记述中的种种夸张虚构——用战车将敌人围住、复杂的阵形、行军途中将战车用锁链拴住、移动要塞——都可以追溯到一个最初的谬论：车营曾被用于进攻。它只不过是，也只可能是一种防御工具，用来保护还不敢在开阔地带直面骑士的步兵。正是因为车营过于笨重，不能用于进攻，所以车营战术才没有取得进一步的发展，在战争艺术史上构不成一个发展阶段，而只是一段插曲。如前所述，当时最重要的原始文献，埃内亚·西尔维奥的著作中确实能找到车营进攻论的谬误。这位作者有能力收集到最优质、最准确的报告，却不觉得这种事情值得从史实角度出发去把握，去考证他那童话一般的叙述是否属实。按照当时的普遍精神——勇者就应该冲上敌人，主动进攻——西尔维奥以为鼎鼎大名、威力非凡的车营也是如此，并据此行诸文字。

胡斯派未尝败过，比如，他们没有让德意志人创造出一种更强的战法来应对。但他们没能建立起一个有组织的政治体，一个与周围的整个世界相对的宗教国度，这一事实在胡斯派内部引发了反作用。起初在内战中战胜温和派，并保有领导地位达10年之久的两支塔博尔军最终让本国人民都感到无法忍受，于是，贵族和包括布拉格在内的各城市联合起来，召集了一支军队，1434年在利帕尼（Lipany）消灭了两支彼此对立的塔博尔派军队。双方以车营对峙，最后是圣杯派（Ultraquists）①壮起胆子出击，被打退（或者是诈败），于是将塔博尔派从车营中引了出来。接着，圣杯派骑士赶走塔博尔派骑兵后扑向敌军，击破敌阵，连同己方步兵攻破车营，砍杀了营中的塔博尔派。[29]

自称"兄弟团"或者"泽布拉基"（Zebracki）的塔博尔残部继续以佣兵团的身份存在了很久，贯穿于整个 15 世纪，辗转于德意志各地乃至波兰、匈牙利的领主麾下。

---

① 圣杯派是相对于塔博尔派的温和派。

6 意大利雇佣兵、敕令军团和免税射手

中世纪战士分为三类：民兵、附庸、佣兵。三者之中，佣兵最强，而且越来越强，几乎要一统天下。但在这个发展过程中，我们主要讨论的四个国家——德意志、意大利、英格兰、法兰西——之间存在一些区别。佣兵制在英格兰兴盛最早，发挥的作用最强，但英格兰佣兵的主战场不是国内，而是法国。百年战争期间，英格兰国王与对手——法国卡佩王室的各大诸侯——鏖战，同时迫使后者不断扩大佣兵规模。

德意志在 13、14 和 15 世纪同样充斥着私斗和内战，但程度不及法国和意大利，主要原因是德意志城市没有像意大利城市那样演变为独立城邦，而是保持了以经济为主，偏好和平的性质。规模最大、势力最强的德意志城市联盟，即汉萨同盟（Hanseatic League）从来不曾大举交战。德意志城市之间的战争——有的是单个城市之间，有的是城市联盟之间——在激烈程度上还是不及意大利城市的彼此攻伐，或者城市与王侯间的战争。因此，哪里有仗打就去哪里的德意志佣兵大多效力于境外，参加英法之间的战争，尤其是意大

利的战争。[1]

　　大概在霍亨斯陶芬战争期间，意大利武士阶层就已经相当程度上转化为佣兵了。高傲的弗赖辛主教奥托曾鄙夷地提到出身工匠家庭的意大利骑士，但他的话其实没什么依据。发生于战争最激烈的年代、后来偶有复兴的民兵运动只取得了一时的成功。与霍亨斯陶芬王朝的斗争既有市镇之间竞争冲突的成分，也有市镇之内派系斗争的成分。因此，混乱局势并没有随着霍亨斯陶芬王朝的灭亡而结束，反而在归尔甫党和吉伯林党这两个古老的名号之下代代延续。如此一来，市民自然厌倦了政治事务，愈发强大而独立的佣兵和佣兵头领逐渐掌握权力，并脱离了当初借以崛起壮大的政治势力。佣兵组成了紧密的团体，有的是兄弟会形式，总领及各级统领均由选举产生；有的则是由"团长"（condottiere）单独招揽部下，而成员追随团长一人。这些佣兵组织及其首领辗转于雇主之间，以独立势力自居。类似于民族大迁徙时代的状况再次出现，那时日耳曼人或由首领统率，或结成氏族联盟横行乡间，有的烧杀掳掠，有的占地为王。正如当年统治罗马城的日耳曼佣兵领袖奥多亚塞和六七世纪的伦巴第公爵，14世纪的佣兵兄弟会总领或团长成了当初效劳的意大利城市的主人。米兰的维斯孔蒂家族（Visconti）、维罗纳的斯卡拉家族（Scala）、曼图亚的博纳科尔西家族（Bonacorsi）和后来的贡萨加家族（Gonzaga）、费拉拉的埃斯特家族（Este）、里米尼的马拉泰斯塔（Malatesta）和博洛尼亚的佩波利（Pepoli）家族都是如此。

　　其他佣兵首领则满足于勒索。一位施瓦本骑士维尔纳·冯·埃斯林根公爵（Duke Werner von Urslingen）将勒索发展成了一整套体系。维尔纳在意大利被叫作"瓜尔内里奥"（Guarnerio），公爵头衔源于其祖先在霍亨斯陶芬王朝时期当过斯波莱托公爵。比萨与佛罗伦萨争夺卢卡城时招来了他统率的佣兵团。交战双方的和约即将缔结时，比萨人琢磨着如何摆脱佣兵。他们想出的办法不是直接遣散，以免引火烧身，而是付给佣兵一笔遣散费，同时让他们去祸害敌人的地盘。佣兵对这项提议感到满意，于是决定不解散，组织起一支自由的军队，以维尔纳总领全军并设军校（constable）和军士（corporeal）（1342年9月）。他们自号为"大团"（la gran Compagna），半年间各地流窜，强迫居民交开拔费，不答应就放火抢劫，折磨落入他们手中的居民，逼他们交代财务藏在何处。大团长对请他约束手下暴行的抗议哀求置若罔闻，因为他自称"上帝、怜悯和同情的敌人"。凡是抢来的钱币、财物、兵器、马匹都要上交，然后按照明确的方案分配给众人，所以每名脱离组织的劫匪都能拿到一大笔财物。

百年战争期间，交战双方组织的大型佣兵团对法国的破坏几乎不亚于意大利。当时的法国成了周边各路土匪流寇汇聚的一个中心。

许诺给佣兵的报酬从一开始不仅是军饷，还有一份战利品，尤其是俘虏的赎金。正常军饷越少，士卒就越会想办法自己赚钱。他们拒绝将先前派驻的城市交还给国王。

许多佣兵团根本不为国王效力，而是依据中世纪封建领主的权利组建的。于是，佣兵团一旦出现就会自行发展，靠剥削所到之处谋生存，或者夺取险要之地，成为一方霸主。他们会单独敲诈各个社会团体和地方当局，承诺只要满足其要求，他们就会离开，否则就要劫掠城乡。若要他们出发攻打敌人，常常要先拿钱，后出征。但仗打完了，他们又凶相毕露，像维尔纳·冯·埃斯林根那样流窜抢劫，找到某位领主效劳，帮他对付敌人。布雷蒂尼和约（peace of Bretigny）（1360 年）① 缔结后，正当法国还不确定要如何送走这些"敲诈犯"时，同样受其威胁的阿维尼翁教宗乌尔班五世（Pope Urban V）想出了一个两全其美的歪点子：号召他们去当十字军。他与查理五世皇帝和匈牙利国王路易谈好了过境事宜。此举对基督教再好不过了：西方不仅有了佣兵去抵御异教徒，本身也从这群保护者手中解放了出来。但佣兵团对提议不认同。于是，他们被驱逐出法国，带到阿尔萨斯、瑞士（1375 年）和西班牙。² 哪怕是原本在英军麾下作战的佣兵团，如今也会毫不犹豫地加入法国军队。不管出身英格兰、弗兰德斯、德意志或是法兰西，他们都是彻底的国际主义者。

大战期间创立的佣兵团逐渐归于沉寂，佣兵们最终还是决定回家安居乐业。但随着新一轮战争的爆发，马上就出现了旧军无力保卫国土的情况；而当和平降临时，又无法摆脱新军。

英格兰之所以免遭佣兵蹂躏，原因当然是战场完全在法国境内。法国佣兵团只是偶尔波及德意志地区。在意大利，如前所述，部分佣兵首领最终建立了长久的统治。而在法国，全盘改革势在必行。

为了摆脱佣兵团，法国国王创建了现代意义上的常备军。

据文献记载，建军发生于 1439 年。查理七世之前在圣女贞德

---

① 这份条约标志着百年战争第一阶段的结束，英格兰在欧洲大陆的影响力随之达到巅峰。

的帮助下首次对英格兰取得大胜，于是在奥尔良召开的大型国会上，法国民族情绪日益高涨，国王深受感动，倡议实施重大军事改革。国会通过了维持一支由15个团组成、每团100个枪队、每队6人的常备军所需的税项，共9 000骑兵。一位富裕的市民和精明的政治家雅克·克尔（Jacques Coeur）带头出资，推动建军计划。旧佣兵团的精锐被纳入新的"敕令军团"（compagnies d'ordonnance），参与征伐形同匪类的其余佣兵，并迫使其解散。

尽管新近研究在总体方向上与文献记载差不多，但具体细节要复杂得多。常备军是慢慢才逐渐发展到上述形态的，而且之后仍然在演变。[3]

奥尔良国会最初并未批准长期征税，既没有达成建立平时常备军的明确共识，也没有规定全军共15团、每团100个枪队、每队6人的编制。这届国会只是否定了封建领主有维持军队并由地方供养的权利。从此之后，领主只许有城堡守军。除此之外，只有国王可以维持军队、任命军官、征收军费。军队长官要对部下负责；凡是不为国王服役的兵匪，人人均可捉拿归案。

在上述决议的道义感召下，得到地方豪族协助的各地渐渐聚集起大量资源，能够以足额军饷招募或编练出可靠的佣兵团，并逐渐击败其他佣兵团的抵抗。封建领主要被剥夺亲军，畏惧国王乾纲独断，而佣兵团自身也不希望被解散，因此两者都进行了抵抗。解决办法还是老一套——送出国境，送到洛林，送到阿尔萨斯，送到瑞士。瑞士巴塞尔附近爆发了血腥的圣雅各布战斗（engagement of Saint Jacob），人称"阿马尼亚克佣兵团"（Armagnacs）尽管取胜，却也付出了惨重代价（1444年）。他们在下一年流窜于德意志南部，打了几场仗，期间损失了部分兵力，余部后来被查理七世——在杰出的王军司令里尚（Richemont）的帮助下——收服。国王将首恶处决，同时宣布余者既往不咎、遣送回乡、各安本业。最早写明建军日期的敕令颁布于1445年，也就是奥尔良国会召开的6年后。有意思的是，最早颁布的奠基性敕令原文没有保存下来，因此我们不知道初始编制在多大程度上指导了日后的实际行动。就我们的目的而言，这一点并不很重要。重点在于，尽管方方面面纷纷抱怨负担沉重、不堪忍受，但一套长期而明确的税制还是建立起来。就连最初有很大比例以实物形式由政府和地方供应的军需品后来同样换算为货币税，从而为定期发饷创造了可能，其他方面也随之有了改善。

在真实的中世纪，人们不知常税为何物，或者至少是不希望设置常税。那时只有补充性质的临时特别税。

既然没有税收制度，法国国王无疑只得采取权宜之计，即行使传统的征兵权，要求全体法国男丁入伍，但同时许其纳税代役，这就将征兵转化为了估税。[4]15世纪出现的常税为建立常设、常备、由军饷维持的军队提供了基础，从而排挤和取代了只在战时招募无法无天的佣兵团。

按照历史著作中常见的通说，"敕令军团"标志着常备军在法国乃至全欧的兴起。从字面上来看，这个说法不完全正确。因为前面讲过，加洛林王朝就已经有常备军"斯卡拉卫队"了。后世的皇帝和国王们手下也总有一小批部队作为城堡驻军或贴身扈从。但这些旧式警卫驻军是在以物易物经济的基础上组建和维持的，因此局限性很大。而法国敕令军团以征收常税、定期发饷为基础，不仅在素养和数量两方面都前进了一大步，更有广阔的发展潜力，因此常备军始于敕令军团一说仍可保留。耶尼切里算不算常备军就完全是另一码事了。

早在13世纪圣路易统治时期，法国就设置了某些管理佣兵的官员和制度。代表国王的全军首脑号为王军司令（constable），下设元帅（marshal）、弩兵总管和军库官（trésorier de guerre）。

封建军队的合理编制是以领主旗号划分的多兵种混编单位。不管是单位人数还是武器配备都不可能强求一致，也没有强求的必要。有旗号的领主按照各自的利益和资产决定要带多少人上阵，怎样安排最有利于作战。到了佣兵那里就是领主换成了队长。[5]

腓特烈二世皇帝手下的佣兵以及伦巴第同盟招募的佣兵[6]已经分为由"队长"（capitaneus）或"队官"（comestabulus）指挥的分队[7]。英格兰国王爱德华一世曾将佣兵分为百人队，每队设百夫长（centenarius）一名。自1382年起，由千夫长（millenarius，该词首次出现于1296年）统领的千人队也出现了。[8] 1264年，佛罗伦萨与哈布斯堡家族的两位伯爵立约时明确规定，后者提供的200名骑兵要分为8个旗队，每队25人。[9]前面讲过，维尔纳·冯·埃斯林根的"大团"设有军校和军士。当法王查理七世创建"敕令军团"时，原有的佣兵单位"团"便融入了它的编制当中。

"军团"（company）一词源于"cum"（伙伴）和"panis"（面包），所以意思是"同吃面包的伙伴"。它起初与军事没有关系，只是"团体""社群""社团"的意思，就像今天商业领域中的"公司"一样。13世纪中期，佛罗伦萨为征召兵员物资而成立的市民组织就叫作"民团"；德意志城市也是如此，例如伯尔尼的市民组织号为

"社团"（Gesellschaften）。该词首次直接用来指称"军团"似乎是在法国编年史作者腓力·穆斯克斯（Philip Mouskés）①的年代。[10] 又过了100年，"军团"已经成了我们熟悉的佣兵单位的常用称呼。[11]

"敕令军团"的兵额和指挥架构似乎也是逐渐演变和明确下来的。最早的敕令中没写15团，没写每团100个枪队，也没写每队6人。相反，法令中要求长官是富人，"有所失去"，靠得住，能够为部下承担责任。后来才逐渐形成每团设团长一名，通常由地位崇高的领主担任；副团长一名，负责实际日常事务；掌旗官两名，分别称"enseigne"和"guidon"；另有军士（maréchal des logis）若干的惯例。

最重要的一点是，团并非由单个士兵组成，而是按照14世纪以来形成的惯例，由"枪队"（gleves）组成。枪队的人数变动不居，依时期、国家、领主、情势而定。[12] 查理七世"敕令军团"的兵力同样有变动——有时是一名骑士、一名轻骑兵（coutillier）、一名见习骑士、三名射手，有时又只有两名射手和一名仆役（valet）。[13] 所有人都骑马，但通常见习骑士（大多还只是孩子）和仆役不是战斗员，射手也只是将马匹用于运输，作战时要下马。

尽管组建"敕令军团"对法国军事史和法国国家的巩固都具有重大意义，但它的规模还是太小了，不足以满足大国法国的需求。除了敕令军团以外，战时征召全体骑士（贵族）和封地持有者的制度依然存在，也有过实践。但是，附庸们如今也被整编为军团，并

---

① 出生于1220年之前，去世于1282年，著有《韵体编年史》（Chronique rimée）。

根据装备水平给予相应报酬。[14]

尽管射手看似发挥了重要作用，但从英法战争期间的训练水平来看，该兵种的实力犹有不足。因此，国王试图单独建立一支庞大的射手部队。[15]

查理五世早在1368年就下令全国练习箭术，1394年又重申了命令。两次命令据说都被撤回了，因为贵族们害怕人民习武并对此予以压制。[16]更可能的原因是命令成效不佳，因为弓箭难以大批制造，人民本身的练箭积极性估计也很有限。因此，贵族根本没有理由担忧。现在国王不再要求全民习武了，而是于1448年下令每50户出一健儿，由地方选练为射手。健儿每逢假日都要练习射术，而且要发誓随时遵从王命上阵。起初健儿要自带装备，但后来加了一条说家境不富裕的人也可以出征，武器由地方提供。与骑士类似，射手被编为军团，由负责召集兵员、偶尔还会一同训练的团长统领。作为补偿，射手免交盐税和战争特别税的一切税费，因此有"免税射手"（francs archers）之称。应征参战时，他们有4镑的月钱。

实践证明，这种组织不堪大用。他们使用弓弩的操练强度不够，而且更重要的是，平民射手缺乏好战精神，应付不了战场上的种种危险。

查理七世的儿子路易十一就算没有正式废除免税射手，也是任其废弛。因此，将其视为法国现代步兵的源头是完全错误的。恰恰相反，免税射手是一个建军失败的负面例子，就此而言，它与成功的正面范例同样有意义。

阐明免税射手失败教训的最好方式就是与一个学术界到今天还相信的观点做一番比较，即查理曼的军队是由轮流征召服役的农民组成的。与 8 世纪的民兵相比，查理七世的免税射手显然有着巨大的优势：查理七世只要求每 50 户农家出一人，而不是 3 户到 6 户出一人，因此选出身体强壮、有意从军者要容易得多。中选者不只是背上了一项负担，也得到了一些回报：平时不用交税，战时免于摊派。他还有团长负责训练和管理兵员。然而，免税射手还是不可用，据说他们只会杀鸡。那么，据说每隔几年就有义务自费出征，跋涉数百英里的征召兵又会是什么样呢？

下一卷会讨论取代免税射手的部队——法国现代步兵的真正前身。

尽管免税射手衰落了，"敕令军团"却维持了自身地位，并通过另一位法国诸侯大胆查理的组织才能而发展到顶峰。凭借勃艮第公爵的头衔，他将法德两国的一批封地、弗兰德斯、布拉班特、埃诺、卢森堡、勃艮第自由伯爵领（Free County of Burgundy）①和勃艮第本土统合在自己一人的统治之下。[17]

传统公认的封建武士在军事层面的缺陷——贵族们不能按时从命、不可靠、装备低劣、训练水平不尽如人意——已经大到了不可忍受的地步。[18] 查理采取了两种补救办法。对于承诺随时准备上马出征，且集结时本人及装备状况尚可的贵族，他为其提供了一小笔定期发放的报酬。这就是所谓的"私募军"（soudoyers à gages ménagers）[19]，但他们还是不够用。

如果 15 世纪常有人抱怨封建武士装备水平、训练素质、可靠

---

① 即后来并入法国的弗朗什孔泰（Franche-Comté）地区，自由伯爵领为其意译。

性都不尽如人意，那么同样的事情也可能发生在红胡子或查理曼的时代，但封建制度在这方面确实无法改变。佣兵制的发展不仅拉高了封建服役的报酬，也引发了封建制度的解体。查理颁布了大刀阔斧的法令，并凭借自己赢得的资源，以表亲法国国王为榜样，于 1471 年组建了自己的"敕令骑士"。[20] 他规定了明确的编制：一个团最初由 10 个单位组成，每个单位有 10 个枪队；后来改成一团分 4 路（escadre），一路分 4 帐（chambre），一帐为 6 个枪队，路长另为一个枪队，因此一路共 25 个枪队。

各团团长的旗帜花色不同，下设单位以军旗上 C 的数目区分，绣着几个 C 就是第几路。

枪队不只有骑兵和射手，也有步兵。一个枪队包括一名骑士、一名轻骑兵、一名见习骑士、三名骑马弓手、一名骑马弩手、一名火枪手（culverin）和一名步行矛手，共计 9 人，而且常会再加几名志愿兵。[21] 查理颁布了关于军粮、军饷、告假和军纪的条令。平时一路告假者不得超过 5 名骑士和 15 名射手，战时不得超过两名骑士和 6 名射手。每团随军妇女不得超过 30 人，且任何人不得霸占。

除了枪队以外，查理还实施了一种按武器划分的编制，这种编制在实战中常常是必要的。最后，他甚至颁布了多份详细的操练条令，其中一份如下：

> 为通过训练提高士兵在战时的武器运用能力，公爵有令：驻守镇堡或其他有空余时间的情况下，团长、路长、帐长应时常率领骑士到操场训练，有时可以只穿上半身盔

甲，有时须身穿全甲。在操场上，骑士应练习紧密阵形，放下骑枪发起全速冲刺，同时不得远离团旗，或者按照命令散开，然后重新聚合、互相支持，共同阻止敌军进攻。射手也要带着坐骑参加训练，要精通下马后开弓的技术。为此要向他们展示如何将马牵到后方，整齐地排好，每三匹马的笼头栓到一匹扈从坐骑鞍桥的钩子上。射手要快速整队开始射击，不得忙乱，最后还要让矛手以紧密阵形挡在射手前方。但在发出指定信号后，矛手应单膝跪地，矛尖向上，举到马胸的高度，形成一堵墙，以便后方的射手放箭。发现敌军陷入混乱时，矛手应按照教导的方式发起冲锋。为了抵御两边的进攻，矛手还应练习贴背阵、方阵和圆阵。矛手永远应该以紧密阵形挡在射手外侧，以便击退敌军骑兵进攻，同时还要将射手坐骑和扈从围在中间。军官一开始可以分小组练习，待一组熟练，再教下一组。这也是监督士卒，让他们不敢开小差或卖掉马匹装备的一种手段，因为他们提前不知道军官何时要操练。如此一来，人人就会恪尽职守，为战争做好准备。

阅读这些操练条令时，我们会感觉中世纪被远远抛在身后，有些操课甚至会给人相当现代的印象，但这种印象是骗人的，世界史的时代转型不会发生得这么快，这么容易。如前所述，法国国王费尽辛苦才将佣兵团改造为正规军团。同理，我们接下来会看到现代骑兵和步兵脱胎于中世纪骑士和步卒的过程是相当缓慢而艰难的。大胆查理的操典甚至算不上迈向现代的一步，它产生于一个精干、聪敏、雄壮的灵魂，也恰好走上了正确的方向。但它仍然没有迈进新时代，因为它凭借的要素很快就会被一股强大得多的力量压倒。这位末代勃艮第公爵的军制毫无现代色彩，相反，它是中世纪最晚出、最细致，甚至可以说最微妙的产物。从后续发展来看，这套制度真正重要的地方在于它有了兵种划分的萌芽。但操典是虚假的，最起码这些操典取得的成果与今天理解的操练没有半分关系。现代操典要求的兵力运用方式与查理条令完全不是一类事物，后者充其量是一些好的建议。本书之后还会用大量篇幅讨论这个问题。就"敕令军团"全军骑马这一点来看，它确实是从骑士到现代骑兵转化过程中的一环，但它还有很长的路要走，而且说到头，他们都是不折不扣的骑士。而"军团"中的步卒和射手就与欧洲日后的步兵完全没有关联了，后者的根源完全不一样。"敕令军团"之所以仍然属于中世纪军队的范畴，决定性因素在于组织形式，也就是以"枪队"为基础的编制。"枪队"的固有内涵是：骑士是战斗员，其余人都是辅助。事实上，辅助部队的数量是如此庞大，以至于我们可以将骑士设想为小队的军官。回想一下与平民士兵并肩作战的下马骑士确实发挥了提振众人士气的作用，这一点也是朝向现代军官概念的进步。但在敕令军团中，现代军官概念也只是有所暗示罢了；"枪队"中的骑士绝对不是我们和军事史中所说的"军官"，而仍然是主战兵力。此外，大胆查理划分兵种是一个指向未来的举措，但也抹杀了骑士的"军官化"，因为这时骑士和步卒根本不在一起作战。于是，"敕令军团"下的枪队只是中世纪编制的一种寻常改良，也就是通过引入辅助兵种和一定程度的秩序规范，从而为"混合作战"中的骑士提供支持。

崛起中的君主国在中世纪末期采取这套制度是符合逻辑的，但归根结底，它必然不会开花结果。一股完全不同的力量很快就要后来居上了。因此，我们不必像对待中世纪前中期那样深入探究 15 世纪军制的细节。一旦我们看到即将为骑士带来终结的新兴力量，末日前的改良努力便失去了意义。

7 坦嫩贝格会战、
蒙莱里会战及同时期的其他若干战斗

坦嫩贝格会战

（1410年7月15日）

尽管坦嫩贝格会战（battle of Tannenberg）本身和结果都很重要，尽管时人有大量记述，但流传下来的只有很不确切的记载。[1]

续写德特马（Detmar）《吕贝克编年史》的作者说波兰-立陶宛联军有510万人，甚至比历史之父笔下的薛西斯大军还要多。马格德堡《世俗法官编年史》的记载与其相符，说战死者总数为63万。编年史中给出的最小兵力数字是德军8.3万，波兰军16.3万。海威克（Heveker）[①]估计条顿骑士团的兵力为1.1万人左右，包括3 850名重装武士、3 000名侍从和4 000名骑马行军下马作战的射手。此外还有少数步兵，他们没有上阵，交战期间一直守在车营里。

---

① 全名为卡尔·海威克，博士论文《坦嫩贝格会战》（"Die Schlacht bei Tannenberg"）于1906年在柏林大学通过。

海威克估计波兰-立陶宛联军的兵力为 16 500 名骑兵,大约比德军总兵力多一半。此战最重要的信息来源——波兰人德乌古什(Dlugoss)[①]也说联军兵力大得多。联军统帅是拉迪斯劳斯·雅盖隆国王(King Ladislaus Jagiello),但真正的灵魂人物是国王的堂弟、立陶宛大公维托尔德(Witold)。

大团长乌尔里希·冯·永京根(Ulrich von Jungingen)将主动权让给了波兰人。当波兰人沿着维斯图拉河右岸行军时,他将阵地选在维斯图拉河支流德尔文察河(Drewenz)之后。据文献记载,德军似乎曾在库尔泽尼克(Kauernick)附近阻止敌军渡过德尔文察河。我很难明白他们为什么要这样做,因为双方迟早会有一战。或许是因为普鲁士人尚未集结完毕,或者是他们有半渡而击的打算吧。但不管是哪一种情况,波兰人都知难而退,转向东行,准备在德尔文察河的源头处渡河。

德军平行地跟着波军前进。接着由于德尔文察河急拐向北,德军决定渡河,然后在敌营眼皮底下的村庄坦嫩贝格附近摆开了阵势。有关德波双方的文献一致认为,条顿骑士团消极等待而没有趁波军列队未成之际立即发起进攻是一个错误。但这显然不过是事后诸葛。普鲁士后军直到会战快打完时才赶到,重型火炮来得也太迟了,只能安放守营而已。因此可以说,骑士团在开战时也没有部署完毕;文献记载,等了很久的人恰好站在前排,不理解为什么要等那么久。他们是夜里从刚下过大雨的卢巴瓦(Löbau)城郊启程,

---

[①] 波兰外交官、历史学家(1415—1480),著有《波兰史》(*Annales seu cronici incliti regni Poloniae*)一书。

顶着7月的大太阳走过来的,直线距离不少于25千米。因此,部署自然要花很长时间。至于波兰人,他们早晨6点左右才出发,只走了7英里(约11千米),而且已经挖好了壕沟,只需要在军营前列阵即可。因此,突袭是想都不要想了。如果我们假定大团长的意图是打一场防守反击战,那么他的战略就是明智而前后一贯的。他的弩兵很厉害,甚至还有强大的炮兵;后者只有在防守中才能发挥最大效能。倘若他计划在坦嫩贝格主动进攻的话,那我们就不能理解他为什么5天前在库尔泽尼克没有出击,又为什么会任由波兰人在普鲁士境内大肆劫掠那么长时间。但如果他打算迫使敌军进攻的话,那么一切就清楚了:他在本土等待敌军,列阵于德尔文察河之后,在坦嫩贝格让部下呆立了那么久。他的阵地紧贴着波兰人行军路线的侧面,堵住了对方的去路。他的右翼可占据格林费尔德森林(Grünfeld Forest)的有利地势,左侧是坦嫩贝格村,前方整体是一块平地,但有些许起伏,且有多条小的沟谷,因此仍然会为进攻方造成许多困难。[2]

第一次接到条顿军逼近的消息时,波兰人立即备鞍上马,要尽快列阵。这时,两名信使来到拉迪斯劳斯国王面前,代表大团长献上两把剑作为挑战。如果可以认为大团长的礼仪行为是为了争取时间的话,那么这一点同样符合我们对会战的整体概念。

读者大概已经注意到了,条顿军的阵地位置与尼科波尔会战中巴耶济德非常类似。尽管文献中没说德军射手像耶尼切里那样在身前树起了栅栏(巧合的是,有记载专门说他们在库尔泽尼克这样做了),但他们在正面有一排火炮。

但战果与尼科波尔恰恰相反。火炮的作用本来就很小,加上开战时的雷雨打湿了火药,更是雪上加霜。弓弩手至少在左翼对立陶宛的轻装部队取得了不错战果。接下来骑士发起冲锋,将立陶宛人打到溃逃。但中央和右翼的德军苦战之后还是被优势巨大的波兰人击败了。波军没有重蹈法军在克雷西和尼科波尔的覆辙,分批零星地进攻,而是首先将部队完全展开,然后全军同时出击。在人多势众的敌军面前,普鲁士的弩手和火炮派不上用场,条顿骑士的勇猛也无济于事。就连从追击立陶宛人的行动中返回的骑士也不能扭转大势。骑士团内部后来有一个背叛致败的说法:来自库尔姆的骑士不服骑士团领导,降下旗帜,逃离了战场。

我们不必相信此说。在考察尼科波尔与坦嫩贝格的不同结局时,我们只能假定骑士团从境内征调的射手和骑兵,不管从军事素质还是奉献程度来看,都与巴耶济德的耶尼切里和斯帕西不可同日而语。穆罕默德的教诲和随之而来的纪律性都蕴含着极为强大的好战气魄。再考虑到数量关系反转的因素——巴耶济德很可能具有兵力优势,永京根的兵力则肯定大大少于对手,而且开战时甚至还没有全军到齐——两场会战在相似的战场条件、相似的战术下产生了不同的结局就不再稀奇了。

列于阵后并安放重炮的条顿车营被追上来的波兰人攻破了。大团长和205名骑士团成员阵亡。[3]

蒙斯特勒莱对坦嫩贝格会战的记载

为了展现事件会被时间歪曲到何等程度,我这里要举出法国人蒙斯特勒莱（Monstrelet）① 对坦嫩贝格会战的记载为例。他续写了傅华萨的编年史，是当时最重要、运用最广泛的史料作者之一。他写道：

> 1410年6月16日，普鲁士大团长率领大批骑士——包括骑士团成员和其他列国骑士——共计30万名基督徒侵入立陶宛，要将它夷为平地。立陶宛国王和萨尔玛提亚人的国王立即率领大约40万撒拉逊人迎战，双方打了一仗。基督徒赢得了胜利，大约3.6万名撒拉逊人阵亡，包括立陶宛海军统帅和萨尔玛提亚人的元帅，幸存者逃之夭夭。基督徒一方约有200人战死，但伤者甚众。
>
> 不久，普鲁士大团长的大敌、刚刚为了赢得波兰王位而假意皈依的波兰国王率领波兰人来援助前面提到过的撒拉逊人，鼓动他们再次对普鲁士开战。于是，上次战败8天后，双方再次针锋相对：一方是波兰国王和前面提到的两位国王，约有60万战士；一方是普鲁士大团长和其他几位基督徒大领主。后者被撒拉逊人打败，阵亡者达6万以上，包括普鲁士大团长、诺曼底贵族维厄维尔领主（seigneur de Vieuville）之子让·德费里埃爵士（Sir Jean de Ferrière），还有同样来自皮卡第（Picardy）的杜布瓦·德内坎领主（seigneur du Bois d'Annequin）之子。战

---

① 全名昂盖朗·德·蒙斯特勒莱（Enguerrand de Monstrelet，约1400—1453），法国编年史作者。

败原因通常认为是匈牙利王军司令的过错,他在基督徒军的第二梯队,带着全部匈牙利人临阵脱逃。[4]

但撒拉逊人的胜利和荣耀也不是没有代价,因为据先锋官和名为亨贝伯爵(count de Hembe)的苏格兰私生子报告,除了 1 万名波兰人以外,还有 12 万名撒拉逊人被杀。

科米讷对蒙莱里会战的记载

(1465 年 7 月 16 日)

沙罗勒伯爵(count of Charolais,即大胆查理)尽可能与父亲达成和解后便马不停蹄地率领骑士出征,身边有他的事务总管和最重要的将领圣波勒伯爵相随。他大概有 300 名骑士和 4 000 名弓手,还有来自阿图瓦、埃诺和弗兰德斯的许多优秀骑士和贵族(écuyer,盾士)投入沙罗勒伯爵麾下。另外,克利夫公爵之弟拉瓦斯丁领主(seigneur de Ravastin)和勃艮第私生子安东两人也带来了数量相当的队伍(bandes),手下都有勇猛而受尊重的骑士。为免冗长,其他将领不再一一具名,其中包括两名深受沙罗勒伯爵敬重的骑士:年长的骑士奥尔布丹领主(seigneur de Haubourdin),是圣波勒伯爵的私生子兄长,扬名于英法战争期间。那时英格兰国王亨利五世统治着法国,并与勃艮第公爵腓力结盟。另一位是与前者年纪相仿的孔泰领主(seigneur de Contay)。两人都是有勇有谋的骑士,被委以军中重任。

军中也有充足的年轻骑士,包括名望甚高的拉兰的腓力

（Philip of Lalain）。他出身的家族中少有不勇猛的人，几乎全都为领主战死沙场。军中有大约 1 400 名装备和武艺低劣的骑士，因为这些人长期过着和平生活，自阿拉斯条约签订以来就基本没见识过长期征战。按照我的观点，他们已经过了至少 36 年的承平日子，只与根特城发生过几次时间短、规模小的战斗。骑士们兵强马壮，武备充足，大部分都有五六匹高头大马。军中还有 8 000 名或 9000 名弓箭手。招兵时全都叫上了，等到动员完毕时，再想把多余的人送回去可就难了。

由于长期和平，且领主仁慈、轻徭薄赋，勃艮第臣民当时过得非常舒服。在我看来，勃艮第比世界上的任何地方都更有资格被称为应许之地。他们享受着后来再也没有的安稳富足，于今已有 23 年。男男女女生活奢侈，衣着浮华。欢宴作乐比我知道的任何地方都要繁盛气派，男女混浴嬉戏司空见惯，靡费而无耻（我指的是下层女子）。总而言之，当年不曾有君王纵容臣民至此，当今也不知有一国悲哀至此，我认为他们的命运正是由昌盛岁月的罪孽带来的。他们尤其不懂得自己获得的一切恩典都来自神，悦神者方得恩典。

在大军整装待发——集结过程非常迅速——之际，沙罗勒伯爵便带着全员出发了。除了炮兵以外，全军都骑马。那时的火炮又大又笨重，还有无数车辆，将大部分军队包在里面。对伯爵而言，上述所有的这一切都属于他自己。

伯爵向努瓦永（Noyon）进发，围攻防守严密的小城堡内勒（Nesle），几日后攻下。法国元帅若阿钦（Marshal Joachin）从佩罗讷赶来，一直在伯爵不远处，但因为手下兵少，所以对他无可奈何。当伯爵逼近时,他就撤往巴黎。

伯爵一路有征无战。他的部下从不强抢,于是索姆河沿岸和其他城市都允许他率大军入城,花钱购置军需品。城市似乎都迫切地想知道哪一方更强,国王还是诸侯。

伯爵来到巴黎附近的圣但尼,其他诸侯准备在这里加入他的队伍,但还没有现身。布列塔尼公爵派来副相作为代表,给了他一张签好字的空白文书,许其按照需要填写内容。副相出身诺曼底,非常精明;鉴于有人诋毁他,精明正是他迫切需要的品质。

经过大规模的遭遇战,伯爵兵临巴黎城下,损害了市民的利益。就骑士而言,城中只有若阿钦的队伍和农杜耶领主(seigneur de Nantouillet),这位领主后来成为大团长、忠心侍奉法国国王不亚于任何臣民,却没有得到多少奖赏。农杜耶被苛待主要不是国王昏庸,而是对手无端诋毁。当时(我后来得知)巴黎城内有许多人吓得高呼道:"他们进城了!"但这话并无根据。然而,我前面提到过、从小在巴黎长大的奥尔布丹领主认为他们应该攻打巴黎,它当时的城防不似现在这样坚固。骑士们也愿意出击;他们看不起市民,一路打到了城门口。但攻取这座城市的希望很小。于是,伯爵撤回圣但尼。

次日,他们商讨是否要去找贝里公爵(duke of Berry)和布列塔尼公爵,布列塔尼副相说两人就在当地。副相向众人展示了两位公爵的来信,其实是他自己在空白文书上写的。事实上,他对两人的情况一无所知。尽管许多人支持撤军,大家还是决定渡过塞纳河,因为其他诸侯没有践行承诺,而且他们可能觉得渡过索姆河和马恩河(Marne)就够了。许多人感到不安,因为身后没有一旦情势需要便可退守的要塞了。全军上下对圣波勒伯爵和副相满怀怨气，但沙罗勒伯爵还是渡过塞纳河，扎营于圣克卢桥（bridge of Saint Cloud）附近。抵达后次日，他收到一位法国贵妇人的来信，信中说波旁国王（即路易十一）正在强行军向他扑来。

国王看到沙罗勒伯爵正逼近巴黎，而且担心巴黎市民会向他打开城门，或者向已经加入公益同盟（League of Public Weal）①、正从布列塔尼赶来的国王之弟和布列塔尼公爵二人打开城门。更担心其他城市会效仿巴黎，于是率部强行军进驻巴黎，阻止两股敌军会合。他后来向我谈起当年情形时多次提出，他本无意交战。

如前所述，沙罗勒伯爵得知波旁国王出兵扑来，于是也决定率军迎击。他公布了信件的内容，没有指明信是谁写的，号召大家尽力而为，因为他已经决定冒险一战。他在巴黎附近的隆瑞莫村（Longjumeau）扎营，王军司令则率领全体先锋驻于上游14英里（约22.5千米）的蒙莱里。伯爵派出探子侦察国王进军路线。在圣波勒伯爵在场的情况下，交战地点选在隆瑞莫村旁。按照公议，当国王逼近时，圣波勒伯爵应撤回隆瑞莫。决策做出时，奥尔布丹领主和孔泰领主也在场。

正当沙罗勒伯爵驻于隆瑞莫附近，前锋接近蒙莱里时，他从一名俘虏口中得知曼恩伯爵（count de Maine）已经与国王会合，王室领地的军队都到齐了，约有2 200名骑士。另有从多菲内（Dauphiné）征召来的队伍和四五十名萨伏伊贵族，而且国王

---

① 法国诸侯反对法国国王的联盟，成立于1465年，领袖为大胆查理。下一句中的"国王之弟"指的是前文提到过的贝里公爵。

正与曼恩伯爵、诺曼底大总管布雷塞（Breszey）、出身蒙托邦家族（House of Montauban）的法国海军司令和其他人磋商。最终，国王力排众议，决定不开战，只是进入巴黎城内，远离勃艮第军营。我认为他的谋划很好。由于误信大总管，国王问他之前可曾将总管印信交给联合起来反对自己的诸侯。总管像往常一样哈哈大笑，回答说已经给了，诸侯会把印信看管好的，但他的身体属于国王。国王对回答感到满意，于是派他指挥后卫部队并负责路线选择。因为前面已经讲过，国王希望避免战斗。接下来，大总管擅自对一位亲信说："我今天要把队伍带到对方阵前，除非有特别聪明的人，否则谁也别想把两军分开。"他也这样做了，但头一个死掉的人就是总管自己。这些内容是国王对我讲的，因为我当时在沙罗勒伯爵一边。

1465年7月16日，王军前锋抵达圣波勒伯爵驻守的蒙莱里。后者火速向扎营于14英里（约22.5千米）外预定战场的沙罗勒伯爵派出信使，请求尽快增援。因为敌军骑士和弓手已经下马，离车营很近了。他说自己不能按照命令撤退，因为那样看起来像逃跑，从而危及全军。伯爵立即派出勃艮第私生子安东率大队人马前去。他犹豫要不要亲往，但最后还是跟着其他人出发了，抵达时快到7点。5队或6队王军已经到了，两军之间有一条长长的沟渠。

沙罗勒伯爵发现圣波勒伯爵下了马，其余人都已就位。射手已经下马，每人都在身前插了一根木棍。现场有几桶开封的葡萄酒供士兵饮用。就个人浅见而言，我从没有见过战意更盛的军队，这一点给我留下了非常好的印象。最初的决定是全体步战，无一例外，后来又改了，骑士还是在马上作战。但有几位勇敢的骑士被要求下马，包括科尔德领主（seigneur de Cordes）兄弟。拉兰领主腓力也下马了，因为勃艮第人最敬重与弓手并肩步行作战的人，其中不乏大领主，这样做的目的是让步兵更好地安心作战。勃艮第人是从英军学会这一招的，后者曾与腓力公爵一同与法国交战，整整打了32年，期间没有一次停战。但那时的仗主要是富足而强大的英格兰人在打，统领他们的是勇猛非常的亨利国王。国王有好几位智勇双全的弟弟以及索尔兹伯里伯爵塔尔博特（count of Salisbury, Talbot）等优秀将帅。还有其他人我就不提了，因为他们与我不是一个时代，尽管我见过其中的不少人。当神厌倦了对他们的眷顾时，这位明主便殒命于万塞讷森林（Forest of Vincennes），他的疯儿子在巴黎登基为英法两国的王。英格兰的其他显贵变了心，由此引发了一场持续到今日乃至此刻的分裂。约克家族篡夺了王位，或者说合法占有了王位——我不知道依凭何在，因为王位归属是由上天决定的。

勃艮第人先下马，又上马，一来一去浪费了不少时间，也蒙受了伤亡。勇猛的年轻骑士拉兰的腓力因为盔甲不好而死去。王军排成一列纵队穿过托尔富森林（Forest of Tourfou）。我们抵达时对方连400人都不到，许多人认为要是立即出击的话，我们根本不会遇到抵抗。因为我已经讲过，敌军后面的人只能一个接一个地上来。不过，他们的人数在不断增多。高贵的骑士孔泰见状后立即去找沙罗勒伯爵建言，说要想打胜仗，现在就是进军的时机。他给出了自己的理由，说若是早一些出击，敌人早就被打败了。因为他发现敌军之前数目很少，而眼下显然正越来越多。这也是正确的。

接着秩序大乱，不再有讨论了，因为每个人都想发表见解。另外,一场大规模遭遇战已经在蒙莱里村边打响了。双方都只有弓手。国王一方由庞塞·德里维耶尔(Poncet de Rivière)率领,全都是"敕令军团"的弓手,身着统一的金边制服,秩序严整。勃艮第一方则既无秩序,又无领导,这种人最容易挑起遭遇战。拉兰的腓力、雅克·杜马斯(Jacques du Mas)下马和他们在一起。雅克很有名望,后来担任勃艮第公爵查理①的马政总管。勃艮第人多,夺取了一座房屋,拆下两三扇门板当盾牌,开始向街道推进,还点燃了一间屋子。风向有利于他们,将火势吹向王军。王军遂开始后退,上马逃窜。听到这边的动静后,沙罗勒伯爵率军出击,丢掉了所有之前决定的部署。他们本来打算分三个阶段进军,因为双方之间的距离太大了。王军在蒙莱里城堡附近,阵前有一大片树篱和一条壕沟。田里的麦子、豆子等作物长得茂盛,因为那里的土壤很肥沃。伯爵的所有弓手都在他前面乱糟糟地走着。我认为弓兵在战斗中发挥的作用最大,但人数一定要多,人少则无用。他们应该也没有好马,不会为丢掉坐骑而难过,甚至根本没有马。但总有一天,他们会证明自己,全体都是训练有素的弓手。世界上最优秀的弓手,英格兰人也是这样认为的。

我前面讲过,伯爵决定行军途中休息两次,因为路途遥远,而且茂密的庄稼不利于行动。但实际情况恰恰相反,仿佛他们是故意要毁灭自己。神在此事中表明,成败掌握在神的手中,胜利由神任意赐予。我认为,让这么多人摆出并维持整齐的阵形也好,让战局完全按照帷幄中的运筹也好,这都超出了人的智慧。我还认为,凡

---

① 即大胆查理,他在两年后的 1467 年才成为勃艮第公爵。

是相信这两件事的人都犯下了违逆神的罪，假如他思维正常的话。相反，每个人都要尽力而为，为所必为，明白胜败是神在掌握，神往往是通过小事和意外来操纵胜败的。而且神有时会将胜利赐给一方，有时又会赐给另一方。此间奥妙无比，能让王侯大国毁于一旦，又让其他势力崛起为霸主。

书归正传，伯爵马不停蹄地行军，弓手步卒连喘口气的时间都没有。王军从树篱两侧出来，当双方接近到可以将骑枪放平的距离时，勃艮第骑士不等弓手射出第一轮箭就冲了出去，尽管弓手才是全军的精华和希望；因为我相信在1 200名骑士中，会把枪端平的人不超过50名，身穿胸甲或有穿甲侍从的人不超过400名。这一切都是因为承平日久，加上历代勃艮第公爵为了不给人民造成负担，就没有维持一支常备军。从那天起直到现在，勃艮第就再没有过和平，如今更比任何时候都要糟糕。

于是，勃艮第人自己毁掉了全军的精华和希望。但神是如此不可思议，令伯爵在正对城堡的右翼取胜了，没有遇到抵抗。那一天，我一直在他身旁，感到的恐惧比之后的任何时候都要少，因为我太年轻了，还不知恐惧为何物。但令我惊讶的是，没有人敢抵挡伯爵的锋芒，他在我眼里是最强大的人。缺乏经验的人就是这样，见解中混杂着糟糕的理由和贫乏的认知。因此，我们最好接受这种人的见解，他知道世人从不后悔说得太少，却常常后悔说得太多。

左翼是冯·拉芬施泰因领主（seigneur von Ravenstein）、圣波勒的雅克和其他一些人。他们的骑士不足，似乎抵挡不住，但距离敌人已经太近，来不及换阵形了。他们确实也很快被打败，赶回车营内；大部分人逃进了2英里多（约3.2千米多）以外的森林。有几队勃艮第步兵在车辆附近重新集合。追兵中有多菲内、萨伏伊的骑士和许多武士。他们觉得仗已经打赢了,因为包括许多大领主在内的左翼勃艮第军大溃,纷纷逃往以为还在自己手里的圣马克桑斯桥(bridge of Sainte Maxence)。林中还有不少人。和其他人一起,圣波勒伯爵也带着大批护卫撤退了(车营离林子很近)。他后来明确表示,他到那时还不觉得大势已去。

再看沙罗勒伯爵一边。他只带着少量随从一路追到蒙莱里以外 2 英里(约 3.2 千米)左右的地方。因为大队敌军都不知道自卫,他就觉得自己已经赢了。一位来自卢森堡、名叫安东·勒布雷顿(Anton le Breton)的年长贵族想把他拉回去,告诉他法国人已经重新集结了,继续追的话肯定会吃败仗。尽管他反复说了两三遍,可伯爵还是没有停下。这时,我前面提到过的孔泰领主也匆匆赶来,跟他说了同样的话,语气相当强硬。于是他听从了建议,转身回返。我相信如果他再前进两箭之距,他就会和许多其他人一样被俘了。穿过村庄时,他遇见了一支败逃的步兵。尽管他身边不过百骑,还是上前追击。但一名步兵转身用矛刺中了他的腹部,我当天晚上亲眼看到了伤口。其他人大多穿过园圃逃走了,但那人被杀了。当伯爵从城堡近前经过时,他看见国王卫队的弓手站在大门前。他惊讶极了,因为他还以为王军已经放弃了抵抗。他转向一旁,想要沙场决胜,结果在那里遭到十五六名骑士的攻击。(他已经与不少部下失散了。)敌人杀掉了他的同伴——手持一面伯爵纹章旗的腓力·德奥格尼斯(Philip d'Orgnis)。伯爵也深陷险境,多次被击中,有一次被短剑划到脖颈,因为绑得不牢的护腭早晨就掉了,结果留下一道终生不消的伤疤。我亲眼见到护腭滑落。一人将手放在他身上,高喊道:"投降吧,仁慈的大人!我认识你;不要把自己害死啊!"但他还是继续抵抗。就在这时,个子高、块头大、力气也大的巴黎医师之子约翰·卡代(Johann Cadet)骑着一匹雄壮的马赶了上来,把敌人驱散了。王军又撤回早晨列阵的战壕里,因为他们看到我们这边有人来了。血流如注的伯爵来到田地中部相迎。勃艮第私生子的军旗被砍得只剩下一英尺(约0.3米)长,伯爵弓手的军旗下总共不到40人;我们身边不过30人。就这样,我们在巨大的压力下会师了。后来出了名的伯爵侍从西蒙·德坎热(Simon de Quingy)送来一匹新马,伯爵毫不犹豫地骑了上去。伯爵在地里四处召集部众,但哪怕有100名敌人冲过来,我们这些还留在那里的人就只会想到逃跑。10人、20人加入了我们,有的步行,有的骑马;步兵们在艰苦的行军交战过程中受了伤,而且筋疲力尽。伯爵很快就回去了,但身边连100人都没有;不过,更多人渐渐聚了过来。半个小时前还高高的庄稼现在都秃了,田里尘土飞扬。四处都是倒地的人马,但烟尘太大,辨认不出死者身份。

没过多久,我们就看见圣波勒伯爵从林中出来了;他大约有40名骑士,军旗也在身边。他直奔我们而来,更多人朝他聚拢过来,但看起来还有很远的样子。我们三四次派出信使催促,但他并没有调整速度,一直慢悠悠地走来。他让人捡起被扔在地上的骑枪,整齐地走过来,此举令我们大为振奋。他来的一路上召集了很多人马,与我们会合后共有约800名骑士。他手下步卒很少——如果有的话——使伯爵没能大获全胜,因为两军战线之间有一大片树篱和一条壕沟将其隔开。

在国王一边,曼恩伯爵和其他一批人,约有800名骑士逃跑了。很多人说曼恩伯爵与勃艮第人结盟，但我不相信是这样。两边都发生了前所未有的临阵脱逃，但两位统帅一直在战场上。在国王一边，有一位显贵马不停蹄地跑到了吕西尼昂（Lusignan）；在伯爵一边，有一位大领主逃到了孔泰河畔凯努瓦（Quesnoy-le-Conte）。两人都无意交战。

两军对面列阵，火炮开了几发，两边都有人被打死。谁都不想再打了。我军人数更多，但国王亲临前线，发言激励骑士的行动非常有效。我确实认为，从我在现场的了解判断，要不是有他在，他们肯定早就跑光了。我们这边有几个人想再次开战，尤其是奥尔布丹领主，他说自己看到有一列敌军在逃跑，只要我们能拉出 100 名弓手越过树篱射击，全军就会动起来。

尽管有这样的提议建言，但直到夜幕降临，双方连一场小规模战斗都没打。国王退回了科尔贝（Corbeil），我们却以为他露宿了一晚。国王先前所在的地方有一罐火药被意外引燃，接着烧了几辆大车，沿着树篱一路蔓延，我们还以为那是敌军的篝火。

圣波勒伯爵以实际统军者的身份出面，下令将车营推进到我们之前所在的位置，把部队围起来；奥尔布丹领主的态度甚至要更坚决。我们照做了。当我们再次摆好阵势时，许多先前追击我们的王军将士冲了上来，自以为胜券在握，结果被迫从两边撤退。有一些人成功逃脱，但大部分都被杀了。国王一边战死的显贵有王室总管圣贝林的戈德弗雷（Lord Godfrey of Saint Bellin）和队长弗洛凯（Flocquet）。勃艮第一方有拉兰的腓力阵亡，步卒和非显贵死得比王军更多。但王军的骑兵死得更多。王军从逃跑的人里抓到了更多俘虏。两边合计战死者至少有 2 000 人。仗打得很漂亮，两边都有勇敢的，也有怯懦的。但在我看来，两军能在战场上重新集合，对垒三四个小时，这是一件了不起的事。两军统帅肯定嘉奖了战场上的忠勇之士，但在这一点上，他们表现出的是凡人的样子，毫无天使的姿态。一个人因为临阵脱逃而丢掉了官位勋荣，然后交给另一个比他多逃了45英里（约72千米）的人。我们这边有一个人被剥夺了官位，主人让他离开自己的视线，但过了一个月，他比过去还要受尊崇。

在车辆的环绕下，我们尽力搭起了营帐。我们有很多人受伤，大部分人灰心丧气，害怕巴黎市民和巴黎城内有200名骑士的若阿钦元帅会发起进攻，让我们陷入两面夹击中。那天晚上特别黑，于是50个枪队被派出去确定御营的位置；但出于偶然原因，只有20个枪队出动了。我军营地与我们以为的御营位置之间大概有三箭之距。同时，沙罗勒伯爵和其他人一样进了一点饮食，脖子也包扎了。我们搬走四五具尸体才给他腾出地方吃饭。那里有两小捆稻草，他就坐在上面。众人正要搬走一名倒在地上的可怜人，他开口要喝的东西。大家给他倒了一点伯爵刚喝过的药水，他就好了。他原来是伯爵卫队中的一位名射手，叫萨沃罗特（Savorot）。他接受了包扎和治疗。

现在，他们要讨论接下来的行动。圣波勒伯爵首先发言；他认为我们身处险境，建议天一亮就朝勃艮第方向走，烧掉部分车辆，保住火炮就行。除手下有10个枪队以上者，任何人不得带车上路。他说，部队没有粮草是不可能留在巴黎和国王之间的。接着，奥尔布丹领主说大家应该先听听探子回报。另有三四人也提出了同样的要求。最后，孔泰领主说一旦流言在军中传开，人人都会逃跑，走不到 90 英里（约 145 千米），俘虏就会被抓。他给出了几条好的理由，说在他看来，大家在夜里应该尽量休息好，等到破晓时分向国王发起进攻，奋战到底。他认为这样做比逃跑更稳妥。伯爵听取了康泰领主的意见，决定全军修整两小时，但号声响起时要做好战斗准备。然后，他派出几名领主去激励战士。

临近午夜，探子们回来了（可以想见，他们没有走太远），报告说国王就在刚才看见起火的地方附近。其余探子即刻被派了出去。一个小时后，所有人都做好了战斗准备，可大多数人宁愿逃跑。快到早晨时，营中派出的人遇到一位我们这边的车夫。他前一天早晨曾被俘虏，当时正从村里往外送酒，对探子说敌人全都离开了。他们把消息送回军中，同时前去核实真假。他们发现情况正如车夫所说，于是回营报告，引得全军大悦，许多一个小时前还消沉不已的人现在说应该追击敌军。我的马又老又累，还喝了一桶酒。它是偶然把头伸到了酒里，我就让它接着喝了。我从没见过它像今天这样振奋和精力充沛的样子。

天亮时，大家纷纷上马，各队列好阵势。同时，许多躲在林子里的人也归队了。沙罗勒伯爵叫来一名方济各会修士，命令他说自己从布列塔尼军中过来，他们白天就会抵达。此举大大鼓舞了士气，但并不是所有人都相信。

沙罗勒伯爵一整天都在战场上，心情很好，因为他认为当日局势是自己的功劳。这种看法之后让他付出了惨痛的代价，因为从那时起，他便师心自用，再也不听别人的建议。那天之前，他不曾统军，也不喜欢一切与统军相关的事物；但那天之后，他改变了心意，直到死去，因此丢掉了性命，家族覆灭了，即便家族没有全毁，至少是损失惨重。他之前的三位公爵伟大而聪慧，大大提升了家族的地位；除了法国国王以外，罕有国王像他一样实力雄厚，更无一位国王拥有更宏大、更美丽的城市。自视过高的人，尤其是君主不懂得恩典和幸福来自于神。关于他，我还有两件事要说：其一，我相信不曾有人能开创比他更大的成就，不管是哪方面的成就；其二，我不知道有谁比他更胆大。我连续7年随他出征，至少整个夏天都在一起，有时冬天也在，但我从没听他说过自己累了，从没见过他表现出害怕。他的设想是宏大的，他的决定是重大的，但没有人能做得到，除非有神力相助。

BOOK V
第五篇

The Swiss
瑞士人

1 瑞士地方共同体的形成

当法兰克王国的伯爵领从行政区变成封地进而变成世袭产业时，它们也就逐渐瓦解了。国王先是赐予个别家族，但尤其是主教和修道院，不受伯爵管辖的豁免权，最后直接将伯爵的权力交给了他们。随着公器化为私产，许多城市也争取到了政治独立。此外，一批幅员广大的村社和村庄也摆脱了封建领主的统治，成为帝国的直辖领地。

这些城乡的独立一部分是因为有利的特殊情况，比如公爵绝嗣，于是它们就被解放了。一部分是因为它们获得了王室领地的特殊地位，还有一部分是因为百户自择首领，百户长（hunno 或 tunginus）的古老权利尚存。尽管这一官职在别处已经沦落为伯爵任命的下属，但它在一些地方还保存着某种群众对首领的批准权，从这个内核就可能生发出新的独立形式。

皇帝直辖村社存在于从迪特马申（Ditmarsh）到弗里斯兰的北海海滨、威斯特伐利亚（Westphalia）、摩泽尔河两岸、韦特劳（Wetterau）、阿尔萨斯、施瓦本（平原和阿尔卑斯山谷都有分布）。

有的村社发展为完全独立、长久存在的共和国，如迪特马申。有的被暴力推翻，如威悉河下游的施泰丁根（Stedingen），它于1234年在阿尔滕内施（Altenesch）被不来梅大主教及其佣兵击败。有的保持了一定程度的自治，直到1803年。①但在世界史上留下长远影响的当属阿尔卑斯山区的自由共同体。

  8、9世纪，武士阶层与农夫阶层的区别在法兰克帝国的德意志部分同样逐渐形成，阿尔卑斯山区也不例外。阿勒曼尼公爵领（Duchy of Alamannia）或施瓦本各世袭伯爵领境内的山谷中也产生了拥有城堡和武士的伯爵家族、骑士家族和自由程度千差万别的农夫。在原先面积广大的边区（march）中，随着农业的传播，地势较低的部分被分割为一个个新建的小村庄，但山谷中却保留了大片公有边区——尽管人口有所增长，还有新兴的城镇。因为就算在中世纪，山谷中的农业规模也比现在大，但当地的主要经济活动一直是在大片公有土地（allmende）上放牧。与公有边区一同保存下来的是边区全民大会；在大会与传统政治体百户重合的地方，这种组织尤其强健。施维茨（Schwyz）就是如此，区内公地长10时②（48千米），宽5时（24千米），至今尚在。施维茨镇东南方是"自由会场（Weidhub），常用于开庭"，也是地方百户成员大会的会场。1217年，康拉德百户长（Konrad Hunn）代表共同体与爱恩西德伦修道院（monastery of Einsiedeln）签订了一份和平条约，不管他当

---

① 1803年，帝国议会通过决议，大部分自由市被周边领主吞并。
② 原文为hour，相当于league（里格），本意就是1个小时的路程，因此各地标准各有不同。

时担任百户长的官职[1]，或者祖上当过百户长，便以百户长为姓氏。从 13 世纪起，"从官"（ammann）成了百户长的通称。有人认为，施维茨边区——在古日耳曼人的意义上，也可以叫作"百户"或"宗域"——14 世纪的人口密度已经不亚于今日。因此，边区共有约 1.8 万人[2]，意味着成年男子有 4 000 多人。其中 3 000 人可随时由从官征召，几个小时内就能有序集结，保卫家园。施维茨也有一些农场属于外人，有的属于伦茨堡伯爵（count of Lenzburg），有的属于爱恩西德伦修道院，但绝大部分居民都是自耕农，公有边区也将疏离者与社会整体结合在一起。

公有边区的凝聚力很强，就连乌里（Uri）这样居住着属民——有的属于苏黎世女修院，有的属于阿丁豪森男爵（baron of Attinghausen）等贵族——的地方也以边区形式保留了紧密的共同体。从现实角度看，远方修道院的所有权效力微弱，属民和自由民没多大区别。

如果地理经济因素为一些地域共同体的强大组织性提供了基础，它同样也维系和滋养着这些共同体的尚武精神。我们知道，骑士阶层在十二三世纪越来越贵族化，人数也越来越少，愈发需要平民精锐士卒的补充。在不列颠群岛，威尔士山区一直是英格兰国王的一大募兵源泉，阿尔卑斯山区对德意志国王也发挥着同样的作用。与从事农耕的低地相比，山区牧人猎户的生活更适合培养冒险尚武的精神，而贫苦生活也逼得山民向外求取利润或军饷。

13 世纪的文献中提到了施维茨人和乌里人当雇佣兵。[3] 1289 年，哈布斯堡伯爵鲁道夫征讨勃艮第的军中就有不少于 1 500 名施维茨人。这些战士无疑可以追溯到史籍留名之前很久。施维茨人与最主要的邻居爱恩西德伦修道院反复发生摩擦，可见其好斗的性格。早在亨利五世皇帝时期（1114年），他们就与修道院产生了一次边界纠纷，而这场纠纷又可以追溯到一百年前的亨利二世时期，施维茨人动不动就因之寻衅。

在乌里和翁特瓦尔登（Unterwalden），自耕农沦为世袭农奴的状况比在施维茨更严重。但在腓特烈二世时期，乌里（1231年）和施维茨（1240年）先后取得了自由状，规定当地居民不属于任何伯爵或其他封建贵族，而由帝国直辖。随着霍亨斯陶芬王朝的灭亡，帝国彻底无力化，皇帝颁发的自由状对各州（canton）不再有实效；自由状反映和证明的是争取自由的努力和意志，而不是实现自由的手段。决定性因素在于，这些农民团体手里有武器，有能力对抗骑士的统治。早在腓特烈二世统治末期，施维茨、乌里、翁特瓦尔登和卢塞恩市（city of Lucerne）便自行结盟。尽管它们与完全独立还差得远，但我们仍然会发现，伯爵领主对待他们是小心协商的态度，甚至登上王位后也是如此。我说的是哈布斯堡伯爵鲁道夫。他的家族将女儿们嫁到伯爵和领主家，等夫家逐渐绝嗣后，领地便由哈布斯堡继承。通过这种方式，哈布斯堡将瑞士和阿尔萨斯的大片土地连成一片。在鲁道夫去世的鼓动下，3个农业州结成"永久联邦"（1291年8月1日），只接受由本地人或同族人担任的法官。他们尚未提出从官由本地人选本地人当的要求，但阿尔布雷希特国王预料到了他们的愿望，于是只从阿丁豪森家族、施陶法赫尔家族（Stauffacher）和其他本土豪族中选任从官。

1308年，阿尔布雷希特被侄子谋杀，这些未经明确界定、以相互谅解和约束为基础的政治关系产生了动荡。在局势鼓动之下，农民团体开始考虑彻底拒绝哈布斯堡家族的统治。选侯们选择卢森堡伯爵亨利七世为王,于是哈布斯堡家族失去了王位。1309年,亨利宣布联邦脱离哈布斯堡家族。亨利去世后,王位人选产生了分歧,哈布斯堡的腓特烈和巴伐利亚的路易两方面各有人支持。这时,联邦公开支持后者,对故主发起了攻势。

如前所述,施维茨与如今归属哈布斯堡家族的爱恩西德伦修道院有宿怨。施维茨人原本就经常到爱恩西德伦的地盘抢掠,哈布斯堡派来的总督尽管有权力管,却不敢插手。现在施维茨人有了自己的从官维尔纳·施陶法赫尔,他们将修道院洗劫一空,还抓了一批修道士俘虏。[4] 于是,腓特烈国王的弟弟利奥波德公爵要惩罚这些农民。他们在王朝内战中是巴伐利亚的路易一党,因此加倍危险。

2 莫尔加滕会战

瑞士早期的历史掩埋在无数如同瓦砾的传说记载底下，必须先费力搬开它们才能研究。莫尔加滕会战（battle on the Morgarten）（1315年11月15日）就是如此。有的传说是关于个人的，比如奥地利骑士胡嫩贝格（Hünenberg）。据说他将一张写着"小心守卫莫尔加滕"的纸条绑在箭上，射给瑞士人报警。还有战况描述让学者搞错了战场位置，以为在莫尔加滕以南半小时路程的菲格勒富鲁湖（Figlerfluh）边上。因为这座在文献中发挥重要作用的湖没有那么大，所以历史学家们就假设当时的水位比现在高得多。真相是两名业余学者发现的：一位是医生克里斯蒂安·伊滕（Christian Ithen）；一位是皮革厂老板卡尔·比尔克里（Karl Bürkli）。他们面对所有职业军人和专家学者坚持己见，最终得到了认可。早在1818年，伊滕就向祖尔劳本将军（General Zurlauben）说明湖的水位不曾变化，这一点得到了历史学和地理学两方面的检验。比尔克里回溯了当时的文献，借助军事知识和地形考据进行解读，从而发现了战略和战术的正确关系，如今他的观点已经得到了普遍认可。我是通过他写的《真实的温克尔里德》(*Der wahre Winkelried*)一书关注他的。该书面世时，我的《希波战争与勃艮第战争》(*Perse-und Burgunderkriege*)正要出版。1888年，我途经苏黎世时拜访了他，他是一位不同凡响的老先生。他自述年轻时曾跟随维克多·孔西得朗（Victor Considérant）[①]赴得克萨斯州，要在那里建立一座乌托邦社区。尽管资金充足，社区还是失败了。他又去墨西哥军队服役，经历了无数冒险，然后才回国。作为一名社会民主主义政治家，他一直是公众人物，同时无疑也是一位争议人物，除了政治理念以外，还因为他对本国军事史的若干问题持有异端看法，所以瑞士学术界都不愿意听他说话。但他不仅阅读量很大，而且天生具有历史批判的本能，对过往时代也有惊人的观察力，尤其在军事史方面。他有时会被奔放的想象力引上歧途，发表一些不能直接从文献中推导出来的言论，但他很少讲本身不可能发生或者不可思议的事情。

我们的出发点是：这不是一个原本和平的农民被逼到走投无路，只得揭竿而起的问题，而是一个由久经战阵的长官指挥，由属于自己的政权统领的好战共同体精心策划的一场战争。既然他们是有军事经验的人，那么我们就有理由把关于他们的现存个别记载和行为迹象串联成一套有计划、有条理的行动，并以此为遵循。

从远古时代开始，山民就会建造工事阻绝谷口，强化天然屏障。在瑞士，这种障碍物叫作"letzi"或"letzinen"（关卡），与"lass"（放行）一词相关，最高级形式是"letzt"；至今可确认的

[①] 法国空想社会主义者（1808—1893），1855年前往得克萨斯州建立"联合村"，著有阐发傅立叶学说的《社会命运》。

尚有 85 座。[1] 勒艾伊本关卡（Röuschiben letzi）据说源于前罗马时代；瑟维尔泽关卡（Serviezel letzi）源于罗马时期，奈福尔斯关卡（Nöfels）的地基也一样；另有 4 座据说始建于 4 世纪。施维茨有 6 座经过确认的关卡，不仅覆盖了入境口，还有几座在四森林州湖（Vierwaldstätter Lake）和楚格湖（Zuger Lake）岸边设置了树篱，阻止敌人登陆。当然，部分工事可以追溯到 13 世纪乃至更早，比莫尔加滕会战早得多。如今摆脱伯爵统治的决战即将爆发，施维茨人的头等大事莫过于加固关卡。[2] 有一份文件显示，边区共同体（施维茨人）于 1310 年将几块土地卖给了一对兄弟，所得款项用于"阿尔特马特的罗腾海姆关卡"（an die Mur ze Altum mata），其中一座塔楼至今尚存。但最基本的一点，我们必须假定施维茨人于 1315 年从罗斯山（Rossberg）[位于楚格湖与埃格里湖（Aegeri Lake）之间]到里吉山（Rigi）修建了一条长达 5 千米的雄关，将整个楚格湖南端和湖岸道路全部封死。尽管最早记载具体修建日期的文献写于 1571 年，但一份 1354 年的文献已经确认了它的存在。从逻辑来看，它的修建必定与解放战争的局势有关。它不可能早于解放战争，因为施维茨本土没有到那么远，而只到劳瓦兹湖（Lowerzer Lake）为止。但战争爆发时，原为哈布斯堡领地的阿尔特边区（Arth）加入施维茨一方，因此必须要保护。工事主体至今尚存，直到 1805 年的规模还非常大，时人精准地描绘了关卡的样子。那是一道长 5 千米，高度不小于 12 英尺（约 3.7 米）的厚墙，有多座大门和三座雄伟的塔楼。

在阿尔特马特和阿尔特的出入口之间还有一条沿埃格里湖东岸，经莫尔加滕、绍尔努（Schorno）和萨特尔（Sattel）至施维茨的道路。³ 有人由此会以为这条路也有关卡把守，但现存文献告诉我们，直到 1322 年，施维茨人才用卖出 5 块土地的所得款项在绍尔努附近修了一座关卡。假如那里 1315 年就有关卡，1322 年只是修缮加固的话，那么施维茨当时就已经是一座大型要塞了。但 1315 年施维茨人是有意不修绍尔努关卡，让埃格里湖门户洞开，这种情况也未必全无可能。⁴ 不管每一处天堑或工事有多么牢固，把守这么长的连续防线依然是非常困难的。一支敏锐而坚韧的敌军轻易就能发现薄弱地段，突破后便可从后方攻击守军。希腊人在温泉关就经历过这样的事。由维尔纳·施陶法赫尔从官指挥的施维茨人很可能从一开始就有一套完全不同的计划，有意让出绍尔努的道路。

利奥波德公爵将本部骑士集结于楚格（Zug）附近，会同苏黎世、楚格、温特图尔（Winterthur）和卢塞恩来的援军。他们没有走楚格湖左侧或右侧途径阿尔特的道路，因为施维茨人已经在那里树起了高墙，而是沿着埃格里湖东岸行军。利奥波德公爵这样做的原因可能是沿线确实没有工事，也可能是他认为那里的工事更容易包抄或突袭。他的兵力可能在 2 000 人到 3 000 人之间，放在当时相当可观，面对区区一群农民更是非比寻常的大军。⁵

乌里向施维茨派来了援军，翁特瓦尔登则存疑。出于谨慎，利奥波德公爵让手下的一名伯爵从因特拉肯（Interlaken）出发，翻越布吕尼希山口（Brünig Pass）① 同时对施维茨发起进攻。不过，联邦军——统帅大概是维尔纳·施陶法赫尔⁶——的兵力估计在 3 000 人至 4 000 人之间。⁷

---

① 位于施维茨东南方向。

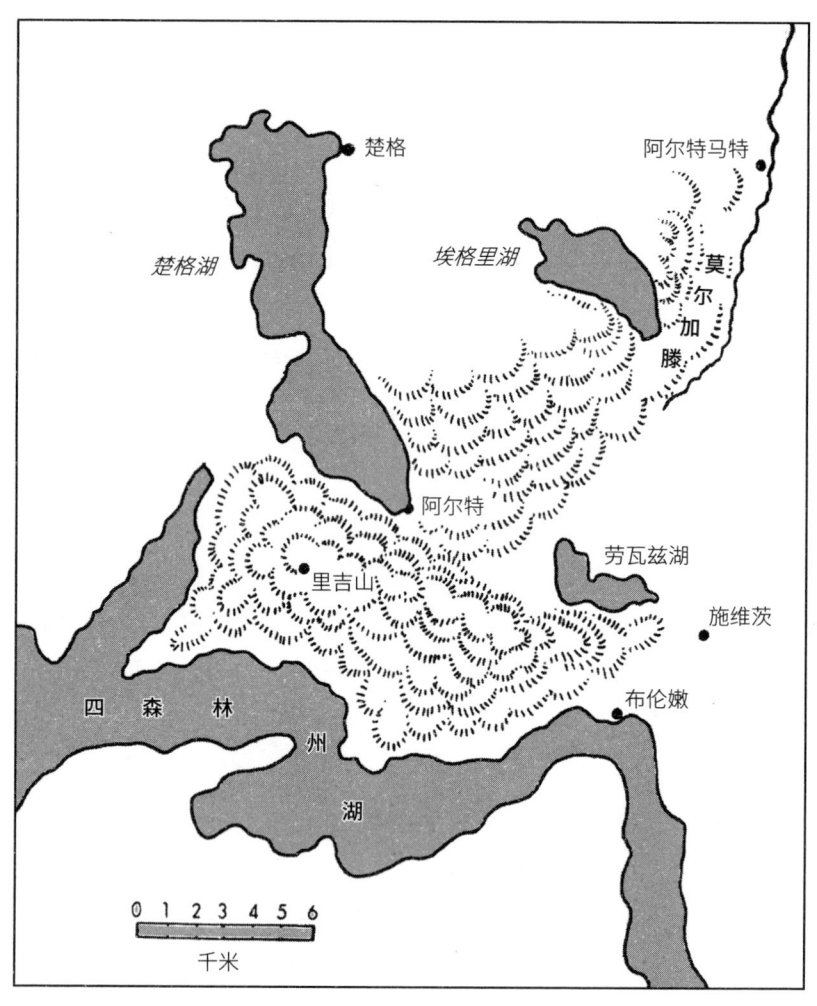

图6 莫尔加滕会战

即便不是预先算计好的,施陶法赫尔肯定预见到公爵会走莫尔加滕。施维茨派出去的侦察兵和观察员带回奥地利军正沿莫尔加滕进军时,施陶法赫尔便立即率军赶往马特里古什(Mattligütsch),一道俯瞰埃格里湖的山脊。瑞士人可以隐蔽于此,很难被发现,因为面对敌人的右侧有一道树木葱郁的深沟,名为"哈泽马图斯"(Haselmattruse)。从马特里古什出发,顺着几条草坡可以下到湖边,坡多少有些陡,但大体可以通行。山在南侧贴着湖边陡升,只要一根树干就能轻易将路阻断。

施陶法赫尔派出一小队人把守这处布赫维尔德里(Buchwäldli)附近的狭径,这些人是他手下的先锋,大概以弩手为主。[8]

尽管利奥波德公爵了解施维茨人的战斗力,指望着打一场恶战,但他没料到这么早就会遇到敌方,因为布赫维尔德里附近的这处狭径在施维茨境外。联邦军不在本土御敌,而是进入楚格镇境内,到敌人的地盘迎敌,这是够大胆的了。毋庸置疑,施陶法赫尔对整片地区进行了长期研究,才选出这一处合宜的战场。

当奥军前锋发现布赫维尔德里附近道路受阻,又不能用射手和散兵驱散敌军时,一批步卒或下马骑士大概就开始爬左侧的草坡了,目的是包抄临时搭建的关卡,从上方赶走守军。这需要时间,同时骑士纵队越走越近,挤在路障面前,紧贴在一起,向草坡上比较平的地方散开。施陶法赫尔等的就是这一刻。骑兵身后的陡坡上突然滚下石块圆木,联邦军全员排成紧密阵形,以雷霆万钧之势从山脊扑来。接战前夕,瑞士人大力将"满手"的石头投向骑士和马匹,随即以绝对优势兵力杀入乱作一团的骑士和士卒,又是砍,又是刺。他们的主战武器是斧枪(halberd),不久前才初次见于史册。

这个词的意思是"Halmbarte"[1]，也就是装着长柄的斧子，还有一个铁尖，结合了斧和枪两种武器。它是对骑士盔甲越来越坚固，只有沉重的长柄斧才能击穿这一现象的回应，因此是无甲步兵对抗重甲骑兵的武器。后来，斧枪演变为后侧带钩的形态，目的是勾住骑士的盔甲，把他从马上拽下来。斧枪有时还配有尖头锤。

骑士要如何对抗这些手持骇人兵器的农民发起的疯狂冲锋呢？他们不能上山仰攻，身后是湖水，也无路可退。在肉搏战中，他们无法控制因滚石和投石而受惊的坐骑。不能行动的坐骑对骑手有害无益，因为一部分体力和注意力必须放到马身上，一旦马匹发狂，骑手也就根本无法作战了。

因此，施维茨人战斗计划的威力不仅在于狭径突袭，还有很重要的一点就是由路障和埋伏于布赫维尔德里两侧高地造成的拥堵。假如施维茨人从莫尔加滕山进攻行进中的奥地利军侧翼，他们肯定会取胜，但只会是小胜；没有受到直接攻击的部队会尽快撤离，就连跑到前面去的人大多也会绕远路或走野路脱逃。但攻击前的堵塞吸引了就算不是全部，也是很大一部分奥地利军，使其既不能后退，在拥挤的狭径中又不能作战。比尔克里最重要的成就在于正确认识了上述过程。这种分析不仅与军事头脑相关，也与他从内心完全摆脱了传说束缚有关，即施维茨人是和平的农夫和牧民。只要抱有这种看法，那自然就不可能认识到施维茨人会深谋远虑、运筹精妙。但交战频仍的施维茨人已经采用了农民对抗骑士的特殊武器，即斧枪。他们还有取胜所需的自信心和施陶法赫尔的领导——他当

---

[1] Halm 在德语中是"棍棒"的意思，barte 是"斧子"的意思。

得起将军之名——激励联军为自救而战,同时写下了世界史上的重要一笔。

正从后方往前赶的奥地利军无力援救挤作一团的战友,很快也被大溃逃所裹挟。前队中挤作一团的骑士兵卒大多被瑞士人屠杀,或落入湖水溺亡。利奥波德公爵仅以身免。记载此战的温特图尔修道士约翰(John of Winterthur,又名维托杜兰,Vitoduran)讲述了儿时亲眼见到公爵骑马逃入温特图尔、一副丧魂落魄的样子:"他似乎因极度悲伤而丢了半条命"。

我讲到了一个比尔克里没有讲的重要问题,那就是强调施维茨人在战略和战术上的领导统筹。有后世传说和虚假记载将胜利归功于两个人:一是胡嫩贝格骑士,他据说让施维茨人注意到了莫尔加滕的位置;二是贵族伊特·雷丁(Itel Reding),他据说给了好的建议,比尔克里对此大为光火。他的愤怒有点过头了,因为传闻中的偏误绝没有减损群众所获得的成就,而只是一个我们已经熟悉的心理因素:用精彩的个人故事替代难以理解的史实。但比尔克里认为一场莫尔加滕这样的会战是群众的直接行动,或者说是民众本能的表达,这就完全错了。他很好地指出施维茨人早有预谋,但这是领袖做的事。不管施维茨农民的军事经验有多么丰富,但归根结底,这个上万人的共同体原本未必干得成。他们必定有一套运行良好的侦察通信手段;哈布斯堡军队的集结地楚格与施维茨边境只有三小时路程。维托杜兰写道,施维茨人是通过吐根堡伯爵(count of Toggenburg)得知了利奥波德进军的消息。这段记载完全不可信;伯爵的叛逆之举会把自己害死,因为作为一名忠于国王的骑士,他在莫尔加滕被杀了。我们也不能相信他是在斡旋过程中无疑泄露了公爵的计划。即便真有此事，那也不紧要——哪怕在出发的那一刻，谁能保证公爵不会改走阿尔特或阿尔特马特？施维茨统帅肯定对这种可能性也做了预备。楚格附近的侦察员和信使肯定也足够警惕机智，不会被佯攻骗了。维托杜兰明确说利奥波德不止走莫尔加滕一路，而是多路并进；得知主力战败后，其他几路纷纷掉头逃跑，避免了损失。利奥波德为何要多路并进，而不合兵一处呢？他当然是考虑打一场恶战，若能一举决胜，其余几路也就无所谓了。旁支兵力不会很多；骑士肯定全在公爵身边。利奥波德大概是这样预计的：如果他遇到激烈抵抗，位置可能在绍尔努附近的关卡，那么当施维茨人得知左侧或右侧也有敌人时会退兵。或者，利奥波德认为分兵能从源头上误导敌人，使之将兵力分散于各处关卡。而对施维茨人来说，足够早地辨明真正的主攻方向，从而尽可能集中兵力对敌是至关重要的。不能靠撞大运，必须有周详果断的领导。接到敌军正沿埃格里湖东岸行进的报告时，统帅必须对自己的信使和计划满怀信心，立即下令进军。不管是在阿尔特附近的关卡集结，还是在施维茨附近的关卡，他们的行军路程都不比公爵短多少。假如他们晚到一小时，也就是说，假如布赫维尔德里关卡已经被攻克，奥军主力已经通过，那便是满盘皆输，施维茨很可能就不保了。

因此，施维茨统帅不仅要明辨地形、耳目灵通、领导得力，更要有对部下彻底的掌控力，兵士信任他的领导，得令便立即动身。战士大会实施不了如此依赖雷厉风行的作战计划，随意选定的带头人也做不到。我们不妨将他与马拉松会战中的雅典统帅米提亚德相提并论。但米提亚德的社会地位远远高于普通雅典市民，只要他被选为将军，群众自然就会服从他。而莫尔加滕会战中的施维茨统帅农民施陶法赫尔的权威源于别处。我们在日耳曼古代史中已经对此有所了解——施维茨统帅也是共同体（边区人民的联合）政治和经济事务的管理者，他的军权源于以他为首的群众整体。在莫尔加滕会战中，民众之所以能击败骑士，只是因为原初意义上的古日耳曼宗族在施维茨依然活跃，因为个人的战斗力融入具有统一意志的强大集体，因为他们的民主是有统帅的民主。

莫尔加滕会战的主要史料是温特图尔修道士约翰（又名"维托杜兰"）写于战后25年至30年间的长篇记述。温特图尔当时从属于哈布斯堡家族，向利奥波德派出了一队人马，其中只有一人身亡。因此，约翰有来自目击者的报告，最重要的一位是当时也在场的约翰之父。但从记载明显看得出他也掌握了施维茨方面的信息。[9]

3　劳彭会战

强大的策林根家族于1218年绝嗣时，部分领地转到神圣罗马帝国名下。当时正值霍亨斯陶芬王朝末代皇帝腓特烈二世统治时期，帝国权威正在瓦解，于是在施瓦本公国和勃艮第王国的边界地带出现了一批由帝国直辖的独立小块土地和城市（有一些特别小），包括不久前由策林根末代领主建立的伯尔尼城。上级权威在这片山区消失带来的结果就是相邻势力间私斗不断。在一个世纪的私斗中，伯尔尼赢得许多次胜利，不仅收服了乡村，还迫使贵族连同其土地城堡加入这座城市的政治体。伯尔尼有一套专门适合于征服政策的体制：有一个凭借贵族的政治直觉和主政意识来施行统治的贵族议事会，还有另一个议事会作为辅助，后者并非真正自由民主的机关，但仍然足够接地气，能够将全体公民拧成一股绳，力往一处使，共同为政府方针效力。

终于，伯尔尼人大胆而卓有成效的四面出击逼得它的主要对手、相距仅18英里（约29千米）且同样由策林根家族创立的弗里堡（Fribourg）出手，与格吕耶尔（Greyerz）、诺伊恩堡

（Neuenburg）、瓦朗然（Valengin）、尼道（Nidau）、沃州（Waadt）、阿尔堡（Aarburg）诸伯爵和其他周边小势力联合，第一个目标是将位于萨讷河（Saane）附近森瑟河畔（Sense）的小镇劳彭（Laupen）从伯尔尼手中解放出来。

面对浩大的联军，伯尔尼人有些气馁；只有索洛图恩（Solothurn）一城站在它一边，但凭借富有远见的政略，他们有能力应付局面。伯尔尼的扩张政策已经推进至布里恩兹湖（Brienze）对面的高地（Oberland）一带，与翁特瓦尔登和乌里取得了联系。莫尔加滕会战以来，这两个森林州威名远播，伯尔尼遂主动上前拉拢。伯尔尼现在请求援助，有回报的援助；劳彭之争又与林地诸州的政治利益完全无关。[1] 于是，仍然发生于瑞士境内的劳彭争夺战正是日后发展壮大的瑞士佣兵（Reisläufer）的先声。一份偶然保存至今的档案显示，乌里战胜后获得了重量为250磅的便士银币。当时的伯尔尼地盘还很小，但意志坚决的市政府依然竭尽民力，凑出雄厚资金，从而将有经过实战证明的军事实力却无力自行制订政治目标的农民纳入麾下。争夺战有一层更深的政治背景，尽管它无疑只是幌子：伯尔尼不承认巴伐利亚公爵路易的帝位，而与教廷联手。教区神父迪博尔德·巴塞尔文（Diebold Baselwind）利用这一点来加强和激发群众的斗志。

关于争夺过程和劳彭会战（1339年6月21日）经过，一份显然出自教士圈子的作品《劳彭战斗》（*Conflictus Laupensis*）有详尽的描述，但它被誉为"军事史文献中的重大成就"是名不副实的。[2] 在关键的军事问题上，我们从中只能得到相当不确切、不直接的答案。写于战后约80年的尤斯廷格（Justinger）《伯尔尼编年》

(*Bernese Chronicle*)明显充斥着传闻野谈,可用于参照的另一方记载又付之阙如,因此考虑到劳彭会战在军事史上无疑占有重要地位。我们希望能把它讲得确切一些,结果却不能如愿。

联军包围了由 600 名伯尔尼人守卫的劳彭并发起进攻。到了第十二天,伯尔尼及其盟友终于率兵来救(1339 年 6 月 21 日)。《劳彭战斗》说围城军有 1.6 万名步兵和 1 000 名骑兵;尤斯廷格更是宣称总兵力达 3 万人。这些数字当然毫无意义。假如弗里堡和联军各势力能凑出 4 000 人上阵,那就已经很可观了。《劳彭战斗》说伯尔尼军共有 6 000 人,其中 1 000 人来自林地诸州。这个数字似乎相当可信。[3] 无论如何,我们可以假定地盘较大,又有森林州援军的伯尔尼能拉出的兵力大于对手,因为只有弗里堡一城能大规模征兵,与之结盟的伯爵们只能带来本部骑士和兵卒,数目必然很少。[4] 联军的胜算自然不在于兵多,而在于步骑武士的素质优于对面的普通市民农夫。

伯尔尼军走出本城与劳彭之间的森林,来到布兰贝格(Bramberg)的高地,俯瞰朝他们走了一小段距离的联军。尽管战场与劳彭只有 2 千米到 2.5 千米的距离,但被围的守军在城中还是看不到战事发展。

伯尔尼人并未立即出击,而是列阵于高地,显然是想引诱敌军(尤其是骑士)向占有地利、有天险可资的伯尔尼人发起进攻。他们可以假定联军要么出击,要么撤围,因为联军若不先击退近在眼前的援军,继续围困劳彭,侧翼便会暴露于突袭之下。因此,形势与尼科波尔肖似。

伯尔尼军大概列为三个方阵。前锋是林地诸州的 1 000 人,长宽各约 30 人。大阵有 2 500 人，长宽各约 50 人。后卫有 2 000 人，长宽各约 40 人。阵前都有游击射手。[5] 射手和方阵之间是骑士及其骑马随从，尽管数目很少。[6]

伯尔尼人占据地利，联军犹豫要不要直接进攻，于是先派一部分人从侧面包抄，同时让骑士在敌军阵前耀武扬威，还临时授封年轻贵族为骑士。包抄完成时已经快到傍晚，伯尔尼后卫见状马上就跑了。但面对弗里堡人发动的正面进攻，大阵岿然不动，发弩投石迎击，继而转入攻势，向敌军势如雷霆地冲杀上去，打散了弗里堡人。先锋与大阵同时发起冲锋，但刚下山就遭到骑士攻击，战况陷入胶着状态，旋即四面被围。即便骑士无法突入矛尖朝外，排成一圈的严密"豪猪"阵，但只要敌方射手赶上来，林地军马上就会落败。但与此同时，伯尔尼大阵已经取胜。林地军将骑士吸引了过来，让伯尔尼军只需要对付弗里堡军，这就算完成使命了。伯尔尼人解决战斗后立即转向，从后方扑向骑士。骑士无法应对，只得逃之夭夭，被杀者甚多。先前击败伯尔尼后卫的联军部队从未重新参战。他们估计要么不听长官号令，要么根本没有真正的长官，只顾着追击败逃的敌军，抓俘虏，抢东西。

伯尔尼人在劳彭会战中表现出了高度的战略和战术思维，让人不禁想问：如此壮举是哪一位将军的手笔。先占据富有威慑力的防御位置，然后由守转攻的操作让我们回想起了马拉松会战；而且奇怪的是，有一份文献笔下的伯尔尼人将军很像米提亚德。当然，同时期的《劳彭战斗》全未提及统帅一事，但这份记载从军事角度看完全不合格。而尤斯廷格则写道："统帅是骑士鲁道夫·冯·埃拉赫（Rudolf von Erlach）。"当然，史实和传说在他的记述中已经难解难分了。此人深受尊重、广有家财，既是联军成员尼道伯爵的附庸，又是伯尔尼市民。战争阴云酝酿之际，他脱离了封建领主，为伯尔尼人效力。他的父亲曾于1298年指挥了发生于多恩比勒（Dornbühl）的一场遭遇战，他则"在六场战斗中证明了自己"。伯尔尼人相信他是统帅的合适人选，"他会示范善始善终之道，因为打仗斗智不斗力"。但埃拉赫起初犹豫要不要接受，因为市民过于傲慢，而且有意严厉治军的统帅不得不担心市民会秋后算账，为自己带来损害和羞辱。经过长时间的恳求，最终全体市民同意向他宣誓万事服从。若有不从号令者受罚，即便统帅伤了他乃至杀了他，市当局或受罚者的朋友都不得把账算到统帅头上，也不得日后报复。

　　于是，埃拉赫接过原本属于市长（Schultheiss）的统帅权。时任市长约翰·冯·巴本贝格（Johann von Bubenberg）也是一名骑士，而且出身名门；他的儿子负责指挥劳彭守军。尽管同时代文献只字不提埃拉赫统军一事值得注意，但这段记载不可能纯属虚构。对伯尔尼人来说，此战是命脉所系，因此，他们会寻求最有能力的军人来担任统帅。在多年后的穆尔滕会战中，指挥权也是交给了一名骑士——当然是出于别的原因——而编年史几乎完全掩盖了这个事实。因此，鲁道夫·冯·埃拉德骑士指挥劳彭会战的记载尽管晚出，尽管富有传奇色彩，但未必全无可信度。我们从此战中能感到有一位真正的将军在指挥。假如他同时担任市长，那么肯定会在伯尔尼的历史上留下浓墨重彩的一笔。《劳彭战斗》的作者看待一切事物都从教士视角出发，对军事缺乏兴趣，也不了解军事，可能单纯忘记了统帅的姓名，这也是情有可原的。因此，那位纵马奔腾于劳彭原野的卓越战士就是鲁道夫·冯·埃拉赫,我对此毫不犹豫。尽管同时代的编年史作者没有记下他的名字,他的胜利者身份还是保留在了世世代代的记忆中。

他的核心举措是专门要求市民正式向自己宣誓服从,而且能凭借他的人格力量使之有意义。次年,他有一次部署埋伏弗里堡人时,8名士兵为偷马擅自出击,结果被敌人围住。他禁止别人去援救,任由他们被活活捅死,"因为他们是发伪誓的无赖,比起伯尔尼的荣誉,他们更在意自己的战利品"[7]。他对部下控御如此,所以在劳彭才能收住取胜的主力,率其从后方攻击敌军骑士。如果没有这样的将领,仗会打输的,因为林地军被击败后,骑士无疑也会击败阵形不整、无力抵挡骑士的伯尔尼军。

4 森巴赫会战

莫尔加滕的胜利固然辉煌，计谋和奇袭的成分还是太重，不足以一举决定强大的哈布斯堡家族和独立农民军之间的胜负。条顿堡森林会战之所以让日耳曼人赢得了独立，并不是凭借会战本身，而只是凭借它与罗马帝国内部状况的相互作用。莫尔加滕会战也是如此，它的完整意义只在于它是政治大格局中的一环。林地诸州当初获得帝国直辖的法定地位是有背景的，先有腓特烈二世时期教会与帝国相争，后有大诸侯争夺帝位。现在，哈布斯堡家族之所以没有报莫尔加滕战败的仇，是因为它的全部力量都用来与巴伐利亚公爵路易交战。而后者确认了3个州的帝国自由领地地位，并颁发了相应的令状。但哈布斯堡家族没有与林地诸州签订和约，而只是停战，以免永久失去领地。停战逐年续签，一时有冲突，过后又恢复停战，从而让联邦得以巩固自身的独立地位。联邦在劳彭会战中为伯尔尼提供的强力支援提高了他们的声望，就连苏黎世和卢塞恩都来交好结盟（1332年与卢塞恩结盟；1351年，林地四州与苏黎世结盟）。最终，联邦充分意识到了自身的实力，无疑也受到伯尔尼扩张霸权的鼓舞，于是转入攻势。至此仍为奥地利地方市镇的卢塞恩想要彻底摆脱枷锁，遂将周边奥属乡村和小镇森巴赫（Sempach）纳入羽翼之下，脱离了领主利奥波德三世公爵的统治。哈布斯堡家族在当地的城堡被击毁，忠于旧主的地方化为丘墟。公爵徒劳地试图绥靖宁人；联邦则连连攻取。

于是，利奥波德最终决定集合全部兵力，以图挽救家族的领地和荣誉，若能取胜，或许还能夺回早已失去的地盘。他将意大利的城市拿去换钱，还四处寻求与骑士领主和佣兵结盟。他甚至获得了来自蒂罗尔和米兰的援助。我们可以假定他的军队比他叔叔利奥波德一世投入莫尔加滕的兵力大得多，但林地四州的军队很可能也有当年的两倍之多，不仅因为卢塞恩加盟，还因为施维茨的大大扩张。参加森巴赫会战（1386年7月9日）的利奥波德军估计有3 000人，可能有4 000人，联邦军则在6 000人至8 000人之间。文献中给出的瑞士兵力从1 300人〔尤斯廷格和鲁斯（Russ）〕到3.3万人（德特马）不等。

瑞士人一开始以为苏黎世会受到威胁，于是林地诸州向其派出援军，深入奥地利领地。但利奥波德起初明智地没有将军队集结于苏黎世或卢塞恩两大重镇，而是攻打卢塞恩以北约9英里至10英里（约14.5千米至16千米）的小镇森巴赫，该城镇叛逃到了瑞士一方。他告诉自己：不论他攻击何处，瑞士人都会前来救援，从而引发会战。若在苏黎世或卢塞恩城下交战，形势将不利于奥地利，因为看住大城会消耗一部分兵力。但森巴赫这样的小镇只需少许兵力围困，全军几乎都可投入野战。

利奥波德遂将军队集结于森巴赫下游约5英里（约8千米）处，

湖出口处的苏尔塞（Sursee），并于抵达当日（7月9日）包围森巴赫，然后立即向援军预计方向前进。无论从战略还是战术方面看，在紧靠湖岸的森巴赫接受会战都是错误的，奥军在那里会遇到类似于莫尔加滕的状况。然而，公爵没有直接向南去卢塞恩，而是转向东边。因此，他肯定已经知道敌军正从东边来。这个方向是可以理解的。联邦军一部来自苏黎世，自东北方向而来，若要从南边去森巴赫，那就要绕一个大圈子。鉴于从东侧进攻对公爵尤为不利，因为奥军一旦战败就会被推进湖里，撤退也只能走侧面，所以从南面进攻就更没有道理了。我们可以假定，林地四州将兵力集结于吉斯利康（Gislikon）的罗伊斯河（Reuss）桥，并从这里出发。

于是，两军估计分别从东面和西面而来，瑞士人大概以为会在背靠卢塞恩湖的森巴赫城下遇上敌军骑士[1]，奥地利人则不清楚何时会遇到对方，是白天，是晚上，甚或要拖到第二天。"一方不知道另一方的位置。"奥地利诗人苏臣沃特在战记中写道。临近中午，两军距离在森巴赫不到半小时路程的希尔迪斯里登村（Hildisrieden）会面。老教堂证实了战场位置。

湖东岸的地势迅速抬升，呈阶梯状，有许多条沟壑。希尔迪斯里登村正面是一块小台地，接着朝向村子再次陡高。两军最早看见对方大概是在台地上。瑞士先锋大概占据了最陡的地方，那是一处制高点，路在下面，两侧皆有小河，易守难攻。树木或畜栏也会加大行进难度。骑士来犯时先要下马，然后强攻骑兵极难通过的高地。奥军射手以强大的火力压制瑞士人。利奥波德公爵大概以为面前就是瑞士全军，于是不等行军中的后队赶上来，他便鲁莽地亲自投入战斗。骑士深入敌阵，以至于卢塞恩军旗倒在地上，可能还被

第五篇 瑞士人

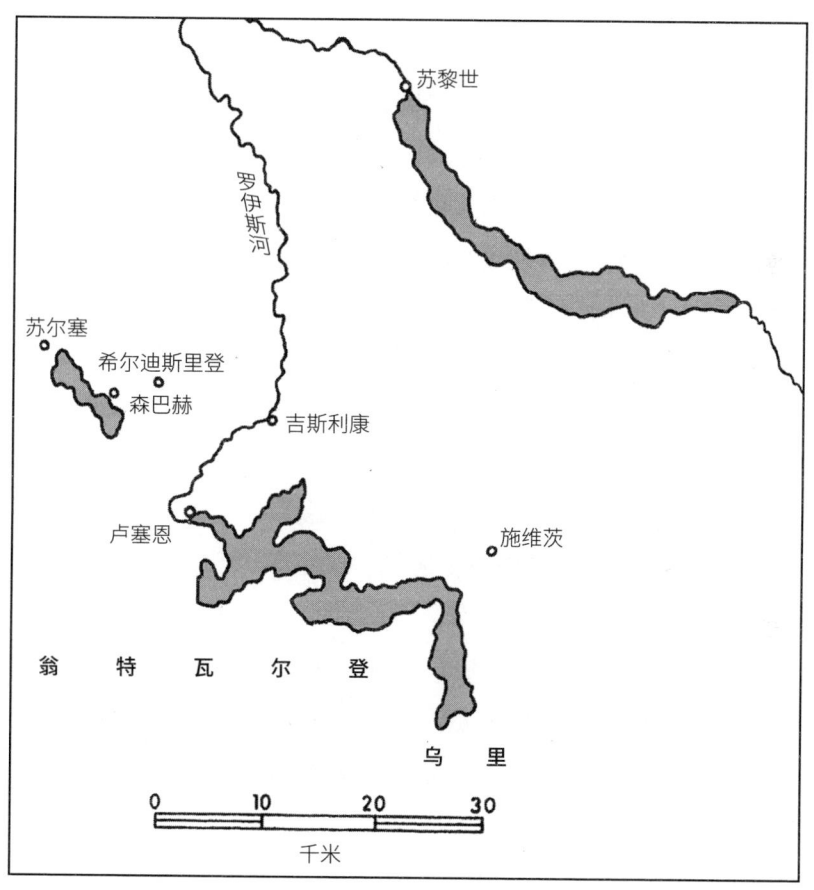

图7 森巴赫会战

缴获了。但他们交战的对象只是联邦军的先锋，而先锋应战的原因很可能是占据了一处很有利于防守的阵地，而且之前可能迅速修建了强化防御的工事。先锋一直在等待主力的抵达，后者可能比预计延误了些。最终，主力由行军纵队展开列阵，伴随着大吼从侧翼突袭骑士，还投出了一阵石块。文献中未明说是否有第三路人马，也就是后卫部署，但不妨假定有。

凶猛的进攻一下子打垮了步行作战的骑士。不光在后面牵马的士兵被吓得逃跑了，就连还在马背上前进、尚未展开和发起进攻的骑士也被溃兵裹挟。公爵与一大批贵族和骑士被杀。

叛徒引发恐慌的托词可以归入马拉松会战以来便司空见惯的叛变故事一脉。从形势来判断，还在马上的骑士逃跑即便不值得称赞，也是可以理解的。

温克尔里德的传说

凭借不偏不倚的学者精神，比尔克里取得了一个真正有价值的成果，那就是发现了温克尔里德传说的起源。翁特瓦尔登人阿诺德·冯·温克尔里德（Arnold von Winkelried）是 16 世纪初的一位著名瑞士雇佣兵。他死于 1522 年的比克卡会战（battle of Bicocca），当时他正试图突破已经采用瑞士战法的国土佣仆（lansquenet）[①] 的矛林阵。比克卡会战是瑞士人第一场彻底的惨败，伤亡比之前的所有胜仗加起来还要多。国土佣仆在歌中嘲笑瑞士人在此战中的耻

[①] 15 世纪至 17 世纪的德意志佣兵，主要用于国外作战。

辱。瑞士人则以夸耀先前武功的歌谣回应。这些歌谣中不免有移花接木和混同拼合的情况。

我们可以清晰地发现传说层累的过程。最早 90 多年的歌词中连温克尔里德的一件事迹都没有提到，名字或类似事件都没有。实话说，它们不可能包含这种内容，因为当时没有适当的条件。一份 1476 年制作的早期苏黎世编年史抄本首次插入这样一段记载：瑞士人在森巴赫战况不利，手持长矛的贵族老爷击倒了装备较短斧枪的瑞士人。这时一名忠义之士抓住许多支长矛，将对方推倒，好让联邦军上前用斧枪攻击敌人。同时，忠义之士喝退了后面的敌军。这段话没有给出主人公的名讳，也没有说他阵亡。当时广为人知的森巴赫战歌（收录于 1480 年的《鲁斯编年》，*Chronicle of Russ*）依然完全不包含此事。直到 50 年后（1531 年），经过无数次修改而且经常重写的战歌中才再次出现了关于温克尔里德的歌词。那是比克卡会战后的第九个年头。但歌中最初的称呼是"一位温克尔里德"，然后是"一位出身温克尔里德家族的翁特瓦尔登人"，最后在丘迪的第 2 版（约 1570 年）歌词中写为"阿诺德·冯·温克尔里德"。到了这时，比克卡会战已经过去了很久，于是把主人公搬到森巴赫，将惨败的悲伤记忆换成瑞士人最辉煌的胜利已经不会让人感到惊讶了。比克卡会战的阵形很快也随着主人公一起转移了，在丘迪的版本中，害死温克尔里德的国土佣仆的整个阵形乃至工事都被搬到森巴赫。两场战斗之间的穆尔滕会战（1476 年）留下的鲜明回忆肯定也为生动的歌词做了一些贡献。在穆尔滕，勃艮第人的炮弹打断了树枝，树枝落在瑞士军阵的前方。这个情节也被安到了根本没有火炮的森巴赫会战上。就连战前的祈祷词都能看出这首歌的晚出；词中不提圣母玛利亚一事足以证明它来自宗教改革时期。在之前的时代，圣母玛利亚不可能漏掉。

从大众心理、文学史和历史学的角度来看，上述过程同样是重要而有意义的，正如从考据方法的角度看。与《尼伯龙根之歌》一样，歌中混在一起的情节事实上可能隔着好多代人，从1386年一直到宗教改革传播开来以后。但一名军事史研究者若是轻信了这些记载，那会造成多么大的混淆啊！传说故事将国土佣仆的战术安到了骑士身上，可谓南辕北辙。此外，国土佣仆的战术与瑞士人并无分别。于是，瑞士人的传说将自己的战术说成是敌人的战术。火炮和祈祷文格式也与森巴赫时期大相径庭。

既然用矛尖朝外的紧密阵形交战的不是骑士，而是瑞士人，那么温克尔里德多少有史实为证的功业也是由骑士创下的。最早的一件是1271年由约翰·冯·温特图尔（Johann von Winterthur）写下的，讲的是哈布斯堡家族的一名骑士试图突破一队伯尔尼军队，结果死于阵中。[2] 1289年的施洛斯哈尔德（Schlosshalde）会战也有一则类似的故事，说哈布斯堡国王鲁道夫的一个儿子奇袭伯尔尼军并将其击败。此战的主人公是路德维希·冯·洪堡-拉珀斯维尔（Ludwig von Homberg-Rapperswyl）伯爵。1332年，奥地利骑士施蒂林格·冯·雷根斯堡（Stülinger von Regensberg）在一场面对伯尔尼人和索洛图恩人的战斗中创下了同样的英勇壮举，将敌阵击破，虽身死却为己方赢得了胜利。[3] 在格朗松会战（battle of Grandson）（1476年）中，勃艮第人吉永堡（Chateauguyon）骑士同样是拍马冲入敌军主力当中，但没能突破敌阵，反而被杀。瑞士人的记载——其中多次不无钦佩地提及敌方事迹——中将他称为查特古（Tschättegü）。除了比克卡会战中的阿诺德·温克尔里德外，文献中唯一创下同样壮举的联邦人士是乌里佣兵头领海尼·沃勒本（Heini Wolleben）。据皮克海默（Pirkheimer）①记载，海尼在1499年的弗拉斯坦茨会战（battle of Frastenz）中用长矛压下帝国军的多支长矛，为部下打开了通道，但自己却被火枪击倒。

尽管没有直接证据，但我们可以肯定翁特瓦尔登的骑士世家温克尔里德家族有人参加了森巴赫会战。至少一次有人试图保留阿诺德·温克尔里德的森巴赫阵亡者身份，因为他的名字大概确实名列《施坦斯年鉴》（Jahrzeitbuch von Stans）中的阵亡名单首位，结果这是不成立的。⁴ 这份名单只存在于1560年前后编制的抄本中，那时讲述温克尔里德"壮举"的虚假歌词已经成了瑞士人的常识。每名抄写员都觉得应该把他的名字加到死者名单中，当然，他的名字有可能只是偶然被遗漏了。

---

① 全名为维利巴尔德·皮克海默（Willibald Pickheimer），生于1470年，死于1530年，文艺复兴时期的德意志人文学者，是伊拉斯谟的密友，肖像曾出现于魏玛共和国时期的1 000亿马克钞票上。

5 多芬根会战

多芬根会战（battle of Döffingen）（1388年8月23日）通常被认为与森巴赫会战存在对应关系。假如符腾堡伯爵（count of Württemberg）在此战中像另一场会战中的哈布斯堡伯爵一样被杀的话，那么下施瓦本公国的领主统治和骑士制度就会像上施瓦本公国①那样终结。因此，在这里打断对瑞士军事史的讲述，插入一段对多芬根会战的探究是恰当的。¹

声势浩大的城市联盟早在1月就集结起军队，1388年一整年都在四处焚烧抢掠敌对领主的村庄，尤其是符腾堡公爵治下。施瓦本被夷为平地，用柯尼希斯霍芬（Königshofen）②的话说，在45英里至55英里（约72.4千米至88.5千米）的范围内，除了城市和要塞以外，地上没有一座村庄，没有一座房屋。

---

① 上施瓦本公国相当于巴登-符腾堡州和巴伐利亚州一部，下施瓦本公国在其北部。
② 全名为雅各布·柯尼希斯霍芬（1346—1420），德意志编年史作家，创作了最早的德语散文体通史之一。

符腾堡农民带着财产进入魏尔（Weil）附近坚固的多芬根墓园避难，遭到城市联军围困。接着，艾伯哈德伯爵（Count Eberhard）到场，还有行宫伯爵鲁普雷希特、巴登藩候鲁道夫（Margrave Rudolf of Baden）、纽伦堡城主腓特烈、维尔茨堡主教（bishop of Würzburg）和厄廷根（Oettingen）、黑尔芬施坦因（Helfenstein）、卡岑埃尔恩伯根（Katzenellenbogen）三位伯爵也赶来会合，于是对联军发起进攻。编年史记载联军有 700 至 800 个枪队和 1 100 名至 2 000 名步兵[2]；贵族军有 600 至 1 100 个枪队和 2 000 名农民，或者 2 000 名至 6 000 名步卒。[3] 这些数字并无真凭实据。这么多诸侯只征召了 600 个枪队，似乎是相当少了。若要发动决战，39 城联盟——包括纽伦堡、奥格斯堡、拉蒂斯邦、乌尔姆、康斯坦斯和巴塞尔——当然能集结起一支庞大得多的军队。但既然这支部队一直在野外，那么 2 000 人至 3 000 人的数字应当很接近实情了。

会战开始时，艾伯哈德伯爵之子乌尔里希伯爵和大部分骑士都下马了，文献中没有写明原因。

当比奇（Bitsch）和罗森费尔德（Rosenfeld）两位领主带着 100 个枪队生力军抵达，奠定符腾堡伯爵的胜局时，乌尔里希伯爵和一大批贵族已经被杀了。有人指责纽伦堡和莱茵地区的佣兵带头逃跑，甚至谴责纽伦堡军首领海嫩贝格伯爵（Count von Henneberg）有意叛逃。[4] 尽管柯尼希斯霍芬特别提到许多农民也被杀了，但我们还是不清楚农民在会战中起到了什么作用，不管是墓园中被围的农民还是艾伯哈德统率的农民。

纽伦堡统帅背叛的记载没有多少可信度，属于众多用来解释战败原因的故事之一[5]，尤其是文献中还说海嫩贝格伯爵曾在森巴赫统率没有下马的哈布斯堡骑士,然后逃之夭夭。

但是,乌尔曼·施特罗默(Ulman Stromer)的《纽伦堡编年》中有一处特别值得注意:"符腾堡伯爵艾伯哈德骑马立于阵后,鞭打驱策步卒自卫,于是城市同盟输掉了战斗。"有人可能会想把这段记载与乌尔里希伯爵下马的记载结合起来:他率领一批骑士在排成紧密阵形的步卒农民前方,他的父亲在阵后大声叱骂,维持队伍稳定。施特罗默未提到战斗过程中突然到来的符腾堡援军,但我们当然可以假定两方面因素都起了作用。换言之,步兵坚守阵形,骑士预备队一举决胜。[6]艾伯哈德驱策的不可能是骑士。因此,多芬根会战的不寻常之处就在于布阵——由农民补充数量、由骑士稳住阵脚的大队步兵——将领思虑周全而有远见。而且这样的战术不是由瑞士人,而是由贵族采用的,因此更显得有趣。城市联军就是寻常的中世纪军事组织:贵族与佣兵参半的骑士,纯属辅助的步卒,还有与城市品格相符的佣兵,即便佣兵里面包含市民和市民子弟。联军中缺失的农民则由伯爵统率,与伯爵并肩作战。艾伯哈德可不可能是有意照搬了瑞士人在森巴赫的战术?毕竟每一位诸侯的府上、每一位骑士的圆桌旁肯定都会谈论多芬根会战中的骑士军队怎么会弱小到如此可耻的地步。最高统帅不让手下一马当先,反而骑马留后,这样的安排在整个中世纪都闻所未闻,与所有的骑士规范都相悖。假如真是如此,那肯定不是偶然现象。

大自由市的同盟在多芬根战败,伯尔尼和卢塞恩这两座小城反而战胜,我们一眼就能看出这是再自然不过的事。两个同盟的政治品格完全不同。德意志自由市以贵族为主,希望靠佣兵作战,至少要以佣兵为主。事实上,瑞士城市也不是完全的民主制,尤其是伯尔尼,但贵族体制中融合了大量的民众成分,大型农业村镇的加入更为整个联邦带来民众的品格,以至于瑞士军队可以说是由民众征召而成的。即使城市同盟在多芬根取得了胜利,其也绝不会成为瑞士联邦,因为少了民众的成分。因此,多芬根会战并不是一场真正具有决定性意义的大战,而只是表现了自由城市的军事力量本质上是多么脆弱。就连德意志诸侯也有农夫这一层民众成分,并在这批"坏脾气"的征召兵的帮助下击败了高傲的市民。

艾伯哈德伯爵到底有没有像上述记载中那样,以如此精明的方式来组织和运用手下的步卒,这个问题只能留待揣测。文献记载相当不确切,不足以证实其事,而我们也缺乏核证不确文献的手段,即关于后续事态的记载。即便施瓦本贵族果真在多芬根会战中率领农夫取得了胜利,那依然无疑只是军事艺术史中的一段插曲,而且恰恰是这一点为整个假设罩上了疑云。如此巨大的胜利肯定会鼓励符腾堡伯爵故技重施,我们在日后的会战中也应该看到类似的情况。要说蛛丝马迹也不是一点都没有,我们之后会看到。但在我们以为最有可能发生的地方,也就是胡斯战争中,这样的痕迹完全找不到。

6 瑞士联邦的军事组织 [1]

奠定瑞士荣光的三场大战都是由创始各州的农民打的：莫尔加滕会战只有他们自己，劳彭会战加上了伯尔尼人，森巴赫会战有卢塞恩市民加盟。其他周边山地社区也赢得一些小规模的类似胜利。格拉鲁斯（Glarus）挣脱了哈布斯堡统治。森巴赫会战两年后，它在奈福尔斯关卡击退了一支奥地利侵略军（1388年4月9日），具体战况只在传说故事中流传。

阿彭策尔市民反抗圣加仑修道院长（Abbot）的统治，向施维茨求援。后者首先派出一名指挥官（从官）并率领辅助兵进军，正好碰上前来降服反叛农民的修道院长及其盟友。沃格林赛克（Vögelinseck）遭遇战（1403年5月15日）与莫尔加滕会战相当类似，因为修道院长的军队试图冲破关卡时也是侧面遇袭，约有200人被杀。在施托斯山（Stoss）（1405年6月17日），阿彭策尔击败了一支奥地利军，战况类似于沃格林赛克。只不过侧翼突袭没有发生在敌军关前交战之时，而是在敌军刚刚在无人把守的关卡打开一个小缺口，正要从缺口过关之际。文献中专门提到阿彭策尔人是用一阵石雨拉开战幕的。

1419 年,瓦莱军(Valais)在乌尔里兴(Ulrichen)击败了一支伯尔尼大军,手段是趁敌人行军时发起攻击,这又是一次莫尔加滕式的胜利。

联邦各州的军事组织都是原始的日耳曼兵制,全境征兵,全民皆兵。征兵制的观念和痕迹广泛遗存于日耳曼各族,甚至在日耳曼与罗曼混合的民族中也有。但要论实际运用、实际效果和最终取得的大发展,唯有阿尔卑斯山区而已。

1438 年,施维茨州当局做出决议,规定所有男子都要根据自身财力置办优良的武器装备。[2] 每年例行的全州大会上将为每个区选出三名检查员,负责考察各户的武器盔甲,判定其是否与住户的财力相符,并酌情予以处罚。在 1362 年的诸圣节上,乌里也通过了一部类似的法律。这种法律是城市的常规现象。

兵役期最初定为 14 年,后来延长为 16 年。

我们可以假定,全体身体合格的施维茨男丁都参加了莫尔加滕会战。即便有人没上阵,肯定也守在边境,而且带上了离家两天、三天或最多四天所需的干粮。战场越远,战事越久,这种自带装备粮草的军制就越难以实行。于是,州当局要决定征召多少人,各个村镇分别要承担多少兵额,[3] 然后具体征召哪些人由村镇自行决定。按照最古老的策林根法律,未报到者要被拆房。有时征兵似乎是由抓阄决定的。但因为有战利品可拿,所以通常应征人数会超过规定兵额,多出的人就作为"自由兵"一起进军。1494 年,一批参加那不勒斯战役的普通士兵将 100 枚至 300 枚金币带回了家,这笔钱放到今天最高可值 5 万法郎。[4]

村镇还要为征召兵和所需驮畜供应粮草。为筹措"出征开销"（Reiskost）而征收的税金经常引发摩擦。[5]

即使在城市里，征兵征粮也是分散进行的。伯尔尼有17个兵厅（chamber），或者说军团，要为成员提供口粮，补全装备，尤其是要支付名为"出征钱"（Reisgeld），自1337年见于史册的现金军饷。各厅要对全市为本厅成员负责。[6]

除了发放给士兵的口粮以外，当局还要采取措施确保有商贩随军出售食物。[7]

勃艮第战争期间，爱恩西德伦修道院长阿尔布雷希特·冯·邦施泰滕（Albrecht von Bonstetten）给法王路易十一写了一封介绍瑞士情况的信。信中估算伯尔尼本城就能集结2万人，八州联邦能拉出5.4万人，算上依附从属者则共计7万人。这些兵力应该是实数。穆尔滕会战中，伯尔尼及属地确实将8 000人左右派上了阵，大约占总人口8万的10%。

他们的阵形是我们能想到的最简单的那一种——后面会返回来讲——长宽相等、四面均一的紧密方阵。这并不是什么新发现，而就是前一卷详尽讨论过的古日耳曼楔形阵或野猪头阵。它是自然形成的阵形，不仅方便步兵移动，受到骑兵威胁时也能自卫。四角在防守时多多少少会偏向圆角。瑞士人取其四面矛出如刺，将此阵命名为刺猬阵。中世纪别处也能发现这种阵形。它之所以没有更频繁地出现，当然是因为步兵极少独立作战。步卒总被认为是骑兵的辅助，要为骑兵散开阵形，除非摆出此阵是为了让骑兵能重整旗鼓。伯尔尼、卢塞恩与苏黎世市民惯用此阵无疑是因为农民的加盟。有迹象表明瑞士城市最初的军事组织与其他德意志城市别无二致，尤其是伯尔尼：骑士主战，步行矛兵和弩兵辅助。直到与林地诸州结盟，考察过林地诸州的战绩后，伯尔尼高层才明白这种战术的威力：不只是依靠散兵游勇性质的步卒辅助骑士，更要凭借紧密人群带来的巨大冲击力。人群不仅来自市民，也来自从属的农民。我们可以说，保留了部分古日耳曼战法的创始诸州农夫才是瑞士战法之父。[8]

集体操练在文献中完全没有提到，现实中肯定也没有。[9]每个人要自行练习简单的矛和斧枪握持及投石技术，还有比较难的射弩，这门技术需要大量练习，但有弩的人一般不会轻忽，如果他还用弩打猎的话，那就更加不会了。就连少年也会练习。1507年和1509年，乌里和卢塞恩的小伙子曾互相邀请参加弩术比赛。

许多征兵文书中规定武器检查员要确保士兵"懂得如何使用携带的武器"[10]，但这很可能不过是禁止把那些不会使用的人登记为弩手，尽管他们会通过某种方式搞到一把弩。近战步兵只需要练好一条：靠近军旗，从长官规定的位置出发，夹在两侧战友之间，跟着前排往前走，因障碍物与队伍分开后要知道归队。

他们是随着鼓点行军的，因此有一定的节奏和步伐，"步随鼓点有常规"（"justis passibus ad tympanorum pulsum"）。[11]当然，它未必能够与受过训练的现代步兵相提并论。就连远古时代的日耳曼人对节奏步伐肯定也是有一定认识的（第2卷）。

各地皆有旗帜。战斗期间，所有旗帜会集中置于大方阵的中心。穆尔滕会战中的主力大阵共有27面旗帜。如此一来，旗帜在战斗中就失去了实际意义。但在行军途中和营地中，每名士兵都被要求紧跟旗帜，擅自远离者要追责。

与民事当局的关联为瑞士普遍征召兵赋予军事服从的基础。在骑士军队中，封建领主或佣兵头领虽有权威，但服从的习惯依然非常薄弱。原因在于，这种武士完全以个人的武艺、勇猛和对荣誉的热爱为基础，战斗中根本谈不上领导指挥。即便瑞士人在行军、扎营或劫掠时可能与同时期的佣兵团同样野蛮，但到了以紧密阵形接敌的战斗中，他们会听从号令。他们还会通过正式宣誓的手段强调危急时刻更有义务服从，就像劳彭会战中埃拉赫要求的那样。尤斯廷格撰写的《伯尔尼编年》（约 1420 年）中一再指出不听号令、不守秩序在战争中会带来怎样的灾难性后果。书中告诫统帅不要款待"发伪誓者"和抛弃军旗的可耻之徒。[12] 伯尔尼人因为"选任士卒用命、令行禁止的杰出统帅"（第 73 页）而受到赞扬。

凡临阵脱逃或高呼逃跑者，人身及财产都要受到处罚，身旁战友也可将其当场击倒。[13] 1475 年初，卢塞恩公民大会做出决议规定，每逢战前，领队都要让部下宣誓战斗结束前不得劫掠。阵后会预留若干人观察有谁不遵守誓言，可以当场击毙。[14]

曾目睹 1490 年苏黎世征召兵出征的米兰大使博恩哈尔迪努斯·英帕里瑞斯（Bernhardinus Imperialis）生动地描述了瑞士军入阵的场景。他写道：[15]

> 于是今天……18 名旗手整齐地迈入四面有围墙的大广场；按照传统，他们在那里立下了忠于职守的誓言，承诺服从领队。通过这样的仪式，他们宽恕了彼此的罪过，放下了彼此的仇恨。
>
> 他们以行军队形走了出去；先是 12 名身穿制服，出

身贵族的骑马弩手；接着是两名骑手，骑手后是几名手持战斧的先锋官，然后是鼓手和500多名长枪手。领队都是骑士子弟，全都是步行，排成三乘三的队伍，武备鲜明。领队后面依次是200名火枪手和200名斧枪手，握持方式和我们的短矛（spedi）一样。接着是敲大鼓的鼓手和吹笛手，然后是一名打旗的美男子。这些人都是步行，他们的装备不能骑马携带。旗手身边有两名司法官，手中的杖代表执法身份。他们可随意将人送进监狱，只要把手按在那人的胸前；无人会有异议。接着是刽子手和他的3名助手，以及市当局筛选和雇佣的6名营妓。这群人后面是400名排好队形的斧枪手，他们是从最强壮的人中选出来的，武器也是最好的，因为他们据说是军旗卫队。他们的武器给人一片密林的感觉。接着是400名弩手，其中不乏贵族子弟，也有来自各阶层的人员；每个人都迈着大步。他们后面还有许多矛手。总计约4 000人，包括来自从属于这座城市的周边地区的兵力。全军有20多面鼓，末尾是3名骑马的号手，他们的衣服和号上都有市徽。出身骑士的统帅康拉德·施文德阁下（Seigneur Konrad Schwend）紧随其后，只见他怒马鲜衣，许多器物上都有金色家纹，手中是统帅节杖，头上戴着一束花。他身后是侍从，侍从手中举着他的骑枪，枪尖上的横旗有镀金的纹章，盾牌上也有。两人身后是6名将骑枪搁在腿上的贴身侍卫和12名着装整齐，坐骑雄壮，同样持枪的弩手，以及他们的仆从。全军以白色十字为号，有的在盔甲上，有的在帽子或裤袜上。

　　统帅后面又有一名骑士，负责维持战场秩序，还有身着类似制服的若干枪队和骑马弩手。炮车和弹药车大概有30辆。50磅、60磅和70磅的重炮有四门。

　　这些人（来自苏黎世）的后面是同盟（联邦）其他成员的部队。好一支善战的大军。

　　中世纪武士的特征就是阶层划分，由领军者构成贵族。但瑞士军队是一支民主军队，不管从起源还是性质来看都是如此。从莫尔加滕到击败大胆查理的历次会战，瑞士人都觉得自己在与"老爷"斗争，而老爷们最不悦的事莫过于被"粗鄙村夫"打败。尽管如此，我们还是会注意到一个事实：就连瑞士联邦也有一批非常重要的贵族，正如高度民主的雅典城邦也有从克里斯提尼（Cleisthenes）到伯利克里这样的世袭贵族。他们虽无政治特权，但仍然非常重要，是事实上的领导者。瑞士的贵族成分甚至还要更强大，因为联邦各州的机构一直实行贵族制，辅以不强不弱的民主基础，尤其是最后成为众邦首强的伯尔尼。新老骑士家族掌握伯尔尼政府，总领全局。市当局将农民视为对市政毫无影响力，也不要求影响力的下等人。伯尔尼城内的世家像封建领主一样统治着乡民。尽管如此，农民依然怀着爱国热忱为主子作战，这可以由历史发展和瑞士军制来解释。即便起初行动意愿不强的应征农民也可以安插到大型步兵方阵中。屡次的胜利、战绩和战利品将城乡融合成了一个密不可分的政治军事单元。基堡（Kiburg）伯爵、尼道伯爵、格吕耶尔伯爵、魏森堡男爵、巴本贝格家族（Bubenbergs）、林根堡家族（Ringenbergs）、沙尔纳赫豪尔家族（Scharnachthals）、埃拉赫家族单凭征召来的自家农民打封建式的正面作战肯定一事无成。但作为伯尔尼整体的一部分，这些农民凭借群体的力量和充盈的精神取得了无以复加的战功，同时也不想摆脱领主的领导。事实上，就连纯粹务农的创始各州——它们被称作"田地州"（Länder），与城市州相对——也非常清醒地认识到了贵族成员做出的巨大贡献，尽管他们痛恨贵族制。当然，这些农民凭自己的力量打赢了瑞士人所有胜利的"原型"莫尔加滕会战，我们也看到了这场战斗的精妙绝伦。但它只是一场防御战的胜利。除了外出劫掠以外，农民团体的力量跨不过本州边境。而要想最终达成政治目标，彻底将哈布斯堡家族赶出阿尔卑斯山区，建立瑞士国家，则必须有政治视野宽广、掌握多方面经济军事资源的城市加盟方才可能。伯尔尼"两大人"（Twingherrn）之争的故事非常生动地体现了这一点。1470年，勃艮第战争前夕，伯尔尼骑士家族对治下农民的封建领主式索取引发了一场冲突。心怀民主、以屠宰为业的市长基斯特勒（Kistler）要削减封建特权并整体上打压一下骑士家族，包括太太们颐指气使的做派。有人提议请联邦各州仲裁，但市长（Schultheiss）拒绝了，具体原因就是他认为联邦各州偏袒豪族。他说：[16]

> 他们不尊重伯尔尼人，只尊重贵族。他们来访时，我与他们见过三四次面。我比任何伯尔尼人都更渴望与他们为伍。但他们不问任何人的事，他们不关心任何人，他们不感激任何人。除了伯尔尼贵族以外，从来没有人帮助过他们、给过他们恩惠。事实上，他们乐于承认，在苏黎世

与皇帝、与奥地利人的战争中，如果没有骑兵和伯尔尼贵族的援助，他们不可能取胜。他们坦言并不需要你们的步卒，因为他们自己的步卒就够多了，但骑兵和领队是需要的，他们从贵族手中也拿到了。他们称颂贵族供应粮草，阻挡敌军，告知情报——他们承认这些要紧事都是贵族办的，而不是余下的我们办的。

基斯特勒的对手司库弗兰克利（Fränkli）只能表示认同：联邦各州成天谈论当年的战争，对伯尔尼骑士和领队不吝称赞，说要是没有这些人，他们肯定会经常蒙受耻辱。[17]

赴外服役的佣兵业务

山民以佣兵为业由来已久，随着战争经验越来越多，佣兵也逐渐增长。最后，当局亲自接手了佣兵洽谈。[18] 第一份此类协议签订于1373年，对方是米兰领主维斯孔蒂家族，这份协议相当于德意志诸侯和骑士拿出自己的兵力，从外国国王或自由市换取报酬的佣兵协议。

据丘迪记载（2:197），苏黎世于1430年为乌尔姆提供了1 100名"装备精良的部队"去对抗胡斯派。我认为此事可疑。

不过，1388年，伯尔尼确实派出100个枪队——无疑是骑士——和1 000名甲士协助萨伏伊公爵与锡滕主教（bishop of Sitten）作战。1443年，338名骑兵和981名步兵前往支援公爵对抗劫掠的法国佣兵团"剥皮军"（écorcheurs）。1448—1449年，伯尔尼与公爵就派遣佣兵攻打斯福尔扎家族（Sforza）一事进行了多次谈判。但谈判无果，因为公爵拿不出钱。他的父亲菲利克斯五世教宗告诫他，如果他之后付不起钱，那么到现在为止还是好友的瑞士人就会成为他的敌人。

大约在同时（1449年），正与阿尔布雷希特·阿希莱斯交战的德意志城市同盟要求卢塞恩提供一支由"800名装备齐全并懂得如何打仗，且参加过你们的战争的人"组成的部队。我们很快就会讲到这批瑞士援军。

1453年，查理七世想雇瑞士人与英军作战，但议会回绝了，理由是他们不习惯派遣士兵为异族人作战。但许多瑞士人接受了法国开出的报酬，以至于议会于1455年1月做出决议，要求各地禁止居民出境，违者将处死并没收财产。话虽如此，就在第二年，也就是1454年（原文如此），约3 000名伯尔尼人前往帮助萨伏伊公爵对抗法国王太子。但此行并未发生战斗。

在路易十一与大胆查理的交战（公益同盟，1465年）中，联邦再次颁布禁止为异族当佣兵的法令。蒙莱里会战有瑞士人参加的说法有误，直到战后才有一支瑞士军加入了勃艮第公爵。但当他们返乡时，伯尔尼市政府决定从每名违反法令的佣兵军饷中没收3盾用于修建圣文森特教堂，并在监狱塔中关押8日。军饷不足3盾者则要一直关押，每日饮食只有面包、清水，释放时间由政府酌情决定。

当然，佣兵出征为培养瑞士人的尚武精神和作战经验起到了不小的作用，即便国内不打仗时也能如此。另外有迹象表明，瑞士人已经开始将自己的独特军制向外地传播了。当然，前文提到的奥利弗·德·拉马尔什（Olivier de la Marche）对大胆查理麾下佣兵（旅军，Reisläufer）的描绘主要是证明瑞士人能力全面，作战勇猛，这并非瑞士人的独特秉性。[19] 他说，在散兵作战中，他们总是一名戟兵、一名弩手、一名火枪手一起出动，彼此支持，因此不惧骑兵。毫无疑问，奥利弗的主旨是不能指望单独的弩手或火枪手对抗骑兵。瑞士人的特质在后面几篇中确实有所体现。

为纽伦堡效力的经历

回头来看前面提过的乌尔姆市民写给卢塞恩的信。我们发现纽伦堡尽管在1450年延揽了德意志和波希米亚贵族，但同时也招募了瑞士佣兵来对抗阿尔布雷希特·阿希莱斯。征兵官汉斯·米勒（Hans Müller）的任务是招600人，但很快就有1 000人应聘。他签订的合同保存了下来：月薪5莱茵盾，赏钱2盾。此外，佣兵会领到口粮和一部分战利品，伤员薪酬口粮照发。开战前，士兵们必须宣誓遵守某些军规，包括承诺在一定限度内不得骚扰乡村和居民，彼此要和睦共处。佣兵头领有权对吵闹者科以罚金，但合同里规定的规训权也只有这一条了。

引言中提到的皮伦劳伊塔战斗（第275页）无疑值得做进一步的考察。诗人汉斯·罗森普拉特（Hans Rosenplüt）的《纽伦堡战记》(*Nürnberger Rais*)（收录于利林克龙，*Lilienkron*，《古代民歌》*Historische Volkslieder* 1:428）中包含了关于此战的重要信息。罗森普拉特反复提到"瑞士长矛手"，但这支由800人至1 000人组成、地位举足轻重的部队与其他部队如何配合，我们就不清楚了。罗森普拉特笔下的藩候在进攻纽伦堡军之前说道:"瑞士长矛手,我们首先要将他们打散。"这样听来,他们似乎组成了紧密的阵形。

瑞士领队海因里希·冯·马尔特斯(Heinrich von Malters)受任统领全体纽伦堡步兵,出发前还检阅了包括市民、农民和佣兵(环卫军,Trabanten)在内的步兵。按照检阅报告,他要求每人有一把良弩、一支火枪或一杆斧枪。他不许士兵带"短小的劣矛",意思大概是要么带斧枪,要么带长矛。接着,他还试图让纽伦堡本城步兵采用瑞士装备。除了主兵器以外,每人还要携带一件近战短兵器——短刀、剑或斧——挂在身侧。

但马尔特斯并没有随意将他们带上平原,同时也摆出了车营。

纽伦堡军派遣 2 800 名步兵和 600 名骑兵出发,抢夺一番后班师,结果正要从汉巴赫(Hembach)渡过雷德尼茨河(Rednitz)时遭到阿尔布雷希特攻击。两边对射了半天,但未决出胜负。

塞肯海姆会战
(1462 年 6 月 30 日)

普法尔茨选帝侯腓特烈(Elector Frederick of the Palatinate)当时有 1 100 名骑兵和 2 000 名步兵,在内卡河与莱茵河夹角处的塞肯海姆(Seckenheim)遭到正在蹂躏其领地的巴登藩候、符腾堡伯爵、梅斯主教和施派尔主教的突袭。他先前从当地征召农民参军,数量优势相当大。骑兵首次冲撞,选帝侯就落马了,他的部下稍稍后退。但步兵坚定不移地抵挡住了敌方骑士的进攻。[20]文献中明确记载步兵组成了长矛方阵,而且有一批由苏黎世人汉斯·瓦尔德曼

（Hans Waldmann）统率的瑞士佣兵。这时，先前没有参战的其他普法尔茨骑士出手，一举决胜。

普法尔茨一方只有 8 人被杀，敌方则折损了 45 人。藩候、符腾堡伯爵及梅斯主教被俘；藩候和他的弟弟梅斯主教均受重伤。因为联军后方正对内卡河与莱茵河的夹角，所以退路完全被切断了。

7 勃艮第战争

起 因

尽管打赢了森巴赫和奈福尔斯两场仗，但联邦并未像希腊人战胜波斯王后那样转向大举征服的政策。他们早在1389年就与哈布斯堡家族订立和约，第一次为期7年，第二次为期20年（1394年），最后一次是50年（1412年）。旧主在这些条约中无疑暂时放弃了对某些地盘和权利的主张，但仍然保留了大片如今在瑞士境内的领土。将和约与联邦的胜利放在一起比较，我们一时间会感到困惑：瑞士人的军事优势到底有没有那么大，因为他们最终只拿到相当有限的成果就满足了。但我们依然可以认为，这一新型军事力量确实比征召骑士参战的旧式军队优越。[1] 至于新兴力量未能提出更强硬政治诉求的原因要到政治领域，而非军事领域中寻找。成员享有平等权利的松散八州联邦（施维茨、乌里、翁特瓦尔登、卢塞恩、楚格、苏黎世、伯尔尼、格拉鲁斯）不适合大兴征讨。希腊人当年是在雅典主导下，也多亏了雅典才能趁萨拉米斯与普拉提亚大捷之威，一举将波斯人彻底赶出希腊，甚至扩大了小亚细亚的希腊城邦的地盘。假如瑞士联邦采取大兴征讨的政策，那么各州很快就会陷入内斗，因为除了联邦有一套共同的互利政策，各州自己也有一套政策。考虑到这种状况可能引发的内斗风险，而且内斗确实偶有发生，各州只得对征服活动严加限制，谨慎从事。除了武力以外，各州也会试图以和平手段扩张领土，尤其是城市州。按照现在的币值估算，苏黎世在1358年至1408年间用于租购周边骑士和诸侯领地的资金达200万法郎。[2] 直到利奥波德三世幼子，空兜公爵腓特烈（Duke Fredrick of the Empty Pocket）鲁莽地陷入与康斯坦斯市政府的冲突，沦为法外之徒并遭到四面合击时，瑞士人才再次拿起武器，吞并了阿尔高（Aargau）（1415年）。又过了一代人的时间（1460年），他们才夺取了托尔高（Thurgau），随后立即渡过莱茵河，对黑森林南部和阿尔萨斯境内的奥地利领地发起进攻。

奥地利公爵西吉斯蒙德无力应付兵锋日进的瑞士人，终于向勃艮第公爵求援。作为法国王室旁支，勃艮第公爵将法兰西和德意志境内的大批封地纳入自己的管辖，是当时中欧地区最强大的势力。西吉斯蒙德将剩下的阿尔萨斯以及与瑞士接壤的黑森林领地都卖给了大胆查理，希望查理有实力守住这些地盘，进一步还希望强大的勃艮第能在由此引发的冲突中击败瑞士人，从而帮助哈布斯堡家族收复旧领地（1469年）。但这项外交策略的实际结果远非如此。大胆查理是瑞士联邦的老朋友，根本不想被拖入与联邦各州的冲突。他谋划的扩张方向完全相反，是夹在两块领地——北边的尼德兰，南边的勃艮第公国和勃艮第伯国——之间的莱茵河下游和洛林一带。因此，西吉斯蒙德公爵很快意识到这项策略的结果是旧领永久割让给勃艮第,换取对方承诺支付的 5 万盾,仅此而已。为了收回领地,他决定反其道而行之;如果勃艮第不帮他打瑞士,那就让瑞士帮他打勃艮第。在大胆查理的死敌法王路易十一的斡旋下,奥地利与瑞士联邦达成了协议。过去一个半世纪中的和约都规定了具体期限,因此只是停战协议。现在,西吉斯蒙德公爵终于愿意放弃对瑞士土地的权利,以为"永久不易之策"(1474 年)。作为让步的回报,瑞士人在某些条件下有义务为其提供佣兵,并在公爵遭受攻击时予以支援。

从这份防御条约开始,联邦就逐渐被卷入了对抗勃艮第公爵的包围网。战争的根本原因众说纷纭。正如当年与哈布斯堡的冲突一样,瑞士人乐于将自己打扮成就算没有直接遭到进攻也是受到威胁的一方,哪怕只是勃艮第占领阿尔萨斯这样的间接威胁。这是毫无疑问的。创始各州当年起兵对抗哈布斯堡时就不是一群原本和平、一朝出征的农人牧民,而是一个有战斗经验和军事素养的共同体;如今,联邦的军威更是令四邻敬畏。他们对自身实力有着清醒的认识,明白勃艮第乃至任何势力对瑞士构成威胁的看法都是无稽之谈。众多文献或谈判记录中压根没提到这一点。相反,只可能是瑞士挑起对大胆查理的战争,一直打到公爵最终失败为止;或者出于自身的政治动机——扩张、战利品和征服——或者只是给外国势力当佣兵,也就是法国国王的势力。瑞士人只是作为佣兵参战的观点很早就在瑞士本土产生了。经过反复研究,我确信这一观点大体上是正确的,尽管并不能算完全正确。阻止勃艮第在阿尔萨斯和黑森林立足确实符合联邦的利益,联邦也感到有援助"下方同盟"(Lower Union)诸城——斯特拉斯堡、科尔马(Colmar)、施莱特施塔特（Schlettstadt）和巴塞尔——的义务，该同盟希望将勃艮第从大门口赶走，但先前缔结的防御条约就已经满足了瑞士人的利益，而且东七州也拒绝继续推进，因为与勃艮第交战只对伯尔尼扩张有利。因此，联邦政策遇到了前面已经看到的障碍：瑞士人确实有军事实力、好战热情和征服的念头，但因为各州彼此嫉妒的制约而不能全面开动。创始各州认为要翻过圣哥达山口（Saint Gotthard Pass），到意大利去追寻荣耀和战利品。但伯尔尼人打算向西扩张，征服属于勃艮第盟友萨伏伊的汝拉山区和沃州。如果没有路易十一的金援，伯尔尼永远不能让其余各州同意自己的征讨方案。就连伯尔尼本身的政界上层都在领法国的钱，但法国的资助与伯尔尼的政治理念恰好重合，因此不能单纯说伯尔尼卖身给了法国国王。然而，其他七州无疑只有与勃艮第交战时才会听从伯尔尼的领导，领取法国的金钱。

因此，瑞士人打的都不是某种意义上的解放战争，甚至不仅仅是防御战，而是采取了攻势，不管把强调的重点放在伯尔尼的征服构想或是其理论上的对立面，即勃艮第势力在当地的崛起，抑或是路易十一的金钱——他收买的对象不光有政界上层人物，还有整个的州。政治因素对这场战争的战略也有重大的作用，因此需要多说几句。

但战争的实际发展与瑞士人当初的设想大不相同。瑞士的宣战文告中专门强调，他们以为要打的是一场风险小而收益大的战争，并非"主要参战方"，而只是作为德意志帝国、哈布斯堡家族、"下方同盟"和法国国王的盟友从旁辅助。可他们很快得知腓特烈三世皇帝和法国国王与勃艮第议和，渴望复仇的勃艮第已经将头转了过来。

战争就以这样的形式发动了。它之所以极为重要，不仅在于政治和军事意义，从史学方法和大众心理的角度看同样如此。除了同时期的史料以外，还有一份写于两三代人之后。作者是宗教改革家布林格的记述，书中重复了民间的传说。拙作《希波战争与勃艮第战争》中引用了一段布林格的未发表史料，不是因为我们能从中得出某些与战争经过相关且不见于其他史册的信息，而是因为它与希罗多德对希波战争的记载相映成趣，很有启发性。虽然不至于说是模仿希罗多德，但一条条线索表明两者同样充斥着虚构之处。就连被流放的斯巴达王德马拉特（Demarat of Sparta）与波斯王在温泉关前的对话都没有落下。大胆查理俘虏了瑞士军官布兰道夫·冯·施泰因（Brandolf von Stein），后者不得不向公爵讲解瑞士人的战法，结果令公爵大惊失色。通过布林格的这段记述，我们能学到如何从史料分析的视角去评估希罗多德式的民间传说。

埃里库尔战斗
（1474年11月13日）

宣战后，趁着大胆查理及其主力还在莱茵河下游，瑞士、阿尔萨斯和奥地利立即派遣1.8万人围攻埃里库尔（Héricourt）。一支勃艮第援军从北边逼近，但兵力肯定远远弱于围城军（不可能达到文献记载的1万人）[3]，因此其真实意图难以看清——或许只是想示威。联军出动迎击，勃艮第人未经大战就逃跑了。有记载称，勃艮第骑兵面对坚定不移地攻杀过来的纯步兵很不习惯，大感惊诧。这种说法不过是瑞士人的想象虚构出来的。[4]

从史料分析的角度看，伤亡数字很有意思。

索洛图恩领队的回报中称敌军有600人被杀。比尔（Biel）领队的回报中写道："约有1 000名敌军被杀。"

伯尔尼人给法国国王的报告中说，战场清点敌军尸首计1617具[5]，另有大批敌军因失火而死在了一个村子里，于是敌军损失估计达3 000人。

另一份官方报告说2 000人被杀。

伯尔尼编年史作者迪博尔德·席林（Diebold Schiling）给出的数字是阵亡者2 000人，烧死者1 000人。

乍看起来，我们无疑会倾向于认可伯尔尼人的说法，即战场尸首1617具外加烧死者。现代学者试图调和它与会战后当晚寄回本城的索洛图恩报告中的估算值，提出联军在战后次日才发现实际战果比最初看起来要大得多。这种情况当然经常发生，但与战斗的性质和联军的伤亡并不相符。

巴塞尔市政府书记员尼古拉斯·吕施（Nicholas Rüsch）[6]和伯尔尼编年史作者席林都声称瑞士联邦无一人折损，只有几人受伤，后来也痊愈了。其他文献列出了3名战死者；[7]比尔领队报告说本城有两人死亡。罗特（Rodt）声称在一份未具名的文献中看到过70人阵亡的数字。[8]

即便瑞士损失了70人，对方损失2 000人乃至更多的说法也是难以置信的，因为勃艮第人并非侧后遇袭，逃跑路线上也没有障碍物。另外，虚假的瑞士伤亡数字就列在敌军伤亡数字旁边，所以就更不可信了。但如果我们决定采纳联邦无一人折损，或者最多有两三人阵亡的说法,那么上千名勃艮第人被杀的记载就真是天方夜谭了。因此,看似精心清点出来的1 617名敌军阵亡数字绝不能当真。

俘虏中有18名伦巴第佣兵被指控在入侵阿尔萨斯期间犯下了玷污教堂或其他渎神的罪行,于是惨遭折磨并被活活烧死。但联邦议会之后做出决议,规定今后要按照联邦先前的做法,俘虏一律处死不留。

格朗松会战
（1476年3月2日）

公爵当时缠身于莱茵河下游与洛林,直到整整一年半后才来到瑞士边境,保卫自己的领土。与此同时,瑞士人接连出征,让邻近的勃艮第和沃州地区的人流尽了鲜血。诺伊恩堡湖畔的安宁小镇施泰菲斯（Staffis）的人民进行反抗,结果被夷为平地。最后瑞士人强攻下了城堡,将活着的守军从塔顶扔下。更有甚者,他们后来发现四处躲藏起来的人时就用绳子捆住,扔进湖里活活淹死。这时,弗里堡来了100辆拉布的大车；这座小镇以织布为富源。妇孺留了一条性命,财物则被洗劫一空。据说,就连这群强盗自己都对犯下的暴行心怀戚戚；伯尔尼市政府温和地谴责了领队们的"不人道苟行"。[9]

通过将坚固据点占为己有,尤其是汝拉山的各处关口,伯尔尼人经常外出劫掠。但如今公爵率领大军前来,他们便放弃了这些城堡,因为东方各州显然不再愿意像之前那样为伯尔尼征战了。伯尔尼人敢于保留的最前沿据点是格朗松,为其配备了500名守军,预计足以自守。如果形势危急，联邦终归不会袖手旁观。

我们对这场战役非常了解，不仅有瑞士和勃艮第双方的编年史，尤其是还有帕尼戈罗拉（Panigorola）的报告。帕尼戈罗拉是米兰公爵派来的大使，当时在查理近旁，他每隔几天就会向主人做详尽的汇报。他的报告以印刷本的形式保存了下来。[10]

勃艮第公爵进军瑞士的最短路线是穿过汝拉山区，大概是通往纳沙泰尔（Neuchâtel）或比尔。但查理没有走这条路。他设定的首要目标不是入侵瑞士，而是解放被瑞士人征服的萨伏伊领地沃堡，遂朝沃堡而去，并将大本营设在那里。因此，实际交战时，他是面朝东北方向的。

公爵的第一个战略目标是收复格朗松。格朗松不仅不在行军路线上，反而会直接将他引向最大的敌人——伯尔尼市。但查理选择这样行动的原因无疑正在于此。他的盘算很可能与伯尔尼市政府在同一条轨道上，只不过方向相反。他知道各州绝非一致认可伯尔尼的政策。假如他直扑伯尔尼而去，那么尽管各州与伯尔尼有种种分歧，估计也不会置之不理。但查理攻打的是格朗松，于是各州要面对的问题是：我们有理由帮助伯尔尼守护它的征服成果吗？既然有这样的想法，各州可能只会派出一半或者微不足道的兵力，乃至一个人都不出。接下来，伯尔尼不管是甘冒风险，只派本城和最亲近盟友的兵马解围，还是任由格朗松及其守军自生自灭，局势对勃艮第来说都是极其有利的。

事态发展正如公爵的预料。勃艮第军逼近的报告也好，伯尔尼日日的恳求也罢，东部各州都不为所动，没有立即出兵。直到三周多时间过去，勃艮第军已经开始翻越山岭，联邦军才做好了出动准备,尽管兵力远远达不到全额。与此同时,格朗松守军已被迫无条件投降,并被愤怒的公爵处死,这是他们罪有应得的惩罚。

对公爵来说,最稳妥的做法无疑是坐守位于格朗松附近平原且有大炮保护的完备营寨,等着瑞士人来攻。他的兵力约为1.4万人,包括2 000名至3 000名重骑兵,7 000名至8 000名射手,其余为下马矛手。瑞士兵力约为1.9万人,肯定比他多几千人,但未必会冒险攻打营寨,因此查理决定出寨相迎。凭借手下的职业军人和火炮,他对击败一群民兵有十成的自信。他沿着诺伊恩堡湖边的道路行进,其中有一段山体朝湖面延伸,从而形成了一处隘口。为确保部队安全通过隘口,查理首先夺取了对面出口(北侧)处的沃马库斯(Vaumarcus)城堡并派兵驻守(3月1日)。[11]

此举也决定了瑞士人的动向。他们先前确实在犹豫要不要进攻坚固的勃艮第军营。现在,他们决定立即转向沃马库斯。查理肯定会立即前往救援守军,这样就有机会在勃艮第人没有提前准备,尤其是没有火炮驻守的位置交战。3月2日上午,两军开始向对方进发。瑞士人去北口的沃马库斯,勃艮第人去南口。查理只想推进到距格朗松约为5英里(约8千米)的这个位置。结果约2.5英里(约4千米)宽的山脊仍然横在两军之间。但战斗就这样展开了,出乎双方的意料。

瑞士军一部(主要是施维茨、伯尔尼和弗里堡)与山路上的一处勃艮第哨所开打了。这场战斗将一支又一支部队吸引到了山路上,等瑞士人一路追到山的另一侧时才发现敌方全军正在眼前的平原上。先锋已经抵达并开始扎营;大部队还在行军。

公爵和前锋在一起,主要凭借射手与涌出山口的瑞士人交战。

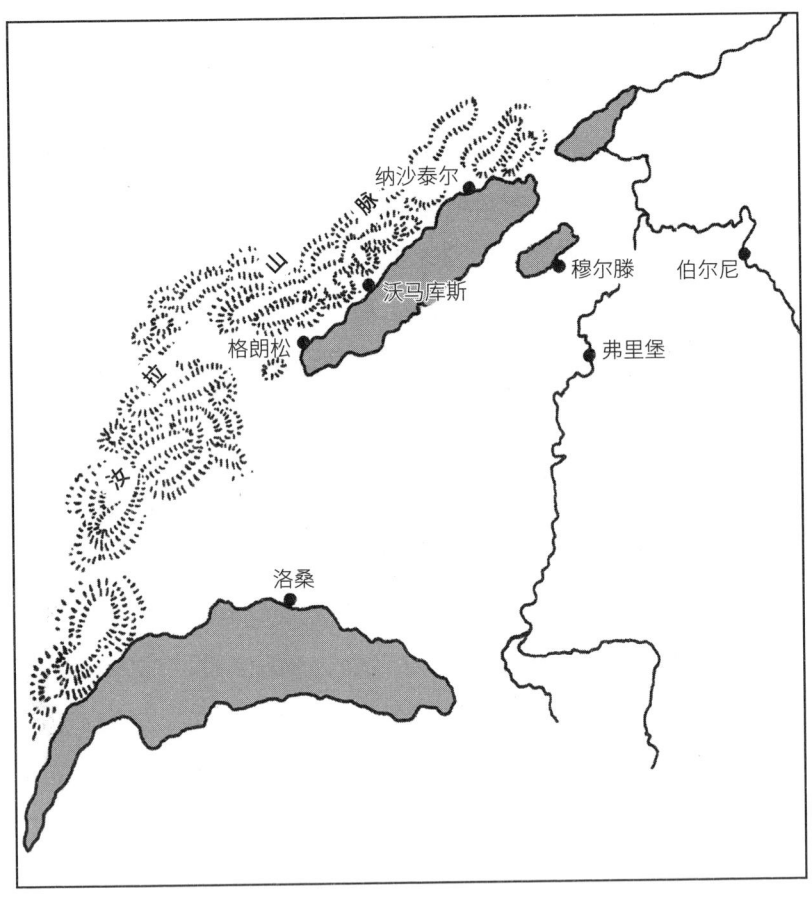

图8　格朗松会战

从理论角度看，局势对勃艮第再有利不过了。双方都在行进中，但勃艮第人走在平原上，瑞士人则要通过崎岖的山口。因此，我们必须假定勃艮第军可以比瑞士人更快地集合与展开，可以趁着敌军还在列阵时发起攻击。瑞士人一旦被击退，必然会挤作一团，困在山路的入口处，蒙受巨大的损失。

上述做法本身是合理的，但双方的构成和战术特点决定了勃艮第人不可能这样做。瑞士军走的路并非刚出山林就是一马平川，而是经过一系列种着葡萄藤的矮丘逐渐下降。身处这样的地形，查理最倚重的两张王牌骑士和火炮都派不上用场。如果他只派大批射手上前进攻，或许可以迫使瑞士人退回山口，但射手本身不能真正击败对手，因为他们不敢过于靠近敌人，也不能打肉搏战。于是，查理决定在平原展开军队，等待瑞士人发起进攻。有人会认为他这样做是丢掉了局势赋予他的最大优势，也就是赶在敌军未聚齐时加入战斗的机会。但他还是做了相应的布置。他派出几队射手继续战斗；他的射手比瑞士射手厉害，估计对正在矮丘上列队的瑞士方阵造成了很大的骚扰。于是，大约有8 000人、连全军一半都不到的瑞士方阵不等其他人抵达就出击了。

小批骑兵[12]和伯尔尼军中的少数射手也一同进攻。如果勃艮第军此时已经部署完成的话，那我们真是想象不出更好的局面了。但情况并非如此。我们可以假定当勃艮第全军都在平原上了，但后方还有一部分正要从行军纵队转为战斗阵形时，瑞士人就逼近了。瑞士人或许正是看准了勃艮第人列阵也没有完成，所以才不等聚齐就出击。

不管出击的原因是什么，公爵依然相信自己占尽优势。如果瑞士方阵下到平原，勃艮第骑士可以攻其侧翼，同时正面有炮兵和射手开火。随行的少数骑兵和射手没有能力保护方阵侧翼，更不用说公爵还可能从后方发起攻击了。为了自保，瑞士方阵只得驻足，终究会屈服于四面合击。

于是，查理命令几队骑士从山体一侧攻击敌人侧面，又让其余骑士从正面撤出，为火炮留出空间。炮弹射进瑞士大部队，骑士奋勇进攻。联邦散兵逃回了方阵内部。勃艮第骑士一直来到矛头面前，但无法突入长矛朝外的大方阵。吉永堡领主打马入阵，结果被杀，其他骑士纷纷掉头。进攻被击退了，攻势在坚定不移的瑞士方阵和伸长的长矛面前自行瓦解。

这一天的胜负就这样决出了。恐慌在勃艮第军后排——大概是正在列阵的士兵——和纵队中爆发了，而且在持续蔓延。随着"逃命去吧"（Sauve qui peut）的呼声，勃艮第军一队接一队地逃跑了。帕尼戈罗拉说，恐慌的原因是后排部队将前排为了给火炮留出空间而后退的动作理解为溃逃。瑞士人则认为是源源而来的两路己方部队（一路翻山，一路沿湖）让勃艮第人恐惧不已。这两点原因可能都有，加上吉永堡统率的骑士被击退，三者共同促成了最后的结局。[13] 无论如何，大战并未爆发。当然，勃艮第军主体由射手组成，而射手在近战中是打不过斧枪手和矛手的，他们也没有能防止单兵被恐慌情绪感染的坚定的战术单元。勃艮第兵败如山倒，查理徒劳地四处努力阻挡退势。瑞士人发起了追击，但他们的骑兵很少，也不敢单独上前，因此无法扩大战果。有人说勃艮第军损失了 1 000 人，这个数字无论如何是太高了。帕尼戈罗拉说只有少数几人被杀，这显然是符合战斗性质的。战后次日，圣加仑修道院军的领队彼得·冯·赫文男爵（Baron Peter von Hewen）向院长报告说，战场上只留下 200 具勃艮第人的尸体。[14]

在瑞士人一边，被勃艮第的炮弹箭矢杀伤者不在少数，而且不光是前锋，就连主力方阵也有损失。例如，卢塞恩伤员达 52 人。大部分受伤者估计是追击过程中被敌军回头射中的。各队估计都有一些人跟着前锋走，有些人可能在交战过程中就受伤了。[15]

穆尔滕会战

（1476 年 6 月 22 日）

不管伯尔尼如何强烈要求，联邦仍然不愿意趁热打铁，发起大规模的战略攻势。各州士兵甚至没有越过格朗松大营，而是立即带着战利品返回故乡。[16] 于是，查理得以在距离伯尔尼约 50 英里（约 80 千米）的沃州重整旗鼓。他将大本营设在洛桑，用两个月时间备战，集结起了一支比格朗松会战时强大得多的军队，兵力大概在 1.8 万至 2 万人，然后再次出征。[17]

这一次，伯尔尼没有冒险坚守格朗松那么远的据点，在萨伏伊境内只保留了穆尔滕一地。穆尔滕距离伯尔尼约 14 英里（约 22.5 千米），挡在洛桑与伯尔尼之间的两条道路中的北路上，南路则有弗里堡把守。因此，查理不得不首先攻取两地之一。越过两地，直取伯尔尼没有任何好处。伯尔尼人不会接受野战，公爵只能围城，然后同样会受到援军攻击，但与穆尔滕和弗里堡相比，在伯尔尼城下交战的条件要恶劣得多。因此，公爵必须首先拿下两城之一。伯尔尼政府预料到这一点，于是"增兵" 1 000 人加强弗里堡防御。

穆尔滕位于敌境，市民态度暧昧，伯尔尼人派出身经百战的军人阿德里安·冯·巴本贝格（Adrian von Bubenberg）率领1580人前往守卫。

勃艮第公爵决定攻打穆尔滕。不管做出这个决策可能有哪些军事方面的具体考量——例如方便撤退或地形有利——决定性因素和他上一次攻打格朗松是相同的。格朗松战后，东方各州的反对依然强烈。[18]因此，尽管伯尔尼人发出了抗议，尽管他们显然能赢得军事上的种种优势，但各州还是刚取胜就班师了，让勃艮第人得以将集结地域设在瑞士家门口。各州甚至不愿意协防穆尔滕，而希望以守卫联邦本土为限。若攻打弗里堡，各州会立即全员出动。若攻打穆尔滕，则可能重演春季的格朗松故事。

如果公爵在援军抵达前夺取了穆尔滕，他下一步的打算是什么？这很难说。尽管他曾对帕尼戈罗拉说过直捣伯尔尼，但我们也可以设想他会守在坚固营寨中等待瑞士进攻。更有甚者，俘虏穆尔滕的1500名守军并作为人质或许就足以达成战争目的。如果他像在格朗松那样将守军处死，那他根本不用去伯尔尼，瑞士人自己就会扑上来野战，这正中他的下怀。

于是，查理不紧不慢地朝穆尔滕前进，6月9日开始围城，同时修建了对外工事，防备可能出现的援军。他没有凭借工事紧贴着城市扎营，因为敌军可以从高处看到那里，而是推进到距离城市1.5千米到2千米远的旁边一道山脊。山下是地势相对平缓、从布尔格（Burg）和明兴乌勒（Münchenwyler）向东延伸的乌勒原（Wyler Field）。此地很适合打援，敌人在远处时可以开炮，接着用弓弩弹丸打击，最后出动骑士和步兵，转入攻势。[19]

第五篇 瑞士人

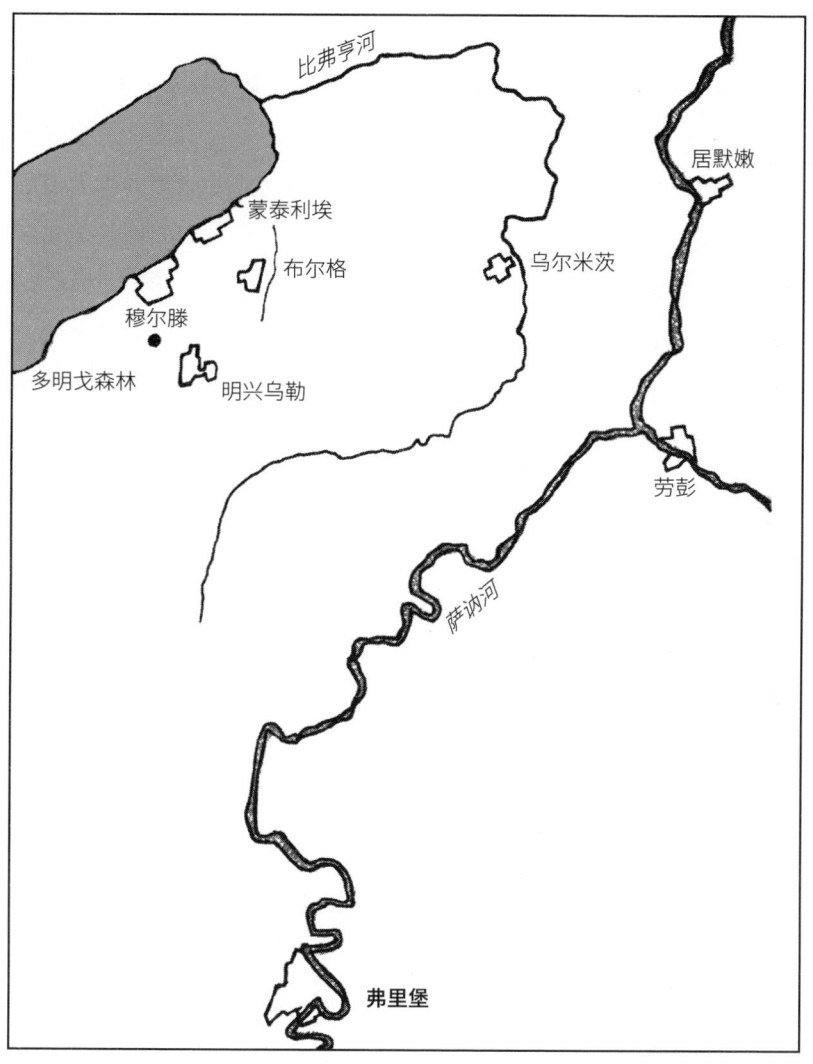

图9 穆尔滕会战

在另一处，大概在蒙泰利埃（Montellier）附近，查理修坝拦路。按照瑞士编年史的说法，工事由一道木桩和网状栅栏混合而成的"绿墙"（Grünhag）组成，建于高处，有兵把守。墙上留有开口，方便外出反击。文献中没有说它向东延伸了多远，但无疑最多没有把营地南边围上，甚至可能完全围住了。明兴乌勒以南的森林可以伐木为障，屏护营地南侧。瑞士人的正常集合点在东北面，大概不至于跑那么远。

眼见营地如此巩固，公爵确信瑞士人连主动上前的勇气都没有。会战与否完全取决于他，也就是看他出不出坚固的营寨。[20]

补给线上的易守难攻之处安插了士兵把守，保护运往大营的粮草。

放了防备援军突袭，最好的办法是占领由南向北流、大致位于伯尔尼与穆尔滕之间的萨讷河各处渡口，尤其是劳彭和居默嫩（Gümmenen）两处。他确实很早就试图占领渡口（6月12日），但被击退后就放弃了。他很可能并不想占据可能被敌军攻占的外围据点，也不想因为它们而出兵救援。

现在，瑞士人得以紧临萨讷河集结军队，等主力聚齐后渡河，前往距离勃艮第绿墙不到五六千米的乌尔米茨（Ulmitz）（6月12日）。除了瑞士人，洛林公爵勒内（Duke René of Lorraine）也带着几百名骑兵来了，还有奥地利骑兵、斯特拉斯堡的部队，以及阿尔萨斯的其他几路人马。但直到围城开始后的第十三天（6月22日），兵员才大体聚齐。联邦各州没有在得知勃艮第出兵时召集军队，甚至在穆尔滕被围的消息传来时也没有，直到伯尔尼旧地受到侵犯时才动员——那是6月12日，萨讷河畔爆发了前哨战。

第五篇 瑞士人

在此期间,勃艮第人对穆尔滕城猛攻不下。他们曾在城墙炸开口子并突入城内,但被赶了出来。守军长官巴本贝格奋力守城,十分机警。他控制住了市民的敌对情绪,又用呵斥和严厉的手段来提振低落的士气。援军也从湖对岸赶来支持他。于是,勃艮第将佐建议公爵停止攻城,保持轰击即可,将全部兵力投入即将到来的会战中,而会战成败将决定穆尔滕的命运。

得知瑞士人逼近后,公爵就带着几名将佐前往侦察,那是6月21日,会战的前一天。他们来到离敌军很近的地方,竟引来了开火。他们讨论是否暂停围城、先打野战会不会比较好。[21]但公爵不同意。瑞士人将集结地域选在乌尔米茨附近,那里内有沟壑,外有丛林,勃艮第骑士无法进攻,也不能观察敌人,估算兵力。公爵认为对方集结的兵力不会很多,于是更不愿意中断迟早会成功的围城了。他似乎没考虑过分兵之策,一边继续围城,一边在乌尔米茨附近攻击敌军(如腓特烈曾从布拉格前往科林迎战道恩)。①这种做法同样不明智,因为公爵不清楚乌尔米茨附近的敌军有多少,而且敌军有地势为屏障。于是,公爵维持了继续围城并等待援军出击的原定方案。帕尼戈罗拉告诫公爵道,瑞士人是在瞒天过海,随时可能突然现身。但勃艮第军先前已经多次在墙后列阵迎敌,接连数日不见人影,公爵遂认为敌军不会再发起进攻了。哪怕发生了最坏的结果,即敌军发起突袭,他也安排了自卫的手段,也就是在面对乌尔米茨一线日夜不息地布置了2 000名步兵和300个枪队。大部队保

---

① 1757年,原本在围攻布拉格的普鲁士国王腓特烈二世得知奥地利元帅利奥波德·冯·道恩(Leopold von Daun)逼近,前往科林迎战并大破之。

持了整整一个下午的战斗阵形后，公爵让他们回营了。

夜里下起了大雨，整个上午都没有停。早晨，瑞士军派人侦察，但很快就退了回去，之后便没了踪影和消息。公爵至此完全确信敌人不会冒险进攻了。

但瑞士人前几天其实就打算进攻，只不过是在等苏黎世的部队。后者一路强行军，最后甚至在夜里从伯尔尼出发，总算于周六上午抵达乌尔米茨。苏黎世政府想压迫伯尔尼接受自己对于征讨沃州的看法，直到6月18日才出兵，那时勃艮第军从洛桑出发已有3周多，围攻穆尔滕也有10天了。另外，按照当时的状况，苏黎世征召的兵员是非常少了，只有1 450人左右，最多不超过2 000人。

然而，集结后的联邦军仍然有兵力优势，优势比格朗松时还要大。联军约有2.6万人，如果算上穆尔滕守军——他们拖住了勃艮第军一部，最后还出城突袭，因此也是一个重要的因素——总兵力就会接近2.8万人。如前所述，勃艮第兵力为1.8万至2万人，而且还要扣除补给线上的守军。

瑞士文献在格朗松会战时就说勃艮第军有10万之众，到了穆尔滕更是多至此数的3倍。

公爵的兵力少得多，战略上也处于劣势，因为后方被围的城中还有一支强力守军。但勃艮第军最大的危险来自工事。为顺应地形，绿墙修在了军营前方超过500米的位置，因此周长很大，遭到攻击时全靠勃艮第人及时在墙后就位，而且必须守在无法预知的、瑞士人提前攻打的墙段。

为将者必须敢于冒险，勇于决断，也要明察秋毫，随时洞察敌人的计策与欺诈。1742 年 5 月 17 日，奥地利军计划在查图西茨（Chotusitz）发起突袭。普鲁士军之所以没有被击败，只是因为指挥官王太子安哈尔特领主利奥波德（Crown Prince Leopold of Anhalt）日出时就上马，得知敌军逼近的消息后叫醒部下并列阵展开。1745 年 9 月 30 日，奥军自以为能在苏尔（Soor）打腓特烈一个措手不及，结果却遭到反击，这是因为国王每日 4 点起床，得知敌军行动时已经和当值的将军在一起了，就连腓特烈也在霍赫基希（Hochkirch）遭到过突袭。假如格莱森瑙能提前几个小时注意到拿破仑的动向，他估计在利涅就能打赢好友宾馆会战①。全军出动的动静那么大，似乎不可能注意不到，但现实中，敌方全军近在眼前时才被发现是战争史上常有的事。这一点只有反复举证才能令人信服，所以我要多列几条。1813 年 10 月 16 日，法军在瓦伦（Wahren）构筑好阵地等着西里西亚军来攻，但后来以为西里西亚方向短期内不会有敌人来了，便放弃了阵地。紧接着，敌人的消息就来了，而且离得非常近，法军没办法返回阵地，只能在刚刚落脚、位于阵地后方 1 英里（约 1.6 千米）多一点的默肯（Möckern）列阵。一个更狼狈的例子是柯尼希格雷茨会战，奥军右翼直到普鲁士王太子的部队杀入阵中才注意到对方。1870 年 8 月 4 日，普鲁士第 3 集团军全员向魏森堡行进的过程中从来没有被法军巡逻兵发现。据巡逻兵报告，当外围战突然打响时，杜艾将军（General Douay）正让部

---

① 即滑铁卢会战。好友宾馆（La Belle Alliance）是布鲁塞尔南边几千米的一家旅舍，普鲁士元帅布吕歇尔和英军统帅威灵顿公爵在此地会师，于是德方以此地命名会战。

下做饭。1866年，普军在陶特瑙（Trautenau）没有意识到奥军主力的到来；1870年，法军在博蒙（Beaumont）遭到普军突袭。这两场战斗也属于那种没料到敌军会来，所以就没发现敌军的反面例子。另一个例子发生在1870年8月，德军花了17日和18日整个上午才发现法军右翼驻扎在区区5英里（约8千米）外的圣普里瓦（Saint Privat）。

如果及时发现敌军接近——此处还有树林掩护——本身确实并非易事，不能视为理所应当的话，那么应对这种局面所需的将领素质更是勃艮第公爵完全缺乏的。他对瑞军营地当然是熟悉的，但他并未密切观察瑞士军，既没有亲自关注其动向，也没有把它当成一件大事，交给最可靠的部将去执行，而是固执地认为敌人不敢进攻。哪怕到了中午时分，敌军接近的报告已经传来了，他仍然在好长一段时间里表示不信，无动于衷。

瑞士将领认真考虑了进攻方案。军事会议之前做出的决定是不打临湖而建的穆尔滕以北的围城军，而要进攻乌勒原上的勃艮第阵地中央。一旦得手，路上的大批敌军肯定会被赶到后方，从而实现切割。伯尔尼编年史中对这一致命决定的论述值得摘录：

> 各城各乡及盟友的军民官员聚在那里，日复一日地思考和讨论要如何进攻，如何行动才能赢得荣耀，因为他们总是害怕公爵和他的罪犯部将们像格朗松会战时那样逃脱。经过商谈，他们以神的名义，凭借神的帮助选好了先进攻右军，而且要拖住对方，不使其逃脱，如果他们相信先击败扎营于穆尔滕右侧一处坚固阵地的雷蒙伯爵

（count of Remond），那么公爵和其他罪犯部将就会被迫撤军。

于是，瑞士军从乌尔米茨出发，穿过布尔格村和布尔格以南约1英里（约1.61千米）处的萨尔文纳赫村（Salvenach）之间的小高地，直扑勃艮第工事。工事大约从明兴乌勒附近开始向北延伸，朝向布尔格或阿德拉山（Adera Hill）。不少于1 800名骑士和射手布置于3队矛手和斧枪手之间。[22]

联邦内斗的一个典型体现就是，最高统帅并非瑞士人，而是3年前还势同水火的奥地利公爵的手下威廉·赫脱（Wilhelm Herter）骑士。伯尔尼编年史中未记载这一事实，文中根本不提统帅是谁，就连指挥主力部队的苏黎世人汉斯·瓦尔德曼的名字都没写，而只表扬了来自伯尔尼的先锋官汉斯·冯·哈尔维尔（Hans von Halwil）。除此之外只提到后卫指挥官卡什帕·哈尔滕施泰因（Kaspar Hartenstein）一人。[23]

有意思的是，这支由农民和市民组成的军队行军途中在树林里逗留了很长一段时间。提尔施坦伯爵（count of Thierstein）将包括苏黎世市长瓦尔德曼在内的许多人授封为骑士。仪式拖得太久，大家最后都不耐烦了。

尽管拖沓如此，但当大队骑兵、射手、雄壮的方阵伴着飘扬的旗帜先后从林中走出来到乌勒原时，勃艮第人依然没有警惕起来。"绿墙"上的守军不比夜里更多，还是2 000名步兵和300个枪队。

守军虽弱，但还是打退了第一次进攻。双方在这一点上的记载相同。从伯尔尼人席林的记述来看，我们只能假定瑞士军冲到了勃艮第墙下，没能突破，然后就转身回去了。更可能的情况是，慑于勃艮第大炮的威力和墙上射手的身影，进攻部队半路就停下来了。另一位目击者卢塞恩人埃特林（Etterlin）写道：

> 敌人加强了阵地，大型重炮向联邦军方阵和骑士——他们当时在方阵旁边的一小块田地里——发出精准而致命的炮弹，最终造成了重大伤亡。有几名骑士和骑手被击中腰部，上半身不见踪影，下半身还在马鞍上。这是笔者彼得曼·埃特林和许多教士的亲眼所见。另有数人的头被轰飞了，不过感谢上帝，这样的人并不多。

假如瑞士人一直冲到墙下，然后被迫退回敌军火炮射程外，那么伤亡肯定会相当惨重。因此，进攻部队停下的原因更可能是骇人的创伤对士气的打击，而非实际的死亡人数。

帕尼戈罗拉记载道，雅各布·加廖托领队（Captain Jacob Jalioto）和其他所有领队都告诉他，瑞士人转身退回树林时，要是勃艮第人列好了阵，他们无疑会击败对手。[24] 我们或许会怀疑瑞士方阵是否真的受到了重创，但这确实是勃艮第人转入攻势的合适时机。

有几名胆子大的骑士杀向瑞士人[25]，但人数太少，并未取得战果。勃艮第军也没有列好阵。查理公爵在下面的军营里，刚刚传话给号手，让他们吹号传达披挂盔甲、备鞍上马的命令。帕尼戈罗拉上了山，亲眼看见了瑞士军队的骑兵、密密麻麻的枪林、飘扬的旗帜。他赶忙下山去找公爵，帮公爵穿戴盔甲。但到了这个时候，公爵竟然还有怀疑。等他最后上马时，胜负早已决出。

战场高低起伏，瑞士人不难找到一处躲避炮火的坡地。此外，火炮装填和转向的速度并不快。一份巴塞尔的文献写道，施维茨从官提出了转移的建议，而且自己拿着斧枪到了一处坡下。²⁶

等猝不及防的勃艮第军人——骑士、弓手和矛手——从营中分批赶到前线。"绿墙"已经被攻破了，溃兵朝他们涌来，身后是大群瑞士人，尽管瑞士人的队伍已经拉长了。²⁷公爵好不容易才保住自己的命，没有努力让部下到一处新阵地驻足。瑞士人的巨大兵力优势和凶猛攻势再加上勃艮第军的混乱瓦解，所有这些让一切努力都归于无用。只有少数人骑马逃脱。步兵被敌方骑兵打垮了，包括大批闻名天下的英格兰弓手，他们大部分都被杀了。穆尔滕镇周围的所有部队还不知道发生了什么，退路便被切断，他们或者被杀，或者溺毙湖中，无一生还。只有驻扎在镇北的罗蒙伯爵（Count Romont）部逃过一劫，绕着敌人走了一大圈，沿着萨讷河退走。

为了说明文献记载的不可靠——从信息来源来看，它们本应该给出令人满意的证据——我要举几个例子：洛林编年史说瑞士军统帅是勒内公爵；勃艮第御用史官莫利内（Molinet）说瑞士人修建了"绿墙"工事，勃艮第人试图强攻但失败了；霍伊特鲁斯（Heuterus）①说查理将步兵组成了一个大方阵，骑兵在两旁，射手在后方。

在一份报告中（7月8日），帕尼戈罗拉将包括辎重队在内的损失人数估计为 0.8 万至 1 万人。他后来又说（7月13日），在 1 600

---

① 荷兰历史学家（1535—1602），著有 5 卷本勃艮第史。

个枪队中，公爵保住了1 000个枪队和200名贵族。意思大概是有1 000个完整的枪队，另有200个枪队只有坐骑最好的贵族逃了出来。队中的士卒，尤其是射手都死了，最后还有400个枪队被完全消灭。据此，全军大约损失了三分之一，也就是6 000人至7 000人，与前面给出的数字大致吻合（当然，辎重队必须扣除掉）。在第三份报告（7月27日）中，帕尼戈罗拉写到了查理清点幸存者。查理集合起了11个军团，枪队应有1 100个，但兵员几不满半。这样看来，损失数目就要远远大于前两份报告中的说法。但帕尼戈罗拉补充道，不见的人并非都被杀害，许多意大利人和勃艮第人是回家了。因此，我们可以假定查理带出去的2万名士兵里面，除去2 000名萨伏伊人，约有0.8万人至1万人幸存，6 000人至8 000人阵亡，另有大批辎重队和随营人员被杀。

瑞士一方的损失没有可靠记载。[28]逃亡途中，帕尼戈罗拉亲眼见到有勃艮第军人在绝望中倒地不起，束手就戮。他后来大段讲述了从赎回的俘虏和救回的妇女那里听到的故事，说杀伤了瑞士人的勃艮第人如何被砍掉双手。

这一说法得到了莫尔宾格（Molbinger）信件[29]的佐证。他说自己知道有德意志士卒——其中甚至不乏瑞士逃兵——在被杀前"寸步不移"并"像骑士一样保护自己"。尽管如此，帕尼戈罗拉说瑞士一方损失了3 000人，这个数字肯定是太高了。

第五篇 瑞士人

南希会战 [30]
（1477年1月5日）

由于在穆尔滕取胜，洛林公爵勒内在下方同盟的帮助下收复了公爵领，并在短暂的围城后夺回了首府。当洛林的消息传来，将查理公爵的注意力全部转移过去时，他还在勃艮第盘算着继续与瑞士较量。洛林将他与他拥有大片领地的尼德兰隔开，对他来说比其他任何地方都重要。他整顿从穆尔滕撤下来的残部并召来援军，对南希（Nancy）展开围攻。勒内公爵不得不再次闻风而走，因为没领到军饷的佣兵和下方同盟的友军发动哗变，拒绝作战。但同盟诸城担心查理再次君临洛林，继而进入阿尔萨斯，遂同意为勒内公爵提供经济援助。他向瑞士人先后开出每人每月4盾和4.5盾的价码，取得了在瑞士官方指导下招募瑞士兵员的许可。于是，勒内纠合了一支近2万人的部队；士兵来自洛林、阿尔萨斯、奥地利、法国和瑞士。与他对阵的查理最多能派出1万人。

南希城已经因为饥荒而陷落在即，查理不舍得放手。在继续围城的同时，他集结主力至城南墙下迎战援军。因此，他不得不分出一军守营，防备守军杀出。他身后是敌城，天然退路也被堵死。[31]

他是不知道来犯敌军的巨大兵力优势吗？[32] 或者他固执地想要证明穆尔滕战败后，他在米兰大使面前的愤怒言语，说这一次部队表现太差，他会好好整顿，下次作战肯定不成功便成仁？[33]

他还对米兰大使说，下次与瑞士人交手时，他会让一半枪队下马步战，组成一个大阵。做出这个决定时，他估计自己的步兵方阵会有2 000个枪队，1万人。有人声称，从此阵中能看到查理对瑞士人迟来——实在太迟了——的模仿。[34] 吕斯托在《步兵史》（*Geschichte der Infanterie* 1：186）中又说，这一点表明查理根本没有理解瑞士步兵战术的真意。瑞士军的主体是近战步兵纵队，凭借突击打垮敌人，只有零星少数射手相随。查理的枪队则被认为包括3名弩手、3名火枪手、3名矛手和骑士本人。[35] 因此，枪队以射手为主，不可能顶住斧枪手和长矛手组成的强大而密集的单位。但指责查理不懂瑞士战术是没有道理的。他根本没说要全面照抄瑞士人，而只是说要将步兵组成一个大阵，因为瑞士人也是这样做的。[36] 由此来看，他对原有教范的改动只在于：以前只有彼此独立，内部各兵种配合的枪队；现在要让一半兵力组成更紧密的阵形，同时让骑士下马，更密切地融入射手和矛手。这种作战样式早已有之；查理的举措并非理论创新，他也无意创新。假如格朗松会战和穆尔滕会战能够展开，而不是一上来就因为恐慌和突袭而溃败，战况也会相当类似。区别只有一条：由于骑士下马和强调枪队集中，所以阵形从一开始就会更紧密一些。

现在，查理按上述方式布置数量占劣势的步兵，将其夹在左边的默尔特河（Meurthe）和右边的森林之间，正面朝南，前方通行宽度不大；骑兵在步兵左右两侧。因此，他估计敌军会和以前一样，在前进时受到箭矢尤其是炮弹的强烈影响。然后可能会因此停下脚步，接着被骑士击退。步兵正面还有一条小河屏护，部分人前面还有浓密的树篱。

但联军对正面进攻公爵的坚固阵地心存犹疑。在侧翼掩护方面，查理肯定有自欺欺人的想法。联军分为三阵，后军只是在道路中央装装样子[37]，主力中军和前军则分别从左右两侧同时对勃艮第军发起包抄。当时刮起了暴风雪,既加大了行军的难度,也起到了隐蔽作用。穿越树林并渡过勃艮第军右侧部分封冻的河流难度很大,也很消耗体力,但瑞士军主力及随同的骑兵和射手因此得以插入敌军侧面。勃艮第骑士对洛林军发起大胆进攻,起初取得了一定战果,但最终被射手火力和矛兵方阵粉碎了,尽快向这个方向转过来的火炮没有发挥多大作用。于是,瑞士主力迅速推进,席卷了勃艮第军。

在另一侧,兵力大致相当的前军也是如此行动。他们以紧密阵形紧靠河流,一直处于勃艮第火炮的有效射程之外。暴风雪对前军的隐蔽作用可能比对主力还要大。

只要占据极大数量优势的两军抵达勃艮第阵地,仗就算已经打赢了。他们消灭了大半敌军,查理公爵阵亡。

8 中世纪军事理论

按照我的计划，第五篇最后要讲述瑞士步兵向周边低地的扩散，以此为中世纪军事史作结。接下来还有第六篇，我本来打算集中介绍各类宏观论述，它们或者不太好放进时间序列，或者源于历史发展过程。但本卷内容已经太多了，于是我调整了安排。我原本想讲讲兵器发展和要塞修建，从全书背景来看，其实可以完全略过。我在前文谈到了骑士盔甲是否在 1 400 年前后再次轻型化的问题［布塔里克（Boutaric）也谈过，第 286 页］，但仍然没有得出一个完全确切的结论。最关键的一点我会放到下一卷讲解，即火器的起源。当然，从年代来看，这个问题属于中世纪。但我们已经看到，火器在 1477 年之前从未真正发挥重要作用，尽管它在一个半世纪前就投入使用了。至今还有人重复的火器击败骑士论是错误的，骑士是被近战步兵击败的，尽管骑士最后确实试图用火器增强自身实力。[1] 因此，我们有理由等等再介绍这种新武器，等到火器开始在战争中发挥决定性作用，而不仅仅像先前那样是一种与弓、弩和重力抛石机（blide 或 trebuchet）并列，构造不同但效果类似的武器。至于其他的细节研究，比如文献兵力与实际兵力对照表、重复出现的传说故事及类似问题，我会略过不谈，只讲与中世纪军事理论相关的内容。

理　论

我们已经看到，哪怕在古典时代，除了色诺芬的一些反思外，军事理论也一直是非常罕见的。而到了中世纪，武士阶层与培育文化的教士阶层基本是隔离的，军事理论就更指望不上了。

富尔达修道院长美因茨大主教拉巴努斯·毛鲁斯（Rabanus Maurus）（死于856年）曾献给虔诚者路易之孙洛泰尔二世国王一篇灵魂论，文中附带讲了罗马军制的典范意义。诺曼人为加洛林帝国分裂出的各个独立王国带来了种种苦难。这无疑会鼓励人们寻求救济之道，甚至会到文字中寻找。由于这位博学的大主教出身于一个法兰克人家族，因此是一名战士。所以他正好身兼这项事业所需的品格与知识。当然，他所能做的不过是节录韦格蒂乌斯的作品，而韦格蒂乌斯的写作动机和他其实是一样的。既然拉巴努斯只是重复了韦格蒂乌斯说过的话，所以并无新意。但是，当我们比对拉巴努斯的作品，她摘抄了什么、删掉了什么，又增加了什么时，他的小书就有意思起来了。[2] 对于韦格蒂乌斯介绍罗马军队操练的部分，拉巴努斯只抄了一句——当然，他讲的本来也不多——那句内容是罗马军在肉搏中会保持阵形，保护军旗［"ordines seruare scirent et uexilla sua in permixtione bellica custodirent"："他们知道在战斗中如何维持队列、保卫军旗"（第13章）］。韦格蒂乌斯对新兵体能和各类武艺的评述大多被保留了。关于骑兵操练，大主教加上了法兰克人骑术精湛的说法（第12章）。但最有意思的一条（第3章）讲的是有志从军的年轻人必须从小培训锻炼。到了笔者的时代同样如此，训练地点在王公府中。（"Legebantur autem et assignabantur apud antiquos milites incipiente pubertate: quod et hodie seruatur, ut uidelicet pueri et adholescentes in domibus principum nutriantur, quatinus dura et aduersa tollerare discant, famesque et frigora caloresque solis sufferre."：" 另外，他们会在青春期初期接受筛选并分配到老兵家中。甚至今天也能看到这样的现象：男孩和小伙子被养在王公家里，学会承受艰苦逆境，忍受饥饿、寒冷和烈日。"）

下一位中世纪理论家出现于450年之后，他也是一名神职人员，名叫埃吉迪乌斯·罗马努斯（Aegidius Romanus），出自意大利的克鲁姆努斯家族（Columnus，又称"Columnis"）（生于1247年，死于1316年），是奥斯定会会长、巴黎大学教授、布尔日大主教、枢机主教。他为王太子时期的美男子腓力国王写过一本《论君道》（*de regimine principum*），书中对军事制度也有讨论。[3] 埃吉迪乌斯主要也是摘抄韦格蒂乌斯，而且他没有能力删掉不符合其时代的内容，也不能写出合理的替代章句。与他所效仿的古罗马作家一样（第1卷第26章），他为我们描述了（第12章）步兵和骑兵的操练科目：士兵要熟练掌握单线阵、双线阵、方阵、三角阵、圆阵等——有些阵从未存在过，不管是韦格蒂乌斯的时代还是其他任何时代，更不用提中世纪了。[4] 但埃吉迪乌斯用文采飞扬的叙述丰富和完善了灰色的理论，在其中他说道三角阵并不难，只要把方阵沿对角线切开，然后把边内折即可。可就连最负盛名的1806年时旧普鲁士军队的操练大师冯·萨尔登将军（General von Saldern）都会觉得执行该条令有困难。

当然，埃吉迪乌斯也抄录了韦格蒂乌斯笔下最有名的7种阵法（3.20）、圆阵、楔形阵、蹄铁阵。他只是省掉了他认为"无用"（magis inutilis）的斜阵和四边形阵（quadrangularis forma），显然是因为它们不像火钳或马蹄铁那样好看。

这位作者遇到了一点尴尬（第5章），因为他以之为宗的韦格蒂乌斯说，"乡民"（rustica plebs）最适合作战。埃吉迪乌斯抬出市民（urbani）和贵族（nobiles）表示异议。他最后还说，打仗不仅需要长老茧的手，也需要"以战功为荣，以脱逃为耻"（"belle honorari ex pugna et erubescere turpem fugam"）以及"勤勉谨慎，精明狡诈"（"industria et prudencia, sagacitas et versutia"）。贵族拥有这些品质，因此优于乡民——尽管韦格蒂乌斯不这样看——对于有战马纾解劳苦的骑兵更是如此。这位中世纪学者没有分清骑士和罗马军队作战是两个路数，因此他的犹豫和反思才为我们贡献了有意义的见证。

最后，我要考察埃吉迪乌斯笔下的兵家十二事，字里行间都能发现中世纪的战争观。他认为（第13章），为将者最重要的素质是"节制、谨慎、机警、勤勉"（sobrius, prudens, vigilans, industrius），需要关注的事项有：

1. 兵力。
2. 操练（exercitatio）："事实上，有手臂而不知劈砍，有肢体而不习战斗者"（nam habentes bracchia

inassueta ad percuciendum et membra inexercitata ad bellandum）毫无实效。他这里讲的只是个人练习武技，而不是我们理解的集体操练。

3. 坚韧耐劳。

4. 勇气和"肉体紧实"（duricies corpois）。

5. 机智勤勉（versutia et industria）。

6. 雄壮气魄（virilitas et audacia mentis）。

还有以下几项：

1. 马匹务多务精。

2. 射手（sagitarii）务精。

3. 粮草务多。

4. 战场"位于高处，利于作战"（qui sunt in altiori situ, vel meliori ad pugnandum）。

5. 太阳与风。

6. 预计援军务多。

不管在此处，还是在之后继续讲作战执行的一章（第14章），他对战术都是只字不提，除了阵形严整优于阵形混乱这一句。对于我们最想了解的内容——各兵种之间的配合，如重骑兵与轻骑兵，步战矛手与射手——埃吉迪乌斯一点都没讲，尽管韦格蒂乌斯谈过很多。埃吉迪乌斯只是说弓箭和投石器杀伤效果好，甚至在两军接触前也适用。

大约在同时，卡斯蒂尔国王智者阿方索（King Alfonso the Wise of Castile）编纂了一部法典（1260），其中也包含战术条令，[5]而且还是借用自韦格蒂乌斯。与照抄古书相比，添加的空心方阵一节更加体现出法典与当时实战的脱节。智者王说，国王可以退入方阵躲避敌军——读到此处，我们还会想到中世纪步兵的实际任务——但他又说，士卒的脚要绑在一起，以免逃跑。当然，阿方索国王接下来说这种阵形无法乘胜追击，但不动如山恰能显示出对敌人的蔑视。这是玩笑话吗？完全不是。语气完全是严肃的，而最严肃的是：两位当代的实战军人，即科勒将军（3:2:264）和雅恩中校[6]都对绑足一说信以为真，在著作中加以复述。在这一点上，雅恩明确认同德尔佩什，认为绑足完全不是"学究的鹦鹉学舌"，而确实是13世纪的常用战法。法令不仅将拉丁文表述都换成了卡斯蒂尔文，"而且规定了相应的惩罚手段，要求军官遵守战术条令，强制力与军纪无异，这样做的先决条件是士兵确实能按照条令操作"。既然打胜仗的一个重要因素是防止士兵逃跑，不光是13世纪，任何时代都是如此，那么即便在今天，我们或许也可以试着再把士兵的脚绑起来，而且为了防止士兵把绳子割断，最好把武器也收走。这样一来，敌人马上就能看到我们是多么蔑视他们了。

想一想那些博学的教授们，他们说薛西斯率领百万大军穿过希腊狭窄的山口，他们对马其顿方阵或罗马军团士兵间隔的估计值会推出不可思议的结论。

毫无疑问，那个熟悉韦格蒂乌斯，为阿方索国王编写军规的人不是军人，而是拉巴努斯和埃吉迪乌斯那样的教士。他之所以将上述谬论加入法典，恰恰是因为他熟悉古典作家韦格蒂乌斯。

下一位可以与教士相提并论的中世纪兵家也不是军人，而是一位女子——克里斯蒂娜·德皮萨（Christine de Pisan）。[7] 她出生于1364年，父亲是一名被召到法国宫廷的意大利医生兼占星师。因此，克里斯蒂娜生活在贵族环境中，与英格兰、勃艮第和法国宫廷都有联络，是一位很受尊重的学者、作家和诗人。去世前不久，她写了一首赞颂和欢迎圣女贞德出世的诗歌。她留下了许多著作，其中有一篇是讲军事史的，题为《勇武骑士传》("Faits d'armes et de chevalerie")，写于1404年至1407年。[8] 该文同样以加工古典文献为主，尤其是弗洛纽斯和韦格蒂乌斯。与埃吉迪乌斯和阿方索相比，克里斯蒂娜对古今差异有更深的认识，但她仍然写道（第1卷，第24章），古人会防止武士（hommes d'armes）在列阵期间被呼喊声惊吓，呼喊声有时来自老百姓（gens de commune），有时来自害怕的人。于是，古人会用号声发令，控制局面。

她支持年轻人参加军事训练，但对贵族和平民做了区分。贵族要从小学习骑士的全套本领，而平民子弟只需要练习投石和射箭。

阵形一章（第23章）开篇说道，当代骑战多于步战。这表明她认识到了她的时代不同于韦格蒂乌斯的时代。但可惜的是，她接下来没有展开介绍当时的情况，而说她只会略谈几句，因为那是以兵戈为业者的常识。

让·德比埃伊（Jean de Bueil）是克里斯蒂娜的下一代人（死于1477年），是查理七世手下一位受人敬重的领队。晚年时（1461年至1466年），他创作了一本相当于《居鲁士的教育》的小说——部分亲自执笔，部分提供思路——目的是指导年轻贵族的军事教育。书的题目是《青年》（Le Jouvencel），兼有史书和论文的性质[9]，因为作者以化名记述了德比埃伊的战争回忆（阿米达斯即查理七世国王）。实际作者似乎是领队的3名随从，他们无疑也添加了一些古人言论，以显学问。《青年》的用意是教导年轻贵族"由服从而战斗，由战斗而统领"，吊足了我们的胃口。我在书中也发现了不少有趣的点。例如，一位王公据说把三分之一的开支用于谍报（en espie）；他还急切敦促读者步行时不要发起进攻，而要等待敌军进攻，并举出许多例子佐证。[10]

系统梳理《青年》、克里斯蒂娜著作和其他几篇短文中包含的15世纪战略、战术思想，并与现实进行对照是一个很好的专著题目。出于我之前给出的原因，我认为本书可以略过不谈。这样做的收获也不会特别大。

大约与克里斯蒂娜·德皮萨同时期，出身法兰克尼亚地区艾希施泰特（Eichstädt）的贵族康拉德·基泽尔（Konrad Kyeser）在波希米亚撰写的《军用工事》（*Bellifortis*）一书则截然不同。它完全是技术导向的，包含大量配有拉丁文释义的插图，释义大多采用六步格。插图的原型要古老得多，一部分可能来自拜占庭样例。在整个15世纪的意大利和德意志地区，这种插图兵书迎来了昌盛期，有扩写的，也有新撰的。此类文献的动因来自新兴的火药技术，但也与当时的精神气质有着深层的联系，雅恩对此有过精彩论述：[11]

> 为古代典籍——尤其是拜占庭时期的兵学通志——制作的配套技术图纸与中世纪末期的潮流特别契合。毕竟那是一个人们将揭示一切奥秘的希望寄托于"杠杆和螺丝"的年代。那时的人幻想自己能够开启通往超自然力量

的大门，只是锁钥相当"弯曲"。不可理喻之物不仅不会被丢弃，反而越是不可理喻，越是会精心传承。老传统和新发现以一种奇特的方式混入占星学、神秘学、炼金术的成分。火药更是构成了神秘知识与现实经验之间的一道桥梁，而且在那段时间里，这种带有妖术性质的技艺主要用于战争，因此显得更加突出。在14世纪末和15世纪初，火药和火枪制作仍然笼罩着一层奇异的光晕。这层光晕也折射出一些诡异的光芒。于是，了解火药的人仿佛是最杰出的智者，尤其是天选的秘密武器承载者。

这段论述中最关键的一条是：不可理喻之物不仅不会被丢弃，反而会更精心地被传承下去。时人添加的内容也是类似的性质——雅恩在另一段中讲得很精当（第291页）。这些内容掺杂着经验与想象，常有天真无知之语。因此，从战争艺术史角度看，我们从这一大堆书里基本学不到什么，原因不仅在于它们讲的是本书会探讨的技术问题，也在于它们偶尔谈论其他问题时完全不可信。之前介绍古典时代时，我们已经知道理论著作的价值是何其微薄，因为它们不是现实的反映，而是完全违背现实。古典时代的理性思维教育毕竟比中世纪强太多，如果连古典兵书都是如此，那么到了全无批判性思维的中世纪，情况只会更严重。15世纪的技术读物充斥着奇闻逸事。因此，在我们确信有可靠依据之前，哪怕是书中乍看起来并非全然不可思议的方面也不能采纳。基泽尔笔下有镰刀战车，有穿上就能游泳的靴子，有绑着燃烧木条惊吓敌人的马，还有一种火炮据说能射出直径1.5英尺（约46厘米）的石头，但其炮身单薄，显然是什么都射不出去。前文提到过的"磨坊主和火枪手"达申贝格（Dachssberg）也属于同一类，他计划用组成楔形的车营向敌人出击，还建议在海战中向敌人泼滑石粉，使其目盲；向敌船投掷装着细长皂条的木桶，使其甲板打滑。他还写到一种炮弹会拐弯的大炮，名字倒是恰如其分："奇迹武器"（machina mirabilis）。

战术规范主要见于1450年前后的一份无名氏著作[12]，以及1480年前后的一份未发表作品，作者是塞尔登耐克的腓力（Philip of Seldeneck）。[13] 但它们的基本思想与插图手稿是一样的：不切实际，读之毫无收获的玄思。塞尔登耐克值得表扬的一点是，他至少没有像无名氏那样提出让步兵组成三角阵，用顶点划开敌人。

这些著作中最重要的一部的作者是意大利人罗伯托·瓦图利奥（Roberto Valturio），写于1460年前后，刊行于1472年，可能是意大利的第一部印刷书籍。雅恩的《军学史》认真全面地编订了此类作品的目录，此处不再赘述。

9 结　语

在中世纪，纪律严明的古典军团被完全依赖个人勇气、个人武艺的武士取代。同时，古代的战术单元瓦解了，特色鲜明的专门兵种也在彼此混同中不见了踪影。精锐武士或马战，或步战，依据形势交替使用枪矛、刀剑和弓箭。中世纪逐渐重新出现的兵种是分化形成的。作为军人各自为战程度最高的时代，中世纪一方面发展出了盔甲极其厚重、坐骑也有马甲的骑士；另一方面由于骑士占据压倒性优势但缺乏灵活性，从而产生了各种次要的马步兵种。他们从不曾脱离辅助地位，成为独立兵种。

步战矛兵尤其在野战中挡不住骑士。他们会被骑士的进攻——如有必要，骑士会有射手相助——冲散，自己也没有进攻的能力。单独的射手在野战中同样敌不过发起进攻的骑士。

这些骑士和步卒不是我们今天所说的骑兵（cavalry）和步兵（infantry）。尽管装备相当类似，但精神气质、行动方式、思维观念都有本质的区别。

首先来看装备近战武器的步卒。一群中世纪矛兵不同于一个古希腊方阵、古罗马军团或大队之处在于，它不构成战术单元，也就是由一个意志结合起来的若干战士组成的军阵。唯有这样组织起来的步卒才称得上步兵。检验标准就是在野战中对抗骑马武士。

在车营的帮助下，胡斯军成功地凭借步兵挡住了骑士军队。但这只是一段插曲。车营过于笨重，不能满足普遍的作战需求。胡斯战法毫无持久影响。

直到瑞士称霸时期，真正的步兵才再次出现。在劳彭、森巴赫、格朗松、穆尔滕和南希会战中，我们再一次见到了堪比古希腊方阵与古罗马军团的步兵。

在德意志阿尔卑斯山区的这个部分，一系列巧合因素带来新的技能和力量。山地天然有利于保持原始的战斗力。施瓦本公国解体，掌握公爵之位的霍亨斯陶芬家族灭亡，强大的策林根家族绝嗣，于是当地涌现大量直属于帝国的小势力。正如许多个世纪之前的希腊小邦一样，彼此征伐，连绵不绝，随之锻炼和提升了军事实力。另外，由于多山的地形，当地的乡村城镇从一开始就能通过精心利用地势来应战并击败骑士军队。

他们在实战中摸索出了适宜的武器和阵形：早期是投石和斧枪，之后是长矛，排成多列，枪尖向前，阻止骑士破阵。学界对长矛投入使用的时间意见不一，甚至有人争论它是不是瑞士人的创举，声称长矛不是农民的武器，而适合市民。这个问题不能这样断言，也不是很重要。据文献记载，古代日耳曼人就会用长矛了（塔西佗《编年史》2.14，参见本书第 2 卷），后来夸迪人（Quadi）和萨尔玛提亚人（阿米阿努斯，17.12）、萨克森人［维度金德，1.9；科斯马斯（Cosmas），4.27］、意大利人［《日内瓦年鉴》（*Annales*

Januenses），1240年〕也用过。[1] 在任何时代，个别人都可能为了避免敌人接近而选用比较长的枪矛，也有人会为了握持方便而选择比较短的枪矛。20英尺（约6米）以上的超长矛极不灵便（参见第1卷），只适用于紧密阵形，特别不适合打猎。只要人群能保持相对紧密的距离，那么10英尺至12英尺（约3米至3.7米）的矛就足以击退重装骑士的进攻了。因此，我们不必假设瑞士农民在莫尔加滕会战乃至更早的战斗中用了长矛。直到这种战斗一而再再而三地发生，瑞士人意识到击退骑兵是多么至关重要的时候，他们才会为方阵最靠外的几排士兵配备尽可能长的矛。凭借劳彭会战的经验，他们很容易明白更长的矛有利于守阵。但不管从战斗经过，还是文献记载来看，我们都不清楚森巴赫会战是否有长矛。近年来有人提出了一种假设：超长矛直到勃艮第战争之后才被采用（第4卷第一篇第1章）。

用斧枪和长矛则不能持盾，因为两者都是双手武器。斧枪手也不穿铠甲。他们被布置在方阵内部，以此避免伤害。直到密集方阵"占据压力优势"、将敌人击退、散开追击时，斧枪手才会派上用场。这时他们也不需要护甲了，因为敌军已经没有实际战斗力了。但负责击退和反推敌方骑士的外侧长矛手会配备头盔和身甲，他们不仅要抵御骑士的枪矛刀剑，还要应付敌军射出的弓矢、弩箭和子弹。长矛和盔甲天生是搭档，以至于用不着专门说，理所当然而已。[2]

射手随行于方阵侧面，担当散兵，遇到攻击则退入方阵内部。

一个密集方阵越大，它就越难被骑兵冲破，推进的力道也越强。但全军摆成一个方阵仍然是不智之举，因为这样的大阵很容易被两面夹击逼停,就像劳彭会战中的林地军那样,接下来便大势去矣。于是,瑞士人形成了不论人数多少,总要排成三个方阵,互为犄角的战法。三个方阵不会排成纵向或横向的一字长蛇,而是排成品字形,以免相互干扰。后阵比前阵晚一些投入战斗,直到最后关头都有一定的灵活性。即便是万人大阵,行动也是相当灵活的,因为正面很窄,只有 100 人。三阵战法直到 15 世纪才有明证。在莫尔加滕和森巴赫会战中,文献具体只提到了两阵:一阵坚守,一阵从侧面发起进攻。但或许还有第三阵也说不定,而且劳彭会战确实出现了第三阵,因此我们可以认为,三阵法很可能在 14 世纪就已经是常规了。

瑞士城乡居民有适宜的武器,有合适的阵形,也有懂得如何利用山地优势的老练统帅,由此产生了自信心,全民都当起了兵。

即便在今天,瑞士人的爱国情怀都有一些难以剥离的执念。除了威廉·特尔(William Tell)① 和温克尔里德的传说以外,还有他们的先辈是天真虔诚的牧人,只是为了抵抗统领大军,欺压小国的外族暴君——先是哈布斯堡家族,后是勃艮第公爵——才变得好战的观念。这些观念全然不顾历史一致性,压抑了一切理解实情的可能性。当然,通俗观念只能这样描绘。我们在希腊人身上就看到了这一点。除了以微小兵力战胜数都数不过来的波斯大军以外,他们想不出别的方法来表现希波战争的威名。不管是希腊或瑞士,学者

---

① 14 世纪的一位乌里州农夫,因不服奥地利总督欺压而被囚禁,人民于是揭竿而起并击败了前来镇压的奥地利军队。1829 年,意大利作曲家罗西尼以他为主人公的歌剧,其中的《威廉·特尔序曲》(又称《威廉退尔序曲》)非常有名。

都必须纠正此类观念，这样做不会对英雄壮举造成丝毫减损，只是将名誉转移到了另一个方面。

　　与古代日耳曼人一样，瑞士战士具有劫掠乡间和凶狠暴力的特征。一旦辉煌战果为瑞士人注入了自信心，那么在不存在补给问题的邻近地区作战时，哪怕面对中世纪最强大的军队，他们总能将优势兵力投入战场。骑士军队的本性决定了它的规模一定很小，甚至算上仆从和佣兵也一样。从莫尔加滕到南希，联邦军的兵力总是大大多于对手，有时甚至多达两倍。正因如此，他们才得以发挥巨大的威力，个体的力量被放大到了极致。在欧洲其他任何地方，只有一小部分人从军。在施瓦本境内的阿尔卑斯山区，贴近自然的环境、取得的战绩、遍及全民的操练造就了职业军人的品格与可用的兵源；而庞大的可征召人群反过来又增强了军队的自信心和必胜的信念。瑞士高层有意要造成人还没有见到敌军已被吓破胆的效果。欧洲职业军人——包括骑士和佣兵——有彼此饶过性命的风气，除非非杀不可，否则俘虏就够了；而瑞士人从一开始就逢人必杀。抓俘虏被严令禁止，就算抓了俘虏，俘虏之后也会被杀掉。甚至在联邦各州的一场内战旧苏黎世战争中，林地军会同伯尔尼及其他各州军队攻占格赖芬塞城堡（Greifensee），来自苏黎世的守军在"敌人毫不慈悲"的情况下被迫投降后也被杀害（1444年）。血洗和平小镇施泰菲斯，屠杀全体居民的野蛮行为据说在联邦内部引起了一片谴责之声。但说到底，这不过是一人不留原则的运用，是常见之事。联邦最早的通行军事条令《1393年森巴赫通告》不得不明确规定，由于"所有男子福祉之更新与延续皆有赖于女子"，因此不得殴打、刺伤或虐待敌人妻女。如此严厉的最大动因在于，抢东西和抓俘虏

第五篇 瑞士人

会为军事行动本身带来危险。之所以起草森巴赫通告，正是考虑到在这场会战中，假如瑞士人得胜后不急着抢夺战利品，他们肯定能消灭多得多的敌人。但是，完全不许抓俘虏的极端措施也让敌人更加恐惧。森巴赫会战中的奥地利后卫部队，格朗松和穆尔滕会战中的勃艮第军队，都是战局刚刚出现不利，乃至只是出现转向不利的迹象时就爆发了恐慌，这或许亦可视为瑞士人著名的残忍传统的一个后续影响。

大胆查理率军从南希出发，迎击瑞士人时对部将发表了一次演讲[3]，说敌军照例会立即列阵于边境。他接着说，如果他们被瑞士人击败，哪怕只是略微受挫，那么从那一刻开始，仗就打输了。表达有些夸张，但思想基本正确。换言之，瑞士人的勇猛源于战绩，而战绩又赋予他们一往无前的信心：不管敌军的骑士与佣兵个人有多么勇敢，都要打垮敌人松散的小方阵。

我们之前将当时的瑞士人与古日耳曼人做过比较，现在要把他们和伯利克里时代的雅典人比一比。阿提卡半岛的居民本质上并不比其他希腊人更勇敢、更擅长航海。但历史发展和政治进步将雅典全民凝聚成一个在陆地和海洋作战的战士群体，使他们的平时生活有了显著的职业军人色彩。雅典人与叙拉古人大战之前，尼西亚斯将军的讲话中重点谈了这一点。他说，叙拉古人不过是征召民兵，而他的部队是熟习战争的精锐之师。[4] 瑞士人与其他德意志人的区别同样不在于人种，而在于历史发展和政治教育。大部分哈布斯堡军人与林地人同样是优秀的瑞士人。在格朗松和穆尔滕打了胜仗的人有一大批就是在莫尔加滕、劳彭和森巴赫被打败的人。落败者半自愿、半强制地加入胜利者的群体，因而也具有了后者的特征。

作为步兵，瑞士方阵敢对骑士军队发起攻势，甚至敢强攻营寨，这是自古典军队没落、封建军制兴起以来的全新现象。晚至1475年勃艮第战争初期，联邦步军从弗朗什孔泰撤退曾组成车营抵御勃艮第骑士，之后再也没有此类行动的记载了。

一支不仅是骑士的辅助兵种，而且敢与骑士争锋的步兵，一支并非必有战壕才敢应战，而对自身实力满怀信心、敢于面对任何敌人的步兵再次出现了。阵形（方形战术单元）、武器（长矛和斧枪）、普遍征兵形成的大军、连年战争培育的好战精神，这些因素彼此配合，成效显著。1444年，当法国的阿马尼亚克佣兵团威胁要入侵瑞士时，1 500人在巴塞尔郊区的比尔瑟河畔圣雅各医院（Saint Jacob on the Birs）奋起迎敌（8月26日）。尽管战斗的结果是瑞士人全军覆没，但他们坚持打到了最后一刻，令敌人肃然起敬。

瑞士佣兵闻名于四方，各国纷纷延揽。

打赢大胆查理的历次会战——当然，偶然因素和勃艮第将帅的失误也发挥了很大作用——最终成就了瑞士人的善战之名和瑞士联邦的自信心，使其达到了巅峰。他们不再被视为拿钱打仗的寻常佣兵，而是一支独特的全新军事力量。于是，他们走出大山，打赢了南希会战。与弗兰德斯人在科特赖克的胜利不同，这次胜利不再是孤立的插曲，而是翻开了军事艺术史的新篇章。到了穆尔滕会战时，军事史意义上的中世纪已然终结，勃艮第公爵及其军队代表的中世纪战法输了，在根本的理论层面输了——不是因为偶然，不是因为一时的弱小，不是因为军备废弛。恰恰相反，他们正处于他们能想象到的完美状态，甚至还有新式火器的支持。我们可以假设，一位比勃艮第公爵更优秀的将领会大大增加瑞士人取胜的难度。但可以肯定的是，胜利最终一定属于瑞士人。因为弓手、弩手和火枪手不足以挡住在队长带领下穿过有利地形并凶猛扑来的斧枪手和长矛手大阵，而骑士也不能通过侧翼攻击同时打垮或逼停3个方阵。单凭射手是打不过近战兵器的，单凭全无战术章法的骑士也不能通过协调机动让方阵瘫痪。瑞士步兵组成了战术单元，中世纪骑士、射手、矛手则无。瑞士人不仅有防御力，有进攻力，还有领导力。100年前的弗兰德斯人就有了朝这个方向发展的萌芽，但罗兹维克会战表明，他们的程度还不够。在150年的时间里，大山之间的瑞士联邦逐步提升并验证了自身的实力。他们已经取得了确证无疑的战绩，如今又走出大山，即将刷新整个欧洲的战法。现在，我们来到一段新旅程的起点，与当年的马拉松会战类似。正如希波战争中那样，近战步兵在勃艮第战争中击败了骑士和射手组成的军队。这场胜利必将引发全面的变革。当时的各种战法在瑞士人身上结合成了一个整体，瑞士一隅的重大变化会反作用于其他所有地区。如前所见，那个时代只有步行作战的兵卒，没有近代步兵，这是骑士制度天然的另一面。如今，步卒已经变成了步兵，这种状况很快就会传播开来。接下来，骑士就必然会转变为骑兵。

附注选译

巴黎围城战 [①]

除了编年史和年鉴中的只言片语以外，当时在场的修道士阿波还写了一部长篇史诗，其中给出了更具体的信息。这首六音步诗歌极尽矫揉浮夸之能事，实际含义往往很难明白。不幸的是，圣热尔曼努斯（Saint Germanus）在诗中发挥的作用比实际军事行动还要大。于是，对军事史领域而言，我们能了解到的不过是双方都大量使用了弓箭。

就我所知，迄今为止的所有学者，德国的也好，法国的也好，他们都假定法兰克人从一开始就放弃了塞纳河两岸的外围城区，退守岛上的本城。但我认为这是不可能的。

岛太小了，不可能收容一座大城市——就像作者笔下的巴黎那样——的市民长达一年时间，而且围城战的许多细节也与这种

[①] 选译自第一篇第3章。

看法矛盾。但看似矛盾的段落也可以换一种方式来解读。所有问题都在桥上。起初，诺曼人攻打掩护北岸的一座桥的塔楼，结果没能击败勇敢的守军，于是借东风之便，在岸上用绳子引导三艘火船去烧桥（阿波，1.375及之后几行）。这样看来，围城军似乎完全控制了北岸。这次进攻也没能达成目标，因为火船撞到桥的石墩上，然后被法兰克人扑灭了。但过了几日，围城军在886年2月6日交了好运，河水把桥冲垮了。守军现在是孤立无援了。诺曼人同时从四面发起进攻，放火烧塔，终于将它拿下。守军无一幸免。如果此处所指的还是开头的那座桥和那座塔——从背景来看没有其他可能性——那么法兰克人从此就与北岸断了联络。另外，他们在被围期间也不能重建桥梁。但诗中后来又写道奥多伯爵（Count Odo）从北边发起突袭，成功穿过敌阵（"cacuminal Montis Martis"："蒙马特"），来到城门前（阿波，2.195—2.205）。等皇帝抵达时，他就从这一侧进了城。因此，一批学者［马丁、塔兰内（Taranne）、达尔曼（Dahlmann）、卡尔克施坦因（Kalkstein）］认为陷落的桥头堡是在岛的南侧。这种解读不仅很刻意，而且与一个事实相悖：假如诺曼人将岛上要塞团团围住，只剩下两座桥头堡的话，那么整段记述就都要重新解读了。诗中反复提到诺曼人带来了攻城器械，用投射武器向城内射击。有一处写道（阿波，2.146—2.150），在一次圣物绕墙游行的活动中，一名搬运圣物的人被异教徒的石头击中；还有一处（2.321）写到诺曼人逃入城墙附近的教堂。

因此，除非我们能将北侧塔楼的防御战，特别是火船一节与法兰克人守卫着塞纳河以北大片城区这两件事联系起来，否则记述就不能连贯。我认为联系是有可能构建起来的。

有一份文献记载，秃头查理于861年或862年在巴黎修了一座桥，我们不必关心它是否有误。"朕命令，在前述城市外郊日耳曼修道院周围的地面上，过去叫作'安提西奥多伦西斯'的地方……修建一座大桥。"这座城外圣日耳曼-欧塞尔修道院地面上的桥只可能位于岛的西端，当时的岛应该没有今天这么长。北城区的边缘肯定在此处向东不远处。所以，诺曼人才可能将火船放在北郊和桥之间的水面上，然后乘着东风向桥驶去。

将桥建在这里似乎是唯一一种贴合文献措辞的解释，因为"城外"不可能在岛上，而只能是北岸城区。当然，岛上城墙外自然要有一座桥。这座桥的不同寻常之处在于它不是连接岛上的城区和北岸的城区——那里已经有一座桥了——而是从岛上通往一片城外（下游）的空地，所以才要有一座设防塔楼掩护。

这样一解释，疑难就都解决了。这座桥封锁了两处城区之间的塞纳河水面。尽管郊区临河一侧自然也有城墙，但如果能预先阻止敌军从水上进攻的话，防守起来就容易多了，所以法兰克人才会全力夺取这座桥和塔楼。但就算桥塔都丢了，胜负依然未分。诺曼人之前当然不是只攻打桥头堡，附近的整个北郊都遭到了猛攻。进攻重点之所以放在塔楼上，是因为它孤悬在外，看起来最容易突破。但守军的积极抵抗让他们失去了斗志，于是尽管拿下了塔楼，他们还是放弃了攻城，只是封锁而已。他们在南岸设下基地，劫掠周边地区。

因此，即便丢掉了一座桥和塔楼——那里只是外围防御——法兰克人还是守住了塞纳河左岸和右岸的部分城区，通过桥与岛上联络。后来，阿波发自真心地写道（2.232）："城墙，瞭望塔，就连每一座桥都在庇护着他们。"阿波（2.160）描绘了"城里的人"与"城外的人"交战的场景。塔兰内在《诺曼人围攻巴黎城研究》（*Le Siège de Paris par les Normands*）第258页中认为，这意味着诺曼人（"城外的人"）必然控制了岛对岸的城区。我们不必如此解读，正如我们不必将史诗开头（1.10—1.19）理解为所有城区都在岛上一样。无论如何，巴黎有围在墙内的郊区（2.322），我们也没有理由假设郊区从一开始就疏散了。北岸的圣日耳曼-欧塞尔和南岸的圣日耳曼-普雷斯都在墙外。

（第2版新增内容）W. 福格尔（W. Vogel）在1906年出版的《诺曼人与法兰克帝国》（*Die Normannen und das fränkische Reich*）的第39页中主张，诺曼人在9世纪的战斗力强于法兰克人的主要原因"不在于个体更有勇气，而在于组织性强得多，而且法兰克军队正处于转型期，诺曼人的战术则更加完善"。正确理解的话，这句话的重点要落在"组织性"上。诺曼人有明晰的单位；而一个封建国家不容易集结大军，而且总是需要很长时间。这正是封建制度下"组织性"的关键。诺曼人"战术"优越是子虚乌有，福格尔口中法兰克军队"转型"也不会削弱战斗力，反而会强化战斗力。假如当时转型尚未完成，也就是说，法兰克人中间还遗存着全民皆兵的元素，那么对付诺曼人就要容易得多了。重点不在于法兰克军队"处于转型期"，而是转型已经完成了。

附录一　本卷会战年表

时间	会战译名	英文名称
634 年	艾德沙那迪恩会战	Adschnadein
636 年	桥上会战	Bridge Battle
636 年	雅莫科河会战	Hieromyces
637 年	卡德西亚会战	Kadesia
637 年	贾柏莱会战	Dschabula
657 年 7 月 26—27 日	绥芬会战	Ssiffin
782 年	桑特尔山会战	On the Süntel
783 年	代特莫尔德会战	Detmold
783 年	哈瑟河会战	On the Hase
876 年	安德纳赫会战	Andernach
881 年	桑库会战	Saucourt
886 年	巴黎会战	Paris
891 年	鲁汶会战	Louvain
891 年	与匈牙利人交战	with the Hungarians
933 年	与匈牙利人交战	with the Hungarians
955 年 8 月 10 日	莱希菲尔德会战	Lechfeld
1041 年	奥利文托河会战	Olivento

续　表

1041 年	坎尼会战	Cannae
1066 年 10 月 14 日	黑斯廷斯会战	Hastings
1071 年	曼奇科特会战（又称"马拉斯加德会战"）	Manzikert or Malasgard
1075 年 6 月 9 日	温斯特鲁特河畔洪堡会战	Homburg on the Unstrut
1078 年 8 月 7 日	梅尔利希施塔特会战	Melrichstadt
1080 年 1 月 27 日	弗拉希海姆会战	Flarchheim
1080 年 10 月 15 日	埃尔斯特河会战	On the Elster
1081 年	都拉基乌姆会战	Dyrrhachium
1086 年 8 月 11 日	布莱希菲尔德会战	Bleichfeld
1097 年 7 月 1 日	多里莱乌姆会战	Dorylaeum
1098 年 2 月 9 日	安条克湖畔会战	On the Lake of Antioch
1098 年 3 月初	安条克吊桥行动	At the Bridge Gate of Antioch
1098 年 6 月 28 日	安条克城下决战	Decisive Battle of Antioch
1099 年 8 月 12 日	阿什凯伦会战	Ascalon
1101 年 9 月 7 日	拉姆拉战斗	Ramleh
1102 年 5 月	拉姆拉战斗	Ramleh
1105 年 8 月 27 日	拉姆拉战斗	Ramleh
1106 年 9 月 28 日	坦什布赖会战	Tinchebrai
1115 年 9 月 14 日	萨明会战	Sarmin
1119 年 6 月 28 日	阿塔勒布会战（又称"贝拉斯会战"）	Athareb (Belath)
1119 年 8 月 13 日	哈布会战	Hab
1119 年 8 月 20 日	布雷缪会战	Brémule

续 表

1123 年	阿什杜德会战	Ashdod
1124 年 3 月 26 日	布林乌尔德会战	Bourgthéroulde
1125 年	哈扎斯会战	Hazarth
1126 年	迈尔杰-萨法尔会战	Merdj-Sefer
1138 年 8 月 22 日	诺萨勒顿会战	Northallerton
1141 年 2 月 2 日	林肯会战	Lincoln
1146 年	与匈牙利人交战	with the Hungarians
1160 年 8 月 9 日	卡尔卡诺会战	Carcano
1167 年 5 月 29 日	图斯克鲁姆会战	Tusculum
1176 年 3 月 16 日	卡尔索利会战	Carseoli
1176 年 5 月 29 日	莱尼亚诺会战	Legnano
1187 年 7 月 4 日	哈丁会战	Hittin
1189 年 10 月 4 日	阿克会战	Acre
1191 年 9 月 7 日	阿苏夫会战	Arsuf
1192 年 8 月 5 日	雅法会战	Jaffa
1206 年 7 月 27 日	瓦瑟贝格会战	Wasserberg
1213 年 9 月 12 日	米雷会战	Muret
1213 年 10 月 13 日	斯代普战斗	Steppes
1214 年 7 月 27 日	布汶会战	Bouvines
1227 年 7 月 22 日	博恩赫沃德会战	Bornhöved
1237 年 11 月 27 日	科尔泰诺瓦会战	Cortenuova
1247—1248 年	帕尔马围城战	Parma (Seige)
1249 年 11 月 23 日	克鲁肯会战	Krücken
1257 年	弗雷兴会战	Frechen
1260 年 7 月 13 日	杜尔班会战	Durban
1260 年 9 月 4 日	阿派托山会战	Monte Aperto

续 表

1262 年 3 月 8 日	豪斯贝根战斗	Hausbergen
1263 年 7 月 13 日	勒包会战	Löbau
1264 年 5 月 14 日	刘易斯会战	Lewes
1266 年 2 月 26 日	贝内文托会战	Benevento
1268 年 8 月 23 日	塔利亚科佐会战	Tagliacozzo
1278 年 8 月 26 日	马希费尔德会战	Marchfeld
1288 年 6 月 5 日	瓦林根会战	Worringen
1289 年 6 月 11 日	切尔托蒙多会战	Certomondo
1289 年	施洛斯哈尔德会战	Schlosshalde
1295 年 1 月	康韦战斗	Conway
1298 年 7 月 2 日	格尔海姆会战	Göllheim
1298 年 7 月 22 日	福尔柯克会战	Falkirk
1298 年	多恩比勒会战	Dornbühl
1302 年 7 月 11 日	科特赖克会战	Courtrai
1314 年 6 月 24 日	班诺克本会战	Bannockburn
1315 年 11 月 15 日	莫尔加滕会战	Morgarten
1332 年 8 月 9 日	杜普林沼地会战	Dupplin Muir
1333 年 7 月 19 日	哈利顿山会战	Halidon Hill
1339 年 6 月 21 日	劳彭会战	Laupen
1346 年 8 月 26 日	克雷西会战	Crécy
1356 年 9 月 19 日	莫佩尔蒂会战	Maupertius
1371 年 8 月 20 日	巴斯韦勒会战	Baesweiler
1382 年 11 月 27 日	罗兹维克会战	Rosebeke
1384 年	菲斯普会战	Visp
1386 年 7 月 9 日	森巴赫会战	Sempach
1388 年 4 月 9 日	奈福尔斯会战	Näfels

续表

1396 年 9 月 25 日	尼科波尔会战	Nikopol
1403 年 5 月 15 日	沃格林赛克会战	Vögelinseck
1405 年 6 月 17 日	施托斯山会战	On the Stoss
1410 年 7 月 15 日	坦嫩贝格会战	Tannenberg
1415 年 10 月 25 日	阿让库尔会战	Agincourt
1419 年	瓦莱军在乌尔里兴的战斗	Ulrichen in Valais
1423 年	霍日采会战	Horic
1426 年 6 月 16 日	奥西希会战	Aussig
1426 年	克拉托维会战	Klattau
1427 年	纳霍德会战	Nachod
1428 年	格拉茨会战	Glatz
1431 年	比勒涅维尔会战	Bullegneville
1431 年	魏德霍芬会战	Waidhofen
1434 年 6 月 16 日	利帕尼会战	Lipany
1444 年 8 月 26 日	圣雅各布战斗	Saint Jacob
1450 年 3 月 11 日	皮伦劳伊塔会战	Pillenreuth
1462 年 6 月 30 日	塞肯海姆会战	Seckenheim
1465 年 7 月 16 日	蒙莱里会战	Montl'héry
1474 年 11 月 13 日	埃里库尔战斗	Héricourt
1476 年 3 月 2 日	格朗松会战	Grandson
1476 年 6 月 22 日	穆尔滕会战	Murten
1477 年 1 月 5 日	南希会战	Nancy
1499 年	弗拉斯坦茨会战	Fratstenz
1522 年	比克卡会战	Bicocca

注　释

第一篇　查理曼及其继承者

1　查理曼

1. *Lex Ripuaria* (Ripuarian Law), 36. 11. *M. G. LL.*, 5. 231.

2. A cow is equated to 1 *solidus*. The expression "*3 solidi,*" which we find in one of the manuscripts, is obviously false, since an ox is counted as 2 *solidi* and a mare as 3. In a capitulary of Louis the Pious of the year 829, a cow is indicated in one place as the equivalent of 2 *solidi*.

3. (Note to the second edition). The economic base of the Carolingian military organization is, as shown in Vol. II, a barter economy. Alfons Dopsch, in his *Economic Development of the Carolingian Period* (*Wirtschaftsentwicklung der Karolingerzeit*), especially Vol. III, para. 12, has recently claimed to prove that the

generally accepted concept of this barter economy is incorrect and that there existed along with it a very considerable money economy. Consequently, he claims, the contrast between antiquity and the Middle Ages in this respect and in general is very overemphasized. I cannot agree with him. I find, on the contrary, the conclusions of my studies on the changes in military organization to be a new confirmation of the accepted concept. The transition from the Roman legionary to the medieval knight is not conceivable without the shift of the ancient money economy into a barter economy. See my review of Dopsch in the *Deutsche Politik*, 26 (1921): 620. "Römertum und Germanentum."

4. The *plebs urband* (urban dwellers) were not considered as completely free in the Merovingian period. Brunner, *German Legal History (Deutsche Recbtsgeschicbte)*, 1: 253, says: "We cannot determine with certainty how the decrease in freedom was expressed in a legal sense." There can be no doubt that it is a question of the difference between the worrior and the nonwarrior. That point is not clear in Brunner because he believes, like Roth, in a general military obligation. According to the capitulary *M. G. Capitularia Reg. Franc.*, ed. Boretius, 1:145, the tenant farmers were counted among the unfree men.

5. God. Kurth, in "The Nationalities in Auvergne" ("Les Nationalités en Auvergne"), *Bulletin de la Classe des Lettres de l'Académie belgique*, 11 (1899): 769 and 4 (1900): 224, proves with respect to Auvergne that no Franks at all settled there. In that region, even the great families holding the position of count were Romanics. Of almost all of the few

Germans who appear in Auvergne, it can be proven that they did not settle there, except perhaps for a very few West Goths.

6. Numerous references in Guilhiermoz, *Essai sur l'origine de la noblesse francaise*, p. 490.

7. *Ancien Coutumier d'Anjou,* Cited by Guilhiermoz, p. 366.

8. Nithard IV, Chap. 2.

9. Already explained by Boretius, *Contributions to the Critique of the Capitularies (Beiträge zur Capitularienkritik)*, p. 128, as a simple repetition from previous documents.

10. Cited by Baldamus in *The Military Organization under the Later Carolingians (Das Heerwesen unter den späteren Karolingern)*, p. 12.

11. Hinkmar of Reims writes in the document against his nephew, the bishop of Laon (870):"De hoc quippe vitio superbiae descendit quod multi te apud plurimos dicunt de fortitudine et agilitate tui corporis gloriari et de praeliis, atque, ut nostratum lingua dicitur, de vassaticis frequenter ac libenter sermonem habere, et qualiter agers si laicus fuisses irreverenter referre. " ("Certainly it comes from this sin of pride that many among the masses tell you to boast of your body's strength and agility and of battles, and, as it is said in our language, to speak willingly and often with vassals and to reply disrespectfully, just as you would act if you had been a layman.") I take this interesting extract of the document from Guilhiermoz, *Essai sur l'origine de la noblesse française*, p. 438,where other examples of that special usage are also given.

12. Maitland, *Domesday Book and Beyond*, 1891, p. 511.

13. When it is reported in the *Annales Bertin*, for the year 869 that for the garrison of a newly erected fort Charles the Bald called up one *gastalds* (*scaramannus:* warrior without a fief) from every 100 hides of land and a wagon with two oxen from every 1,000 hides, this does not give us any specific number, since it was not known at the court how many hides there were in each county. Consequently, this is only a very approximate reference, like the levy by groups.

14. In his *German and French Constitutional History* (*Deutsche und französische Verfassungsgeschichte*), Ernst Mayer has no doubt recognized the contradiction in the source material, but the solution that he gives in Vol. I, p. 123, is impossible. He claims that on the Rhine, in Bavaria, and in Gothic Southern France only the Germans took the field, whereas berween the Seine and the Loire the general military obligation applied also to the Romans. One can imagine how such a Roman militia would have shown up between the Franks and the Goths!

15. That also applies when, as we later find prescribed in the Weissenburg service law and elsewhere, the *ministeriale* was supposed to be provisioned by the *curia* after the crossing of the Alps. Baltzer, pp. 69, 73. Waitz 8: 162.

16. A manuscript of the Theodon Capitulary of 805, Chap. 5, contains the sentence: "et ut servi lancea non portent, et qui invents fuerit post bannum hasta frangatur in dorso ejus"("and that the unfree should not carry lances, and a spear should be broken on the back of whoever

was found doing so after the order"). Waitz, *Verfassungsgeschichte*, 1st ed., 4: 454, interprets that to mean that the common soldiers who followed their lords to war were absolutely forbidden to carry the lance as their individual weapon. This interpretation is not acceptable. That chapter has to do with the bearing of weapons in peacetime (*"in patria"*:"in one's own country") and with the suppression of feuds. Freemen were forbidden to carry arms (shield, lance, and armor) in peacetime, but no specific punishment was provided. In the case of serving men, this prohibition was backed by a threat of punishment.

17. The source passages are to be found in Prenzel, *Contributions to the History of Military Organization under the Carolingians* (*Beiträge zur Geschichte der Kriegswesens unter den Karolingern*), Leipzig dissertation, 1887, p. 34, and in Waitz, *Deutsche Verfassungsgeschichte*, 4: 455.

18. Multiple references are to be found in Guilhiermoz, p. 245.

19. *Annales Fuldenses*(*Annals of Fulda*) for the year 894; *Annales Altabenses*(*Annals of Niederalteich*) for the year 1044: Thietmar, 6: 16.

20. Peez, in "The Travels of Charlemagne" ("Die Reisen Karls des Grossen"), *Schmollers Jahrbücher fur Gesetzgebung*, 2 (1891): 16,assembles all of Charlemagne's travels and estimates that on the average he covered 1, 100 miles each year of his reign. In the year 776 his travels amounted to almost 1, 900 miles, and in 800 he covered almost 2,000 miles.

21. *Imperial Courts in the Lippe, Rubr, and Diemel Areas* (*Reichshofe*

im Lippe-, Rubr-, und Diemelgebiet), 1901. *The Franks: Their System of Conquest and Settlement in the German Regions*(*Die Franken, ihr Eroberungsund Siedlungssystem im deutschen Volkslande*), 1904.

22. Brunner, *Deutsche Rechtsgeschichte*, 2: 57 ff., where all the source passages are also cited.

23. Daniels, in *Manual of German Imperial and National Legal History* (*Handbuch der deutschen Reichs- und Staatenrechtsgeschichte*), 1: 424, 463, has already correctly observed that under the Merovingians the entire population cannot possibly have taken the oath. But his basis from the sources, on the other hand, has been correctly rejected by Waitz, *Deutsche Verfassungsgeschichte*, 2d ed, 3: 296. The entire argument, however, arose from the erroneous interpretation of the basic concept, that is, of the Frankish people. Daniels was entirely right in believing that only the warriors took the oath, but he was in error in believing that this warrior class was already a class of vassals at that time. Waitz was right in his belief that the entire people(*Volk*) took the oath but incorrect in identifying this "people" with the population. As a result of our determination that the sources of the period are referring to the warriors (*Kriegsvolk*) when they say "people" (*Volk*), the entire dispute has become baseless. From the formal, juridical, and source-based viewpoints, Waitz is right; but objectively, in that the warrior class of the Merovingian period was the precursor of the vassal class of Carolingian times, Daniels is right.

24. The oath in the *Capitulare missorum* (Capitulary of legates), *M.*

注 释

G., 1. 66 reads as follows in the corrected text (see Appendix 2 for Latin text):

How that oath ought to have been sworn by bishops and abbots, or counts and vassal princes, also deputies, archdeacons and clerks.

3. Clerics, who do not seem to live completely like monks; and where they keep the rules of Saint Benedict according to his order, they should promise in word as much as in truth, and some of these the abbots especially should bring to our lord.

4. Then advocates, deputies, or whoever will have been elected as elders, and the whole mass of the people, twelve-year-old boys as well as old men, whoever had come to the assembly and are able to fulfill and observe the order of their lords, whetther peasants or men of bishops, abbesses, and counts or men of others, royal subtenants, tenants, clerics, and serfs, whoever as honored men hold benefices and services or were honored in vassalage since they are able to have the horses of their lord, arms, shield, lance, sword, and short sword, all should swear. And they should carry with them the names and number of these in a list, the counts likewise divided by single *centenae* [subdivisions of a county], just as those who were born within a district and will have been peasants and those frome elsewhere who have been committed in vassalage.

Finally, warnings to those who want to escape the oath.

25. *Contin. Fred.*, Chap. 135 (*Chronicarum quae dicuntur Fredegarii scholastici libri IV cum Continuationibus*: Four books of Chronicles which are said to be by Fredegarius Scholasticus with continuations).

26. *Annales Lauresh.* (*Annals of Lorch*) for the year 773. The duke of Benevento and all the Beneventans were also summoned to do their duty by messengers. Waitz 3: 255.

27. Waitz 4: 437.

28. Baltzer, p. 48, believes that the bow was not mentioned as a weapon of war in Germany before the twelfth century. But that is not correct. The opposing pieces of evidence are assembled in Waitz, *Verfassungsgeschichte* 8: 123. Widukind 3: 28 tells of two outstanding warriors who were cut down by arrows in 953. In 3: 54, Otto has the Slavs fired on with arrows. Bruno, Chap. 61, mentions "*sagittarii*" ("archers"). *Continuatio Reginonis* (*Continuation of the Annals of Regino*) for 962 has the Germans using marksmen ("*sagittarii et fundibularii*": "archers and slingers") in the siege of an Italian stronghold. Richard Richer has a similar account at the siege of Verdun in 984.

29. As cited in Waitz 4: 458.

30. *Capitulary of Diedenhofen* of the year 805. *M. G.*, 1. 123. "De armatura in exercitu sicut iam antea in alio capitulare commendavimus, ita servetur, et insuper omnis homo de duodecim mansis bruneam habeat; qui vero bruniam habens et earn secum non tullerit, omne beneficium

cum brunia pariter perdat." ("Concerning armament in the army let it thus be observed, just as we have already commanded before in another capitulary. In addition, every man with twelve holdings should have a mail tunic; indeed, whoever possesses a mail tunic and will not have brought it with him should lose his whole benefice together with his mail tunic.")

31. *Capitulary of Aachen. M. G.*, 1. 171, Chap. 9.

De hoste pergendi, ut comiti in suo comitatu per bannum unumquemque hominem per sexaginta solidos in hostem pergere bannire studeat, ut ad placitum denuntiatum ad ilium locum ubi iubetur veniant. Et ipse comis praevideat quomodo sint parati, id est lanceam, scutum et arcum cum duas cordas, sagittas duodecim. De his uterque habeant. Et episcopi, comites, abbates hos homines habeant qui hoc bene praevideant et ad diem denuntiati placiti veniant et ibi ostendant quomodo sint parati. Habeant loricas vel galeas et temporalem hostem, id est aestivo tempore.

Chap. 17. Quod nullus in hoste baculum habeat, sed arcum.

(When the army is on the march, [we order] that it should be the business of a count to proclaim by edict in his county that each man in lieu of 60 *solidi* should do military service, and that they should come to the assembly announced at that place where it is commanded. The count himself should have an eye to how they have been equipped, that is, lance, shield, a bow with two strings, and twelve arrows. Each of them should have these. Bishops, counts, and abbots should have these men who see to this well, and they should come on the day of the announced assembly and there they should show how they have been equipped. They should have breastplates, helmets, and an army for the season, that is in the summer time.

Chap. 17. That no one in the army should have a staff, but a bow.)

32. Gessler, *The Cutting and Thrusting Weapons of the Carolingian Period* (*Die Trutzwaffen der Karolingerzeit*), Basel, 1908. See also in this connection *Zeitschrift für historische Waffenkunde*, Vol. V, 2: 63. According to Lindenschmidt, p. 151, almost all the bows found in Merovingian graves are 7 feet long. Köhler, 3: 113, states 5 feet.

2 萨克森人的降伏

1. Nithard 4: 2. *Annales Bertin.* for the year 841.

2. Rübel, *The Franks: Their System of Conquest and Settlement* (*Die Franken, ihr Eroberungs- und Siedelungssystem*), p. 400, in accordance with the precedent set by Oppermann, *Atlas of Low German Fortifications* (*Atlas niederdeutscher Befestigungen*), believes that the large fort, Babilonie, the ruins of which have been preserved, is connected with the battle of Lübbecke in 775. The installation, like all Frankish relay courts, is divided into a smaller, better preserved part, the *palatium* (palace), and a larger one, the *heribergum* (army camp), the bivouac for the army. The *heribergum* of Babilonie has an area of 7½ hectares. On the occasion of excavations in the autumn of 1905, however, scholars believe they have determined, on the basis of

potsherds, that the stronghold was not a Frankish installation but a Saxon one.

3. At the northwest end of the Deister can be seen the remains of a Carolingian watchtower, the "*Heisterburg*," the construction of which has also been connected with the campaign of 775. Nevertheless, it was not built until later. In the accounts of the rebellion by the Saxons in 776, the chronicles speak only of the conquest of Eresburg and the siege of Sigiburg. See Rübel, *Die Franken*, p. 24, Note.

4. Rübel supposes that the method of the Franks, which called for marking off specific borders for the communities and thus drawing the wilderness areas which had formerly constituted the borders into the royal domains, also aroused the anger of the Saxon people.

5. The later German law books governing the vassalge system contain the regulation that the lord is to summon the vassal as much as six weeks before the beginning of the campaign.

6. Rübel, *Royal Courts, (Reichshöfe)*, p. 97, goes too far when he says: "In general, Charles customarily followed the courses of the streams in his campaigns and had his provisions moved up on the waterways." We have direct evidence of this only for the campaign against the Avars in 791; for the diet at Paderborn in June 785, the provisions may have been moved up on the Lippe in advance. In 790, according to Einhard's account, Charles moved by ship from Worms to Saltz on the Frankish Saale, where he had a palace, and followed the same route back, thus covering both times a large distance upstream. But

many campaigns that we can trace were completely separate from the water routes.

7. "et dum ibi resideret multotiens scaras misit, et per semet ipsum iter peregit; Saxones, qui rebelles fuerunt, depraedavit et castra coepit et loca eorum munita intervenit et vias mundavit." ("and while he was residing there, he often sent out his *scarae* and made a campaign on his own; he plundered the Saxons who were rebels, captured their camp, disrupted their fortified positions, and cleared the roads.") The *"vias mundavit"* has previously—and also very recently, by Mühlbacher, *German History under the Carolingians* (*Deutsche Geschichte unter den Karolingern*), p. 134—been translated as "cleared the routes," which would therefore be understood as meaning cleared off guerrilla bands or robbers. But this interpretation hardly seems acceptable, since such bands were normally not on the routes but hidden in the countryside. Consequently, I have no doubt at all that Rübel in *Royal Courts* (*Reichshöfe*), p. 95, is correct when he translates it as "constructed passable routes."

8. "On the Origin of the City of Hanover" ("Ueber den Ursprung der Stadt Hannover"), *Zeitschrift des historischen Vereins für Niedersachsen*, 1903.

3 加洛林帝国、诺曼人与匈牙利人

1. Regino, for the year 882: "innumera multitudo peditum ex agris

et villis in unum agmen conglobata eos quasi pugnatura aggreditur. Sed Normanni cernentes ignobile vulgus non tantum inerme quantum disciplina militari nudatum tanta caeda presternum, ut bruta animalia, non homines mactari viderentur." ("A countless number of men on foot from the countryside and the villages massed into one column approached them as if about to attack. But the Normans, seeing that it was a low-born crowd not so much unarmed as deprived of training, overthrew them with so great a slaughter that dumb animals, not men, seemed to be killed.")

第二篇　鼎盛时期的封建国家

1　加洛林帝国覆灭后国家的形成

1. In "Les grandes families comtales à l'époque carlovingienne," *Revue historique*, 72 (1900): 72, Poupardin has shown that the number of these families was rather small. Most of them traced their origins to Austrasia and were located in the most varied parts of the kingdom. They were closely interrelated. They often had properties in very different regions. That point was very important in the divisions into the various nations, since a person who had fallen into disfavor could easily move to another part of the kingdom. For this reason, the kings would not tolerate a person's having fiefs simultaneously in various parts of the

kingdom.

In "Social and Political Importance of the Control of Lands in the Early Middle Ages" ("Soziale und politische Bedeutung der Grundherrschaft im früheren Mittelalter"), *Abhandlungen der historischen-philosophischen Klasse der Sächsischen Gesellschaft der Wissenschaft,* Vol. 22, Seeliger has successfully explained, in my opinion, that the significance of the privileges for the formation of the great lords' areas has been exaggerated. The important aspect of the public power always remained with the counties, and it was from them, and not from the great domains, that the later authorities of the nation sprang.

This point alone also explains why such small differences are to be seen between the Romanic and Germanic areas, a point that Seeliger did not raise. He also passed over the fundamental fact that the position of count became a fief and why this occurred, but these points can easily be added to his explanation to complete the basic concept. This is not the place to go into the special controversies that Seeliger's studies have touched off.

2. In *Mitteilungen des österreichischen Instituts,* 17 (1896) : 165, Rodenberg quite correctly observes that Henry did not introduce anything completely new, but he holds fast to the idea that he did not just simply revive Carolingian arrangements. It would also be a false concept to say that he only "revived old arrangements." In the first place, even a "simple renewal" always brings some changes of detail, and in the

second place, the principal point is the great reinforcement of military power associated with the renewal, which was, of course, accompanied by very heavy new burdens (as, for example, the reorganization of the Prussian army by William I). The accomplishment was therefore an important political deed.

3. In this connection, see also the excursus of Chapter II, Book III, below, "German Combat Methods on Foot and Horseback," p. 291.

4. Waitz, *Heinrich I*, 3d ed., p. 101 and elsewhere.

5. Nitzsch, *Geschichte des deutschen Volkes*, 1: 306.

6. This point is not contradicted by the fact that the feudal lord held strictly to the obligation of his enfeoffed vassals to obey the summons for war. The law books also contain the strictest regulations on this point. But we already know from the Carolingian period that the strictness of the obligation did not mean that it always had to be accomplished in person. Rather, it could be satisfied with money, and for that very reason, and not because he would otherwise have had no men, the lord did not permit any modifications. The later supplements to the Roncaglian edicts of Frederick I required that the vassal provide a suitable substitute or pay half of the annual produce of his fief. Waitz, 8: 145. In the corresponding Saxon code, he had to pay only a tenth of his annual income, *Lehnrechte*, 4: 3. *Auct. vet.*, 1:13. *Deutschenspiegel Lehnrechte*, 11. *Schwabenspiegel Lehnrechte*, 8. According to Rosenhagen, *Zur Geschichte der Reichsheerfahrt*, p. 59.

7. Waitz, 8: 100.

8. Baltzer, p. 23. Rosenhagen, p. 18.

9. *Annales Colonienses maximi. SS (Greatest Annals of Cologne.* Historians in the *M.G.* series), 17: 843, now *Chronica regia Coloniensis continuatio quarta (Royal Chronicles of Cologne, Fourth Continuation)*, p. 265. "In campis Lici secus Augustam fere 6 milia militum in exercitu region sunt inventa." ("In the area of Licum near Augusta almost 6,000 soldiers were found in the royal army.") The only other example of a counting of troops that I have noted is from the fourteenth century: Christian Küchemeister, *Neue Kasus Monst. St. Galli.* Abbot Berthold (1244–1272) moved to the aid of the count of Hapsburg against the bishop of Basel with recruited knights and soldiers "and brought him more than 300 knights and soldiers, all of whom were counted at Säckingen above Brugg." *Historischer Verein von St. Gallen*, 1 (1862) : 19.

10. We now see as pointless the frequently discussed controversy as to whether only royal fiefs, or also fiefs granted by lords, or also allodia, carried obligations for military service under the king, and whether such obligations differed under varying conditions. (Weiland, "The Campaign of the Royal Army" ["Die Reichsheerfahrt"], *Forschungen zur deutschen Geschichte*, Vol. VII; Baltzer, *On the History of the German Military Organization* [*Zur Geschichte der Deutschen Kriegsverfassung*], Chap. 1, para.3; Rosenhagen, "On the History of the Royal Army Campaign from Henry VI to Rudolf von Hapsburg" ["Zur Geschichte der Reichsheerfahrt von Heinrich VI. bis Rudolf von

Habsburg"], Leipzig dissertation, 1885.) Anyone directly enfeoffed as a prince by the king was obliged to report with a troop of such strength as he himself determined and which he himself raised. It was up to him as to the extent to which he drew upon his fief and his allodia. Naturally, the king had no claim on the subvassals, but, on the basis of the royal levy, their lord ordered them to participate, or they were relieved of that responsibility through a contribution determined by custom and agreement. Allodial possessions within a county—a question that Heusler, *Deutsche Verfassungsgeschichte*, p. 137, still believes will never be solved—were also taxed by the count in accordance with custom, on the basis of the royal levy. Naturally, nobody was free from the military burden except in cases of specific privileges. The king placed the same requirements on his royal *ministeriales* that the princes placed on theirs. The conditions of those freemen of the kingdom who were not princes, conditions originating in the thirteenth century, form a special case which we need not consider here.

From the contributions which the cities made for the army campaigns, there developed the city taxes which the emperors later demanded from the free cities. These taxes give positive testimony that it was not just the royal fiefs that were called on for service to the emperor, a point that would, of course, be taken for granted under any circumstances. See Rosenhagen, p. 67, and Zeumer, *German City Taxes in the Middle Ages* (*Deutsche Städtesteuern im Mittelalter*).

11. Hegel, *Städteverfassungen*, 2: 191.

12. The last point represents Waitz's opinion. *Deutsche Verfassungsgeschichte*, 8: 133.

13. Baltzer, *On the History of the German Military System* (*Zur Geschichte des deutschen Kriegswesens*), Chap. 1, Sect. 5, "The Strengths of the Contingents," has already correctly recognized and given an excellent discussion of these conditions. I refer the reader to his work for the details and the cited passages. The only point on which I disagree is that Baltzer pictures the situation, as I have described it, as existing only from Henry IV on, and he believes that in earlier periods definite numbers, differing according to the situation, had been required, as in the order of Otto II. For my part, I date the feudal organization, which only exceptionally necessitated the use of such specific numerical requirements, as early as the period of Henry I and thereafter.

14. *Jaffé, Bibl.*, 1: 514.

15. Bibliography on this subject is to be found in Brunner, *Principal Features of German Legal History* (*Grundzüge der deutschen Rechtsgeschichte*), 2d ed., p. III, and Waitz, *Verfassungsgeschichte*, V, 2d ed., p. 342.

Of particular importance in this connection are the Latin and German versions of the *Laws for the Serving Men of the Archbishop of Cologne* (*Recht der Dienstmannen des Erzbischofs von Köln*), ed. Frensdorff, 1883, as well as the "constitutio de expeditione Romana" ("Ordinance concerning a Roman expedition"), although the latter, presumably a decree of Charlemagne, is fraudulent. According to

Scheffer-Boichorst, *Zeitschrift für Geschichte des Oberrheins,* 42 (1888) : 173, repeated in the collection *On the History of the Twelfth and Thirteenth Centuries* (*Zur Geschichte des 12. und 13. Jahrhunderts*), 1897, this fraudulent document was composed around 1154 in the monastery of Reichenau in Swabia. The purpose was to specify, in the interest of the authorities, the obligations and rights of the *ministeriales* of the monastery, who were full of demands. Reprinted in *M. G. LL*, 2. 2. 2. See also "Das Weissenburger Dienstrecht" in Giesebrecht, *History of the German Imperial Period* (*Geschichte der deutschen Kaiserzeit*), Vol. II, appendix.

16. Schöpflin, *Alsatia diplomatica*, 1: 226. Waitz, *Deutsche Verfassungsgeschichte*, 8: 156.

17. When Ladislaus of Bohemia levied his men in 1158 for the march to Italy, they were initially very dissatisfied, but when he explained that those who did not want to go would be allowed to stay at home, while those who went on the expedition had the prospect of rewards and honors, they all eagerly accepted the call.

18. It is stated in this way in the "Service Regulations of Vercelli of 1154" ("Dienstrecht von Vercelli vom Jahre 1154"), published by Scheffer-Boichorst, *Zur Geschichte des 12. und 13. Jahrhunderts*, p. 21: "Illam securitatem, quam dominus fecerit regi secundum suum ordinem, illam securitatem debent facere vasalli super evangelio domino episcopo de expeditione Romana." ("That guarantee which a lord will have made to the king, according to his own rank, vassals ought to make to their

Christian lord bishop in regard to a Roman expedition.")

19. On 7 November 1234, Pope Gregory IX required that a number of German princes should march to join him in the following March "te personaliter decenti militia comitatum, quae in expensis tuis per tres menses praeter tempus, quo veniet et recedet... commoratur" ("you in person by the proper military service of the office of counts, which lasts at your expense for three months in addition to the time in which you will come and return..."). Huillard-Bréholles, 4: 513. In November 1247, Emperor Frederick ordered the Tuscan cities to send the knights their trimonthly pay. Huillard-Bréholles, 6: 576. A dubious document of Frederick's, supposedly dating from May 1243, confirmed to a certain knight Matthäus Vulpilla the property granted to his family by King William in return for providing "unius militis equitis armati per tres menses continuo infra regnum, cum necesu erit" ("one armed horseman for three months in succession within the realm when it will be necessary"). Huillard-Bréholles, 6: 939.

20. Guilhiermoz, *Essai sur l'origine de la noblesse,* p. 276, believes that the forty-day service was first introduced by Henry II for Normandy and was then extended to the other possessions of the Plantagenets. In other French areas, he believes, there developed the legal custom for military service to be provided from the start at the expense of the lord.

21. With respect to these conditions, see Boutaric, *Institutions militaires de la France avant les armées permanentes,* p. 126 ff. On p. 233, Boutaric mentions a "coutume d'Albigeois" ("custom of the region

of Albi"), from Martène, *Thesaur. nov. anecdot.,* 1: 834, according to which a vassal who did not bring along the prescribed number of men to the levy had to pay, as punishment for each missing warrior, double the amount of the man's pay.

22. Waitz, 8: 162.

23. According to the so-called *constitutio de expeditione Romana, M. G. LL.,* 2. 2. 2.

24. Boutaric, *Institutions militaires de la France,* has collected the passages on this subject on pp. 191 ff. He says that complete lists of the feudal levies do not exist, but those that have survived show how small the obligations of the great vassals were. Under Philip Augustus, the duke of Brittany provided forty knights, Anjou forty, Flanders forty-two, the Boulonnais seven, Ponthieu sixteen, Saint Pol eight, Artois eighteen, Vermandois twenty-four, Picardy thirty, Parisis and Orléanais eightynine, and Touraine fifty-five.

From the time of Henry I (1152–1181), the counts of Champagne had lists made of their vassals, extracts from which have been passed down to us. Published in D'Arbois de Jubainville, *Histoire des ducs et comtes de Champagne,* Vol. II, 1860.

The first of these lists shows a total of 2,030 knights (*milites*). They provided the king with twelve bannerets.

Normandy had 581 knights in the service of the king and 1,500 in the service of the barons.

In 1294, Brittany had 166 knights (*chevaliers, écuyers et archers*), who were obligated to participate in the expedition. According to another source, there were 166 knights and 17 squires (*écuyers*). Brittany was obligated to provide only 40 for the king.

2　莱希菲尔德会战

1. *Mon. Germ. SS.*, 3. 408.

2. Gerhardi, *Vita S. Oudalrici* (*Life of Saint Oudalricus*), *SS.*, 4. 377.

3. Flodoard, *SS.*, III.

4. Steichele, *The Diocese of Augsburg* (*Das Bistum Augsburg*), 2 (1864): 491, and L. Brunner, *The Invasions of the Hungarians in Germany* (*Die Einfälle der Ungarn in Deutschland*), 1855, p. 38.

5. Attempts have been made to reconcile Widukind's report that the Hungarians crossed the Lech and the fact that they were already on the left bank with the assumption that the battle, nevertheless, took place on the left bank. This explanation is based on the assumption that the reference to the Hungarians was only to those who attacked the Germans in the rear before the actual battle and that, consequently, only a part of them crossed the river, only to cross it for a second time near its mouth, thus falling on the Germans from the rear. A special example of this belief is to be found in Wyneken in his *Studies on German History* (*Forschungen zur deutschen Geschichte*), Vol. 21, where he effectively corrects many of the errors made by others but in this case obviously falls from analysis into pure harmonistics. Widukind's meaning is

clear, namely, that the entire Hungarian army crossed the river to do battle, and not simply a part of the army crossed for the purpose of an envelopment and then returned. If anyone wishes to eliminate Widukind's testimony to the effect that the Hungarians crossed the Lech before the battle ("Ungarii nihil cunctantes Lech fluvium transierunt": "The Hungarians crossed the Lech River without any delay at all") in order to be able to place the battle on the left bank, the only consistent possibility is to assume, as I have done above, that Widukind, who makes no mention of the siege, meant the first crossing.

6. *Annales Palidenses* (*Annals of Pöhlde*), SS., 16. 60: "ad clivum, qui dicitur Gunzenle" ("toward the hill which is called Gunzenlee"). *Chronicon Eberspergense* (*Chronicle of Ebersberg*), SS., 25. 869: "Locus autem certaminis usque in hodiernum diem super fluvium Licum, id est Lech, latino eloquio nominatur Conciolegis, vulgares vero dicunt Gunzenlen." ("The site of the battle, however, on the river Licum, that is the Lech, is called up to the present day by its Latin name Conciolegis; the common people in fact say Gunzenlen.") Steichele, in *Das Bistum Augsburg*, 2: 491, reports that the hill no longer exists.

7. Widukind says that the king established his camp "in confiniis Augustanae urbis" ("on the borders of the city of Augsburg") and that the other contingents joined him there. That, of course, does not mean that the assembly area was in or beside the area belonging to the city of Augsburg, but only that it was in the vicinity of Augsburg, where the battle later took place. The assembly had to take place north of the

Danube so that none of the contingents would be individually exposed to an attack by the swift Hungarians. Only after all the contingents were assembled did they move across the river, ready for battle.

8. *Annales Sangallenses majores* (*Annals of Saint Gall*), *Mon. Germ. SS.,* 1. 79. To judge from the short report in these annals, it would not be impossible to conclude that the engagement between the Hungarians and the Bohemians and the capture of Lele took place in a completely different campaign, possibly on the Bohemian border. But we may clarify this point through a report from the *Chronicon Eberspergense*, SS., 20. 12, which is admittedly 100 years later and very distorted but also contains the same name, Lel, of the Hungarian duke who was taken prisoner by the Ebersperg garrison while fleeing.

9. Thus reads the imperial order as it was relayed by Archbishop Hatti of Trier to the bishop of Toul in 817. See p. 35, above.

3 亨利四世皇帝征战史

1. Both in *M. G. SS.*, V and in the school edition.

2. *Carmen de bello Saxonico, M. G. SS.*, XV.

3. According to Lambert and Bruno.

4. The *Pöhlder Annals* (M. G. SS., XVI) report as follows on a battle they place in 1080: "Rursus inter Heinricum et Rodolfum bellum gestum est, ubi Rodolfus percepto clamore suos occubuisse putavit et fugit. At ubi eventum rei didicit, se scilicet propriam fugisse victoriam, magis

vivere quam mori recusavit." ("A battle was again waged between Henry and Rudolf, when Rudolf, after hearing a shout, thought his men had fallen and fled. But when he learned the outcome of the battle and that he obviously had fled his own victory, he was more reluctant to live than to die.") This probably cannot refer to any other event than Melrichstadt.

5. Berthold expressly stated (*M. G. SS.*, V) that Henry assured his retinue that this would be the case.

6. Bruno says nothing about this. But it might be concluded from these points that the *Pegau Chronicle* had Henry marching up via Weida (south of Gera, on the upper Elster). That is, of course, impossible in the light of Bruno's account. But since in any case Henry had also called up Bavaria, where he had a particularly large number of supporters, for the campaign, and these troops could presumably not march on any other route, the account in the *Pegau Chronicle* may be based on a positive legend that royal troops moved via Weida. Of course, it could also be that the village of Weida, situated on the battlefield, was the place referred to in this legend.

7. We cannot determine how close he came to Naumburg. Bruno's statements could be understood to mean that he made an attempt to take Naumburg by storm. But it is also possible that when he heard that the Saxons or their advance guard had already reached Naumburg, Henry crossed the Saale a day's march farther to the south. Perhaps only an engagement between reconnaissance forces took place before the town.

4 诺曼人征服盎格鲁-撒克逊人

1. Major Albany's work, *Early Wars of Wessex*, 1913, has no scholarly value, according to the review by J. Liebermann in the *Historische Zeitschrift*, Vol. 117, p. 500.

2. Oman, *History of the Art of War*, to which I refer the reader for the cited provisions of the law, sees (p. 109) the reason for opening up the class of thanes in the hope of inducing the peasants and burghers to provide themselves with good weapons and strengthen the military forces. I cannot agree with this idea. A well-to-do burgher or peasant who procures fine weapons does not thereby become a useful warrior, and in case of war he might only be inclined to hide his weapons and reject his newly won status. Such minor measures did not create men of a caliber to oppose the Vikings. Consequently, as we have seen above, the laws can only be interpreted in the opposite sense, namely, that the former warrior status of the thanes had already disappeared and there remained only a civilian-social status into which the more prominent peasants and burghers tried to be admitted.

3. Stubbs, 1: 262, cites a source in Canterbury to the effect that there were no *milites* in England before the time of King William.

4. See Freeman, Vol. III, Appendix H. H., p. 741, for a listing of all the various estimates of the army strengths.

5. Compare the study on the changes in tactics in the preceding volume, Book IV, Chap. 2, p. 408, with the statements of Aristotle and

Frederick the Great.

5 诺曼人在英格兰的军事组织

1. "Lord" is an Anglo-Saxon word and means literally "bread-giver." The title "baron" came into England with the Conquest. It means the same thing as *homo*, "vassal," and originally applied to all those directly enfeoffed by the king, but it gradually became limited to the most important men among them, the most eminent of whom were given the title of "earl."

2. The number of *servitia debita* that were provided by men not settled on the land, and the number of those who were settled, above and beyond the number of *servitia debita*, were therefore almost in balance, so that the number 5,000 appears in both cases. See p. 179.

3. Pollock and Maitland, *The History of the English Law before the Time of Edward I*, 2d ed., 1898, 1: 236.

4. In the battle Lincoln (1141), in which King Stephen was captured, he had a few earls on his side, who no doubt bore important names but had only a few men with them. One source, Gervasius of Canterbury, calls them "ficti et factiosi comites" ("false and factious earls"). They had no other connection with the counties whose titles they bore except that a third of the income from those counties was paid to them (Oman, p. 393). Consequently, it was probably less a question of bad will than a lack of resources that prevented them from providing the king better

support.

5. Stubbs, *Constitutional History*, 2d ed., 1: 434.

6. Robert de Monte, for the year 1159, cited in Stubbs, p. 588.

7. *Dialogus de scaccario* (*Dialogue concerning the Exchequer*), written in 1178–1179. Cited in Stubbs, p. 588.

8. Section 51. "Et statim . .. amovebimus de regno omnes aliegenas milites, balistarios, servientes, stipendiaries, qui venerint cum equis et armis ad nocumentum regni." ("And immediately... we shall remove from the kingdom all foreign soldiers, crossbowmen, sergeants and mercenaries who will have come with horses and arms for the harm of the kingdom.")

9. Morris, *The Welsh Wars of Edward I*, p. 185, *passim*.

10. Pollock and Maitland, 1: 233, point out that the forty-day rule could hardly ever have had legal force but always remained only a theory. John of England once required eighty days. Recently, Guilhiermoz, *Essai sur l'origine de la noblesse française,* convincingly stated that it was Henry II of England who introduced the forty-day rule.

11. Robert de Monte, cited in Stubbs, *Constitutional History,* 1: 455.

12. Pollock and Maitland, p. 234.

13. Stubbs, *Constitutional History,* 1: 590.

14. Gneist, *Englische Verfassungsgeschichte*, p. 289, note (according to a manuscript in the Cotton Library).

15. Pollock and Maitland, 2: 252.

16. Pollock and Maitland, 1: 246.

17. The shift from personal service to money payments was, as Pol-lock and Maitland, 1: 255, suppose, the origin of the otherwise inexplicable reduction of the roster. In 1277, the clergy, who had had to provide 784 knights in 1166, acknowledged having hardly 100. The great earls did likewise. But the compensation for the individual knights was increased correspondingly. Morris, of course, explains this reduction differently in *The Welsh Wars of King Edward I.* On p. 45 f., he states that the reduction in the number of those to be provided was compensation for the extension of the period of service by several times the usual forty-day standard.

18. Cunningham, *The Growth of English Industry and Commerce,* 3d ed., 1: 196.

19. In 1294, the clergy provided one-half, the earls, barons, and knights one-tenth, and the cities one-sixth.

In 1295, the clergy provided one-tenth, the nobles one-eleventh, and the cities one-seventh.

In 1307, one-fifteenth was provided; that amounted to 40,000 pounds for all of England.

20. Stubbs, Select Charters, p. 255 (from Roger of Hoveden).

21. *Constitutional History of England,* 1: 573.

6 意大利的诺曼人国家

1. *Lupus Protospatharius, Mon. Germ. SS.*, 5. 52, gives the strength for Olivento as 3,000. Gaufredus Malaterra, in his *History of Sicily* (*Geschichte Siciliens*)*, Muratori, SS.*, 5. 533 ff., gives 500. William of Apulia, in his epic poem which he dedicated to Robert Guiscard's son (*Mon. Germ. SS.*, 9–239 ff.), gives the number as 1,200. The reported strength for the battle of Cannae is given in the *Annals of Barri, Mon. Germ.*, 5. 51 ff. All these points are taken from von Heinemann, *History of the Normans in Lower Italy* (*Geschichte der Normannen in Unteritalien*), p. 359.

2. von Heinemann, *History of the Normans,* p. 113.

3. von Heinemann, p. 207.

4. von Heinemann, p. 311.

5. von Heinemann, p. 325.

6. von Heinemann, pp. 330, 333.

7. Ryccardus de San Germano, *M.G. SS.*, 19. 369, anno 1233. P. 376: "vocat ad se… omnes barones et milites infeudatos" ("he calls to himself… all barons and enfeoffed knights").

8. Ryccardus de San Germano, *M.G. SS.*, 19. 348: "statuens ut singuli feudatarii darent de unoquoque feudo octo uncias auri et de singulis octo feudis militem unum in proximo futuro mense Maii" ("decreeing that all vassals should give from each fief 8 ounces of gold and from every eight fiefs one knight in the next month of May").

7 拜占庭

1. We would be able to state this characteristic definitely if the *Strategikon* that has been passed down under his name was actually written by him. However, this is very doubtful. See pp. 193, 198, below.

2. Zachariä von Lingenthal, *History of Greco-Roman Law* (*Geschichte des griechisch-römischen Rechts*), 3d ed., p. 271, para. 63.

3. *Les exploits de Digénis Akritas.* Epopée byzantine du Xieme siècle, publiée par G. Sathas et E. Legrand. Paris, 1875.

4. Zachariä von Lingenthal, *Geschichte des griechisch-römischen Rechts,* 3d ed., p. 265.

5. Carl Neumann, *World Position of the Byzantine Empire* (*Weltstellung des byzantinischen Reichs*), p. 58.

6. Zachariä von Lingenthal, p. 273, Note 916.

7. Zachariä von Lingenthal, p. 273. Neumann, p. 56, states that the threefold increase can be explained by the increased requirement for military preparations and performance. But such an increase can hardly have taken place; for a long time already, military service had meant service on horseback. But Neumann immediately adds that the increase indicated the intention of giving up the restoration of small landholdings as unsuccessful and unnecessary. This may well be correct.

8. Constantine Porphyrogenitus, *De administrando imperio* (*On Ruling the Empire*), Chap. 5 2.*Joh. Meursii opera* (*Works of John Meursius*), 6: 1110. For other evidence, see Carl Neumann, *Die*

Weltstellung des byzantinischen Reiches vor den Kreuzzügen, 1894, pp. 68 and 69- Note, for example, from Constantine IX: "He paid large fees for soldiers."* Cedrenus, 2: 608.

9. *Excerpta Johannis Scylitzae Curopalatae* (*Excerpts of John Scylitzes Curopalates*), *SS. Byzantini* (Bonn). Cedrenus, 2: 662.

10. "Inexperienced in war, without horses, almost without arms and naked, and not even having daily supplies, they underwent many desperate straits and returned to their own land without glory."*

11. Neumann, pp. 60, 68. Gustave Schlumberger, *Nicéphore Phocas*, Paris, 1890, pp. 532–533. Krumbacher, *Geschichte der byzantinischen Literatur*, p. 985.

12. Neumann, p. 67, presumes that the west, more thickly inhabited by barbarians, lagged behind the east culturally and was therefore incapable of paying taxes in currency.

13. Jähns, *Geschichte der Kriegswissenschaften*, 1: 170.

14. Book IV, Chap. 4, Ed. Bonn, p. 134.

15. Taken from the listing in Hammer, *Geschichte des Osmanischen Reichs,* 1: 552, 674, which includes, however, a few cases that are not completely confirmed.

8　阿拉伯人

1. In the *Cultural History of the Orient under the Caliphs* (*Culturgeschichte des Orients unter den Chalifen*), by Alfred von

Kremer (Vienna, 1875), there is a chapter on the military system (pp. 203–255) in which the source reports are assembled quite completely but without analysis and without any military-objective understanding. I have not drawn anything from this work.

2. August Müller, *Geschichte des Islam*, 1: 31.

3. Wellhausen, "Die religiös-politischen Oppositionsparteien im alten Islam," *Abhandlungen der Königlichen Gesellschaft der Wissenschaften zu Göttingen. Phil. Hist. Kl.*, New Series, 5. 2. 10.

4. Edited and translated by F. Wüstenfeld in the *Abhandlungen der Gesellschaft der Wissenschaften zu Göttingen,* Vol. 26 (1880). This work consists in part of a translation and revision of Aelian's *Tactics* and must therefore, of course, be used with caution.

5. Müller, 1: 164.

6. Weil, *Geschichte der Chalifen*, 1: 30.

7. Weil, 1: 60.

8. Müller, p. 238.

9. Müller, p. 243.

10. Müller, 1: 252, note.

11. Müller, 1: 222.

12. Of course, not in one move. The events took place in the following sequence: in 641 the Arabs conquered Egypt; in 643 or 644 they took Tripoli. In 648–649 Moawija, as governor of Syria, built a fleet. The governor of Egypt did likewise. In 647–648 the latter, with 20,000 men, conquered Carthage but then left the country again. In the

following decades, frequent raids were made from Tripoli into Tunis. In 683 the Arabs suffered a defeat, lost Tripoli, and were thrown back to Barca. In 696 Hassan arrived with 40,000 men and stormed Carthage. After a few reverses, when a Greek fleet was in action, the subjugation of the entire area up to the ocean was completed between 706 and 709. The Berbers joined Islam.

13. Cited by Wüstenfeld, p. 24. See also p. 27, where the temptation to break out of ranks in battle is expressly opposed with an indication for the necessary obedience.

14. Weil, 1: 42.

9 十字军东征综述

1. "Army Strengths in the Crusades" ("Die Hereeszahlen in den Kreuzzügen"), Berlin dissertation, 1907 (Georg Nauck, publisher). This work studies particularly the Third and Fourth Crusades.

2. *Opera St. Bernhardi* (*Works of St. Bernard*), ed. Mabillon, 1: 549. From the translation in Wilcken, *Kreuzzüge*, 2: 555.

3. The principal source for the knightly orders is found in the statutes with their later supplements, the various editions of which and all the related subject matter have been completely clarified only in the last few decades. See Schnürer, *The Original Regulations of the Knights Templars* (*Die ursprüngliche Templerregel*). (In the *Studien und Darstellungen auf dem Gebiet der Geschichte*, edited by Grauert,

3: 1–2). Freiburg, 1903. *The Regulations of the Templars* (*La Règie du Temple*), Paris, 1886, contains a critical editing by E. de Curzon. With this edition as a base, the reading of this work has been made available to a broad public in the most praiseworthy way by a translation in the book *Die Templerregel*, translated from the Old French and accompanied by explanatory notes by Dr. R.Körner, Jena, 1902. As an appendix to his *Cultural History of the Crusades* (*Kulturgeschichte der Kreuzzüge*), Prutz reprinted the *Regulations of the Order of St. John,* in Latin. *The Regulations of the Teutonic Order, with all the Supplementary Laws and Customs* (*Die Regel des deutschen Ordens, mit alien nachträglichen Gesetzen und Gewohnheiten*) was published in exemplary fashion in the five texts in which it has been retained (Latin, French, Dutch, German, and Low German) by Perlbach, Halle, 1890.

第三篇　中世纪盛期

1　种姓骑士

1. See Richard Schroeder, *Zeitschrift für Rechtsgeschichte, Germanische Abteilung,* 24. 347, "The Old Saxon People's Nobility and the Landowner Theory" ("Der altsächsische Volksadel und die grundherrliche Theorie").

2. Richer, for the years 930 and 888. *SS.*, 3. 584. Bonitho, Jaffé 2: 639.

3. Wipo, Chap. 4.

4. Bruno, Chap. 88. Cosmas II, Chap. 25, for the year 1087. A document of Emperor Lothair of the year 1134 distinguished between "ordo equestris major et minor" ("greater and lesser equestrian rank"), cited by Schröder, *Deutsche Rechtsgeschichte*, p. 430; "milites tam majors quam minores" ("greater as well as lesser knights"), *Gesta Consulum Andegavensium* (*Deeds of the Counts of Anjou*), ed. Bouquet, 10. 254; "milites plebei" ("soldiers of the people") in Raymond of Agiles, *Recueil des histoires des Croisades*, 3: 274.

5. This is correctly expressed by Waitz, 5: 439, where still more examples are cited (also p. 398, Note 4). When he adds, however, that it cannot be said with certainty with which meanings the expressions were used, I can see no basis for this doubt. Legal meanings, everybody agrees, are not intended; the factual, social relationships that are meant, however, are entirely clear. Source citations are also to be found in Köhler, *Ritterzeit*, 3: 20.

6. Cited by Harnack, *Militia Christi* (*Service of Christ*), p. 84, note: "ut plurimi ex ipsis adderentur ad fidem domini nostri Jesu Christi derelicto militiae cingulo" ("that most of them should be added to the faith of our Lord Jesus Christ after the belt of military service has been given up").

7. *Gesta Cons. Andegavensium*, ed. Bouquet, *Recueil*, 10: 254. It is recounted that the inhabitants of a castle under attack "cingulis militaribus accincti armisque protecti ad pugnam se more militum

castrensium paraverunt" ("girded with military belts and protected by arms, they prepared themselves for battle like the knights of a castle") and made a sortie. The knight's belt plays a role in this incident, in that it creates the deceptive appearance that knights are coming and attacking.

The purple or scarlet cloak which is often mentioned (Abbo repeatedly; Ruotger, *vita Brunonis*, Chap. 30, *vita Heinrici IV*, Chap. 8; *Chronicle of Monte Casino for the Year 1137*) I am not willing to count, as does Baltzer, p. 5, as a specific part of the knightly garb, since it is expressly stated that, when the knights are too poor, they must be satisfied with the cloak in its natural color. (*Vita Heinrici IV*, Chap 8.) We also read (Guiart, 2. 698 cited in Alwin Schultz, 2: 313, Note 3) that the knights on taking the cross, renounce any elegance in their clothing and put on simple, dark garments. They were not willing, however, to lay aside a symbol of their rank, but only the elegant attire.

8. At any rate, that is what one finds often recounted in modern works, although I have not been able to find the original source therefor, and in works on legal history nothing on such an order is to be found, no more so than in the special works on Louis VI. Daniel, *History of the French Militia* (*Histoire de la Milice Française*), 1724. Boutaric, *French Military Institutions* (*Institutions militaires de la France*), 1863. Boutaric, *The Feudal System. Review of historic questions* (*Le regime féodal. Revue des questions historiques*), Vol. XVIII, 1875. Glasson, *History of the Law and Institutions of France* (*Histoire du*

droit et des institutions de la France), 1891. A. Luchaire, *Manual of French Institutions, period of the direct line of Capetians* (*Manuel des institutions franchises, période des Capétiens directs*), 1892. Luchaire, *History of the Monarchical Institutions of France* (*Histoire des institutions monarchiques de la France*), Tome III (also under the title *Studies on the Acts of Louis VII* [Etudes sur les actes de Louis VII], 1885). Luchaire, *Louis VI, Annales de sa vie*, 1890.

9. "De filiis quoque sacerdotum dyaconorum ac rusticorum statuimus, ne cingulum militare aliquatenus assumat, et qui jam assumserunt, per judicem provintiae a militia pellantur." ("We also decree concerning the sons of priests, deacons, and peasants that they should not assume the knightly belt to any extent, and those who have already assumed it should be banished from military service by the judge of the province.") *LL*, 2. 185.

In the dispensation statement under Frederick II, we read: "nostris constitutionibus caveatur, quod milites fieri nequeant, qui de genere militari non nascuntur." ("Let it be decreed by our ordinances that those who are not born of a knightly family should not be able to become knights.")

10. *Gesta Friderici II*, 13: "inferioris conditionis juvenes, vel quoslibet contemptibilium etiam mechanicarum artium opifices, quos caeterae gentes ab honestioribus et liberioribus studiis tanquam pestem propellunt, ad militiae cingulum vel dignitatum gradus assumere non dedignantur." ("They do not think that young men of the lower class and

craftsmen of the contemptible, even mechanical arts, whom other nations banish like the plague from the more honorable and freer pursuits, are worthy to assume the belt of military service and the ranks of offices.")

According to Daniel, *De la Milice Française, p. 33, in the Ligurinus*, Gunther, on the other hand, has the emperor act in this way: "Utque suis omnem depellere finibus hostem posset (possit), et armorum patriam virtute tueri Quoslibet ex humili vulgo, quod Gallia foedum Judicat, accingi gladio concedit equestri." ("And so that he might be able to repel all of the enemy from his territory and to guard the country by strength of arms, he granted that all of the low populace, which France judges hideous, to be girded with a knight's sword.")

Had the *Ligurinus* itself not been preserved, this passage would appear completely puzzling to us—and so it should serve us (especially old historians and classical philologists) as a warning as to how seriously and how easily one can be led into error by a second-hand source. Daniel, for example, whose work in other respects is quite thorough, slipped up for once here and ascribed to the emperor what Gunther actually has the Italians doing (Book II, verse 151 ff.); here too, then, he simply adheres to his source. The *"Gallia"* in his verses, in keeping with the well-known linguistic usage of the Middle Ages, includes Germany also.

11. Curzon, *Rules of the Templars* (*La règle du temple*), Chaps. 337,431, 586.

12. Vetus auctor de beneficiis, 1.4: "rustici et mercatores et omnes

qui non sunt ex homine militari ex parti patris et avi jure careant beneficiali." (The old author on benefices, 1.4: "peasants, merchants, and all who are not the sons of a knight by their father and grandfather should abstain from the beneficial oath.")

13. Concerning the original meaning, see Waitz, 8: 117.

14. Schröder, *Deutsche Rechtsgeschichte*, p. 430, believes the distinction between knights (as a result of the dubbing ceremony) and squires (*Knappen*) had come into force only since the thirteenth century but had never actually attained a legal significance.

This line of thought is too specifically juridical. The dubbing, as such, did not have, it is true, a directly legal effect, but only as the result of such an act could the distinction become fixed which finally led to the formation of the petty nobility.

15. *M.G. LL*, 2. 103. 10: "Si miles adversus militem pro pace violate aut aliqua capitali causa duellum committere voluerit, facultas pugnandi ei non concedatur, nisi probare possit, quod antiquitus ipse cum parentibus suis natione legitimus miles existat." ("If a knight will have wanted to fight a duel against a knight because of a breached peace or any capital offense, the opportunity of fighting should not be granted to him unless he should be able to show that from ancient times he with his parents is by birth a knight of legal status.")

16. The Bamberg Service Law, at the end of the eleventh century, specifies that a *ministerial* whom the bishop does not invest with a fief may enter the service of another but may not allow himself to be bound

by a fief "cui vult militet, non beneficiarie, sed libere." ("Let him serve for whom he desires, not as a man enfeoffed but as a freeman.") Such a provision already indicates an extensive weakening of the concept of the unfree condition.

17. The finer distinctions and developments in the various generations and regions are passed over here. Zallinger, in *Ministeriales and Knights* (*Ministeriales und Milites*), 1878, believes, for example, he has proven that in the regions under the Bavarian law the *ministeriales* or serving men (*Dienstmannen*) had in the thirteenth century assumed a special position clearly above the common *milites* and no longer regarded the latter as of equal birth. Only the monarchy and the princes were allowed to have such outstanding, though unfree, serving men (*Dienstmannen*). This latter group later became completely intermingled with the free nobility in the status of lords or property holders.

18. For example, by Guilhiermoz. Against him, E. Mayer, in *Zeitschrift für Rechtsgeschichte, Germanische Abteilung*, 23 (1902): 310. In connection with this controversy, I invite the reader's attention to Chap. 435 of the statutes of the Knights Templars: "One does not ask a knight if he is servant or slave of no man, for since he says that he is a knight by birth, of a legal marriage, if he is truthful, he is by his very nature free." In Germany this condition could not have been met.

19. Even if it should be correct, as Böheim in *Manual of Weapons* (*Handbuch der Waffenkunde*), p. 12, claims, that around the year 1400 there took place a lightening of the protective equipment, nevertheless

that would only have been a momentary trough in the constantly rising tide. But the fact itself is doubtful and in any case not yet fully established. Böheim himself says shortly thereafter, p. 14, that at the start of the fifteenth century the protective arms were strengthened.

20. Baltzer is quite correct about this, on p. 52 ff. If in the meantime an enumeration by helmets (*galea*) also appears, that follows the same direction as the general development but does not directly bring it on. The account mentioned by Baltzer on p. 56, to the effect that knights, in order to fight more easily, had taken off their armor, is explained correctly by Köhler as being not for the purpose of fighting but for the pursuit. Even so, I would prefer to regard this account not as a historic fact, but as "trimming." The first use of "*dextrariis coopertis*" ("covered war-horses") was found by Köhler (3. 2. 44) in the year 1238.

21. Giraldus Cambrensis, *Expugnatio Hibernica* (*The Conquest of Ireland*), Opera 5. 395. "Cum ilia nimirum armatura multiplici sellisque recurvis et altis difficile descenditur, difficilius ascenditur, difficillime cum opus est pedibus itur." ("Certainly with that multiple armor and a high curved saddle it was difficult to dismount, more difficult to mount, and most difficult to go on foot when necessary.") The author died about 1220.

22. Köhler, 3. 2. 81. From the statutes of the knightly orders it is clear that, wherever it is a question of knights with several horses "*equitaturis*"), this means those horses which the knight himself rides—just as, today, the cavalry officer has several mounts—and not, for

example, those horses which he provides for his followers. See Curzon, *La règie du temple,* Chap. 77, p. 94. *Statutes of the Knights Hospitalers,* Chaps. 59 and 60; in Prutz, *Cultural History of the Crusades* (*Kulturgeschichte der Kreuzzüge*), p. 601. *Statutes of the Teutonic Knights,* Perlbach, p. 98.

23. Baltzer, p. 59. According to Köhler, 3. 2. 77, Viollet-le-Duc is said to have claimed that protective covering was not placed on knights' steeds until the end of the thirteenth century.

24. Waitz, 8:123, says correctly: "Of course, there was never a complete lack of foot soldiers, only that they were employed mostly in defensive situations ... or in a war where everybody who could bear arms was used, whereas they participated only exceptionally in army expeditions."

25. Ennen and Eckertz, *Sources for the History of the City of Cologne* (*Quellen zur Geschichte der Stadt Köln*), 4. 488. 560.

26. Roth, *Dignity of the Knight* (*Ritterwürde*), p. 98. Suger, too, in the description of the battle of Brémule in 1119, uses the expression that King Henry "milites armatos ut fortius committant, pedites deponit." ("He placed the foot soldiers in reserve so that the armored knights might engage more bravely.") The *Gesta Francorum* (*Deeds of the Franks*), Chap. 6, on the battle of Dorylaeum in 1097: "Pedites prudenter et citius extendunt tentoria, milites eunt viriliter obviam iis." ("The foot soldiers skillfully and rather quickly cocked their crossbows and the knights courageously attacked them" [the Turks]). Fulcher,

p. 393: "milites sciebant effici pedites." ("The knights knew how to become dismounted combatants"), (1098). Likewise, in the report on the battle of Ascalon in 1099: "quinque milia militum et quindecim milia peditum" ("5,000 knights and 15,000 foot"). Gervasius Dorobernesis, *Chronica de rebus anglicis* (Gervasius of Canterbury, *Chronicles of English History*) for the year 1138: "milites et pedites" ("knights and foot troops"). Also *Gesta Consulum Andegavensium* (*Deeds of the Counts of Anjou*), *Recueil des Histoires des Gaules* (*Collection of Histories of the Gauls*), 11. 265. Pope Innocent IV to Cardinal Reiner in 1243 (Huill. Bréholles, 6. 131): "cum pro defensione civitatis militia minus necessaria videatur, pedites autem utiliores esse noscantur." ("Whereas a band of knights is less necessary for the defense of a city, foot soldiers are known, however, to be more useful.")

27. Zallinger, *Ministeriales und Milites*, p. 4: "The expression *miles* is used in the original sources in the most varied senses and serves alternatively in the course of time as the normal indication of individual knightly classes, according to whether the importance of the knightly way of life or of knightly birth might appear as particularly characteristic or determining for a class. Thus, it is frequently found in an earlier period with the sense of a free vassal, whereas later it is used predominantly for the unfree knight. Furthermore, by *miles* is meant particularly the man who has already been knighted, in contrast to the squire who is simply of knightly birth."

Waitz, 5: 436, gives a series of citations from which it can be concluded that in the older period the *ministeriales* and the unfree warriors in general, as well as the free ones, were designated as *milites*. He then continues: "The royal chancellery distinguishes between *miles* and *serviens*," but he does not touch on the decisive question as to how long this distinction had been in effect, whether any contrary examples are to be found, and on how broad a basis or how long this usage was also observed in the chronicles.

Köhler, Vol. I, Section IX, claims that in Spain and Italy the light horsemen also were called *milites* over an extended period, whereas in France and Germany from the twelfth century on the expression miles had the exclusive meaning of knight.

Fulcher, *Historia Hierosolymitana* (*History of the Jerusalem Campaign*), 2: 31 (Mignet. 155, p. 886), recounts concerning the battle of Ramleh: "Milites nostri erant quingenti exceptis illis qui militari nomine non censebantur tamen equitantes. Pedites vero nostri non amplius quam duo milia aestimabantur." ("Our knights were 500, except those who were not counted of knightly rank but ride horses. Our foot in fact was estimated at not more than 2,000.")

Frederick II had promised the pope to maintain 1,000 *milites* in Palestine for two years at his own expense, and he sent Hermann von Salza, the grand master, to Germany to recruit them. In his letter of 6 December 1227 appears: "Misimus magistrum domus Theutonicorum pro militibus solidandis, sed in optione sua potentem, viros eligere strenuous et pro meritis personarum ad suam prudentiam stipendia polliceri." ("We sent the master of the house of the Germans to hire knights, but having the power in his choice to select strong men and to promise pay at his discretion according to the merits of the individuals") It is difficult to imagine that Hermann, in carrying out this mission, limited himself strictly to men who had already been knighted or that he knighted the recruits who had not yet been so elevated. Rather, it must be assumed that he took, even for heavy mounted service, qualified soldiers. The word *miles*, therefore, is not to be taken here in its strictest sense.

28. The quotations are in Waitz, 5: 400, Note 5.

Guilhiermoz, p. 429, Note 41 says: "We know that in the Merovingian and Carolingian periods the high officers of the palace, including those who had the most unwarlike responsibilities, were given military commands in time of war," and he presents evidence thereof. It is more correct to express this idea, as we have done, in the opposite way: not that possessors of peacetime positions received military command positions, but that warriors were placed even in the most peace-oriented posts, except those held by ecclesiastics.

29. Gustav Roethe, *German Heroes* (*Deutsches Heldentum*), address given in Berlin, 1906. G. Schade, publisher.

30. Köhler, 3. 2. 123, seems to me to present this correctly.

31. Köhler, 3: 91, speaks of an order of Louis IX prohibiting the squire (*écuyer*) from wearing body armor, hood, or arm bands. For this point, he relies on Daniel, *Milice française*, 1: 394, where nothing of this

sort is to be found. It appears that he meant the passage in Vol. I, p. 286, where Daniel, on the basis of a treatment by Ducange, cites a ceremonial tourney from the period of Louis IX, wherein the squires were supposed to wear no trousers of mail, no covering of mail over the bacinet, and no "bracheres" (I believe that by this word he means brassards or sleeves of mail.)—Consequently, this has to do only with tournaments. In war, the idea of decreasing artificially the effectiveness of the armor because of class jealousy would simply appear to be too absurd.

Köhler, 3. 2. 67, is also in error when he concludes (citing Niedner and Alwin Schulz), from the *Partenopter* of Konrad of Würzburg, v. 5225 ff., that the squire was not allowed to wear the sword on a sword belt, but like a merchant on his saddle, since his lady had begged him not to buckle it on: "ê sie, daz viel reine wîp ze ritter in gemachete" ("before she, the very pure lady, made him a knight").

32. *Chronicon Hanoniese* (*Chronicle of Hainaut*), M.G., 21. 552, says of a count of Hainaut that he joined the king of France "cum 110 militibus electis et 80 servientibus equitibus loricatis in propriis expensis venit et ibi et in reditu in propriis expensis semper fuit." ("He came there with 110 selected knights and eighty sergeants as armored horsemen at his own expense and on his return it was always at his own expense.")

Köhler's citation, 3. 2. 39, from Gislebert *SS.*, 21. 520 is incorrect. The same Gislebert reports on p. 522 that Baldwin of Hainaut in 1172 came to the assistance of his uncle Henry of Luxembourg "in 340 militibus et totidem servientibus lauricatis et 1,500 clientibus peditibus electis" ("in 340 knights and just as many armored sergeants and 1,500 selected men-at-arms on foot").

33. We even find cases where men of knightly birth disdained receiving the ceremonial knighting and had to be forced to it by their lords. Count Baldwin of Flanders announced in 1200 that the son of a knight who had not become a knight by age twenty-five was to be regarded as a peasant. In France, in 1293, it was required, under penalty of punishment, by the twenty-fourth year of those noblemen ("nobiles saltern ex parte patris": "nobles at least on their father's side") who had 200 pounds of income from their property, 160 of it as inheritance. Guilhiermoz, pp. 231, 477. In Zurich this was required by the thirtieth year. Cited in Köhler, 3. 2. 65. In the thirteenth century, the English kings made a fiscal measure of it.

34. Köhler, 3. 2. 6 and 3. 2. 135, claims that the city knights did not count in the warrior class because they did not belong to a vassal group, were not vassals or *ministeriales*. That is conceptually false; one can be a warrior without being an enfeoffed vassal.

35. Roth, *Ritterwürde*, p. 197. Strangely enough, the raising to the nobility did not come about in France until the end of the thirteenth century. In 1271 Philip III raised a goldsmith to the nobility. Warnkönig and Stein, *French Political and Legal History* (*Französische Staats-und Rechtsgeschichte*), 1: 250. Daniel, Milice franchise, 1: 74.

36. The last quotations are from von Wedel, *Germany's Knighthood* (*Deutschlands Ritterschaft*).

37. Otto von Freisingen, *Deeds of Frederick II* (*Taten Friedrichs II.*), Chap. 18: "At ille, cum se plebejum diceret, in eodemque ordine velle remanere, sufficere sibi conditionem suam." ("But he, since he said he was a commoner and wanted to remain in the same rank, and his own class was enough for him....") In the *Ligurinus,* 2. 580, the story is recounted in the following way:

Strator erat de plebe quidem nec nomine multum
Vulgato, modica in castris mercede merebat.
(There was a common groom, to be sure not a man of well-known name, And he worked for small wages in the castle.)

Frederick wants to give him (v. 610)

titulos et nomen equestre
Armaque, cornipedesque feros, cultusque nitentes.
(titles and knightly name
And arms, wild horses, and beautiful clothes.)

38. According to Guilhiermoz, *Essai sur l'origine de la noblesse française*, p. 372. As a precursor of this formula, Guilhiermoz cites a letter from Pope Zacharias in the year 747 to the mayor of the palace and later king, Pepin, in which he says: "Laymen and warriors have as their calling the defense of the land, priests the giving of counsel and

praying." The pope does not mention the people, the common mass, at all. They form, in the sources of that day, the unwarlike, unarmed species ("imbelle, inerme vulgus"), which the warriors are to protect like cattle from the wolves.

39. Rust, "The Training of the Knight in the Old French Epic" ("Die Erziehung des Ritters in der altfranzösischen Epik"), Berlin dissertaion, 1888, adds nothing new.

40. Eodem anno (1178) rex Angliae pater transfretavit de Normannia in Angliam, & apud Wodestocke fecit Gaufridum filium suum, Comitem Britanniae, militem: qui statim post susceptionem militaris officii transfretavit de Anglia in Normanniam, et in confinibus Franciae & Normanniae militaribus exercitiis operam praestans gaudebat se bonis militibus aequiparari. Et eo magis ac magis probitatis suae gloriam quaesivit, quo fratres suos, Henricum videlicet regem, & Richardum Comitem Pictavis in armis militaribus plus fiorere cognovit. Et erat his mens una, videlicet, plus caeteris posse in armis: scientes, quod ars bellandi, si non praeluditur, cum fuerit necessaria non habetur. Nec potest athlete magnos spiritus ad certamen afferre, qui nunquam suggilatus est. Ille qui sanguinem suum vidit; cuius denies crepuerunt sub pugno; ille qui supplantatus aduersarium toto tulit corpore, nec proiecit animum proiectus; qui quotiens cecidit, contumacior surrexit, cum magna spe descendit ad pugnam. Multum enim adiicit sibi virtus lacessita; fugitiva gloria est mens subiecta terrori. Sine culpa vincitur oneris immensitate, qui ad portandam sarcinam etsi impar, tamen

devotus occurrit. Bene solvuntur sudoris praemia, ubi sunt templa Victoriae.

Hoveden, ed. Stubbs, 2: 166. According to Stubbs, the maxims are all from Seneca.

41. See Rabanus Maurus below in the chapter "Theory," Book IV.

42. The preceding citations are from von Wedel, *Deutschlands Ritterschaft*, and Alwin Schultz, *The Courtly Life* (*Das höfische Leben*), 1: 170.

43. Cited in Guilhiermoz, *Essai sur l'origine de la noblesse française*, p. 433, Note 60.

44. Roth von Schreckenstein, *The Knightly Dignity and the Knightly Class* (*Ritterwürde und Ritterstand*), p. 167, as taken from Ennodius.

45. Nithard, 3: 6.

46. Alwin Schultz, *Das höfische Leben*, 2: 108.

47. There are two thorough and fruitful source studies on tournaments: F. Niedner, *The German Tournament in the Twelfth and Thirteenth Centuries* (*Das deutsche Turnier im 12. und 13. Jahrhundert*), Berlin, 1881, and Becker, *Armed Games (Waffenspiele)*, Düren Program, 1887.

48. 24 July 1230. *Huill. Bréholles*, 3: 202. Only fragments of this document have survived.

49. *Konstanzer Chronik*. Mone, Collected Sources (*Quellensammlung*), 1: 310.

50. Roth von Schreckenstein, *Ritterstand*, p. 661.

51. Rahewin, III, Chap. 19.

52. Otto Morena, p. 622. 1160 on the Adda. In 1161, before Milan, the duke of Bohemia and the landgrave of Thuringia on one occasion refused obedience to the emperor and left him to move alone into battle.

53. Cited in Guilhiermoz, p. 358.

54. In the Templars' statutes it was expressly forbidden for a knight to strike servants who were in service through piety (Chap. 51). It was permissible to strike a slave (*esclaf*) with one's stirrup leather when it was deserved, but it was forbidden to injure or maim him or place him in neck irons without higher authority (Chap. 336).

55. According to Rahewin, Book III. See Eisner, *The Army Regulations of Frederick I of the Year 1158* (*Das Heergesetz Friedrichs I. vom Jahre 1158*), Program of the Matthias Gymnasium in Breslau, 1882.

56. Hälschner, *Prussian Punitive Law* (*Preussisches Strafrecht*), 3: 212.

57. *Continuatio Reginonis* (*Continuation of Regino*) for the year 920: "Multi enim illis temporibus, etiam nobiles, latrociniis insudabant." ("In those times many in fact, even the nobles, engaged in robbery.") Further citations are to be found in Baldamus, *The Military System under the later Carolingians* (*Das Heerwesen unter den späteren Karolingern*), p. 18 ff.

58. See my review of this book in the *Zeitschrift für Preussische Geschichte und Landeskunde*, 17: 702.

59. *M.G. SS.*, 222.

60. From this account it can also be seen how transitory and uncertain the meaning of the word "*miles*" still was at that time. In the first instance, where it is a question of the bishop's contenting himself with a few "*militibus*", it is obvious that "knights" are meant. Later, where the author wants to distinguish between knights and the common levy of troops conducting the siege, he calls the former "*armati*"— "heavily armed ones"—and the latter "*milites gregarii*." Since they were often more than 1,000 strong, it is impossible that they could all have been professional warriors. Apparently, the bishop had his own military organization reinforced by the militia (*Landsturm*), the most useful peasants and peasants' sons. The same situation has already been reported to us, in fact, concerning the Burgundian King Gundobad and the king of the Goths, Totila (Vol. II, p. 391).

2 骑士制度的军事特征

1. *Bell. Hispan.*, Chap. 15.

2. This is what the count of Artois called out before the battle of Courtrai (1302) (*Spiegel historial,* IV, Chap. 25):

Thus spoke Artois quite haughtily:
I am glad that they are formed thus;
We are on horseback, and they on foot.

A hundred horse and a thousand men

Are all the same.

3. Thucydides, 5. 57. 2. Xenophon, *Hellenica*, 7. 5. 23. Harpokration. Perhaps also Polybius, 11. 21. Indirectly associated with this is the dismounting of horsemen in the fight. See the preceding excursus and Vol. I, p. 538.

4. Potius equos quam homines offendatis, feriatis et cum gladii cuspide non cum acie ita quod equis hostium vestris ictibus succumbentibus, nostrorum peditum promta manus sessores equorum taliter prostratos ad terram et prae armorum gravidine lentos liberius excipiet et trucidet. Reguletor et aliter in primo conflictu probitas vestra. Singuli militis singulos juxta se pedites habeant, aut duo quilibet, si valeat, etiamsi non possit habere alios, quam ribaldos. Hos enim tam pro conficiendis equis hostilium, tam pro conterendis iis qui excutientur ab equis, experientia pugnae valde necessarios et utiles esse probat. Muratori *SS* (L. A. Muratori, *Writers of Italian History*), 8. 823. (You should hit the horses rather than the men, and you should strike with the tip of your sword, not with the edge, so that while the horses of the enemy are falling under your blows, the ready band of our foot soldiers may more freely catch the riders of the horses and kill them, thus lying on the ground and slow by the weight of their armor. Otherwise let your fitness be directed on the first clash. Every knight should have a foot soldier beside him, or two if he can, even if

he should not be able to have other than grooms. In fact, experience of battle strongly proves that they are necessary and useful for destroying the horses of the enemy as well as killing those who will be shaken off by their horses.)

    5. *Dusburg Capitulary,* 104 (99). *SS. Rer. Pruss.*, Vol. I.

    6. *Expugnatio Hibernica. Opera* V. (*Rerum Britannicarum Medii Aevi Scriptores*) (*The Conquest of Ireland. Works V.* [*Writers of British History of the Middle Ages*]), p. 395. I have already cited a passage from this work above.

    Novi vero, quamquam in terra sua milites egregii fuerint, et armis instructissimi, Gallica tamen militia multum ab Hibernica, sicut et a Kambrica distare dinoscitur. Ibi namque plana petuntur, hie aspera; ibi campestria hic silvestria; ibi arma honori, hic oneri; ibi stabilitate vincitur hic agilitate; ibi capiuntur milites, hic decapitantur; ibi redimuntur, hic perimuntur.(As in truth I know, although knights were outstanding in their own land and most learned in arms, French military service, however, is known to differ greatly from the Irish as well as the Welsh. And in fact there level areas are sought, here rough; there open fields, here forests; there armor is an honor, here a burden; there they conquer by steadfastness, here by nimbleness; there knights are captured, here they are decapitated; there they are ransomed, here they are killed.)

    Sicut igitur ubi militares acies de piano conveniunt, gravis ilia et multiplex armatura, tam linea scilicet quam ferrea, milites egregrie munit et ornat, sic ubi solum in arcto confligitur, seu loco silvestri seu palulustri, ubi pedites potius quam equites locum habent, longe levis armatura praestantior. Contra inermes namque viros, quibus semper in primo fere impetu vel parta est statim vel perdita victoria, expeditiora satis arma sufficiunt; ubi fugitivam et agilem per arcta vel aspera gentem sola necesse est gravi quadam et armata mediocriter agilitate confundi. (Therefore, just as when knightly units assemble on a plain, that heavy multiple armor, obviously linen as well as iron, offers the knights outstanding protection and decorates them, so where they fight only in a confined area, a forest or a swamp, where the foot soldiers rather than the horsemen have che advantage, light armament is by far preferable. In fact, against unarmored men, by whom almost always in the first attack victory is immediately gained or lost, lighter equipment suffices. When they fight a swift and nimble nation in a confined or rough terrain, it is necessary that some heavily armed and moderately armed be confounded by their quickness.)

Cum ilia nimirum armature multiplici, sellisque recurvis et aids, difficile descenditur, difficilius ascenditur, difficillime, cum opus est, pedibus itur.(Of course, with that multiple armor and high curved saddles it is difficult to dismount, more difficult to mount, and most difficult to proceed on foot when necessary.)

In omni igitur expeditione, sive Hibernica sive Kambrica gens in

注 释

Kambriae marchia nutrita, gens hostilibus partium illarum conflictibus exercitata, competentissima; puta formatis a convict moribus, audax et expedita, cum alea; Martis exegerit, nunc equis habilis, nunc pedibus agilis inventa; cibo potuque non delicata, tarn Cerere quam Baccho, causis urgentibus, abstinere parata. Talibus Hibernia viris initium habuit expugnationis talibus quoque consummabilis finem habitura conquisitionis. Ut igitur

"Singula quaeque locum teneant sortita decenter,"

contra graves et armatos, solumque virium robore, et armorum ope confisos, de piano dimicare, victoriamque vi obtinere contendentes, armatis quoque viris et viribus opus hic esse procul dubio protestamur. Contra leves autem et agiles, et aspera pedentes, levis armaturae viri taliumque praesertina exercitati congressibus adhibendi. (Therefore in every campaign, whether the nation is Irish or Welsh, reared on the borderland of Wales, the nation is practiced and most capable in the hostile conflicts of this area, pure by the habits formed from its way of life, bold and ready with risk, found expert with horses at one time and quick on foot at another as the conflict demands, not fastidious in food and drink, and prepared to abstain from bread as well as wine when affairs are pressing. With such men Ireland faced the beginning of the campaign and complete with such men Ireland was going to face the end of the conquest. Therefore, so that

"all things properly allotted may have their place,"

we declare without hesitation that against heavily armored men relying only on the strength of force and the aid of arms, and hastening to fight on a plain and to gain victory by force, there is also need here of armored men and strength. Against light-armed men and quick men, however, traversing rough terrain, lightarmed men trained in the effectiveness of such matters must be used for battle.)

In Hibernicis autem conflictibus et hoc summopefe curandum, ut semper arcarii militaribus turmis mixtim adjiciantur. Quatinus et lapidum, quorum ictibus graves et armatos cominus oppetere solent, et indemnes agilitatis beneficio, crebris accedere vicibus et acscedere, e diverso sagittis injuria propulsetur. (In Irish battles, however, you must greatly see to it that archers should be added in mixed fashion to knightly units since by benefit of their quickness they can safely attack and retreat repeatedly, and they may inflict injury with stones, by the blows of which they are accustomed to attack the heavily armored, and in a different manner with arrows.)

7. *Gewohnheiten*, Chap. 61. Perlbach, p. 116.

8. Gislebert, *Chron. Han. M. G. SS.*, 21. 522, describes a fight between Count Baldwin of Hainaut and the duke of Burgundy (1172). Baldwin armed his "*armigeri et garciones*" ("squires and grooms") so that they could defend themselves as foot soldiers. Delpech, 1: 306, understands that for this purpose he had them dismount. This point has been rejected by Köhler, 3: 2: 83. There is no indication that they were mounted. And even if they should have been mounted, it was perhaps

注 释

correct, as we have seen, to have them fight on foot. The passage reads as follows:

Cum comes Hanonienis in parte sua quinque terre sue milites secum haberet, et ex adversa parte eum duce Burgundie Henrico quamplures in superbia nimia, servientibus peditibus stipati, advenirent, comes Hanoniensis vivido ac prudente animo assumpto de armigeris suis et garcionibus clientes pedites ordinavit et eos quibus potuit armis quasi ad defensionem contra multos preparavit militibusque multis ex adversa parte constitutis viriliter restitit et eos expugnavit. (When the count of Hainaut on his side had five knights of his domain with him and on the enemy side a great many in excessive arrogance accompanied by sergeants as foot soldiers came against him with Henry the duke of Burgundy, the count of Hainaut, quickly hitting upon a sensible idea, ranged his squires and grooms as men-at-arms on foot and equipped them for defense against the many with what arms he could. After the many knights of the hostile party had been deployed, he resisted them bravely and defeated them.)

9. It is noteworthy in several respects that Vegetius (2. 17 and 3. 14) attributes this passive-defensive role to the infantry. He cannot have derived this from the classical Roman authors, for, of course, it was precisely through its offensive, its closed attack, that the ancient legion was most effective. If Vegetius explains this in the opposite manner, then he has taken that from his own contemporary period, and that is again

proof that the true Roman method of warfare no longer existed in his time and that warfare then already had the character of the Middle Ages. This point has already been correctly observed by Jähns, *Geschichte der Kriegswissenschaften*, 1: 186. It has, of course, been known for a long time that Vegetius had no sensitivity for the various periods. It would be a work of the highest value if someone succeeded, through a very careful analysis, in differentiating the various elements of his work from one another. But will that ever be possible?

10. In another passage, Chap. XVIII, para. 69, it is recommended, on the contrary, that the horsemen be placed behind the foot soldiers when opposing the Turks. It is not clear how that is intended.

11. The passage in *Gesta Roberti Wiscardi* (*Deeds of Robert Guiscard*), I, v. 260 ff., which is interesting in a number of respects, reads as follows:

> Artmati pedites dextrum laevumque monentur
> Circumstare latus, aliquod socriantur equestres
> Firmior ut peditum plebs sit comitantibus illis.
> His interdicunt omnino recedere campo
> Ut recipi valeant, si forte fugentur as hoste.

(The armed foot soldiers are instructed to surround the right and left flanks, and some horsemen are joined to them so that the mass of the foot soldiers may be stronger with their support. He absolutely forbids them to retreat from the field so that they can be rescued, if they should be put to flight by the enemy.)

12. "Tribus aciebus antepositis manus pedestris, ut has protegat et ab his protegatur, retro sistitur." ("The band of foot soldiers stood in the rear with a triple battle line drawn up before it to protect them and to be protected by them.") In the edition by Prutz, *Source Contributions to the History of the Crusades* (*Quellenbeiträge zur Geschichte der Kreuzzüge*), 1: 44.

Radulf, *Gesta Tancredi* (*Deeds of Tancred*), Chap. 32 (*Recueil des Historiens des Croisades. Occidentaux: Collection of the Historians of the Crusades. Occidentals*, 3: 629) reports of the fleeing Turks: "nec fuga gyrum senserunt, adeo fugere est sperare salutem." ("Nor in their flight did they even think of turning, to such an extent to flee is to hope for safety.") According to the account, this refers to horsemen whom we cannot imagine as forming a tight group. That can perhaps be explained by the fact that the poet in his holy inspiration inadvertently attributed to the horsemen a picture from the actions of the fighters on foot.

13. William the Briton, Philippis, Book XI, verses 605–612 (Duchesne, 5: 238):

In peditum vallo totiens impune receptus
Nulla parte Comes metuebat ab hoste noceri
Hastatos etenim pedites invadere nostri

Horrebant equites, dum pugnant ensibus ipsi:
Atque armis brevibus, illos vero hasta cutellis
Longior et gladiis, et inextricabilis ordo
Circuitu triplici murorum ductus ad instar
Caute dispositos non permittebat adiri.

(After retreating safely so often to his rampart of foot soldiers, in no way did the count fear to be hurt by the enemy. And in fact our knights dread to attack foot soldiers with spears, while they themselves fight with swords. They have short weapons; the others indeed have a spear longer than knives or swords. And their unbreakable formation drawn up in a triple circuit like walls did not permit those cautiously disposed to come near.)

14. At least, I would like to translate paragraph 86 in this manner. ("Ison de to metōpon tēs parataxeōs autōn poiountai kai pyknon en tais machais": "They make the front of their battle line even and closely ordered.")

15. Liudprandus, *Antapodosis*, 2. 31.

16. Perlbach, p. 117.

17. Hartung, *The Ancient German Days of the Nibelungenlied and the Gudrun* (*Die deutschen Altertümer des Nibelungenliedes und der Kudrum*), p. 505, compares Gudrun, 647. 2, 1403. 1, and 1451. 1 with *Nibelungenlied*, 203 and 204. 2210.

18. See Berthold on the Saxons in the battle on the Unstrut, 1075; Ekkehard, p. 223, on a battle in the Crusade of 1096; and the defeat of King Baldwin of Jerusalem at Ramleh in 1102, as described by Fulcher.

19. Hartung, p. 503, and Lexis' and Grimm's dictionaries give only a very few passages for these words.

20. Otto von Freising, 1. 32: "Dux . . . secus quam disciplina militaris et ordo exposuit, non pedetemptim incedens sed praecipitanter advolans in hostem ruit suis gregatim adventantibus et dirupto legionum ordine confuse venientibus." ("The duke ... otherwise than as knightly training and rank lays down, charged, not proceeding cautiously but flying headlong at the enemy with his men advancing like a herd of cattle and coming in disorder after the formation of the units had been disrupted.")

Baldric, *Historia Jerosolimitana* (*Recueil des Historiens des Croisades. Historiens Occidentaux*), 4. 95: "Sagittarios et pedites suos ordinaverunt et ipsis praemissis pedetemptim ut mos est Francorum, pergebant." ("They drew up their archers and foot soldiers and with themselves in the lead they proceeded cautiously, as is the custom of the Franks.")

Heelu, verse 4898 ff., describes the approach ride in the battle of Worringen as follows: "As the opponents were moving up against each other, they went about this matter so calmly, at a leisurely pace, coming from the two sides as if they were men riding along with their brides in front of them in the saddle."

Guiart, too, in his account of the battle of Mons-en-Pévèle, verse 11494 (cited by Köhler, 2: 269), says that each unit rode up slowly and in closed formation—"Each group moves along at a slow pace, advancing together as in a square."

21. Emperor Leo says, para. 80 ff., the Franks do not form up on horseback or on foot by regiments or squadrons with specific strengths, but by families and groups of companions ("not in a determined size and formation, either sections or divisions as the Romans, but according to tribes and by kinship and attachment to each other, many times even by sworn agreement"*).

Waitz, *Deutsche Verfassungsgeschichte*, 8: 179, believes that individual source passages indicate an organization by thousands, so that every thousand men formed a special unit, and that would undoubtedly mean a thousand horsemen, even if perhaps not always or not completely heavily armed horsemen. Such a group was, according to Waitz, designated as a *"legio,"* and this name also applied to the tactical unit formed for battle.

That is a false concept. A thousand horsemen form such a powerful force that they cannot be designated as a tactical unit, and such a formation with fixed numbers is not consistent with the nature of feudal contingents under their feudal lords. Emperor Leo had a more accurate conception of it. Widukind's strength figure for the battle on the Lechfeld, insofar as the number 1,000 is concerned, is merely a number, and the expression "legion" is a scholarly embellishment.

Among the Normans, we find a faint trace of an organization in groups of ten warriors. It is reported that Tancred of Hauteville had ten knights under him at the court of the count of Normandy ("in curia comitis decern milites sub se habens servivit"). Gottfried Malaterra, *Migne*, CXLIX, 1121. Furthermore, the knightly services which William the Conqueror required of his most important vassals were always divisible by five or ten.

The Knights Templars were grouped in "squadrons" (*"eschielle"*) whenever they took to the field (*Regulations*, Chap. 161). I have never been able to determine how strong an "eschielle" was.

In the Crusade, Emperor Frederick I divided his army into units of fifty. How strange such an organization, which seems to us natural and indispensable, was to a medieval army is best indicated by the special attention Ansbert gives to this measure in his report (*Fontes rerum Austriacarum, Abteilung I, Scriptores: Sources of Austrian History, Section I, Historians*, 5. 34):

Interea serenissimus imperator ut fidelis et prudens familiae domini dispensator de statu sanctissimae crucis exercitus in dies sollicitus, praefecit eidem pentarchos seu quinquagenos magistros militum, ut videlicet universi in suis societatibus per quinquagenarios divisi singulis regerentur magistris, sivi in bellicis negotiis, sive in dispensationum controversiis salvo iure marschalli aulae imperialis. Sexaginta quoque meliores ac prudentiores de exercitu delegit, quorum consilio et arbitrio cuncta exercitus negotia perficerentur, qui tamen postea solertioris cautelae dispensation et certi causa mysterii pauciori numero designati sedecim de sexaginta sunt effecti. (Meanwhile the most serene emperor, as the loyal and wise steward of the royal house and anxious every day about the state of the crusade, placed pentarchs or fifty masters of the soldiers in charge of it, clearly so that all divided in their companies by the commanders of fifty might be governed by a master both in military affairs and in disputes over orders by the reserved right of a marshal of the imperial court. He also selected sixty better and more prudent men of the army by whose counsel and judgment all affairs of the army might be accomplished. But afterwards, by an ordinance of rather clever caution and by reason of a definite plan, they were assigned by a smaller number and were made sixteen from the sixty.)

22. Edited by Karl Hegel, *Chronicles of the German Cities* (*Chroniken der deutschen Städte*), Vol. II, 1864.

23. As shown on p. 485. According to the report on p. 203, there were only 400.

24. According to Albrecht's letter, *City Chronicles*, 2. 495, there were 450 "riding horses" and "about 50 '*Drabanten* '."

25. Köhler, 2: 695, drew from Dlugoss, *Hist. Polon*, 11. 240, edition of 1711 (incorrectly, of course) the fact that the Poles rode up in this formation at the battle of Tannenberg.

But in his *Military History of Bavaria* (*Kriegsgeschichte von*

Bayern), Würdinger, who used Archivalien as a reference, reported, at the battle of Hiltersried in 1433, where Duke John of Neumarkt or Neunburg defeated the Hussites, exactly the same formation of the knights as at Pillenreuth, giving their names. The banners were placed in the third rank. According to a study that District Assessor Reimer in Neunburg sent me, however, there was no report of a wedge formation. The knights apparently were stationed on foot at the point of an assault column that attacked the Hussite wagon stronghold.

The formation with a point is prescribed as a regulation, so to speak, in Elector Albrecht Achilles' instructions to his son John for the campaign against the duke of Sagan, the so-called Preparation of 1477. Quoted in Jähns' *Manual of the History of Military Science (Handbuch von Geschichte der Kriegswissenschaften)*, p. 979 ff., and *Kriegsgeschichte*, Document of the Supreme General Staff, 1884, Book 3. In the formation prescribed here, the banners were placed in the eleventh, fourteenth, or nineteenth rank.

26. *Themes for Instruction in Tactics in the Royal Military Schools* (*Leitfaden für den Unterricht in der Taktik der königlichen Kriegsschulen*), 2d ed., 1890, p. 45. *Drill Regulations for Cavalry* (*Exerzier-Reglement für die Kavallerie*), (1895), No. 319–331.

27. The "point" did not occur before the fifteenth century.

Each group moves along at a slow pace,
Advancing together as in a square,

says Guiart, verse 11494, in his description of Mons-en-Pévèle (1304), cited by Köhler in his 2: 269. The first example of the point is perhaps the formation of the troops of the Dauphiné "en pointe" in the battle of Mons-en-Vimeux in 1421, cited in Köhler, 2: 226, note. Recommendations for the formation with a point in documents of the fifteenth and sixteenth centuries are to be found in Jähns, 1: 328, 738, and 740. At the end of the fifteenth century, under Maximilian, the formation was surely squared off again. Leonhard Fronsperger speaks of the "pointed" battle formation as an obsolete one (Köhler, 3: 2: 251). We already find a formation of horsemen in a wedge or rhomboid in antiquity mentioned in Aelian, Chap. 18, and Asclepiodotus, Chap. 7. Among the reasons for this, which are probably theoretical fantasies, at least in part, it is also stated that control and wheeling actions are easier than in the squared formation. As far as control is concerned, this is obviously correct. With respect to wheeling actions, I understand that as meaning they did not need to make any true wheeling motion but could easily turn half-right or half-left by changing the rhomboid into a square.

28. "Istos in una et prima acie posuit et dixit illis: campus amplus est; extendite vos per campum directe, ne vos hostes intercludant. Non deceti ut unus miles scutum sibi de alio milite faciat; sed sic stetis, ut omnes quas, una fronte possitis pugnare." ("He set them in one battle line and said to them: The field is big; extend yourselves across the field in a straight line so that the enemy may not cut you off. It is not proper that a knight make a shield for himself from another knight. But you

should thus stand that all are able to fight on one front.")

29. Köhler, 2: 226 and 3: 2: 253, believes that the formation in line first occurred in the fifteenth century. I see no basis for this assumption. Wherever mixed combat took place, the linear formation must have gained ground. Boutaric, p. 297, makes the general statement: "The knights fought '*en haye*,' that is to say, in a single line; the squires were drawn up behind them."

30. Baltzer, p. 106, cites two pieces of evidence for this.

31. Prutz, *Quellenbeiträge*, p. 29: "acies... beati Petri a dextris antecedens, cujus juris est antecedere et primum hostes percutere" ("the unit of the blessed Peter going ahead on the right, of whose privilege it is to go first and to strike the enemy first").

32. This valuable observation had already been made by Heermann, p. 85, and Köhler has also agreed with him. Nevertheless, the battle finally ended in a serious defeat.

33. Liudprandus, *Antapodosis*, 2. 31.

34. *Gesta Fridertci,* 1. 32.

35. Köhler, 3: 1: 95, has assembled a few passages, wherever they occur. Edward III of England, especially, formed in 1356 a guard of mounted archers. In the index volume, among the supplements, the author also added another passage from *Wigalois*. I would also add the treaty of alliance of the Lombards, *Murat. Ant.*, 4. 490. But even in England they never became a real arm. In the fifteenth century we do find many archers on horseback, but this was only a means of

transportation for them; in battle, they dismounted.

The Saracens of Frederick II are considered by Köhler to have been exclusively dismounted archers. But it is expressly stated in *Annales Parmenses majores* (*Greater Annals of Parma*), *SS.*, 18. 673, that in 1248 before Parma the emperor had "balistarii tam equites quam pedites" ("crossbowmen on horseback as well as on foot").

36. Köhler, 1: 5 and 3: 3: 355. Up to the tenth century, he says, they had fought in a single echelon, but from the eleventh century on, in three echelons.

37. Köhler, 2: 35, assembled a few examples, but they show basically that such combat techniques were used less in actual practice than in the heroic accounts, and they succeeded still less often.

38. Köhler, 1: 468, and 2: 13.

39. Köhler, 2: 42.

40. Daniel, *Histoire de la milice française*, p. 82.

41. Only seldom do we find that a king remained behind the front, as, for example, at Ascalon in 1125, cited by Heermann, p. 120. Or old King Iagiello of Poland at Tannenberg in 1410.

42. Viollet-le-Duc, *Rational Dictionary of French Furniture from the Carolingian Period to the Renaissance* (*Dictionnaire raisonné du mobilier françuis de l'époque carlovingienne à la renaissance*), 6: 372.

43. This is how I prefer to translate the Greek expression "sphodrōs kai akataschetōs hōs monotonoi": "violent and unstoppable like obstinate men"). (*Tactics*, para. 87). See Mauritius, p. 269.

44. Before Ascalon, 12 August 1099. Albert of Aachen, 6. 42, as cited in Röhricht, *History of the First Crusade* (*Geschichte des ersten Kreuzzuges*), p. 200, Note 8.

45. Richer of Sens, *M.G. SS.*, 25. 294.

46. Orderich, 12. 18: "ferro enim undique vestiti erant et pro timore Dei notitiaque contubernii vicissim sibi parcebant nec tamen occidere fugientes quam comprehendere satagebant." ("for they had been dressed completely in iron and mutually spared each other according to fear of God and acknowledgment of their brotherhood in arms; they did not endeavor so much to kill those in flight as to capture them.")

Giraldus, *Opera*, 5. 396: "ibi capiuntur milites, hie decapitantur; ibi redimuntur, hie perimuntur." ("There knights are captured, here decapitated; there they are ransomed, here they are killed.")

47. See p. 221, Note 3, above.

48. The provisions of the Teutonic order, which followed the pattern of the Knights Templars, state in the "Customs," Chap. 46 (Perlbach, p. 111), that on the march the knight was to have his squire ride in front of him so that he could keep a close watch on his armor.

49. The provision in the Teutonic order was quite similar (Perlbach, p. 117): "Nullus frater insultum faciat, nisi prius vexillum viderit insilisse. Post insultum vexilli quilibet pro viribus corporis et animi, quidquid poterit exercebit et redibit ad vexillum, cum viderit oportunum." ("No brother should make an attack, unless he will have seen the banner charge first. After the attack of the banner each will

employ whatever he can according to the strength of his body and spirit, and he will return to the banner when he will have seen it opportune.")

50. Meckel, *Tactics*, 1: 50.

51. "The weakest moment for the cavalry is immediately after carrying out an attack. This pause cannot be eliminated fast enough, and order, calm, and a closed formation cannot be restored quickly enough, in order that a unit be in a position to face any eventuality." *Instructions* by Major General Carl von Schmidt, Berlin, 1876, p. 152.

52. I cannot remember reading in any medieval source anything about signals in battle. The Knights Templars gave signals in camp with a bell. According to Gautier (Prutz, p. 27), before the battle of Athareb, Prince Roger ordered that at the first trumpet call everybody was to don his equipment ("audito primo sonitu gracilis"—that was a kind of trumpet), at the second trumpet call they were to assemble, and at the third they were to appear for service of worship. Afterwards, as they went into battle (p. 29), the Christians moved forward "gracilibus, tibiis, tubisque clangentibus" ("while the trumpets, pipes, and horns were sounding"). Duke John of Brabant, too, ordered before the battle of Worringen that the trumpets should blow to signal the manner in which they should attack or fight, in order to encourage his men. The "*ministrere*" stopped their blowing when they saw the ducal banner sink but started blowing the trumpets again when it was raised once more (Ian von Heelu, verses 5668, 5694, pp. 211–212). From this passage, Köhler (3: 2: 340) concluded that this was a normal custom and that the

trumpeters were near the banner in order to indicate where it was, even if it was obscured by dust. This conclusion goes too far in every respect. Ducange quotes from the *Vita St. Pandulfi*, n. 15: "illam tubam, quam ad significandum proelium tubare significavi" ("that horn which I gave the sign to blow to indicate battle").

53. In his work on the conduct of battle of occidental armies in the period of the First Crusade, Heermann determined (p. 103) that all the battlefields in that area whose terrain forms are recognizable (Dorylaeum, Lake of Antioch, Antioch, Ascalon, Ramleh (1101), Joppe, Ramleh (1105), Sarmin, Merdj-Sefer, Athareb, and Hab) are plains and that in all the source accounts there is hardly a trace of terrain difficulties or battles in towns or woods.

Emperor Leo, *Tactics*, 18. 92, says that broken terrain was disadvantageous for the Franks in mounted combat, because they normally made a strong shock action with their lances. Of course, this strong blow is not to be understood in the modern sense.

54. This comes into consideration particularly against mounted archers, and therefore in the Crusades. Heermann (p. 103) traces this back to the tactics of the Moslems, who, with their great numerical superiority, always tried to envelop the Christians. This great superiority of the infidels is to be dismissed as a Christian fable; the reason is to be sought, rather, in their differing armament.

55. Heermann says in his introduction that we can get to know the knightly method of warfare best and most accurately from the early

period of the Crusades. In the later Crusades, the occidentals possibly had borrowed from the orientals, whereas they must have won their first victories with their original tactics. Furthermore, we also have broader source accounts of those events, accounts that are much more meager for events in the west. As logical as this idea may seem, it is nevertheless not correct. The peculiar new conditions of combat were present right from the beginning, at Dorylaeum, and the Crusaders had to try to adapt to them.

3 雇佣兵

1. Petrus Damiani, *Vita Romualdi* (*The Life of Romualdus*), *SS.*, 4. 848 (written ca. 1040).

2. Richer, IV, Chap. 82: "exercitum tam de suis, quam conducticiis congregabat." ("He assembled an army from his own men as well as from hirelings.")

3. Hermannus Contractus, *SS.*, V, for the year 1053.

4. Waitz, 8: 238, 402, 411.

5. *Annales Hildesheimses* (*Annals of Hildesheim*), *SS.*, 3–110.

6. Mikulla, "The Mercenaries in the Armies of Emperor Frederick II" ("The Mercenaries in the Armies of Emperor Frederick II" ("Die Söldner in den Heeren Kaiser Friedrichs II." Berlin dissertation, 1885, P. 5.

Ducange questions whether instead of "*triaverdini*" we should not read "*triamellini,*" a word supposedly derived from the name of a certain type of dagger.

7. Peschel, "On the Variations of Relative Values Between the Precious Metals and Other Commercial Goods" ("Ueber die Schwankungen der Wertrelationen zwischen den edlen Metallen und den übrigen Handelsgütern"), *Deutsche Vierteljahresschrift*, 4 (1853): 1.

Soetbeer, "Contributions to the History of the Monetary and Minting System in Germany" ("Beiträge zur Geschichte des Geld-und Münzwesens in Deutschland"), *Forschungen zur Deutschen Geschichte,* Vols. I to VI and 57th Supplementary Volume to *Petermanns Mitteilungen*, 1879.

Lexis, article "Gold" and article "Silver" in the *Dictionary of Political Science* (*Handwórterbuch der Staatswissenschaft*).

Waitz, *Heinrich I.*, Excurs 15, "On the Reported Discovery of Metals in the Harz under Henry I" ("Ueber die angebliche Entdeckung der Metalle im Harz unter Heinrich I"). According to Waitz, mining in the Harz under Otto I is definitely confirmed by Widukind and Thietmar; it is still questionable as to whether it really went back to the time of Henry I. Inama-Sternegg, *German Economic History from the Tenth to the Twelfth Century* (*Deutsche Wirtschaftsgeschichte des 10. bis 12. Jahrhundert*), 2: 430 f.

The values for grains estimated by Peschel are obviously unreliable, and his opinion that a decrease of metal supplies can be observed in Europe from the fourteenth century on is certainly incorrect.

Soetbeer, 2: 306, thinks he has found indications that there was still much cash money on hand under the Merovingians. This opinion no doubt needs to be researched further.

The Florentine guilder was minted from 1252 on.

Helfferich, *Money and Banks* (*Geld und Banken*), 1: 87, says: "In the face of an almost complete cessation of production of precious metals and a heavy flow of such metals to the Byzantine Empire and the Far East, an unusual decrease in the supply of precious metal in Western Europe apparently took place in the fifth, sixth, and seventh centuries." It does not seem to me to be proven that precious metal flowed away from the west specifically to the Byzantine Empire; at least, there was only a shortage and no superfluous amount there either. But the general decrease in the Roman Empire must have started much earlier, and in the third century A.D. it was already leading to the catastrophe. See Vol. II, p. 212 ff.

8. Ruotger, *vita Brunonis* (*Life of Bruno*), Chap. 30.

9. Delpech, 2: 43, believes the Brabantines were horsemen. Köhler, 3: 2: 148 ff., says they were foot soldiers, but he gives no basis for his opinion. When he expresses surprise on p. 152 that they disappeared after the battle of Bouvines and we later find only national levies and soldiers of the cities in Germany as foot troops, this point is at odds with his opinion that the Brabantines were already such a highly developed infantry. Furthermore, on p. 147, note, he himself cites an English source, Gervasius Dorobernesis, *Chronica de rebus anglicis* (*Chronicles*

of English History) of the year 1138 to the effect that William of Ypres, the first of the historic mercenary leaders, commanded "milites et pedites multos" ("many knights and foot soldiers"). Furthermore, in the treaty between Barbarossa and Louis VII of France of the year 1170 (Martène, *Veterum scriptorum . . . amplissima collectio: Largest Collection of Ancient Writers* ... , 2: 880), express mention is made of the "Brabantiones sive coterelli" ("*Brabantines or coterelli*") as "equites seu pedites" ("horsemen or foot soldiers").

10. Gislebert, *SS.*, 21. 844. Baldwin presumably had "milites auxiliatores, qui quamvis non essent solidarii, tamen in expensis ejus erant" ("auxiliary knights, who, although they were not mercenaries, were nevertheless on his payroll").

11. 15. 100, cited by Roth von Schreckenstein, p. 352.

12. Gervasius Dorobernesis, *Chronica de rebus anglicis.*

13. The first treaty is reproduced in Rymer, Foedera, 1: 7, and the second one on p. 22. In the conditions governing the pay are provisions that do not seem to be consistent. In the obligation of the barons, it is stated that those who receive 30 marks "pro feodo" (as "fief") were obligated to provide 10 *milites*, and so forth. But the total amount for 1,000 knights was only 400 marks. But in the renewed treaty of 1163, 30 marks was the agreed amount for every ten knights.

This agreement forms an intermediate type between a treaty covering compensation and a political treaty, in that the count excludes in the first case service against his suzerain, but secondly, in case his lord himself should attack England, he obligated himself to serve him only to the extent of not forfeiting his fief.

"Tam parvam fortitudinem hominum secum adducet quam minorem poterit ita tamen ne inde feodum suum erga Regem Franciae forisfaciat." ("He will bring with him so small a force as he can so that he may not, however, forfeit his fief to the king of France thereby.")

14. Köhler, 3: 2: 155, has assembled a number of these treaties.

15. Boutaric, p. 1138.

16. *M. G. LL.*, IV Constitutiones I (*Records of Germany, Laws IV, Ordinances I*), 331, and Martène and Durand, *Veterum scriptorum... amplissima collectio* (*Largest Collection of Ancient Writers*), 2: 880. The rulers consented "inter cetera de expellendis maleficis hominibus, qui Brabantiones sive Coterelli dicuntur tale fecimus utrimque pactum et statutum. Nullos videlicet Brabantiones vel Coterellos equites seu pedites in totis terris aut imperii infra Rhenum et Alpes et civitatem Parisius [sic] aliqua occasione et uerra retinebimus." ("We have made the following agreement and regulation among other things concerning the expulsion of criminals who are called Brabantines or Coterelli: we shall not keep on any occasion and in war anyone, namely, Brabantines and Coterelli, whether horse or foot, in all the lands of our empire within the Rhine, the Alps, and the city of Paris.")

17. H. Géraud, *The Highwaymen in the Twelfth Century* (*Les Routiers au douzième siècle*), Bibliothèque de l'Ecole des Chartes, 3 (1841): 132.

4 战 略

1. *Annates Altahenses* (*Annals of Niederalteich*) for the year 978: "relictis in alia ripa fluminis victualibus cum plaustris et carucis et pene omnibus utensilibus, quae exercitui erant necessaria." ("After all the supplies had been left behind on the other bank of the river with the wagons, carts, and tools that are necessary for an army .. ."). The enemy took all of this from the Germans and inflicted many losses on them.

2. W. Weitzel, *The German Imperial Castles from the Ninth to the Sixteenth Century* (*Die deutschen Kaiserpfalzen vom 9. bis 16. Jahrhundert*), Halle an der Saale.

3. Heinemann, *History of the Normans in Lower Italy* (*Geschichte der Normannen in Unteritalien*), p. 120.

4. *Collection of the Historians of the Gauls* (*Recueil des historiens des Gaules*), 11. 266:

melius est nos convenire et pugnare, quam nos a vobis separari et superari. In bellis mora modica est, sed vincentibus lucrum quam maximum est. Obsidiones multa consumunt tempora et vix obsessa subjugantur municipia: bella vobis subdent nationes et oppida, bello subacti evanescent tamquam fumus inimicis. Bello peracto et hoste devicto vastum imperium et Turonia patebit.

(It is better that we make an agreement and fight rather than be divided from you and overcome. In battles (wars) a delay is insignificant, but the conquerors have the greatest gain possible. Sieges take a lot of time, and besieged towns are conquered with difficulty: battles (wars) should put nations and towns under your sway and those subjugated by battle (war) vanish like smoke for their enemies. After the battle (war) has been finished and the enemy defeated, a great empire and Tours will lie open.)

In this context, the word "***bellum***" is to be translated as "battle."The fact that the work from which we have extracted this passage is late and unreliable as a historic source does not make any difference for us, of course, since we are concerned not with the authenticity of the seneschal's speech but with the confirmation of the fact that such reflections did occur in the Middle Ages.

5. Vol. II, p. 378.

5 意大利市镇与霍亨斯陶芬王朝

1. "cum consensu ... Canonicorum ejusdemque civitatis Militum ac populorum" ("with the agreement of the *Canonici* and of the knights and of the people of the same city").

An agreement drawn up in Modena in 1106 also distinguishes between "*milites*" and "*cives*". Hegel, *History of the City Organizations of Italy* (*Geschichte der Städteverfassungen von Italien*), 2: 174.

2. Arnulph, Chap. 18, *SS.*, 8. 16 ff.

3. Handloike, *The Lombard Cities under the Hegemony of the Bishops and the Rise of the Communes* (*Die lombardischen Städte unter der Herrschaft der Bischöfe und die Entstehung der Kommunen*), Berlin, 1883.

4. Hegel, 1: 252. Hartmann, *History of Italy in the Middle Ages* (*Geschichte Italiens im Mittelalter*), 2: 2: 80; 2: 2: 117.

5. *Relatio de Legatione Constantinopolitana* (*Report on the Embassy to Constantinople*), Chap. 12.

6. Hegel, 2: 31. In a charter of Henry III for Mantua, there appears the expression "cives videlicet Eremannos" ("inhabitants, namely warriors"), which Hegel, 2: 143, interprets as meaning that the burghers were declared to be warriors ("*Eremannos*").

As evidence from the other side of the narrowing of the distinction between the classes, we may cite Emperor Lambert's law of 898: "Ut nullus comitum arimannos in beneficio suis hominibus tribuat." ("That no count should grant to his own men warriors in a benefice.") If the emperor had to take the "*arimannos*," that is, the free warriors, under his protection in this manner, then they were under a pressure that necessarily lessened the distinction between them and the burghers and peasants.

7. According to the *Gesta Friderici in Lombardia* (*Deeds of Frederick in Lombardy*), p. 30 (*M.G.*, 18. 365), there were 15,000 knights ("milites fuerunt appretiati quindecim milia") before Milan; according to Ragewin, 3: 32, there were about 100,000 men ("circiter

100 milia armatorum vel amplius"). These two figures were then combined in the manner indicated above. The *Annales Sancti Disibodi* (*Annals of St. Disibodus*), *M.G., SS.*, 17. 29, give only 50,000 men ("Teutunicorum seu etiam Longobardorum" ("of Germans and also Lombards"). See Giesebrecht, *History of the German Imperial Period* (*Geschichte der deutschen Kaiserzeit*), 6: 259.

8. Ragewin, 3. 34.

9. Ragewin, 4. 58.

10. The accounts of the battle of Carcano in the narrative works of Raumer, Giesebrecht, Prutz, etc. are all inaccurate, especially since they did not eliminate the fables of the Codagnellus. The documentary basis for my account is given in the "Contributions to the Military History of the Hohenstaufen Period" ("Beiträge zur Kriegsgeschichte der staufischen Zeit") by Benno Hanow. Berlin dissertation, 1905. The account in Köhler, 3: 3: 124, is mostly fantasy.

11. Otto Morena, *M.G. SS.*, 18. 631.

12. *Annales Weingartenses Welfici* (*Welficius, Annals of Weingarten*), *M.G., SS.*, 17. 309. The duke of Bavaria and Saxony reportedly went to the emperor's aid "in mille ducentis loricis" ("about 1,200 men in mail"). Welf: "in trecentis loricis Deuthonicorum" ("about 300 mailed Germans").

13. The complete passage from Otto Morena reads as follows: The Romans flee "turn quia forte justitiam non habebant, turn etiam quia postquam in campo exeunt, non sicut sui majores fecere, faciunt, imo

vilissimi sunt, turn etiam qui Teutonicos magis timebant quam alios" ("then because they did not, as it happened, have justice, then also because after they went out on the field they acted, not as their ancestors did; rather, they were most worthless. Then also they feared the Germans more greatly than others"). What does the word "*justitia*" mean here? The "just thing"? Or "the correct way and manner," that is, of fighting?

On this point I turned to the prominent scholar of medieval Latin, Paul von Winterfeld, who since then has been prematurely lost to the field of scholarship, but he did not know the answer either. He wrote to me:

> From the purely philological viewpoint, it also seems quite unlikely to me that "*justitia*" should mean the "just thing"; for this is not a biblical expression. I have looked through the article on justitia in the concordance but have only found the expression "habeas justitiam coram deo" ("You should have justice in the presence of God"), in Deuteronomy, 24, 13.
>
> But now can "the correct manner" be the right interpretation? That would, after all, be very colorless, but there is also an idea associated with it which seems to oppose this meaning: "turn quia forte iustitiam non habebant", as well as because they are of no value (or rather: "or because"?). What do you understand here by "the correct way"? In any case, "*forte*" means this "single instance" in contrast with the word "in general" of the other clause. I have the feeling that

the word "*justitia*" is a corruption, but I do not know how to emend it. "Fiduciam" would fit here, but, of course, it is too extreme a change.

14. Dümmler, *Sitzungsberichte der Berliner Akademie*, 1 (1897): 112. Lucanus, *de bello civili* (*On the Civil War*), 1. 256. *Annales Egmondani* (*Annals of Egmunda*), *SS.*, 16. 453.

15. Gedr. Sudendorf, *Registrum*, 2. 146.

16. All of these various figures, arranged in numerical sequence, are clearly presented in Varrentrapp's *Christian von Mainz*, p. 38.

17. *Liber pontificalis* (*The Papal Book*), ed. Duchesne, p. 415.

18. That is incorrect. The emperor did not go through Tuscia but penetrated into Romagna from the north.

19. This entire scene is pure fiction, since Christian was not with the emperor before Ancona but had moved from Genoa through Tuscany and was not far from Reinald. It was only afterward that the emperor heard of these events. See Varrentrapp, *Christian von Mainz*, p. 28 ff.

20. Not a word of this is to be believed. See Varrentrapp, *loc. cit.*

21. Wyss, in the *Allgemeine Deutsche Biographie*, 540: 2, doubts whether Duke Berthold von Zähringen really participated in the battle and was taken prisoner, but his view seems to be contradicted by Giesebrecht, 6: 530. Giesebrecht, 6: 528, considers it possible that Margrave Dietrich von der Lausitz also took part in the battle. But we only know from an undated document which was probably not written

until December 1176 that he was then at the emperor's court, but that does not permit any conclusion as to his whereabouts in May.

22. According to the *Gesta Friderici in Lombardia*, ed. Holder-Egger (*Annales Mediolanenses majores: Greater Annals of Milan*), the army that had come across the Alps numbered 2,000 men, that is, knights. This number is not to be divided in half, as if only half of the men were knights (Giesebrecht), nor can it be multiplied as if there were naturally additional combatants of lower rank. According to the Gesta Friderici, the emperor himself had led 1,000 knights from Pavia, and according to Gottfried von Viterbo, this number was 500. In addition, there were the men of Como, who hardly numbered more than the 500 men who supposedly were killed or captured (*Gesta Friderici and Continuatio Sanblasiana ad Ottonis Frisingensis chronicon* [*Sanblasianus' Continuation of the Chronicle of Otto of Freysingen*], SS., 20. 316).

23. The standard source study for Legnano is the previously cited dissertation by Hanow.

In the *Deutsche Literaturzeitung*, No. 26 (1 July 1905), Güterbock reproached Hanow for not taking into account in his work the *Chronicle of Tolosanus*. In fact, this work should have been expressly mentioned, but only for the purpose of rejecting it as unimportant. It was written about a generation later and is either erroneous or confusing in all the figures that can be checked on. The other points for which Güterbock reproaches Hanow are either unsubstantiated or obviously false. See the *"Entgegnung"* (*"Reply"*) and *"Antwo*rt" ("Answer") in the *Deutsche Literaturzeitung*, No. 31. Also *Historische Vierteljahresschrift*, 1911.

The account which Köhler, 1: 69 ff., gives of the battle is based on uncritical contamination of the various source reports and especially on the completely unreliable Gottfried von Viterbo; much of this is also mere fantasy. Effectively opposed to these descriptions are the remarks of the same author in the note in his 3: 3: 122. Here it is not the critical scholar of the source documents who is speaking, but the practical, experienced soldier.

24. The standard study for Cortenuova is the dissertation by Karl Hadank, Berlin, 1905. Publisher: Richard Hanow. 63 pp.

25. "ultra decern milia sui exercitus secum trahens... signa direcit victricia" ("taking with him over 10,000 of his own army ... he arranged the signals of victory").

26. *Annales Placentini Guelfi* (*The Guelph Annals of Piacenza*), M.G., SS., 18. 453. They promise one another help, "militum, peditum et balistariorum" ("of knights, foot soldiers, and crossbowmen").

27. According to the *Ghibelline Annals of Piacenza*, Piacenza alone had provided 1,000 knights. But if we accepted this figure and also estimated the other allied contingents correspondingly, it would not be understandable why the Lombards so anxiously avoided battle with the emperor. Perhaps those 1,000 men were Piacenza's total contingent.

28. The fact that Riccardus di San Germano speaks of 60,000 inhabitants has, of course, no validity as proof.

29. *Annales Parmenses majores* (*Greater Annals of Parma*), *M.G., SS.*, 18. 673: "decern milia militum cum innummerabili populo diversarum gentium" ("10,000 knights with a countless crowd of different nations"). The events indicate that the "milites" are to be understood not simply as "knights" in the narrower sense, but as combatants.

Earlier, scholars believed they had still another strength estimate worthy of consideration in the work of Salimbene, who was personally in Parma at the start of the siege, who gives the emperor 37,000 men. But it turns out that this number resulted from an error in reading. Salimbene only says that the emperor's army was huge, and he cites Chapter 37 of Ezekiel. This "37 Ezekiel" was interpreted as 37,000. *M.G., SS.*, 37. 196.

Of course, sources that speak of 60,000 men (Schirrmacher, 4: 441) are not worth repeating.

30. Collenuccio, from Mainardino of Imola, as cited in Scheffer. Boichorst *On the History of the Twelfth and Thirteenth Centuries* (*Zur Geschichte des XII. und XIII. Jahrhunderts*), p. 283, describes the camp: "This 'town' was 800 rods long and 600 rods wide, and the rod was of 9 yards; and it had 8 gates and deep, wide ditches all around." The emperor himself had written to Mainardino: "civitatem (Parmensem) civitatis nostre, que vires obsistentium ab hyemalis temporis quantalibet tempestate tuebitur, nova constructione vel oppressione comprimimus." ("We are now besieging the city (Parma) by depredation and by the

recent construction of our own fortified camp, which will protect the strength of the besiegers from the adverse weather of winter, however great.")

31. Arnulph, *SS.*, 8. 16.

32. The source passages concerning the carroccio have been assembled and discussed by Muratori in Antiquitates, 2: 489. See also Waitz, 8: 183; San Marte, *Zur Waffenkunde*, p. 323; Köhler, 1: 185, 2: 147, 190, 3: 2: 344. The opinion that the idea for this originated in the Orient does not seem to me to be proven.

33. "The Battle of Tagliacozzo" ("Die Schlacht bei Tagliacozzo"), *Neue Jahrbücher fur das Klassische Altertum, Geschichte und Deutsche Literatur*, 1903, Section I, Vol. XI, Book 1, p. 31.

6 德意志城市

1. *The Knightly Dignity and the Knightly Class* (*Die Ritterwürde und der Ritterstand*), p. 502.

2. Roth, p. 470.

3. See *Bremer Urkundenbuch,* edited by Ehmk and Bippen, Vol. I, No. 172. In 1233, Archbishop Gebhard promised the citizens of Bremen:

Cives Bremenses mercatores non tenebuntur ad archiepiscopi Bremensis expeditionem, ni voluerint, exceptis illis mercatoribus qui vel tamquam ministeriales vel tamquam homines ecclesiae ab ecclesia sunt feodati, quorum quilibet ad expeditionem ecclesiae evocatus servicium suum per unum hominem poterit redimere, competenter armis instructum.

(The merchant inhabitants of Bremen will not be obligated for the campaign of the archbishop of Bremen unless they will have desired to be, with the exception of those merchants who either as officials or as men of the Church have been enfeoffed by the Church, of which each one called out for the campaign of the Church will be able to fulfill his obligation through one man suitably equipped with arms.)

See Donandt, *History of the Bremen Municipal Law* (*Geschichte des Bremer Stadtrechts*), 1: 111.

4. H. Fischer, "The Participation of the Free Cities in the Imperial Campaign" ("Die Teilnahme der Reichsstädte an der Reichsheerfahrt"), Leipzig dissertation, 1883, p. 14. The first march to Rome in which they actually participated, of course, did not occur until 1310. P. 29.

5. Lindt, "Contributions to the History of German Military Organization in the Hohenstaufen Period" ("Beiträge zur Geschichte der Deutschen Kriegsverfassung in der Staufischen Zeit"), Tübingen dissertation, 1881, p. 28, cites several passages for this point, the earliest being from the year 1114.

6. 1204 "collecta multitudine militum vel etiam civium, qui propter continuas bellorum exercitationes gladiis et sagittis et lanceis non parum praevalent" ("after a crowd of knights and even inhabitants had been assembled, who, on account of their continuous military exercises with

swords, arrows, and lances, were sufficiently capable ...").

7. Arnold, 2: 241.

8. Ennen and Eckertz, *Sources for the History of the City of Cologne* (*Quellen zur Geschichte der Stadt Köln*), Vol. II, No. 449, p. 165, and Vol. IV, No. 488, p. 560. See also 3: 232. Arnold, *Constitutional History of the German Free Cities* (*Verfassungsgeschichte der deutschen Freistädte*), 1: 443.

9. Arnold, 2: 243.

10. "Not many of the gentlemen joined me, since they were anxious to be able to return home again on the same day and could not remain out overnight." Königshofen, *Chronik deutscher Städte* (*Chronicle of German Cities*), 9. 845. Vischer, *Studies in German History* (*Forschungen der deutschen Geschichte*) 2: 77. Köhler, 3: 2: 381.

11. Master Godefrit Hagen, city clerk for the period, *Rhymed Chronicle of the City of Cologne from the Thirteenth Century* (*Reimchronik der Stadt Köln aus dem dreizehnten Jahrhundert*). With notes and glossary in accordance with the only ancient manuscript. Edited completely for the first time by E. von Groote, city councilor, Cologne on the Rhine. Published and printed by M. Du Mont-Schauberg. 1834.

12. This document is printed in the *Fontes rerum Germanicarum* (*Sources of German History*), by Böhmer, Vol. III, and recently edited by Jaffé in the *SS.*, 17. 105. See also Wiegand, *Bellum Walterianum* (*Studies in Alsatian History* [*Studien zur Elsässischen Geschichte*], I), Strasbourg,

1878. Roth von Schreckenstein, *Herr Walter von Geroldseck*, Tübingen, 1857.

13. Roth, p. 40, assumes that the bishop had distributed his men throughout the region up to about Schlettstadt, Rheinau, Zabern, and Hagenau. Some of these points are more than 18 miles distant from the assembly point at Molsheim.

According to Richer, the bishop's troops had not initially assembled but were concentrated at Dachenstein.

14. From Closener's translation. The Latin text reads: "Bene veniatis, dilectissime domine Zorn; nunquam in tantum desiderabam vos videre."

7 条顿骑士团征服普鲁士

1. The best comprehensive account is that of Karl Lohmeyer, *Geschichte von Ost-und Westpreussen*, 1st Section, 2d ed., 1881. The work of A. L. Ewald, *The Conquest of Prussia by the Germans* (*Die Eroberung Preussens durch die Deutschen*), four volumes, 1882–1886, is based on a variety of sources. The second great rebellion by the Prussians is treated thoroughly and well by Köhler in the second volume of his *Development of Military Organization and Conduct of War in the Knightly Period* (*Entwickelung des Kriegswesens und der Kriegführung in der Ritterzeit*).

2. Whether the remark, from Dusburg or the chronicle of Oliva,

that the order numbered 600 lay members in 1239 is reliable cannot be determined.

8 英格兰箭术与爱德华一世征服威尔士和苏格兰

1. Slingers, *fundibularii*, are mentioned in *Continuatio Reginonis* (*Continuation of Regino*) for the year 962. *Casus Sancti Galli Continuatio* (*Continuation of the Chronicle of St. Gall*), 158.

2. See Jähns, *History of the Development of Ancient Offensive Weapons* (*Entwickelungsgeschichte der alten Trutzwaffen*), p. 333 ff.

3. In Jaffé, *Regesta pontificum Romanorum* (*Register of the Roman Popes*), p. 585, the decision (No. 29) reads as follows: "artem ballistariorum et sagittariorum adversus Christianos et catholicos exerceri sub anathemate prohibent." ("They prohibited, on pain of damnation, the skill of crossbowmen and archers to be exercised against Christians and Catholics.") On the basis of this Regesta, we find it stated quite often (for example, in Demmin, *Military Weapons* [*Kriegswaffen*], 2d ed., p. 100, and also Waitz, 8: 190) that the council had forbidden the use of the crossbow among Christians as too deadly a weapon. Since the *sagittarii* (archers) are mentioned in a line with the *ballistarii* (crossbowmen), that cannot possibly have been the intent of the council. In Mansi, Tome 21, p. 534, the decision reads as follows: "Artem autem illam mortiferam et Deo odibilem ballistariorum et sagittariorum adversus Christianos et catholicos exerceri de caetero sub anathemate

prohibemus." ("We prohibit, however, on pain of damnation, that deadly skill of crossbowmen and archers, odious to God, to be practiced by another against Christians and Catholics.") Hefele, *Concil. Geschichte*, Vol. V, 2d ed., p. 442, interprets this as referring to a kind of tournament of competitive shooting at persons. San Marte, p. 188, claims that it refers to poisoned arrows and bolts. I prefer Hefele's interpretation.

4. Guillemus Brito, *Gesta Philippi regis* (William the Briton, *Deeds of Philip the King*), Book II:

Francigenis nostris illis ignota diebus
Res erat omnino, quid Balestarius arcus
Quid Balista foret.
(In those days, what a Balestarius bow was
And what a Balista was
Were completely unknown to our Frenchmen.)
Has volo, non alia Ricardum morte perire
Ut qui Francigenis ballistae primitus usum
Tradidit, ipse suam rem primitus experiatur
Quamque alios docuit im se vim sentiat artis.
(I wish that Richard, who first related
The use of the crossbow to Frenchmen,
Die by no other death,
And he should feel the force against himself
Which he taught to others.)

5. Köchly and Rüstow, *Greek Military Authors* (*Griechische Kriegsschriftsteller*), 2:2:37, 201. (See Vol. II, p. 346.)

6. *The Welsh Wars of Edward I, A Contribution to Medieval Military History based on Original Documents,* by John E. Morris, M.A., formerly of Magdalen College, Oxford. With a map. Oxford at the Clarendon Press, 1901.

7. Morris, p. 34.

8. Morris, p. 18.

9. Oman, p. 558.

10. Morris, p. 88.

11. Morris, p. 74.

12. Morris, p. 37.

13. Morris, p. 95.

14. Morris, p. 105.

15. Morris, p. 115.

16. Morris, p. 178.

17. Morris, p. 155.

18. Morris, p. 87.

19. Edward I also had a military retinue which received pay and rations as follows: bannerets, 4 shillings per day; knights, 2 shillings; sergeants (*servientes, valetti, scutiferi*), 1 shilling.

In 1277 the number of knights amounted to some forty; later there were undoubtedly more. The sergeants numbered about sixty in 1277, but that was probably only a part of the group. Horses and weapons were provided for them. Each man had to maintain two soldiers and three horses. Quite a number of them were crossbowmen. In peacetime they formed small units as castle garrisons; in wartime their number was greatly increased.

20. Oman, p. 558, is of the opinion that the longbow, which from the time of Edward I replaced the short bow in normal use, also surpassed the crossbow in penetrating power. Presumably, then, a great technical stride forward had been made with the introduction of the longbow. I cannot agree with this viewpoint. If it were correct, the continuing use of the crossbow into the sixteenth century would be incomprehensible.

George, too, in *Battles of English History*, p. 51 ff., devoted himself to a thorough study of the remarkable phenomenon of the bow and its overpowering effectiveness. He, too, sees the longbow as a decisive factor. According to him, it was invented in South Wales. The earlier periods had known only the short bow.

George finds the advantages of the longbow and of the manner in which it was used in England in three factors. First, it was held vertically and not horizontally like the short bow, and it could therefore be pulled back much farther; second, in doing so, one could give the longbow greater tension; and third, the marksmen could aim better along the arrow that was thus pulled farther back. While the range of an arrow's trajectory was 400 yards, the normal range in practice, according to George, was a furlong (one-eighth of an English mile, or approximately 200 yards).

Why Richard the Lion-Hearted, in spite of these advantages, preferred the crossbow, and why the longbow actually remained peculiar to the English, appears to George to be a "mystery."

21. *The Welsh Wars of Edward I*, pp. 79, 82, 313.

9 战例介绍

1. "Studies on the Military History of England in the Twelfth Century" ("Studien zur Kriegsgeschichte Englands im 12. Jahrhundert"), by J. Douglas Drummond. Berlin dissertation, 1905.

2. According to Drummond.

3. Aelredi Abbatis Rievallensis (Aelred, abbot of Rievaulx), *Historia de bello Standardii* (*History of the Battle of the Standard*), p. 338. "strenuissimi milites in prima fronte locati lancearios et sagittarios ita sibi inseruerunt ut, militaribus armis protecti. . . Scutis scuta junguntur" ("The most vigorous knights placed on the front line, so inserted spearmen and archers that, protected by the arms of the knights . .. shields were joined to shields").

4. According to Drummond.

5. Radulf, *Gesta Tancredi* (*Deeds of Tancred*), Chap. 22.

6. "Ut pedites castra servarent et milites hostibus obviam extra castra pergerent" ("so that the foot soldiers might guard the camp and the knights might proceed against the enemy outside the camp"). Raimund. According to the *Gesta*, "pars peditum" ("part of the foot

soldiers").

7. "Procedebamus ita spaciosi, sicut in processionibus clerici pergere solent et re vera nobis processio erat." ("We were advancing in so loose a formation, just as clerics are accustomed to go in processions, and in fact we had a procession.")

8. Letter from the princes to the pope.

9. Heermann, p. 52, Note 2.

10. Furthermore, the character of this letter as an official document is not absolutely certain. Hagenmeier, *Studies in German History* (*Forschung zur deutschen Geschichte*), 13: 400, believed he could show that Raimund himself was the author of the letter. The difference in the figures for the army strengths would not stand in the way of this interpretation. These numbers are only very vague estimates, which the same man can have stated very differently at various times, after speaking with various people.

11. According to the *Itinerarium Regis Ricardi* (*Itinerary of King Richard*), VI, paras. 21–24. Edited by Stubbs in the *Rerum Britannicarum medii aevi Scriptores* (*Writers of British History of the Middle Ages*), p. 415. Oman, *History of War*, p. 316.

12. Of course, we could base a conclusion on the worthlessness of the foot troops on the express testimony of Raimund of Agiles, who says that, when the knights moved out before Antioch for the battle by the lake (9 February 1098), the foot troops were left behind in front of the beleaguered city. "Dicebant enim, quod multi de exercitu nostro

imbelles et pavidi, si viderent Turcorum multitudinem, timoris potius quam audaciae exempla monstrarent." ("They said in fact that many of our army, cowardly and afraid if they saw a crowd of Turks, presented examples of fear rather than boldness.") But these kinds of statements are not objective evidence. Furthermore, some of the foot troops did move out with the knights (according to the *Gesta*), and that same day the rest of them successfully repulsed a sortie of the besieged forces.

13. Köhler, p. 156. Oman, p. 477.

14. Morris, p. 256. Oman, p. 561.

15. Köhler, 2: 206–207. On the basis of the *Regensburg Annals, M.G. SS.*, 17. 418.

16. Köhler, 2:210.

第四篇 中世纪晚期

1 中世纪晚期的研究路径 无

2 方阵会战、城市军队与征召民兵

1. *Spiegel historiaal*, IV, Chap. 33:

Then he (Artois) wanted to surrender to them
And so he said: . . .

The Flemish shouted: We do not know you.

The count called out in French:

I am the count of Artois.

They (the Flemish) said: Here is no nobleman

Who can understand you.

2. Oman, from whom I have also taken the terrain conditions, gives on p. 570 a very clear and tactically correct presentation, but I cannot accept it, since the sources on which we must depend seem to me very unreliable. The principal source is a heroic poem by Archdeacon John Barbour of Aberdeen, *The Bruce, or the Book of Robert de Broyss, King of Scots*, written between 1375 and 1377, and consequently not until almost two generations after the battle. There is another poem written sooner after the event but not offering much information. The author was the Carmelite monk Baston, who accompanied King Edward in order to celebrate his deeds but who, when he became a prisoner of the Scottish king after the defeat, was then obliged to celebrate the battle on that king's behalf. (Lappenberg-Pauli, *Geschichte von England*, 4: 243). The English sources, Geoffroy Baker of Swinbroke (died between 1358 and 1360) and the *Chronicle of Lanercost*, of which this part was probably the work of a Franciscan monk of Carlisle, contain only meager information.

3. The reason why the French knights in the center dismounted is

not given directly in any source, but we may interpret the words used by the Monk of Saint Denis as we have done. He says: "The horses themselves were removed from the view of the combatants, so that each one, losing any hope of escaping the danger by fleeing, would show more courage."

4. We can conclude from the sequence of the battle itself that this was the sense of the French formation. That this epoch was capable of such a tactical idea is shown in the report on the battle of Othée (1408), by Monstrelet, where the questionable maneuver is described with exact clarity: "When that other dismounted company, much larger . . . intends to invade your land and fight you, those on horseback, experienced in battle and in good order, will move up quickly and attempt from the rear to separate you and break up your formation, while the others are assaulting you from the front."

5. There are available quite exhaustive writings on this subject: Mojean, *City Military Arrangements in the Fourteenth and Fifteenth Centuries* (*Städtische Kriegseinrichtungen im XIV. und XV. Jahrhundert*), Program of the Gymnasium of Stralsund, 1876. Von der Nahmer, *The Military Organizations of the German Cities in the Second Half of the Fourteenth Century* (*Die Wehrverfassungen der deutschen Städte in der 2. Hälfte des 14. Jahrhunderts*), Marburg dissertation, 1888. Mendheim, *The Mercenary System of the Free Cities, especially Nuremberg* (*Das reichsstädtische, besonders Nürnberger, Söldnerwesen*), Leipzig dissertation, 1889. Baltzer, *From the History of the Danzig Military*

System (*Aus der Geschichte des Danziger Kriegswesens*), Program of the Danzig Gymnasium, 1893. G. Liebe, *The Military System of the City of Erfurt* (*Das Kriegswesen der Stadt Erfurt*), 1896. P. Sander, *The Municipal Economy of Nuremberg* (*Die reichsstädtische Haushaltung Nürnbergs*), 1902, in which the second section of Part II treats the military organization in detail.

  6. Froissart, Tome IV, p. 270: "... that he no longer wished to wage war with men other than nobles and that it was a complete loss and a hindrance to lead into battle the men from the communities, for in the hand-to-hand combat those men melt like snow in the sun. This had happened at the battle of Crécy, at Blanquetagne, at Caen, and in every place where these men had been led. And so he did not want to have any more of them except the crossbowmen from the fortified cities and the good towns. As to their gold and their silver, he wanted much of both to pay the expenses and the compensation of the nobles, but that was all. The common men had only to stay at home to protect their wives and children, carry on their business and their trade, and that should be sufficient for them. It was up to the nobles alone to practice the profession of arms that they had learned and in which they had been trained since childhood." (Extracted from Luce's citation in *Bertran du Guesclin*, 1: 156).

  "What do we want with help from these shopkeepers?" Jean de Beaumont reportedly said in 1415, when the city of Paris offered reinforcements. *Religieux de St. Denys*, Book 35, Chap. 5.

And Monstrelet writes in his chronicle: "The masses of the communes, even though they may be very numerous, can hardly offer resistance against a number of nobles accustomed to battle and proven in the profession of arms."

7. Michelet, Histoire de France, 3: 299.

8. Guillaume, *History of the Military Organization Under the Dukes of Burgundy* (*Histoire de l'organisation militaire sous les dues de Bourgogne*), Mém. cour. de l'Académie Beige, 22(1848): 94.

3 下马骑士与射手

1. The standard monograph on the battle of Crécy is the Berlin dissertation by Richard Czeppan, published by Georg Nauck in 1906. The other accounts by Rüstow, Jähns, Pauli, Köhler, and Oman vary remarkably from one another, depending on the extent to which they follow one source or another. But Czeppan may well have definitively clarified and decided all the significant questions. Several convincing observations on the effect of the bow and arrow are to be found in Köhler, Vol. III, foreword, p. xxxvi. Forerunners of the battle of Crécy are discussed by Tout, *English Historical Review*, 19 (1904): 711.

2. In a review of the book by Wrottesley, *Crécy and Calais*, which contains the source passages in question (*English Historical Review*, 14 [1899]: 767), Morris calls attention to the fact that the 32,000 men had been together only a very short time when King Philip threatened the

English with his relief battle. Morris estimates that at Crécy Edward had 4,000 mounted men (knights and soldiers) and 10,000 archers.

3. "Ut sui videntes eum peditem, non relinquerent, sed cum eo tam equites quam pedites ad bellum animarentur." ("So that his own men, seeing him on foot, might not desert, but horsemen as well as the foot soldiers might be inspired with him for battle.") Gislebert, *SS.*, 21. 519.

4. In the Hussite war, the foot soldiers once refused to attack, saying: "If we are hard pressed, you ride away, while all of us have to stay." The knights had to dismount and fight on foot. According to Johann von Guben, p. 64, cited by Wulf in *The Hussite Wagon Barricade* (*Die hussitische Wagenburg*), p. 37.

5. See above, p. 411, the formation of the English under Richard the Lion-Hearted at Jaffa in 1192.

6. Comines says concerning the battle of Montl'héry (ed. de Mandrot, 1: 31): "The most important thing in the world for battles is the archers, but let them number in the thousands, for they are worth nothing in small numbers, and let them be men with poor mounts, so that they will have no regrets in losing their horses, or let them have no mounts at all."

7. Both these battles are discussed excellently by Oman, *History of the Art of War,* p. 581 ff. Dupplin is described on the basis of a study by Morris, *English Historical Review,* 1897. Halidon Hill is thoroughly described in Tytler, *History of Scotland*, 2: 32 and 454, on the basis of a presumably ancient manuscript, whose credibility, however, is not proven.

8. Berlin dissertation, 1908.

9. Berlin dissertation, 1907.

10. The Englishman Walsingham believes the French had 140,000 men.

11. That is specifically attested to by Saint Rémy, who was present at the battle.

12. That is the opinion of Luce, for example, in *Bertrand du Guesclin*, I: 147.

13. In the engagement at Termonde, 1452. Olivier de la Marche, I Chap. 25.

14. Monstrelet, II, Chap. 108.

15. Luce, *Bertrand du Guesclin et son époque*, p. 169. The knights vowed "that they would never flee in battle more than 4 arpents by their estimate, but they would rather die or have themselves taken prisoner."

16. A certain survey of the decisive battles is provided by M. de la Chauvelays in *Dismounted Combat of the Cavalry in the Middle Ages* (*Le combat à pied de la cavallerie au moyen-âge*), Paris, 1885. To be sure, the author is very uncritical, and the individual facts are in no way reliable. M. T. Lachauvelay, *Guerres des Francais et des Anglais du XIième au XVième siècle,* 1875, seems to be the same author, despite the different spelling of the name.

17. For example, Thwrocz, *chronica Hungarorum* (*Chronicles of the Hungarians*)*,* reports erroneously that the French knights at Nikopol in 1396 attacked on foot.

4 奥斯曼土耳其

1. For a while it was even believed that the Mongols had to be credited for an outstanding role in the history of the art of war, particularly since there exist theoretical concepts that supposedly stem from Tamer lane. But in the final analysis their accomplishments were no different from those of other nomads, and Tamerlane's principles were without real content. For a summary of these points and applicable references, see Jähns, *Handbuch*, p. 698 ff. The battle of Liegnitz, 1242, in view of the legendary nature of the source, gives us nothing new, as far as I can see, on the history of the art of war.

2. P. A. von Tischendorf, *The Feudal System in the Moslem Nations, especially in the Ottoman Empire. With the Book of Laws of the Fiefs under Sultan Ahmed I* (*Das Lehnswesen in den moslimischen Staaten insbesondere im osmanischen Reiche. Mit dent Gesetzbuch der Lehen unter Sultan Ahmed* I.*)*, Leipzig, 1872.

3. Heinrich Schurtz, "The Janissaries" ("Die Janitscharen"), *Preussische Jahrbücher,* Vol. 112 (1903). Leopold von Schlözer, *Origin and Development of the Ancient Turkish Army* (*Ursprung und Entwickelung des alttürkischen Heeres*), 1900. Ranke, *The Ottomans and the Spanish Monarchy* (*Die Osmanen und die spanische Monarchie*), *Werke*, Vol. 35.

4. The *Segban* were supposedly formed from the sultan's hunting retinue. The report that this body was 7,000 men strong was, of course, a

great exaggeration. And with this point there also collapses the idea that an *oda* numbered more than 200 men and the resulting ideas concerning the file and the tent group. Schurtz, p. 459. Under Selim I, 1512–1520, the janissaries are supposed to have been only 3,000 men strong, but in 1550 they were supposedly 16,000. Schurtz, p. 454. In that case, the "3,000" would no doubt refer only to the original 66 *oda*. On p. 459, Schurtz states that under Mohammed II the janissaries numbered 12,000.

5. The standard special study is the Berlin dissertation "The Battle of Nikopol" ("Die Schlacht bei Nikopolis"), by Gustav Kling. Published by Georg Nauck, 1906.

6. Kling estimates the Turkish strength between 16,000 and 20,000 men. That would then be more than twice the strength of the Christians. Based on the numbers given by Schurtz, discussed in Note 4, above, he assumes a strength of only 3,000 men for the janissaries but believes that dismounted irregulars were also present, for whom the janissaries had formed the nucleus. I would prefer to eliminate completely these "dismounted irregulars"—Beyazid would hardly have brought along any troops other than quality warriors—but I would assume a greater strength for the janissaries.

7. Characteristic of the loose manner in which chroniclers treated army strengths is the fact that Königshofen gave the strength of the Christian army as 100,000 men but stated its losses as 200,000.

5 胡斯派

1. *Handbuch*, p. 943.

2. *Geschichte Böhmens* (*History of Bohemia*), 3: 2: 67.

3. "The Hussite Wagon Fort" ("Die hussitische Wagenburg") by Max von Wulf, Berlin dissertation, 1889. "Hussite Military System" ("Hussitisches Kriegswesen"), by Max von Wulf, *Preussische Jahrbücher*, 69: 673. May 1892.

4. *Preussische Jahrbücher*, 69: 674. Dissertation, p. 21.

5. See Vol. I, pp. 162, 211, 218, 241.

6. Jähns, *Kriegswissenschaften*, p. 943.

7. Loserth, p. 489.

8. Palacky, *Geschichte Böhmens*, 3: 2: 361.

9. That the Hussites had already won a great victory over the Germans on 14 June 1420 at the Witkoberg (Ziska Mountain), east of Prague, is but a fable. See Bezold, *King Sigismund and the Wars of the Empire against the Hussites* (*König Sigmund und die Reichskriege gegen die Hussiten*), 1: 41 ff. Loserth, *History of the Later Middle Ages* (*Geschichte des späteren Mittelalters*), p. 490. This battle may very well be compared with the engagement at Valmy in 1792. They only repulsed an attack by the enemy. But that very success was sufficient and aroused belief in the future. Likewise the victory at Wischerad on 1 November 1420 does not yet show anything of the special Hussite combat methods. Since the German princes had returned home, Sigismund had

only his own forces at hand, consisting principally of Moravians. He planned to relieve Wischerad, near Prague, and was definitely counting on a sortie by the garrison. But since the garrison had already agreed to an armistice, it could not act. We may therefore assume that the army of Prague, with its reinforcements from lords and other cities, had a large numerical superiority. Only a small mounted contingent of the Taborites was present.

10. *The Mitteilungen des Vereins für Geschichte der Deutschen in Böhmen*, 31 (1893): 297, contains the description of the illustration of a Hussite battlewagon in a Munich manuscript by A. Wiedemann. Despite the very definite caption "This is the Hussite wagon fort on which the Hussites fight. It is good and straight," the illustration does not seem to me to be very reliable.

The regulation that the wagons were to move in four columns and the two outer columns were somewhat longer than the inner ones, in order to form the forward and rear sides of the camp with the additional wagons, is, after all, only theory, or it refers only to the last formation before the deployment. Entire marches in the prescribed four columns could be carried out in only a very few places on this earth. See Wulf, pp. 27, 29. he two inner columns formed a small rectangle in the interior, with entry passages.

According to Wulf's dissertation, p. 43, in Hungary in 1423 Ziska made a bastion in front of the forward and rear gates of his wagon fort, surrounded them with a trench, and placed muskets in them.

11. *Historia Bohemorum*, Chap. 40, as cited in Wulf, Dissertation, p. 16.

12. Wulf, Dissertation, p. 43; according to Köhler, 3: 1: 303 ff.

13. As an example of how far an oral legend that is correct in itself can lead astray an author who no longer understands it, let us observe what Ludwig von Eyb has to say about the formation on a ridge. Eyb was a Brandenburg captain and wrote his *Kriegsbuch* around 1500. In the chapter on the wagon forts, he, too, points out the requirement that they were to deploy on a ridge, but as the reason for this he says that it was to prevent the possibility of their being placed under water.

14. Wulf, Dissertation, p. 53.

15. Wulf, *Preussische Jahrbücher*, p. 680.

16. A tabulation by von Wulf of the army strengths shown in the sources is to be found in the *Mitteilungen des Vereins für die Geschichte der Deutschen in Böhmen*, 31: 92. Prague, 1893.

17. We owe this knowledge to an excellent treatment by Ernst Kroker, "Saxony and the Hussite Wars" ("Sachsen und die Hussitenkriege"), in the *Neues Archiv für sächsische Geschichte*, 21 (1900): 1. The following citations are also taken from this article and the book by Fr. von Bezold, *König Sigmund und die Reichskriege gegen die Hussiten* (1872–1877).

18. *Acts of the German Imperial Diet* (*Deutsche Reichstagsakten*), VIII, No. 93.

19. Palacky, *Geschichte von Böhmen*, 3: 2: 250.

20. *Deutsche Reichstagsakten*, VIII, No. 94.

21. *Deutsche Reichstagsakten*, VIII, No. 390.

22. Bezold, 2: 78.

23. Riedel, *Codex Diplomaticus Brandenburgensis* (*Documentary Codex of Brandenburg*), 4: 1: 210.

24. Bezold, 2: 110.

25. It is interesting to see from the discussions how confused they were on the decisive numerical relationships. It was proposed that the tenth man, the twentieth, and the thirtieth should be taken, but the men from Ulm thought that even if only one man in 100 was outfitted, that would still result in a large army. In 1428, however, they had planned to outfit every fourth man. Erben, "The Levy of Albrecht V against the Hussites" ("Der Aufgebot Albrechts V. gegen die Hussiten"), *Mitteilungen des Oesterreichischen Instituts*, 23: 264.

26. Bezold, 3: 144, assumes a strength of 100,000 men for this army, but without sufficient basis. Kroker did not discuss this campaign.

27. According to Bezold, 2: 153.

28. Sello, *Zeitschrift für Preussische Geschichte*, 19 (1882): 614, "The Incursions of the Hussites into the March Brandenburg" ("Die Einfälle der Hussiten in die Mark Brandenburg"). An excellent article, which is also worth reading for all those who would like to know to what extent a patriotic attitude can lead to the exaggeration of historical events.

29. The actual course of the battle may have run about this way.

Wulf, Dissertation, p. 55 ff. Köhler, *Kriegswesen*, 3: 3: 394.

6 意大利雇佣兵、敕令军团和免税射手

1. On the German knights in Italy, H. Niese has published a study with original documents in the "Sources and Studies from Italian Archives" ("Quellen und Forschungen aus italienischen Archiven"), published by the *Historisches Institut*, 8 (1905): 217.

2. R. Bott, "The Campaigns of the Anglo-French Mercenary Companies to Alsace and Switzerland" ("Die Kriegszüge der englischfranzösischen Soldkompagnien nach dem Elsass und der Schweiz"), alle dissertation, 1891.

Luce, *Histoire de Bertrand du Guesclin et de son époque*, Paris, 1876.

3. This reform in its entire context has been treated in an exemplary way by G. Roloff in an article "The French Army under Charles VII" ("Das französische Heer unter Karl VII."), *Historische Zeitschrift*, 93. 427. Of the more recent French writings on which this study is based, especially valuable is E. Cosneau, *Le Connétable de Richemont (Artur de Bretagne)*, Paris, 1886.

4. Boutaric, p. 214. The *levées générales* under Philip IV were nothing but "a pretext to establish taxes." Likewise Luce, *Bertrand du Guesclin*, p. 155, concerning the levies under Philip VI.

5. When William of Tyre speaks of *centuriones and quinquagenarii*

as early as the battle of Dorylaeum in the First Crusade, that has no other significance than when Widukind speaks of *legiones* at the battle on the Lechfeld. Barbarossa, of course, sought on his Crusade to organize his army on a regular numerical basis.

6. According to the treaty of alliance of 1252, the pay was to be handed out to the *milites* by the *capitanei*. Muratori, *Antiquitates Italicae Medii Aevi* (*Italian Antiquities of the Middle Ages*), 6. 491.

7. Rosenhagen, "History of the Imperial Army Move into Italy from Henry VI to Rudolf" ("Geschichte der Reichsheerfahrt von Heinrich VI. bis Rudolph"), Leipzig dissertation, 1885, p. 65.

8. Morris, *The Welsh Wars*.

9. *Archiv. storico Ital.*, 15. 53 – According to Köhler, 3: 2: 167.

10. La Curne, *Dictionnaire de l'ancien langage français*.

11. As early as in the *lex Salica*, title 66, para. 2, the word is used twice referring to the fraternity of warriors. This singular case, however, no doubt lies outside the history of language development. In the Latin sources and chronicles of the Valois period, the word is still translated by "*societas*" or "*Comitiva*." Du Cange. Bott, p. 4.

A proclamation by King John of 30 April 1351 (cited by Guilhiermoz, *Origine de la noblesse*, p. 251, from *Ordonnances des Rois de France*, 4. 69) reads as follows:

With respect to whatever *gens d'armes* come in small groups, without master or chief, we desire and order that a worthy knight be sought out and selected by our constable, marshals, masters of crossbowmen, or others to whom he may belong, who is approved by them, to whom a unit of twenty-five or thirty such men at arms will be given and assigned... and we desire that this knight who shall have such a company will have a pennon with his coat of arms and will receive the same pay as a banneret.

Froissart, ed. Kervyn de Lettenh., 7. 80: "At this time the companies were so large in France that one did not know what to do with them."

12. Köhler, 3: 2: 116, 118, considers that the basis for the formation of the *gleves* in 1364 was the fact that it was precisely at that time that the knights started the custom of fighting on foot. Consequently, he is surprised that the *gleves* were also adopted in Germany (1365), since the knights only seldom fought on foot there. His surprise is out of place, since there was no relationship at all between the dismounting of the knights and the formation of the gleves.

In 3: 2: 173, Köhler states that there were lances of two horses, three horses, four, five, six, eight, and ten horses.

Würdinger, *Miliary History of Bavaria* (*Kriegsgeschichte von Bayern*), 1: 102, states: "The number of men forming a *gleve* varied. In Swabia there were four horses (Jäger, *Ulm*, 1: 418), in Nuremberg two horses to one spear (Ulman Stromer, 45), in Strasbourg five horses to one gleve (Schaab, 2: 277), in Ratisbon one spear and one marksman with three saddle horses (*reg. boica*, 10. 303). It might almost seem that the spear first got the meaning of "lance "or gleve as a result of its combination with one marksman." Other examples are to be found in Arnold, *Constitutional History of the German Free Cities* (*Verfassungsgeschichte der deutschen freistädte*), 2: 239. Vischer, *Studies in German History* (*Forschungen zur deutschen Geschichte*), 2: 77. Fischer, note, p. 385. Köhler, 3: 2: 117, 173.

When the chronicles report, as, for example, Königshofen on Döffingen, that an army had 800 *gleves* and 2,000 foot soldiers, that gives the impression that the 800 *gleves* are nothing more than 800 heavy horsemen. But then we also find cases of counting by "helmets" and that there were three horsemen to each "helmet." Chr. F. Stälin, *Württembergische Geschichte*, 3: 321.

In 1381 the cities formed a league army of 1,400 spears and 500 foot soldiers. For this force Augsburg provided forty-eight *hastatos* (spearmen), thirty *sagittarios equites* (mounted archers), and 300 pedites armatos (armed foot soldiers). Würdinger, 1: 93. See also pp. 96 and 98 of the same work.

Fischer states in *Participation of the Free Cities in the Imperial Army March to Italy* (*Teilnahme der Reichsstädte an der Reichsheerfahrt*), p. 30, that in 1310 at the imperial diet in Speyer a roster was drawn up showing how many *gleves* each free city was to provide for the march to Rome, each *gleve* having three horses, that is, three horsemen. This would therefore indicate that the concept and name of the *gleve* already existed in Germany in 1310. Nevertheless, this conclusion is subject to question, since the numbers are from a much later period, and the decision of 1310 may have been worded differently.

Morris, *The Welsh Wars*, p. 80, claims that in England the combining of the various combat arms into units was first seen at the siege of Dunbar in 1337. Previously, to include the reign of Edward I, the various combat arms appeared as separate units.

Cosneau, p. 358, note, states that the English had three marksmen in each lance. He gives an example in which two men-at-arms and two marksmen formed all together a group of nine men and nine horses.

13. Cosneau, p. 357. The ordinance of Luppé-le-Chastel of 26 May 1445 is reproduced on p. 610. This shows the lance as consisting of one knight, one *coutillier*, one page, two marksmen, one serving man, and six horses.

14. We find used very often the formula "'*ban et arrière-ban*' ('vassals and subvassals') were levied."

According to Guilhiermoz, p. 294, the "*arrière-ban*" in France was originally the same thing as the *Landwehr* (militia) in Germany, that is, the general levy of all men capable of bearing arms. He says that the feudal service was later limited to the "*arrière-ban*" and the "*arrière-ban*" was limited to men holding fiefs.

Boutaric, p. 140 f., reports in detail on the conditions that were issued on the levy under Louis IX and were specified in numerous "*coutumes*" (customs). They limited the rights of the lord to an extreme degree. He was allowed to levy his men only for defense, or only in the region governed by the lord, or only so far as to allow the man to return home on the same evening.

Luce, *Bertrand du Guesclin*, p. 159, recounts that, according to an unpublished ordinance, on 17 May 1355 King John called up "the *ban et l'arrière-ban*, that is to say, all physically qualified men between the ages of eighteen and sixty." That can hardly have been the intention of the ordinance, and Luce himself believes that the French communes did not obey this order. When Luce adds that Edward III in England really gave the *arrière-ban* "a truly practical character" by having all his subjects carry out weapons training, that is also an error.

15. In addition to the references already cited, see Spont, "La Milice des francs-archers," *Revue des questions historiques*, Vol. 61.

16. Boutaric, *Institutions militaires de la France*, p. 218. Jähns, *Handbuch*, p. 759. According to Juvénal des Ursins and the Monk of Saint Denis. The latter author states that the people carried out the drills with great zeal.

17. The military system of Charles the Bold is treated excellently by M. Guillaume, "Histoire de l'organisation militaire sous les dues de Bourgogne," in the *Mémoires couronnés et mémoires des savants étrangers publiés par l'Académie de Belgique*, Vol. 22, Brussels, 1848. Much valuable material is also to be found in La Chauvelays, *La Composition des armées de Charles le Téméraire*, 1879. In the *Mémoires de l'Académie de Dijon*, Tome VI. (also published in Paris as a separate edition). I have discussed it myself in my *Perser- und Burgunderkriege*.

18. In 1340 the count of Armagnac had only 300 fully equipped

men-at-arms in a force of 800 (*Grande chronique de St. Denys*, 5: 393, ed. Paulin).

In 1429 the noblemen who reinforced Charles VII "did not have the means of arming themselves or providing themselves with mounts." (*Chronique de la Pucelle, Panthéon littéraire*, p. 442).

In 1467 Charles the Bold selected, from the vassals who had been levied, those who had full equipment; they numbered 400 of the total group of 1,400. But it happened that the nobles took their pay and rode back home (according to Guillaume, p. 89).

19. Lachauvelays, p. 170, estimates that the two Burgundies provided Charles the Bold with thirty-two companies of *soudoyers à gages ménagers*.

The thirty-two companies numbered 899 men-at-arms with three horses each (that is, 899 pages and 899 valets), 541 *gens de trait à cheval* (mounted marksmen), 178 *coutilliers à cheval* (light horsemen), and 177 *demi-lances*. (A *demi-lance* is an individual knight who receives the samepay as two marksmen.)

The totals were therefore as follows:

In the lances	2,697 men
Individuals	" 541 "
	" 178 "
	" <u>177</u> "
	3,593
	less <u>899</u> pages, noncombatants
	2,694 men

20. A regulation for Hainaut appeared in 1470 and, according to Guillaume, p. 113, stated the following: A fief-holder with more than 360 pounds of annual income had to provide one man-at-arms with a *coutillier*, a page, and six dismounted archers. A fief-holder with 240 pounds of income was to provide one man-at-arms. A fief-holder with 120 pounds was to provide three men on foot (dismounted archers, crossbowmen, or spearmen). The smaller and larger groups were combined in accordance with the corresponding mission. Fiefs under 64 sous had no obligation. Anyone who could not serve personally was to provide an appropriate substitute, and if he could not do so, the commanders took over that responsibility for him. Every four months the items of equipment were to be inspected.

A similar regulation appeared in 1475 for Flanders.

Let us note that a certain progression upward occurred, that the smallest fief-holders were completely free, and that possessions of quite a significant extent called for providing one man on foot or even on horseback, and that the men in service were paid. Let us compare with this situation the concept that in the Carolingian Empire ownership of a few hides was burdened with providing one man at his own expense.

According to Lachauvelays, p. 258, the largest number of fiefs had an income of less than 50 francs, often only 10 francs.

The wording of the levy that Charles' governor for Burgundy issued on 3 May 1471 is very remarkable: "All types of men, both nobles and others, regardless of their class or profession, who are accustomed to bearing and using arms, whether or not they have fiefs and whether or not they have provided somebody for the present army" (quoted in Lachauvelays, p. 187). We might use this regulation as a paraphrase of the "cuncta generalitas populi" ("the whole mass of the people") in the capitulary of Charlemagne (p. 42, above) or the "*universi*" ("all") in the levy of 817 (p. 36, above).

21. This is specified in this way by the regulation of 31 July 1471. Olivier de la Marche, who commanded a company himself, states in his memoirs that the lance was composed of two archers, two men armed with the culverin, and two spearmen (according to Guillaume, p. 121).

7 坦嫩贝格会战、蒙莱里会战及同时期的其他若干战斗

1. While the special study by Karl Heveker, "The Battle of Tannenberg" ("Die Schlacht bei Tannenberg"), Berlin dissertation, 1906, published by Georg Nauck, has greatly advanced the understanding

of the battle and has eliminated many false ideas, it still leaves important points in the dark. If I attempt to arrive at a clear picture from it, I must add that a number of points in my account are based only on supposition. Among more recent works, I cite an article by S. Kujot in *Die altpreussische Monatsschrift*, Vol. 48, Issue No. 1, and Krollmann, *Oberländische Geschichtsblätter*, Issue No. 13, 1911. Also worthy of note is the study "The Knights' Grave of Tannenberg" ("Das Rittergrab von Tannenberg"), by E. Schnippel in the *Oberländische Geschichtsblätter*, Issue No. 11, 1909.

2. The valuable description of the terrain is to be found in Köhler, *Warfare of the Knightly Period* (*Kriegswesen der Ritterzeit*), 2: 717.

3. Kujot and Krollmann arrived at other conclusions on a number of points. Nevertheless, I have in general stood by my earlier account.

4. There is probably injected into this description an account of French knights from the battle of Nikopol, which took place fourteen years earlier. There were no Hungarians at Tannenberg.

5. See p. 264, above. The translation is taken from the edition by Mandrot, *Mémoires de Philippe de Commynes*, Vol. I, Chap. 2, p. 13.

6. Edited by John Bruce, Camden Society, 1838, p. 19.

7. Edited by J. O. Halliwell, Camden Society, 1839, p. 16.

注 释

第五篇　瑞士人

1　瑞士地方共同体的形成

1. That is the opinion of Oechsli, in *The Beginnings of the Swiss Confederation* (*Die Anfänge der Schweizerischen Eidgenossenschaft*), p. 121.

2. Oechsli, p. 230. Durrer, *The Unity of Unterwalden* (*Die Einheit Unterwaldens*) *Jahrbücher fur Schweizerische Geschichte*, 1910, p. 96, confirms Oechsli's assumption.

3. In 1252 the abbot of Saint Gall took them into his service in a feud with the bishop of Constance. Oechsli, p. 229.

4. One of the captured monks composed a very interesting culturalhistorical poem in Latin on this subject. An old German translation of this poem with explanatory remarks has been edited by Leo Wirth, *A Prelude to the Battle on the Morgarten* (*Ein Vorspiel der Morgartenschlacht*), Aarau, 1909. 114 pages.

2　莫尔加滕会战

1. A. Nüscheler, in "The *Letzinen* in Switzerland" ("Die Letzinen in der Schweiz"), *Mitteilungen der antiquarischen Gesellschaft in Zurich*, Vol. 18, Issue No. 1, Zurich, 1872. With respect to Näfels, see Dändliker, Geschichte der Schweiz, 1: 531, note.

2. This is expressly reported by Vitoduran.

3. Morgarten is the mountain east of the lake. Schorno is 1,100 meters south of the lake, and Sattel is somewhat farther south, where the road from Schorno meets the road from Altmatt.

4. One might ask why the Schwyzers later (1322) extended the *letzi* near Schorno, since its absence had, after all, done them the good service in 1315 of attracting the duke onto the dangerous route. The answer may be that they could in no case count on surprising the enemy a second time at the same place and therefore preferred to protect the land here also.

5. The fact that Vitoduran gives a strength of 20,000 men is, of course, meaningless.

6. Werner Stauffacher had led the Schwyzers in January 1314 in the raid on Einsiedeln and appears again in sources after the battle at the head of his country. Oechsli, p. 352.

7. As we have already seen above, Oechsli estimates the population of Schwyz at that time at some 18,000. Even if it should have been a few thousand smaller, we must still assume that in the most extreme danger even the last available man was called up. We surely cannot go below a figure of 3,000. In addition, there were also the men of Arth, those of Uri, and perhaps also men of Unterwalden. But we must make a small deduction for the garrison of the *letzi* of Arth and perhaps also of Brunnen, to defend against an attack by water.

The numerical superiority of the confederates in the actual battle was even greater because part of the Hapsburg troops, for example, the Winterthur contingent, were still on the way.

8. In later accounts, the advance guard is designated as the "banished ones" ("*Verbannten*"), and this has given rise to the most varied interpretations. Nevertheless, this is simply a question of a misunderstood word. The misunderstanding is clarified by H. Herzog in the *Schweizerische Monatshefte für Offiziere aller Waffen*, 1906.

9. All available accounts have been printed one after the other by Thomas von Liebenau in the *Mitteilungen des historischen Vereins des Kantons Schwyz*, Issue No. 3, 1884.

Of value in this analysis are the notes Dändliker added in the fourth edition of his *Geschichte der Schweiz*, after he changed his earlier account in favor of the Bürkli concept (p. 700).

Bürkli followed up his first work, *The Creation of the Swiss Confederation and the Battle on the Morgarten* (*Die Entstehung der Schweizer Eidgenossenschaft und die Schlacht am Morgarten*), 1891, with a second treatment under the title "A Monument on the Morgarten" ("Ein Denkmal am Morgarten"), in the *Zuger Neujahrsblatt für das Jahr 1895* (published by W. Anderwert). This article is also accompanied by a good special map.

3 劳彭会战

1. It is an unproven supposition that Austria stood behind the

alliance against Bern. If the House of Hapsburg had really wanted to defeat Bern at that time, it would have acted very foolishly by keeping itself in reserve instead of immediately sending so many forces to join the allies that the victory would be assured. I mention this only so that it will not be concluded possibly from the presumed secret alliance of Austria with the enemies of Bern, that the forest cantons, too, because they were also enemies of Austria, would have had an interest in the war.

In 1383 Uri and Unterwalden received 4,445 pounds from Bern for military assistance given in the Kyburg war.

The letter of alliance of 1353 provided that the men of the forest cantons, when called by the Bernese for help, would move over the Brünig Pass to Unterseeen (Interlaken) without pay, but from there on they would receive one groschen Tournois for each man daily. Von Elgger, *Military System and Military Skill of the Swiss Confederation in the Fourteenth, Fifteenth, and Sixteenth Centuries* (*Kriegswesen und Kriegskunst der schweizerischen Eidgenossenschaft im* 14., 15. und 16. Jahrhundert), Lucerne, 1873, p. 40.

Also, when the peasants of Appenzell, who certainly did not have much, called on the Schwyzers for help against their abbot (1403), they had to pay them. Dierauer, *Geschichte der Schweizerischen Eidgenossenschaft*, 1: 400, Note 2.

2. Köhler, *Ritterzeit*, 2: 605.

3. All the more so in that it is confirmed by the *Chronica de Berno*,

a short contemporary account. Edited by Studer as a supplement to Justinger, p. 300.

4. Studer has also quite correctly pointed out in the *Archiv des historischen Vereins Bern*, Vol. IV, (1858–1860), Issue No. 3, that, according to the contemporary report, Fribourg was the real enemy of Bern. Not until a later time, in keeping with the then existing animosities, was the war branded as a conflict against the nobility.

The bishop of Lausanne, too, had troops at Laupen as an ally of Fribourg, as is proven in the sources. Studer, p. 27.

5. Rüstow, *Geschichte der Infanterie*, 1: 152, believes that the Bernese did not have any missile weapons. That is extremely improbable, in fact impossible. In any event, it is not to be concluded from the fact that they do not happen to be mentioned in the accounts of this battle.

6. Solothurn had provided eighteen helmets, and the baron of Weissenburg fought on the side of the Bernese. In the battle of Hutwil (1340) there is mention of a mounted banner of Bernese that moved out in front of the main banner with the skirmishers. Justinger, pp. 97, 99. Later, the Bernese mounted troops enjoyed a particularly high respect. Elgger, p. 302.

7. Justinger, p. 99.

4　森巴赫会战

1. The Swiss must have learned several days in advance that the duke's attack was imminent, for otherwise they could not have had their army on hand right on the day of his departure. The reinforcements from the original cantons, who were at Zurich, marched off from there on 7 July at the latest, as is to be concluded from a decision of the council of 7 July. *Eidgenössische Abschrifte*, 1. 72.

2. "Nam cum utraque pars in campo ante civitatem sito convenisset pars Bernensium stetit contra hostes conglobata in modum corone et compressa, cuspitibus suis pretensis. Quam dum de adversa parte nemo aggredi presumeret... quidam cordatus miles ... in eos efferatus fuisset et in corum lanceas receptus, in frusta disceptus et concisus lamentabiliter periit." ("Now when each side had assembled in the field lying in front of the city, the Bernese stood massed against the enemy in a circle and in close order, with the tips of their spears extended before them. When no one from the enemy side dared to attack them ... a courageous soldier. . . was infuriated with them and penetrated up to their spears; lamentably, he died in vain, torn apart and cut to pieces.")

3. Bürkli, p. 90. Lorenz, *Germany's Historical Sources* (*Deutschlands Geschichtsquellen*), p. 46. Stössel, p. 47.

4. Oechsli in the *Allgemeine Deutsche Biographie*, 44. 446.

5 多芬根会战

1. The sources are, of course, quite meager, and our principal source, Königshofen, is fable-like and unreliable. Christian Friedrich Stälin, *Württembergische Geschichte*, 3: 334. Paul Friedrich Stälin, *Geschichte Württembergs*, 1: 569. G. von der Au, *Zur Kritik Königshofen*, Tübingen, 1881. The Annales Stuttgartenses, copied in the *Württembergisches Jahrbuch*, 1849, contains nothing of importance.

2. According to Königshofen, 800 *gleves* and 2,000 foot soldiers; according to the *Constance Chronicle*, 700 lances on horseback and 1,100 on foot.

3. According to Königshofen (*Städtische Chronik*, 9. 839), 550 gleves and 2,000 peasants; according to the *Constance Chronicle*, 600 lances and 6,000 men on foot; according to Ulman Stromer, 1,100 lances and some 6,000 foot soldiers; according to Justinger, 800 lances and 2,000 mercenaries.

4. *Augsburg Chronicle*, 1. 87 (see also 2. 40).

5. Rupp, in the "Battle of Döffingen" ("Die Schlacht bei Döffingen"), *Vorschungen zur deutschen Geschichte*, 14: 551, feels obliged to consider as correct the account of the treachery of von Henneberg, and he sees that as the reason for the defeat. Nevertheless, his reasons have not convinced me. Von der Au also rejects Rupp's arguments.

6. Königshofen says: "and the first attack of the battle was won over

the lords"; now the fresh *gleves* arrived—"then the attack was successful against the cities, so that they were defeated."

6 瑞士联邦的军事组织

1. Em. von Rodt, *History of the Bernese Military System* (*Geschichte des Bernerischen Kriegswesens*), 1831.

J. J. Blumer, *Political and Legal History of the Swiss Democracies* (*Staatsund Rechtsgeschichte der schweizerischen Demokratien*), 1848.

K. von Elgger, *Military System and Military Art of the Swiss Confederation in the Fourteenth, Fifteenth, and Sixteenth Centuries* (*Kriegswesen und Kriegskunst der schweizerischen Eidgenossen im 14., 15., und 16. Jahrhundert*), 1873.

Johann Häne, *On the Defensive and Military Systems in the High Period of the Ancient Confederation* (*Zum Wehr- und Kriegswesen in der Blütezeit der alten Eidgenossenschaft*), Zurich, Schulthess and Co., 1900.

Hermann Escher, "The Swiss Infantry in the Fifteenth Century and at the Beginning of the Sixteenth Century" ("Das schweizerische Fussvolk im 15. und im Anfang des 16. Jahrhunderts"), Part I. *Neujahrsblatt der Züricher Feuerwerksgesellschaft*, 1905.

2. Blumerj 1: 373.

3. For example, in 1444 Bern demanded that Thun send fifty upright, capable soldiers, whose oath and honor could be trusted, without ..., who

bring along spear and armor. This according to Elgger, p. 118, as taken from the *Schweizer Geschichtsforscher*, 6: 354. I prefer to read "rations" (Speise) instead of "spears" (Spiesse).

In 1389 the Entlebuchers promised that in case Lucerne had to take to the field, they would come to its aid with 600 armed men. Elgger, *Kriegswesen*, p. 38. In noticeable contradiction is the report that in 1513 Lucerne on one occasion had to provide 1,300 men, including 150 from Entlebuch, 300 from Willisau, and only 100 from Lucerne itself. Elgger, p. 68.

Quite often there were quarrels over these allocations; for example, in 1448 the small community of Krattigen complained that, of the seven men to be provided by the region, it was to furnish two, since, after all, the community did not have more than twenty or twenty-one farms. For that reason, in 1499 and 1512 a census of all households was ordered. We cannot help wondering that this was not done until then, when we remember at what an early period Ancient Rome had similar statistics. Rodt, p. 27.

4. According to Häne, p. 23.

5. Häne, p. 24.

6. Rodt, 1: 6.

7. Minutes of the Council of Bern, 22 June 1476:

> To Fribourg, Solothurn, and Biel, that, with respect to the proper conduct of the war, they allow goods for sale in the way of wine, grain, and other goods and necessities to go to the army.

The same applies to Nidau and Aarberg.

To my lords in the field, that they see to it that there be no kind of forceful haggling with those who provide you with goods for sale, and that they receive their just payment.

The decisive action is called for quickly, "for my lords cannot provide supplies for such an army over a long period."

Ochsenbein, *Documents on the Battle of Murten* (*Urkunden zur Schlacht von Murten*), p. 301.

8. Escher, p. 26, states that in the Zurich archives there is an explanation of the formation of the battle unit, indicating that it was fifty-six men wide and twenty men deep. Consequently, that would be a phalanx rather than a wedge. In a later period, where a unit formed a true square in space rather than a rectangle with an equal number of men in its width and depth, these approximate figures were to be found quite often. But at the time of the old Zurich war, the period to which Escher attributes his explanation, I can hardly imagine that it was applied from a practical viewpoint.

9. Häne, p. 8, concludes from the military games of boys and other indications that maneuvers had actually taken place. I am not convinced of this. In particular, the fact that a knight once threatened that he would teach the soldiers (lansquenets) in such a way that one of them would be worth more than two men of the Confederation is no proof that he had Swiss drills in mind.

10. Elgger, p. 253.

11. Paulus Jovius, in 1494.

12. The passages have been assembled by Studer in the *Archiv des Historischen Vereins Bern*, IV, Book 4, p. 36.

13. Sempach letter of 1394. Blumer, p. 374. *Kriegsordnung* of 1468 and 1490. Rodt, *Berner Kriegswesen*, 1: 250, 253. Elgger, p. 215.

14. Rodt, *Campaigns of Charles the Bold* (*Feldzüge Karls des Kühnen*), 1: 331.

15. According to the extract in Häne, p. 29.

16. According to Thüring Frickhart's *Twingherrenstreit*, edited by Studer, *Quellen zur Schweizer Geschichte*, 1 (1877): 137.

17. Studer, *Quellen zur Schweizer Geschichte*, 1 (1877): 145.

18. W. F. von Mülinen, *History of the Swiss Mercenaries up to the Formation of the First Permanent Guard in 1497* (*Geschichte der Schweizer Sóldner bis zur Errichtung der ersten stehenden Garde, 1497*), Bern, 1887.

19. Collection Petitot, 10: 245.

20. "Et jam Palatini cessurus equitatus fuerat, nisi prodeuntes a latebris pedites longis hastis Badensium equos confodere cepissent." ("And the Palatine cavalry had already been about to yield, if the foot soldiers advancing from their hideouts had not undertaken to strike the horses of the Badensians with their long spears.") Gobellinus, cited by Roder in *Die Schlacht bei Seckenheim*, Billingen, 1877. The principal source is a poetic work by Michael Beheim.

7 勃艮第战争

1. To be sure, the Swiss, too, suffered defeats a few times, when they moved out of their mountains, as, for example, the Appenzellers in 1405 at Altstetten, and in 1408 at Bregenz, and the troops of Uri in 1422 at Arbedo. But those were not very important engagements. "Ueber Arbedo," by Fr. Knorreck, Berlin dissertation, 1910.

2. Dändliker, *Geschichte der Schweiz*, p. 609.

3. Nicolaus Rüsch, the city scribe of Basel, even states that the Burgundians were 10,000 strong on horseback and 8,000 on foot. *Busier Chroniken*, Vol. Ill, p. 304, 1887.

4. Rodt, 1: 304.

5. According to the note in Tobler's *Schilling*, 1: 163, the Solothurners reported to their home town in 1635.

6. *Basler Chroniken*, 3: 305.

7. Witte, *Zeitschrift fur Geschichte des Oberrheins*, 45: 394.

8. Vol. I, p. 326. Dierauer, 1: 197, also accepts the number 70.

9. Witte, *Zeitschrift für Geschichte des Oberrheins*, 49 (1895): 217.

10. F. de Gingins-la-Sarra, *Dispatches from the Milanese Ambassadors on the Campaigns of Charles the Bold, from 1474 to 1477 (Dépêches des ambassadeurs Milanais sur les campagnes de Charles le Hardi, de 1474 à 1477)*, Paris, 1858.

11. Olivier de la Marche, who, as a confidant of the duke, was able to know his intentions, states in his memoirs (which, unfortunately, are

very brief with respect to this war) that Vaumarcus was occupied as a lure in order to entice the troops of the Confederation to move forward. This reason is not very clear, since on the far side of the narrow pass the duke would never be able to find a battlefield as favorable as the one offered him by his fortified position at Grandson. In any case he could keep his army assembled and wait for a few weeks more easily than the Swiss. This point serves as factual confirmation of the impatience and underestimation of the enemy, outstanding characteristics attributed to the duke by many sources.

12. Principally the Baselers, whose strength is given as sixty men. But since the leader of the Austrian knights, Hermann von Eptingen, was also present (Meitinger's letter, cited by Knebel), at least a part of these Austrians must also have been present.

13. This point is stressed by the Burgundian court historian, Molinet.

14. Reported in *Saint Gall's Part in the Burgundian Wars* (*St. Gallens Anteil an den Burgunderkriegen*), published by the Historischer Verein in St. Galien, Saint Gall, 1876.

15. In the minutes of the meeting of 15 May (*Eidgenössische Abschrifte*, 2: 593) there is stated only "and fifty men dead." The same minutes, however, state that 1,500 or 1,600 slain Burgundians were found, and that the duke had 60,000 actual mounted men and still more of the other troops. Consequently, it is not very trustworthy. The men of Schwyz had seventy wounded and seven killed (Knebel states that they lost eighty men all together). On the basis of the accounts for the care

of the wounded, the total of wounded can be assumed to be about 700, and the figure for those killed may then be something between fifty and seventy.

Bernoulli, *Baseler Neujahrsblatt*, 1899, p. 23, and Feldmann, *Schlacht bei Granson*, p. 56, assume the losses to be only fifty dead and between 300 and 400 wounded.

16. Dändliker, in his *Geschichte der Schweiz*, 2: 224, explains the failure to exploit the victory at Grandson as completely due to the lack of military understanding on the part of the Confederation. He writes: "In their joy over the uplifting success at Grandson, the men of the Confederation were initially no longer concerned about Duke Charles. They considered their mission as accomplished. When Bern, which was not inclined to such a carefree and self-deceptive attitude and took the situation seriously, wanted to continue the war, the majority of the Confederation decided for the return home." Such experienced warriors as the troops of Zurich, with their burgomaster Waldmann, and the other members of the Confederation are not supposed to have been capable of understanding the situation when Bern explained to them that they could best protect themselves against a renewed attack by a pursuit of the defeated army? We see here to what point a false basic concept finally leads. Dändliker is not willing to concede that the Swiss were the aggressors in this war, but he would like to explain the war as a kind of emergency defense, because the Swiss felt themselves threatened by the duke of Burgundy. If it were not absolutely clear from the original

sources, then the conduct of the Swiss after the victory of Grandson would show how extremely far from the minds of the Swiss was the thought of feeling threatened by the Burgundian force.

17. My estimate of the strength of the Burgundians at Murten (20,000 men at most) has, of course, been disputed widely by the Swiss, but nothing tangible has been brought up to oppose my viewpoint. Dierauer, p. 211, would like to go up to a number between 23,000 and 25,000 men, but only on the basis of reported reinforcements in the last days before the battle, reinforcements that have not been proven. In my estimate, the only correction to be made is the note in *Perser- und Burgunderkriege*, p. 153, where, according to the latest critical edition of Comines by Mandrot, 1: 363, the number "18,000" means, after all, "18,000 dead," that is, all together, whereas, according to him, of those "prenant gages"—that is, warriors—8,000 are supposed to have fallen.

18. Panigarola, 10 June. Gingins, 2: 242.

19. Panigarola, 13 June. Gingins, 2: 258. Panigarola's statements that Charles had his camp fortified are confirmed and clarified by the illustrations in Schilling's *Chronik* (one of which is reproduced in Ochsenbein's *Urkundenbuch* and in the treatment by Colonel Meister) and by the battle song by Zoller (printed in Ochsenbein, p. 494). There it reads as follows:

He inclosed his army all around
As he desired, from lake to higher ground.

A stream he dammed to make it swell.

The work continued night and day,

And soon Count Romont's camp completed lay.

Great trees he caused his men to fell.

Who has ever seen works so fine

Accomplished in but two weeks' time?

20. Panigarola, 12 June, 13 June.

21. On 16 June the duke had the following report written to the municipal council of Dijon:

> Last night we were awake and on foot with the intention of marching with our whole army out toward our enemies, who are at a distance from us of two short leagues and who, as had been reported to us, had joined forces and assembled in order to move closer to us and fight, and we await them from hour to hour.
>
> (Ochsenbein, p. 280).

Wattelet, p. 29 ff. and notes 88 and 89, relates that to an idea of moving out against the Swiss. But it is apparent that only the idea of accepting battle on the *Grünhag* is meant. Wattelet has inadvertently interpreted the same report twice, on the sixteenth and the nineteenth. And his interpretation in Note 85, of Panigarola's report of the eighteenth, to the effect that Charles intended to attack the Swiss near Gümmenen on the nineteenth, I consider to be incorrect. The words "dar la bataglia" (to give battle) refer to a planned attack on Murten, as Gingins has already interpreted it in his translation.

22. A number of scholars, especially Wattelet (see below), have disputed the fact that the Swiss formed the usual three units of foot soldiers at Murten. Schilling's positive statement on the point, however, cannot possibly be invalidated by the fact that a few sources speak only of two units, and least of all because Panigarola saw only two units or because only two units are mentioned in Schilling's later account of the battle. The third unit did not enter the fight itself but simply stormed into the camp on the heels of the other two, and there the formations broke up. Even if we did not have Schilling's testimony, it would be completely incomprehensible that the Swiss should have abandoned the normal formation in three units precisely here, with such a large army. They could not know in advance whether the entire Burgundian army was not in position at the palisade and whether there would develop a flanking counterattack from one side or another, defending against which would then have been the mission of the rear guard.

23. Herter's command position is definitely proven by the two mutually independent statements of Knebel and Etterlin. Schilling's silence on this point, as it occurred, may not be considered as counterproof. Of itself, it is not particularly important, since the top commander in such an army was not necessarily the general charged

with the mission and the responsibility of strategic direction. In this case, the entire war council was the final authority; Herter had only to take care of the technical execution. This situation needs to be noted only because of the analogy to the mutual relationships of the Greek cantons in the Persian wars: in both cases, the great work succeeds only through constant surmounting of the strongest internal tensions, the reflection of which can also be detected throughout the sources.

Along with Dändliker, 3d ed., p. 842,1, too, prefer to accept as certain that Waldmann was the leader of the main body.

24. Report of 8 July. Gingins, 2: 345.

25. Edlibach, p. 157.

26. *Baseler Chroniken*, 3: 26.

27. Schilling wrote that, after the Grünhag was taken, "and all the formations were broken from that moment on." The editors believe that this statement is unlikely, "or is it supposed to be the same maneuver that is indicated in the *Lurlebatlied* (one of the songs composed about this battle and recorded by Schilling) as 'the point which spread out' "? Such is no doubt the case, except that it is not a question of a "maneuver," but of the natural breaking up of a closed formation in the course of and following such an assault.

28. The reports in the *Jahrzeitbuch von Schwyz* in the *Anzeiger für Schweizerische Geschichte*, 1895, p. 160, are probably worthless.

29. In Ochsenbein, *Urkunden*, pp. 339, 341.

30. Two special studies have been devoted to the battle of Nancy:

one by Robert Schoeber (Erlangen dissertation, 1891) and one by Max Laux (Rostock dissertation, 1895, Süssenguth Press, Berlin). Laux's work has a useful plan of the battle, a comprehensive basis in the sources, and corrects a number of the errors of his predecessors, but it is not without its own errors and oversights.

31. Laux, p. 20, estimates Charles's strength at the end of July as 4,000 to 5,000 men, which he believes was not increased by significant reinforcements. Consequently, he believes that, for the battle, the scouting report that was made to the Confederation to the effect that the duke had only a small column, some 6,000 men, is the figure closest to the truth. But there were probably more than that; for when Laux bases his estimate on the fact that Panigarola reports nothing about reinforcements, it can be said in rebuttal that Panigarola had already left the duke when they marched into Lorraine, and his last report was dated 19 October. From then until January, the duke could have drawn many reinforcements from the Netherlands. Schoeber estimates a strength between 7,000 and 8,000, but without any real computation.

The sources with a Burgundian bias go as low as 2,000 or even 1,200 (Rodt, 2: 392). Rodt has assumed 14,000, of whom 4,000 guarded the camp against a possible sortie from Nancy, while 10,000 participated in the battle. But his estimate is based on statements by the duke himself, which can be proven to have been intentionally exaggerated. See Laux, p. 20. *Mémoires de Comines*, ed. Mandrot, 1: 386.

Let us mention here Olivier de la Marche as an example of how little credence can be given to the figures of authors, even those who appear to have had the most reliable information at their disposal. He was majordomo of the duke of Burgundy and was taken prisoner at Nancy by the duke of Lorraine, buying his freedom for a high ransom. He was thus able to learn of the situation on both sides. His memoirs are printed in the *Collection Petitot*, Vols. IX and X. He states: "a good 12,000 combatants" (instead of almost 20,000), "and the duke of Burgundy went before them; and I swear that he did not have 2,000 combatants" (instead of 8,000 to 10,000).

32. According to Comines's account (cited by Mandrot, p. 386), he was, of course, supposedly directly informed of René's great numerical superiority, but such later accounts have but little credibility.

33. *Dispatches of the Milanese Ambassadors* (*Dépêches des ambassadeurs Milanais*), ed. by Gingins, 2: 349.

34. von Rodt, *Wars of Charles the Bold* (*Kriege Karls des Kühnen*), 2: 315.

35. There is nothing of importance in the small variations in the interpretation of this passage. See Schoeber, p. 33, note; Jähns, *Manual of Military History* (*Handbuch der Geschichte des Kriegswesens*), p. 1009- See also pp. 511 and 514, above.

36. The passage reads verbatim:

intendendo di questi 2 m (2000) lanze mettere mille a piedi quando si trovara con Svicerj, li quali habiano 14 (10?) combatenti per uno, cive tri archieri, tri fanti con lanze longhe e tri schiopeteri e balestrieri, che venirano ad essere 10 m (10,000) combatenti in uno squadrone, poiche Sviceri li fanno cosi grossi. Li altri mille lanze a cavallo, con loro cinque millia archieri a cavallo, e lo resto, dil campo, in modo dice havera circa 30 m (30,000) combatenti.

Gingins La Sarra, 2: 361.

(intending, when he encountered the Swiss, to put on foot 1,000 of these 2,000 lances, each of which would have 14 (10?) combatants, that is, three archers, three infantrymen with long lances and three musketeers and crossbowmen, which will amount to 10,000 combatants in a squadron, since the Swiss make them that large. The other 1,000 lances on horseback, with their 5,000 mounted archers, and the rest from the camp so that there will be about 30,000 combatants.)

37. In the "true declaration" ("vraye déclaration"), Comines, Lenglet, 3: 492, it is said that the rear guard consisted only of 8,000 musketeers, who marched along "one cannonball-ball range" behind the main body, to protect it from the rear. I cannot visualize this. What was such a large number of marksmen supposed to do behind the close-combat weapons during the march through the forest? They could not have repelled a real attack from this direction, in case such an attack was somehow to be suspected. The *Lorraine Chronicle* (*Lothringer Chronik*), p. 293, speaks of a unit, but one apparently consisting of only 100 men, which was to skirmish along the meadows and keep the

enemy occupied. Those 800 [8,000] marksmen would have been so very appropriately employed there that we are perhaps justified in assuming an oversight or a lacuna in the "vraye déclaration."

8 中世纪军事理论

1. On the theoretical aspect of this question, see the article "On the Importance of Discoveries in History" ("Ueber die Bedeutung der Erfindungen in der Geschichte") in my *Historische und politische Aufsätze* (1887).

2. Edited by Dümmler in the *Zeitschrift fur Deutsches Altertum*, 15 (1872): 433.

3. This part is also reprinted in Hahn, *Collectio monumentorum*, Vol. I, Braunschweig, 1724.

4. Alwin Schultz, *Courtly Life at the Time of the Minnesingers* (*Höfisches Leben zur Zeit der Minnesänger*), 2: 160, believes on the basis of this statement that drill exercises took place in the Middle Ages. How that is supposed to have been possible seems unclear to the author himself, of course (p. 162), since the peasants were forbidden to bear arms.

5. These regulations are copied in the original Spanish text and translated in Köhler, 3: 2: 230. Some translation errors have been corrected by H. Escher, *Neujahrsblatt der Züricher Feuerwerker-Gesellschaft auf das Jahr* 1905, p. 44.

6. *Geschichte der Kriegswissenschaften*, 1:212.

7. "Life and Works of Christine de Pisan" ("Leben und Werke der Christine de Pizan"), by Friedrich Koch. Leipzig dissertation, 1885. Ludwig Koch Press, Goslar.

8. Printed under the title *L'art de chevalerie selon Végèce*, 1488.

9. Jähns passed over this in his *Geschichte der Kriegswissenschaften*. It was edited by C. Favre and L. Lecestre, 2 volumes, Paris, 1887, 1889.

10. *Le Jouvencel*, Book I, Chap. 17, Vol. II, 63: "A combat unit on foot should not march at all but is always to await its enemies in place. For when they march, they are not all of the same strength and they cannot hold their formation. It takes no more than a bush to break them up."

11. *Geschichte der Kriegswissenschaften*, 1:248.

12. Published by Köhler in the *Anzeiger für die Kunde der deutschen Vorzeit*, 1870.

13. Cited in Jähns, 1: 323.

9 结 语

1. *M. G. SS.*, 18. 192. H. Escher, *The Swiss Foot Troops* (*Das schweizerische Fussvolk*), p. 19, also states (without citing a source) that in 1202 a distinction was made in Italy between "*lanceae longae*" ("long spears") and "*lanceae de milite*" ("soldiers' spears"), and that in 1327 the burghers of Turin were ordered to carry "spears of 18 feet." Köhler, 3: 1: 50, states that the knight's lance was originally no longer than 10 feet,

and that in the fourteenth century it was lengthened to 14 feet and became so heavy that a man on foot could no longer manipulate it (3: 1: 85).

2. Bürkli believes that this is the meaning of the expression "*Stangharnisch*." G. Escher, p. 44, note to p. 19, disputes this point, but he concedes that no other explanation of the word "*Stangharnisch*" has yet been found. Of course, Bürkli is in error when he says that by this word "*Stange*" we must necessarily understand the later, long spear. Escher, *Feuerwerksblatt*, 102 (1907): 34, arrives at the solution that any kind of weapon with a staff, both the spear and the halberd, is meant to accompany the harness.

3. *Report of the Milanese Ambassador Panigarola of 16 January 1476.* Gingins, *Dépêches Milanaises*, 1: 266. "There is no doubt that, in keeping with their custom, they will offer battle; at the first penetration they will necessarily be broken, because every little defeat throws them off; from the start they will definitely be disheartened and lost."

4. Volume I, p. 145. Thucydides, 6. 68.